红色辽宁

荣光

党史中的红色辽宁

王全有★著

北方联合出版传媒(集团)股份有限公司
万卷出版有限责任公司

图书在版编目（CIP）数据

荣光：党史中的红色辽宁 / 王全有著 . — 沈阳：万卷出版有限责任公司，2024.9

ISBN 978-7-5470-6546-4

Ⅰ . ①荣… Ⅱ . ①王… Ⅲ . ①中国共产党—地方组织—党史—辽宁 Ⅳ . ① D235.31

中国国家版本馆 CIP 数据核字（2024）第 102529 号

出 品 人：王维良
出版发行：北方联合出版传媒（集团）股份有限公司
万卷出版有限责任公司
（地址：沈阳市和平区十一纬路29号　邮编：110003）
印 刷 者：辽宁新华印务有限公司
经 销 者：全国新华书店
幅面尺寸：170mm×240mm
字　　数：500千字
印　　张：30
出版时间：2024年9月第 1 版
印刷时间：2024年9月第 1 次印刷
责任编辑：张洋洋
责任校对：张　莹
封面设计：韩　军
版式设计：韩　军
ISBN 978-7-5470-6546-4
定　　价：88.00元
联系电话：024-23284090
邮购热线：024-23284050

序　言

辽宁，是一片红色热土，是一个历经风雨、饱经沧桑的神奇地方。

在中国共产党一百多年的壮阔发展进程中，辽宁以其丰富的发展经历和多元的文化风格在中华民族伟大复兴的道路上书写着独有的辉煌与荣光……

——中国人民十四年抗日战争从这里开始。

——解放战争伟大战略决战的首战从这里打响。

——最早在这里产生的东北抗日义勇军成为中华人民共和国国歌的创作素材和歌颂对象。

——英勇的志愿军将士从这里雄赳赳、气昂昂跨过鸭绿江，抗美援朝、保家卫国。

——共和国发展史上一千多个“第一”从这里诞生，这里因此被称作“新中国工业的摇篮”。

——伟大的共产主义战士雷锋从这里走向全国，轰轰烈烈的学雷锋活动从这里开始，雷锋精神亦在这里孕育形成并不断发展。

辽宁省第十三次党代会报告提出，深入阐释辽宁“抗日战争起始地”“解放战争转折地”“新中国国歌素材地”“抗美援朝出征地”“共和国工业奠基地”“雷锋精神发祥地”（以下简称“六地”）的丰富内涵和时代价值，传承红色基因，赓续精神血脉。

“六地”红色资源，作为重要的文化遗产，承载着红色辽宁历史，铭刻着红色辽宁记忆，是党领导人民在辽宁英勇奋斗的历史见证，是党百年革命和建设的历史缩影，是激励辽宁老工业基地振兴发展、谱写中国式现代化辽宁新篇章的精神滋养和动力源泉。

为充分发挥“六地”红色资源鼓舞士气、凝聚力量的重要作用，助力辽宁全面振兴新突破，万卷出版有限责任公司邀我写一本系统阐释和宣传辽宁“六地”红色资源的图书。此前，这类的书籍已经出版不少。为了突出主线、展现特色，本书尝试从党史角度全面解读辽宁“六地”，更多地突出党的领导和党在“六地”红色资源形成、发展中的重要作用，弘扬主旋律，传播正能量。

在内容编排上，本书采用纵横交错的网格状结构。纵向，分为“抗战烽火”“辽沈决战”“义勇之歌”“保家卫国”“工业奠基”“永恒雷锋”六个板块，与“六地”红色资源一一对应；横向，每个板块均分为“综述篇”“事件篇”“人物篇”“场馆篇”四个篇章，每个篇章又从不同角度细分为若干内容。全书共61篇文章，全方位多角度展现了“六地”红色资源全貌。“六地”表述的往往是一个点，但全书整体架构是由点及面、以小见大，试图通过六个点将辽宁地区抗日战争（主要包括以东北抗日义勇军为代表的群众自发组织和以东北抗日联军为代表的党领导的人民军队的抗日斗争）、解放战争（主要是辽沈战役）、支援抗美援朝、建立共和国完整的工业体系和宣传弘扬雷锋精神等内容全景式呈现，成为一部浓缩的、具有地方特色的党史读物。

由于时间仓促，加之作者水平有限，书中难免有诸多不足之处，恳请广大读者批评指正。

作者

2023年7月1日

目录

抗战烽火

综述篇

事件篇

人物篇

场馆篇

辽沈决战

综述篇

事件篇

人物篇

场馆篇

义勇之歌

综述篇

事件篇

人物篇

场馆篇

保家卫国

综述篇

事件篇

人物篇

场馆篇

工业奠基

综述篇

事件篇

人物篇

场馆篇

永恒雷锋

综述篇

事件篇

人物篇

场馆篇

抗战烽火
1931
9月小
18
星期五
農曆辛未年
七
秋分十三
夜十时许
日军自爆南满铁路柳条湖段反诬中国军队所为遂攻占北大营我东北军将士在不抵抗命令下忍痛撤退
国难降临人民奋起抗争

综述篇

抗战从这里开始

辽宁，历史悠久，物产丰富，交通便利，人杰地灵，自古就是兵家必争之地。在这里，日本侵略者发动了蓄谋已久的九一八事变，占领沈阳城，继而侵占整个东北；在这里，中共满洲省委率先发表抗日宣言，领导广大军民进行了不屈不挠的斗争；在这里，心系家国的伟大人民率先举起抗日大旗，以武装斗争反抗日本帝国主义的侵略……种种事实表明，辽宁地区与抗日战争有着千丝万缕的关系，中国人民十四年抗战从这里开始。

九一八事变在辽宁爆发

日本对中国的侵略蓄谋已久。早在1894年至1895年，日本通过中日甲午战争迫使清政府签订《马关条约》，侵占中国领土台湾及澎湖列岛，继而又通过1904年至1905年在中国东北进行的日俄战争，把中国东北的南部地区强行划为自己的势力范围，在那里设立关东都督府等殖民机构，建立关东军。1927年，日本政府召开东方会议，制定《对华政策纲要》，力图把"满蒙"从中国本土分割出去，并决心为之诉诸武力。会后，传出日本首相田中义一呈送天皇的奏折，内称："惟欲征服支那，必先征服满蒙；如欲征服世界，必先征服支那。"其侵略野心昭然若揭。

1929年秋，日本受到世界性经济危机的沉重打击，国内阶级矛盾日益激化。日本统治集团急于发动侵略中国的战争，以缓和国内矛盾，摆脱危机带来的困难。

1931年，日本趁英美等国疲于应对国内经济危机、蒋介石政府忙于"围剿"红军之机，决定实行其先侵略东北、后侵吞整个中国的计划。为此，日本关东军在沈阳周围开始进行一系列军事演习，并蓄意挑起"万宝山事件"和"中村事件"，为发动侵略战争制造借口。

在时机成熟后，日本帝国主义开始实行其策划了多年的侵占东北的计划。1931年9月18日晚10时20分，日本关东军自行炸毁南满铁路柳条湖段的一段路轨，反诬中国军队破坏铁路。坐镇沈阳的关东军高级参谋板垣大佐收到路轨被炸的报告后，当即以关东军代理司令官、先遣参谋的名义向关东军部队发布了进攻中国军队驻地北大营和沈阳的命令，各路日军向北大营发起了猛烈进攻，震惊中外的九一八事变爆发。

9月19日凌晨，关东军司令部发布命令：一、多门第二师团主力集中到沈阳，驻旅顺的第十五旅团的步兵第三十联队及旅顺炮兵大队迅速向沈阳出动，驻长春的第三旅团及其所属步兵第四联队、骑兵第二联队负责长春的警

★日军制造的南满铁路被炸现场

备任务，同时准备秘密攻击该地的中国军队；二、独立守备队第一、第五大队集中于沈阳，驻大石桥的第三大队占领营口，驻连山关的第四大队占领安东、凤城，驻鞍山的第六大队集中于沈阳接受第二师团指挥；三、电告日本驻朝鲜司令官林铣十郎中将中日冲突情况，请其迅速派兵前来沈阳增援。3时30分，关东军司令官本庄繁率领关东军司令部火速赶往沈阳。5时30分，日军完全占领北大营。当独立守备队第二大队全力进攻北大营时，关东军第三旅团第二十九联队在接到板垣大佐的命令后，于19日0时40分从驻地出发向沈阳城内进攻。沈阳市内的政府机关、银行、学校、军工厂等悉数被占领。第二师团进占沈阳城之后，又协助独立守备队攻击东大营。在未遇到任何抵抗的情况下，日军占领东大营，至此沈阳城完全沦陷。

19日，关东军迅速占领了南满、安奉铁路沿线的重要城镇营口、田庄台、盖平、复县、大石桥、海城、辽阳、鞍山、铁岭、开原、昌图、四平、公主岭、安东、凤城、本溪等地。之后，日军又向长春等地发起进攻，仅用4个多月的时间就占领了辽、吉、黑三省。日本还加紧在中国东北建立傀儡政权，1932年3月，以溥仪为“执政”的伪满洲国在吉林长春成立。

九一八事变发生后，在中国共产党的号召下，中国人民掀起了规模浩大的抗日救亡运动，拉开了中国人民抗日战争暨世界反法西斯战争的序幕。辽宁，作为九一八事变的发生地，历史性地成为14年抗日战争的起始地。

中共满洲省委率先在辽宁发表抗日宣言

抗日战争是近代以来中国人民反抗外敌入侵持续时间最长、规模最大、牺牲最多的民族解放斗争，也是第一次取得完全胜利的民族解放斗争。这场民族解放斗争的伟大胜利彻底洗刷了近代以来抗击外来侵略屡战屡败的民族耻辱，重新确立了中国在世界上的大国地位，开启了古老中国凤凰涅槃、浴火重生的历史新征程。在这场艰苦卓绝的伟大斗争中，中国共产党人勇敢战斗在抗日战争最前线，支撑起中华民族救亡图存的希望，成为全民族抗战的中流砥柱。

九一八事变爆发时，国民政府对日本侵略中国东北的行动采取妥协退让的方针，认为日军此举不过寻常寻衅性质，为免除事件扩大起见，令东北军“绝对抱不抵抗主义”，把制止日本侵略的希望完全寄托在国际联盟的调停上。但是，英、法操纵下的国际联盟并没有对日本采取任何有力的制裁措施，日本对国际联盟作出的限期撤兵决议拒绝接受，国际联盟也束手无策。

在民族危机的严重关头，中国共产党率先举起抗日的伟大旗帜。1931年9月19日清晨，中共满洲省委在沈阳小西门附近省委秘书长詹大权家召开紧急会议，讨论当时的形势和省委的应变措施。会议决定：针对日本帝国主义发动事变强占满洲一事，给中央写报告，对省委当前急需做的各项工作进行部署；确定省委常委近期要每天碰头一次，沟通信息，研究对策。会议经过研究，决定发表《中共满洲省委为日本帝国主义武装占领满洲宣言》。《宣言》

明确指出：九一八事变是日本帝国主义蓄谋已久的侵略中国、变中国为它的殖民地“所必然采取的行动”。《宣言》认为，日本占领东北的图谋之所以能够得逞，“完全是国民党军阀投降帝国主义的结果”。国民党政府鼓吹的“忍耐”“镇静”“和平以示奋斗”等所谓策略和他们极力镇压反帝运动的罪恶行动，“必然要使日本帝国主义者更急进的更无忌惮的来占领满洲！”《宣言》提出:“只有工农兵劳苦群众自己的武装军队,是真正反对帝国主义的力量……只有在共产党领导之下，才能将帝国主义逐出中国！”

《宣言》印出后，中共满洲省委通过共产党员、青年团员和进步学生迅速散发出去，使基层党组织、共产党员和广大群众听到了党的声音，很快就了解了我们党的态度。《宣言》发表后，在广大群众中，尤其是在青年学生中引起了很大反响。

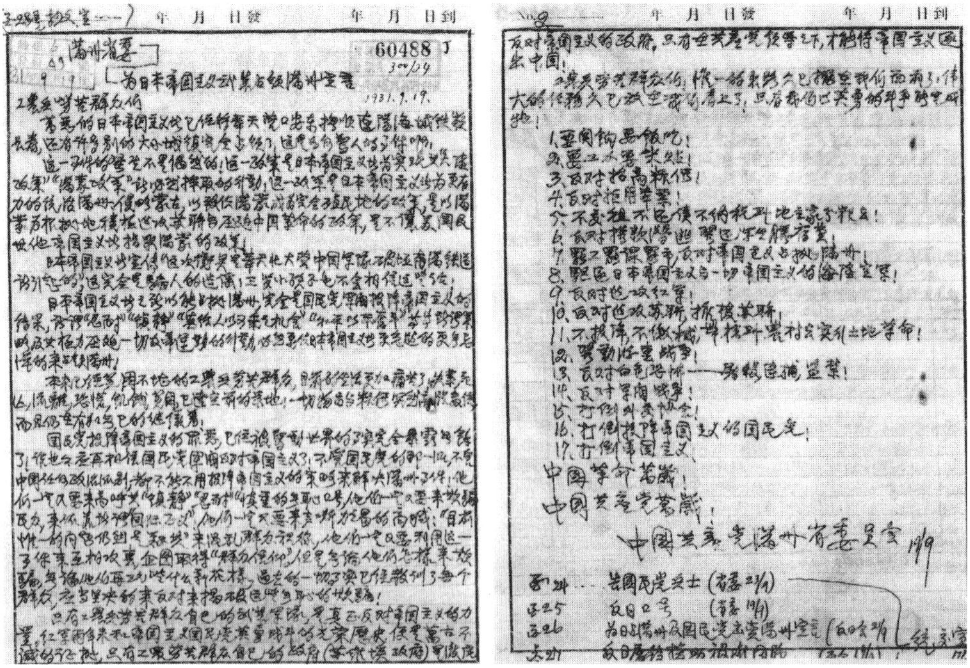

★《中共满洲省委为日本帝国主义武装占领满洲宣言》

此后，中共满洲省委又连续发表《中共满洲省委决议——关于日本帝国主义武装占据满洲与目前党的紧急任务》《中共满洲省委给中央的报告——关于日军占领满洲情形、省委的策略及工作布置》《对士兵工作的紧急决议》等。

在中共满洲省委发表抗日宣言的第二天，即9月20日，中共中央发表《中国共产党为日本帝国主义强暴占领东三省事件宣言》，表明了中国共产党坚决反对日本侵略的鲜明立场，宣告了中国人民与日本侵略者战斗到底的坚强决心。

中共满洲省委在辽宁发表的《为日本帝国主义武装占领满洲宣言》是中国共产党在面对侵略者血腥屠杀的危难时刻，号召中国人民奋起进行民族救亡的第一声呐喊，也是中国共产党向全国人民发出的第一篇抗日宣言。在宣言的号召下，辽宁广大爱国官兵和普通民众积极行动起来，以各种方式反抗日本帝国主义的侵略。中共满洲省委在辽宁发表的这篇抗日宣言，亦是辽宁成为14年抗日战争起始地的一种证明。

辽宁广大军民率先投入抗日洪流

1931年九一八事变之夜，日本关东军部队突然进攻东北军驻地北大营，部分驻守北大营的东北军爱国官兵毅然违抗国民党政府的“不抵抗”军令，自卫还击。

日军进攻沈阳城时，时任辽宁省警务处长兼沈阳市公安局长的黄显声指挥全城公安警察进行了保卫沈阳城的战斗。此前，在“万宝山事件”和“中村事件”发生后，黄显声就着手扩充辽宁各县公安队编制，同时建立公安联防区，并于9月初通知全省58县公安队到沈阳领枪。九一八事变发生时，黄显声率沈阳警察与日军奋战，终因力量有限，只好向锦州方向撤退，沿途继续扩大武装力量。

1931年底，巩天民、邵信普、刘仲明、毕天民、张查理、李宝实、于光元、刘仲宜、张韵泠9位爱国知识分子冒着生命危险，搜集日本侵华证据，提交给国际联盟李顿调查团。该材料成为国际联盟对日本侵华作出定性之重要依据。

同时，《中共满洲省委为日本帝国主义武装占领满洲宣言》发表后，辽宁各地党组织纷纷作出决议，广泛宣传党的抗日主张，深入动员群众进行反日斗争。省委要求各级党、团组织“必须积极地坚决地号召群众罢工、罢课、罢市……组织布置飞行集会、群众大会及宿舍工厂等处的部分示威”，立刻紧急动员党内全体同志到群众中去开展活动，“在工厂里，在工厂门口，在失业工人比较集中的地方，立刻有计划组织各种部分的群众会议，或飞行集会……号召与组织工人的罢工，尤其是中东、南满、奉天、沈海、吉长、呼海铁路”。

在沈阳，中共奉天兵工厂党支部书记梁永盛组织兵工厂工人开展了抢粮斗争。他以兵工厂厂主无故扣发工人两个月工资并携款出逃为由，发动工人于9月21日上午，将兵工厂粮栈存粮抢运一空。随后，奉天火柴厂的工人也砸开了本厂的粮仓，抢光了粮食，并有上千名工人闯入南满火车站，抢夺了日军从大连运来的军粮。这些行动，不仅给刚刚占据沈阳城的日军以沉重一击，而且锻炼了党员，培养了骨干。奉天兵工厂有6人在斗争期间加入中国共产党，扩大了党的力量。继兵工厂、火柴厂工人抢粮斗争之后，又发生了沈阳皇姑屯铁路工厂工人包围厂长办公楼的事件。皇姑屯铁路工厂广大工人在党支部的发动和领导下，通过充分准备和周密计划，于9月27日上午10时，由共产党员李春华等人指挥，将厂长办公大楼包围得水泄不通，同时高呼“要工资”“要吃饭”等口号，要求厂方答应工人提出的工人上班要发工资、时局紧张时要把工人家属送回关里、不许延长工时等条件。在党组织的精心组织和工人的不懈斗争下，厂方被迫答应了工人们提出的全部条件，斗争取得了胜利。此后，党还领导了英美烟草公司的工人要求厂方开工资时将奉票与现大洋对开的斗争、皇姑屯铁路工厂工人争取“花红”的斗争等。1931年9月，党了解到新民县广大群众在日本侵略者占领新民之后已自发组织了联庄会、大刀会、红枪会，并与日军进行斗争的情况，便派出党员与这些组织联系。

陈德森、李繁华等人不仅领导了当时的反日斗争，而且发展了一批党、团员，建立了党、团支部。

在大连，日本帝国主义加紧对人民反抗的镇压，不但严禁中国人集会，还对原有各商会、同乡会等团体进行重新登记和审查，一发现有反日行为立即残酷镇压。1931 年 9 月底，中共大连特支向全市工人群众发出《敬告大连工友书》，指出：日本公然以军队占领沈阳，南满和大连已经变成了日本的殖民地，中华民族的危机更加严重，全市人民必须与日本殖民主义者进行坚决的斗争，支持抗日运动。

在抚顺，中共满洲省委派何能到中共抚顺临时特支（中共抚顺特支）巡视，帮助开展抗日斗争，并指导中共清原县委和中共桓兴县委大力宣传党的抗日主张，呼吁组织武装抵抗日本侵略者。在大山坑煤矿，抚顺党组织积极发动工人与日本侵略者进行斗争，向日本炭矿当局提出增加工资的要求。

在辽阳，辽阳小堡农民大同盟以“穷人会”名义散发传单标语，提出穷人要分粮、工人要工钱、士兵要饷钱、打倒“满洲国”、打倒日本帝国主义等口号，影响到附近 20 多个村自行开展分粮斗争。

与此同时，辽宁东边道及辽北等地也不断爆发抗日斗争。尽管最初的规模不大，但却庄严地申明了中国共产党坚决反对日本帝国主义入侵的立场，显示了辽宁人民与日本侵略者坚决斗争到底的决心和必胜的信心。

日本帝国主义的野蛮入侵，激起了东北各阶层人民的强烈反抗，辽宁民众率先拿起武器，组织各种形式的抗日义勇军、救国军，同日本侵略者展开了殊死的斗争。到 1932 年 3 月，辽宁地区的义勇军已达 50 多路人马。抗日义勇军的英勇斗争得到了中共满洲省委的充分肯定。同时，中共满洲省委还派遣大量党团员到义勇军中工作，加强了对义勇军武装反日斗争的领导。在党的领导和影响下，辽宁各地义勇军发展迅猛，民众抗日武装斗争势如潮涌。但义勇军的发展壮大也引起了日军的高度重视，从 1932 年 9 月起，日军陆续调动大量军队，采用分割包围、各个击破的战术，对辽东、辽西、辽北和辽南地区进行了大规模“讨伐”。在日伪的进攻下，到 1932 年底，辽宁地区的

★丹东市天桥沟东北抗日联军第一军军部旧址

★东北抗日联军第一路军警卫旅部分指战员

义勇军一部分被消灭，一部分分散，一部分退守到热河、河北一带。

中共满洲省委在支持、协助义勇军抗日活动的过程中，也发现义勇军队伍存在成分复杂、缺乏党的正确领导、易被日军收买分化等弱点。不久，根据中共中央的指示精神，中共满洲省委提出了创建党直接领导的反日游击队的方针。在这一方针指引下，辽宁各地党组织积极发动群众开展创建游击队的工作。从 1932 年初开始，中共满洲省委派出省委军委书记杨林、杨靖宇到南满地区，同当地党组织一起深入农村，发动群众夺取武器，创建党直接领导的抗日武装。1932 年 5 月，中共奉天特委在所属的中共磐石中心县委创建了磐石工农反日义勇军。11 月，杨靖宇将这支义勇军改编为中国工农红军第三十二军南满游击队。1932 年 8 月，隶属于中共奉天特委的中共海龙中心县委组建海龙工农义勇军，1933 年 1 月改组为中国工农红军第三十七军海龙游击队。党领导的抗日武装的建立，使辽宁人民的抗日斗争发展到了新的阶段。1933 年 9 月，中国工农红军第三十二军南满游击队改编为东北人民革命军第一军独立师，杨靖宇任师长兼政治委员。1934 年 11 月，东北人民革命军第一军成立。1936 年 2 月，东北人民革命军第一军改编为东北抗日联军第一军。在长期的斗争中，东北抗联第一军创建了以辽吉交界的老秃顶子为中心的本溪、桓仁、兴京（今新宾）抗日游击根据地，并逐渐扩大，第一军第三师还开辟了抚顺、清原抗日游击根据地，与桓仁、兴京、本溪边界地区相呼应，坚持抗日斗争近 6 年，给日本侵略者以沉重的打击。

综上所述，1931 年 9 月，九一八事变在辽宁爆发，中国共产党领导辽宁军民奋起抵抗，辽宁历史性地成为中国 14 年抗日战争的起始地，同时也成为世界反法西斯战争的起点。2020 年 9 月 3 日，习近平在纪念中国人民抗日战争暨世界反法西斯战争胜利 75 周年座谈会上发表的重要讲话中指出："九一八事变后，中国人民就在白山黑水间奋起抵抗，成为中国人民抗日战争的起点，同时揭开了世界反法西斯战争的序幕。"辽宁，作为百年党史中"抗日战争起始地"的红色地理标识，将与辽宁军民在抗日战争中做出的光辉业绩和铸就的历史功勋一起，光耀千秋、永载史册……

事件篇

热血丹心映红枫
——东北抗日联军第一军在辽宁的艰苦斗争

金秋时节，当你在辽宁抚顺、本溪、丹东一带驱车而行，抑或在辽东山区流连徜徉，定会被漫山遍野的红叶陶醉神驰。为什么枫叶美如画，英雄的鲜血染红了它！这崇山峻岭正是当年抗联将士浴血奋战的杀敌战场，这满山红叶仿佛昔日革命先烈的热血丹心。杨靖宇宁死不降慷慨悲壮，宋铁岩果敢顽强万古流芳……在辽宁这块饱经沧桑的黑土地上，东北抗联将士爬冰卧雪，奋勇抵抗，矢志不移，坚贞不屈，用忠诚于党的坚定信念、勇赴国难的民族大义和血战到底的英雄气概捍卫国家主权和人民利益，为中国人民抗日战争和世界反法西斯战争的胜利做出了不可磨灭的贡献。

建立抗日统一战线

东北抗日联军是由中国共产党领导的、东北各族人民组织起来的抗日武装。在极端艰苦的条件下，东北抗日联军指战员高举抗日救国旗帜，长期坚持开展东北抗日游击战争，消灭了大批敌人有生力量，有力地打击了日本侵略者，积极支援、配合了全国抗战。其英勇斗争振奋了中国人民的民族精神，极大地鼓舞了全国人民的抗日斗争。东北抗日联军鼎盛时期共组建成 11 个军，

3 万多人。其中，在辽宁开展抗日斗争的主要是著名抗日民族英雄杨靖宇领导的东北抗日联军第一军。

1934 年，进入现在的辽宁区域时，杨靖宇领导的这支部队是以南满游击队为基础的东北人民革命军第一军独立师的建制，杨靖宇任师长兼政委，李红光任参谋长，宋铁岩任政治部主任。整个部队只有 300 余人。

进入辽宁后，部队根据中共满洲省委的指示精神，团结一切抗日武装力量，收编了抗日山林队、义勇军等抗日武装团体。同时，多次召开抗日武装首领会议、山林队头领会议等，宣传党的统一战线政策，号召抗日武装团结一致，共商抗日大计。通过深入细致的工作，部队整编了左子元、于万利的武装，改编了“金山好”“苏子余”“四海山”等部的山林队，“老黑风”“日落好”“大南洋”“上山好”“小白龙”等山林队也纷纷投奔到革命队伍中。为了团结更多的力量共同抗日，部队还派出许多政工人员到土匪队伍中进行工作，经过努力，在本溪碱厂附近活动的“北国军”和在兴京、桓仁交界地区活动的赵文喜部也被收编。

在落实抗日统一战线的过程中，第一军自身的力量也不断发展壮大，真正成为党领导的抗日武装的主力军。到 1935 年末，队伍发展到 1600 余人，以兴京为起点，形成了 1000 多公里的抗日游击战线。1936 年 5 月，第一军在教导第二团和第五团两个团的基础上，吸收了部分游击队员，于兴京县倒木沟建立了第三师。1936 年 7 月，东北人民革命军第一军正式改编为东北抗日联军第一军。杨靖宇任军长兼政委，宋铁岩任政治部主任。全军有 3000 余人，建制为 3 个师，接受指挥的其他抗日武装部队有 8000 余人。其中，集结在辽宁的第一师、第三师有 1500 余人，接受其指挥的抗日武装有 5000 余人。第一军成为辽宁抗日武装斗争的核心力量。

开展抗日游击战争

开展抗日游击战争是第一军在辽宁期间的主要斗争形式。从 1934 年杨靖

★抚顺三块石东北抗日联军第一军活动遗址

★东北抗日联军第一军部分指战员

宇率第一军第一师进入辽东山区开始，就置身于强大的敌人包围之中，敌我力量悬殊，处境极其艰难。在长期的革命实践中，杨靖宇认真贯彻中共满洲省委提出的游击战争方针，以不断消耗、削弱敌人的有生力量为目的，积小胜为大胜，形成了一套独具特色、灵活实用的游击战术。杨靖宇带领第一军转战辽宁东部的清原、新宾、桓仁、本溪、凤城、宽甸、西丰、岫岩等地，在方圆几百里的山区，采取埋伏、夜袭、阻击、突袭、避强攻弱、乘隙向虚等战略战术，与武器装备精良的日伪军周旋，历经无数激烈战斗，消灭了大量敌人的有生力量。其中影响较大的有攻取兴京县城、火烧东昌台警察署、激战歪脖子望山、痛歼伪军邵本良部、夜袭崔家大院等战斗，令敌人闻风丧胆。

1934 年夏，杨靖宇率部与义勇军苏子余部联合南下辽吉边境开展抗日游击战争。6 月 24 日，袭击了兴京县红庙子，将驻扎在该地的伪警察逼到汪清县境。此后，率领部队继续向兴京县城方向奔袭。7 月 2 日，攻陷兴京县城。7 月 23 日，在桓仁八里甸子攻袭了伪警察署，围歼了日军守备队，俘虏了日军守备队小队长长秀向等 30 余人，缴枪 15 支。不久，在四道岭子、大清沟与敌人再次展开激战。1935 年 8 月中旬，杨靖宇率军部及教导团和第五团，在清原县的黑石头沟公路两侧，选择有利地势设下埋伏，成功伏击了伪军 1 个团，击毙日伪军 40 余人，击伤 40 余人，俘虏 30 余人，缴获迫击炮 1 门、重机枪 1 挺、长短枪 60 余支、炮弹 10 多箱及其他物资。9 月，第一军第一师师长李敏焕率领 160 余人，智取桓仁县窟窿榆树伪警察署，不费一枪一弹，缴获 40 多支枪和其他物资……如此战役不胜枚举。

据不完全统计，从 1934 年到 1938 年，仅第一军第一师在辽宁本溪地区与日伪军作战就达 310 余次，歼灭敌军约 2000 人，缴获各种枪支 1500 余支、军服 300 余套，还有大量其他军用物资。西方媒体对杨靖宇的游击战术赞许有加，1935 年 6 月 30 日的巴黎《救国时报》称赞杨靖宇为“东三省第一个执行游击战术的人”。

抗联一军两次西征

在东北抗日联军第一军的抗日武装斗争史上，有两次著名的西征。一次是1936年6月，第一军第一师从本溪出发向辽西的远征；另一次是1936年11月，第一军第三师从兴京出发向热河一带的远征。两次西征，均是东北抗日联军第一军试图打通与党中央及红军关内抗日先锋军的联系，直接取得党中央对东北抗日武装斗争的领导，改变东北抗日联军孤军作战的局面，扩大和开辟新的游击区域的重要举措。

★东北抗日联军第一军西征会议遗址主碑

1936 年 6 月下旬，东北抗日联军第一军政治部主任宋铁岩率领第一师主力从本溪、凤城交界处的和尚帽子出发，越过安奉路，向辽西、热河方向挺进，但敌人很快就发觉了抗联西征的意图，调集重兵堵截追击。西征部队不得不回师东返，于 7 月 15 日在本溪县摩天岭大榆树沟伏击尾追之敌，重创日军。同年 11 月间，第一军第三师组成骑兵部队再次西征。部队从兴京出发，经过一个多月的艰苦行军和英勇战斗，终于到达辽河岸边。不料，此时辽河尚未封冻，又无渡船，部队被阻于辽河东岸，而敌人的追击部队又尾随逼进，西征部队只好绕道回师。这两次西征虽然没有达到目的，部队也受到了严重损失，但扩大了抗联部队的影响，给敌人以很大杀伤。

全力配合全国抗战

1937 年卢沟桥事变爆发后，东北抗日联军积极开展游击战争，以牵制敌人，配合全国抗战。7 月 16 日，杨靖宇率军部直属部队，从桓仁出发，向兴京、清原挺进，途中屡遭敌军的阻截和追击，遂在桓仁、宽甸、兴京一带开展游击活动。同年秋，日伪又集结兵力，出动飞机，对东南满地区实行重点“讨伐”，企图消灭令他们头痛不已的东北抗日联军第一军。抗联第一军遂决定暂时改变西进计划，回师辑安，然后转战濛江、辉南、桦甸、清原、开原、东丰、西丰等地，采取伏击、夜袭等战术，相继打击敌人。9 月，第三师的手枪队曾潜入沈阳东郊，在东陵附近擒获奉天省公署高级官员日本人村上博，之后又潜入抚顺城内活动，使敌惊恐不安。据不完全统计，从卢沟桥事变之日到年底的几个月时间里，东北抗日联军第一军进行较大规模的战斗就达 33 次，毙伤日伪军 1300 多人，俘敌 120 余人，使日伪军的重点“讨伐”宣告破产。

1937 年以后，日本侵略者为了巩固侵华战争的后方基地，不断向东北增兵。到 1938 年，日本在东北的兵力已达 8 个师团，并有伪军和警察大队数万人。日伪当局以此强化其在城乡的法西斯统治。在城镇，疯狂屠杀共产党人和爱国者，摧毁抗日救国组织，严密控制人民活动；在农村，加紧推行“集团部落”

政策，把分散居住的农户强行迁至其控制的“部落”中，实行保甲制、连坐法；在抗日游击区实行惨无人道的烧光、杀光、抢光的“三光政策”，制造无人区，使南满游击区遭到严重破坏。抗联部队不得不离开本溪、宽甸、桓仁游击区，向辑安山区转移。各部指战员不畏艰难，主动出击，以巧妙的战术打击敌人，取得了多次胜利。据不完全统计，仅杨靖宇直接指挥的警卫旅和第一方面军的一部分部队在1939年下半年进行较大规模的战斗就达23次，歼灭日伪军676人，俘敌341人。

1939年10月，日本关东军司令部调集7.5万人，对东南满地区实行重点“讨伐”。东北抗日联军第一路军各部指战员在缺衣少食的条件下，与超过自己部队人数几十倍的敌人作战。进入冬季后，指战员们常常冒着零下30多摄

★东北抗日联军第一路军女战士

中國共產黨擴大的六中全會

給東北義勇軍及全體同胞電

中國共產黨擴大的六中全會 十一月五日

★中共中央六届六中全会扩大会议专门向以杨靖宇为代表的东北抗日联军和东北同胞发出致敬电，赞扬东北抗日军民的英勇斗争精神。图为致敬电全文

氏度的严寒与敌搏斗，有时一日数战。许多优秀的指战员相继牺牲，部队减员很大。杨靖宇、魏拯民等将领决定将各部编成小股部队分散活动，以冲破敌人的围攻。

1940 年 2 月，杨靖宇在濛江县保安村三道崴子壮烈牺牲。不久，抗联第一路军余部与东北抗联其他部队一起，转移到苏联境内集中进行休整和训练，在党的领导下继续战斗。

如今抗日战争的硝烟早已散去，但杨靖宇将军与东北抗日联军第一路军的未竟事业正由千千万万炎黄子孙继承并努力完成，近百年来华夏儿女共同的中华民族伟大复兴的中国梦正逐步实现……

青史留名的“磨洋工”

——辽宁“特殊工人”的抗日斗争

在钢都鞍山、煤都抚顺等重工业城市的工厂车间里，工人们挥汗如雨的场景时常令人们想起作为“共和国工业长子”的辽宁，曾经为国家的经济建设做出的不可磨灭的贡献。辽宁工人从未吝惜过自己的汗水与力气，毫无保留地在这片沃土上挥洒自己的青春与热血。然而，在14年抗日战争的艰苦岁月中，辽宁却有这样一群工人：他们消极怠工，千方百计逃避劳动；他们出工不出力，绞尽脑汁破坏生产……就是这样一群“磨洋工”的“特殊工人”，在反抗日本侵略者的斗争中青史留名，百世流芳。

名为“工人”　实陷“地狱”

卢沟桥事变以后，日本侵华战争的范围不断扩大。为了给日军提供充足的后勤补给，日伪政权急需增加大量劳动力扩大工业生产，保障战略物资供应。为此，自1937年以后，日伪当局发布了一系列法令，使用各种恶劣手段掠夺华北等地的劳动力运往东北，特别是辽宁地区。1941年4月5日，日本关东军同驻华日军达成了关于紧急动员劳动力“入满”的协议，决定把战俘和其他关内被捕人员作为“特殊工人”押往东北。同年9月30日，伪华北新民会根据华北日军冈村部队的指示，制定了《特殊工人的劳动斡旋工作计划》，并在华北地区一手包办转送“特殊工人”的任务，把被俘的抗日军人、抗日干部和其他反抗日本帝国主义侵略的民众作为“特殊工人”押送到东北。

从1938年开始，每年有10万名左右的“特殊工人”被押解到日本关东军所属部队的军事工程和伪满民生部指定的主要为战争服务的工矿业或其他特殊工程中，从事繁重的苦役。其中，辽宁是当时“特殊工人”数量最多的省份，这些“特殊工人”主要集中在鞍山、抚顺、本溪、阜新、辽阳和北票等地。

“特殊工人”名为“工人”，但却过着地狱般的生活。日伪当局为被押解来的“特殊工人”建立了一整套像囚犯一样的档案，以便于管理。“特殊工人”所居住的区域周围布满通电铁网，由军警昼夜看守。为了防止“特殊工人”逃跑，军警上下班押送他们往返，日伪当局还在主要交通路口和车站设置检查网，派警卫人员轮流值班。在宿舍内，“特殊工人”被编成班组，实行“连坐制度”，即“一人犯罪，众人受累；一人逃跑，全班坐牢”，若稍有反抗或逃跑，就要受到严厉惩罚和残酷迫害。

“特殊工人”在这种如囚犯般制度的管理下，从事着最艰苦的劳动。他们每天劳作 10 个小时以上，强度极大，动辄还要遭受军警、特务和把头们皮鞭、棍棒的毒打。而矿山、工厂和各种劳动场所的条件又极其恶劣，伤亡事件接连不断，人身安全毫无保障。在每天 10 多个小时的繁重劳动后，“特殊工人”只能得到极其微薄的工资和少得可怜的发霉食物，经常有人因此而中毒。一旦有人患病，就会被注射毒针而死或送到大炉中活活烧死。即便如此，这微薄的工资还要受把头、特务们的层层盘剥。

沉重的劳役、囚犯的待遇、恶劣的环境、可怕的疾病，时时威胁着“特殊工人”的生命。正像当时流传的一首歌谣所描述的那样：“含冤进牢房，屈身牛马当。苦役随日转，早晚一碗汤。杀人不见血，活活见阎王。”可见，日本侵略者对“特殊工人”的迫害达到了何等残忍的地步。

建立组织　鼓舞士气

尽管身处地狱般的生存环境，遭受日本侵略者的残暴统治和无理迫害，但“特殊工人”们始终没有屈服于侵略者的淫威。他们为抵抗侵略、重获自由，始终坚持对敌斗争，甚至不惜牺牲自己的生命。特别是他们当中的共产党员，虽然暂时与组织失去了联系，但崇高的革命理想和坚强的革命意志使他们在异常困难的情况下自发地秘密组织起来，建立党的组织，明确斗争目标，制定斗争策略，为在黑暗中抗争的“特殊工人”们指明了方向，带来了希望。

1941 年 11 月 12 日，晋绥地区抗日部队几百名被俘人员被日军从山西太原集中营分批押送到抚顺炭矿老虎台采矿所万达屋矿井，分别从事采煤、掘进、支柱等最繁重、最危险的劳动。在这些“特殊工人”当中，有原晋绥军第二一二旅作战参谋南品（原名王敬堂）、第二一二旅政治部秘书马苏义（化名杨立春）、第二一二旅第五十六团副团长熊言顺，这三个人都是共产党员。他们在没有找到中共抚顺党组织的情况下，自发秘密成立了中共临时党支部，决定积极团结被俘人员，开展对日斗争。12 月，晋绥军决死纵队卫生部长李新民（化名李凤鸣）、第二一二旅某连指导员高光鉴（化名高明义）也参加了支部活动。

本溪煤矿是“特殊工人”数量较多的矿区，下辖的茨沟矿和柳塘矿“特殊工人”最多时达 3000 多人，其中共产党员的人数至少有 150 人。1942 年 7 月，由 300 多人组成的“特殊工人”大队从石家庄战俘集中营被押送到本溪煤矿的柳塘矿，这部分人员到矿后很快就建立了秘密党组织，并开展了活动。他们在矿区成立了中共临时支部，在“特殊工人”中宣传革命思想，鼓舞士气，帮助“特殊工人”认清形势，自觉抵制日伪派来的特务人员的拉拢收买，并出面维护“特殊工人”的权益，与矿区管理者进行斗争。

在阜新矿区，“特殊工人”自发建立的党组织数量最多。阜新五龙采矿所的共产党员韩玉玺和吴文军是原《大众日报》社发行股股长和编辑部文书，在徐州“特殊工人”教习所期间，他们与该所的地下党组织负责人原新四军敌工部联络科科长盛朴有过接触。在韩玉玺等人被押往东北前夕，盛朴指示他们到东北后要把党员组织起来，团结群众与敌人进行斗争。韩玉玺等人于 1942 年 2 月 1 日秘密建立起五龙“特殊工人”党小组。党小组组建后，很快联络了 6 名党员，并大力开展对国民党军队被俘人员的启发和团结工作。

1942 年 7 月末 8 月初，号称“兴亚二队”的“特殊工人”大队的 300 多人，由石门劳工教习所来到阜新高德采矿所。8月17日，经其中的共产党员翟光、张洪恩多方工作，秘密串联了陆学青、王寿山、何树凯、张荣权、周铁珊等7名党员，组建了中共高德塞北支部。塞北支部组建后，带领党员和“特殊工人”与日伪当局展开了多种形式的斗争。1942年8月27日，“特殊工人”刘贵大队300多人，由石门劳工教习所被押解到阜新新邱下菜园子。这支“特殊工人”大队在离开石门前就秘密建立了党支部。到达阜新新邱后，支部改名为中共新邱支部。为了更好地开展工作，新邱支部和塞北支部合并，更名为中共十月特支。

在辽宁的其他有“特殊工人”的地方，虽然有的没有建立党的组织，但是其中的共产党员、地方干部和八路军、新四军指战员，凭着对党、对人民的赤胆忠心，也同样带领群众与日伪当局进行了英勇的斗争。

灵活斗争　注重实效

在中共党组织的发动和共产党员的带领下，“特殊工人”采取逃跑、反虐待、消极怠工、制造生产事故等多种形式与日伪当局进行斗争，并逐步向有组织、

★抚顺老虎台采矿所万达屋“特殊工人”临时党支部军事委员南品

★抚顺老虎台采矿所万达屋“特殊工人”党支部组织委员马苏义

★抚顺老虎台采矿所万达屋“特殊工人”党支部宣传委员高光鉴

★本溪茨沟矿“特殊工人”居住的工棚

★由本溪“特殊工人”武装改编的东北人民自治军

有计划的大规模暴动方向发展。

脱离虎口、争得自由是广大“特殊工人”的共同目标，而逃出牢笼、重返抗日战场则是许多共产党员和八路军指战员的一致愿望。最初，由于没有统一的领导，一两个工人很难成功逃跑，跑不掉被抓回来不但要遭受毒打，甚至还要送命。1943年，中共十月特支把工作重点从组织工人公开斗争转到秘密串联工人分散逃跑上来。农历二月初二，书记马良带领特支人员和大队长等人成功逃回冀中抗日根据地。同年1月，阜新太平矿第六“特殊工人”大队党支部组织委员黎亚和宣传委员李鸿年也成功带领一批党员和工人逃回冀中根据地。

消极怠工、制造事故、破坏生产，是“特殊工人”经常采用的斗争手段。“特殊工人”中的党组织将“多给敌人挖一锹煤、多干一小时活都是耻辱”的思想灌输给每一位“特殊工人”。因此，工人们在劳动中出工不出力，还制造各种事端破坏生产。而这种破坏活动既要达到目的，又不能露出破绽，否则将会招来杀身之祸。因此，他们经常不断地搞一些敌人抓不到把柄的生产事故，影响生产的正常进行。例如：下井前到灯房领灯时，你推我搡，假装争吵，既损坏矿灯，又耽误下井时间；下井后，松动井下铁轨道钉造成煤车翻车，割坏生产运输皮带，破坏电缆影响供电、通风，往煤车下层装矸石制造跑车事故；等等。有时，“特殊工人”们甚至还搞出人为的冒顶事故，造成几天不能采煤。“特殊工人”们利用这样的方法，不断破坏敌人的掠夺和开采计划。

开展争人权、反打骂的斗争，是“特殊工人”保护自我的有效方式。在日伪统治者眼里，“特殊工人”是没有人权的，他们动辄被打骂、虐待，甚至被施以酷刑。“特殊工人”中的中共党组织和共产党员十分清楚，与敌人要人权是不可能的，只有通过斗争的方式才能获得人权。他们巧妙地与敌人斗智斗勇，采用故意打群架的办法，借混乱之际狠打监工的“二把头”。“二把头”怕事情闹大影响生产，无法向上级交代，只好“哑巴吃黄连”。“特殊工人”还时常通过各种方式在监工“大把头”和“二把头”之间制造矛盾，影响工作进度。

在中共党组织的领导和发动下，辽宁地区的“特殊工人”还举行了多次大的暴动，其中，新邱下菜园子暴动是当时令日伪当局极为震惊的一次武装暴动。1942 年 8 月，以原冀中八路军某部连长刘贵为大队长、崔溯源为副大队长的“特殊工人”大队的 300 多人到达新邱。经过周密研究部署，他们决定于 9 月 2 日举行武装暴动。当晚，共产党员、中共新邱特支组织委员戴绪书率先挺身而出，举刀砍向电网，一道电光闪过，惊动了值勤的矿警，工人们随即兵分两路向北门和东门突击，遭到敌人疯狂的火力阻击，队伍无法前进。此时，从阜新各处赶来的日本宪兵队、警备队均已到达下菜园子周围。天渐亮时，敌人用火力将大部分暴动工人困在院子中央，除少数工人侥幸逃出外，其余 200 多人或当场牺牲，或被捕关押。虽然下菜园子暴动失败了，但刘贵、崔溯源等人在危机四伏的艰难环境中坚持斗争，显示出的革命信念和抗战决心深深鼓舞和打动着所有“特殊工人”。

受日本侵略者奴役和迫害的“特殊工人”，在中国共产党的领导下，以抗战到底、誓死争取回归革命队伍的实际行动给日伪当局以沉重打击，体现了共产党员坚定不移的革命意志和勇于牺牲的革命精神，彰显出中华儿女威武不屈、共赴国难的民族气节，为中国人民抗日战争暨世界反法西斯战争的最后胜利做出了不可磨灭的贡献。

育“鬼”成人重返家园的新生

——日本战犯的审判、改造及日本侨俘的遣返

抗日战争与辽宁这块栉风沐雨、饱经沧桑的黑土地有着千丝万缕的联系。辽宁是抗日战争的起始地，抗日战争的“头”在辽宁；抗战胜利后，日本侨俘的遣返、日本战犯的审判和改造也是在辽宁进行，抗日战争的“尾”也在辽宁。一位学者曾这样说：“在沈阳爆发的九一八事变是日本侵华战争的开端，日本战犯‘沈阳审判’和‘抚顺改造’及日本侨俘‘葫芦岛大遣返’则见证了侵略者的结局，抗日战争在辽宁有‘始’有‘终’，形成一个完整的过程。”抗战胜利后，辽宁人民以德报怨，将战后有家难回的日本侨俘遣返回国，使其获得新生；将犯下滔天罪行的战争恶魔改造成人，令其涅槃重生。辽宁，不仅是抗日战争的起始地，亦是战后相关工作的实施地，是把日本战犯育“鬼”成人、把日本侨俘送回家园的“再生之地”。

遣返日侨日俘

1945 年 8 月，日本宣布无条件投降，中国人民抗日战争暨世界反法西斯战争取得了最后胜利。当时，滞留在海外的日本人约有 660 万人，其中军人 300 万人，非军人 330 万人，而滞留在中国东北的日本侨民就有 100 多万人。他们在东北各地四处溃逃，归国无望，大部分只能在难民收容所里苦熬岁月。如何处置这些日本侨俘成为中国政府亟待解决的问题。1945 年 10 月，根据《波茨坦公告》精神，美、苏、中共、国民党三国四方在上海召开会议，就遣返日本侨俘问题进行磋商，原则上确定将滞留在各战区的所有日本侨俘一律有

组织地遣返回日本。1946 年 1 月，中美双方在上海举行会谈，遣返东北日侨问题正式提上议事日程。

其实，日侨问题由来已久，早在 1905 年，日俄战争结束以后，日本就开始有目的、有计划地向中国东北移民，九一八事变后更是变本加厉。东北沦陷时期，日本人在东北是享有一切特权的头等公民，他们大多集中在工商业发达、条件优越的大中城市，部分集中在乡村有工矿企业的地方或土质水利条件好的地方。1945 年 8 月，日本投降后，这些日侨的生活水平一落千丈，他们没有工作，没有生活来源，每天都在饥饿中煎熬。他们时刻都在担心被他们欺压 14 年之久的中国人民将会怎样报复他们，他们今后的日子将是怎样一种命运。但是，中国人民在抗战胜利后并没有以暴易暴、以怨报怨，而是以最博大的胸怀、最人道的态度开始了日侨遣返工作。

1946 年，经当时的“军调处三人小组”（美国马歇尔、中共周恩来、国民政府张群）协调决定，除丹东的日本侨民 7.5 万人由东北民主联军负责经朝鲜遣返、大连的日本侨民 27 万人由苏军直接遣返之外，在东北地区的其余日本侨民全部集中到葫芦岛港进行遣返。

1946 年 4 月，滞留中国东北各地的日本侨民陆续接到“向葫芦岛港集中，统一遣返回国”的命令，挣扎在死亡线上的日侨喜出望外，终于看到了希望。

1946 年 5 月 7 日上午，两艘装载着 2489 名日侨的美国轮船驶离了葫芦岛港。这些日侨作为第一批被遣返归国的日本侨民，迈出了日侨日俘归国还乡的第一步，由此也拉开了葫芦岛大遣返的序幕。

从 1946 年至 1948 年，历经 3 年时间，约有 105 万日本侨俘从葫芦岛港被遣返回国。在那个物质极度匮乏的岁月，中国政府仍拨出了大批粮食、燃料、药品和 13441 节火车皮，以供遣返之需，并强调“为便利日侨和减少途中困难，以保全家老小一同遣送为准则”“保证日人自所在地出发，至葫芦岛登船，沿途不受到强奸、掠夺、侵犯、抢劫、勒索、恐吓或其他任何不法举动，其生命财产不受到侵犯”。葫芦岛作为集结地和遣返地，当时有大量日本侨俘在这里聚集，等待遣返船只到来。当地中国百姓以德报怨，百万日本侨俘

★日本侨俘遣返之地纪念碑

受到无私的照顾：很多身患重病的日本侨俘在这里得到及时的医治；善良的中国人给日本侨俘中的老人和小孩腾出热炕，端水送饭……许多日本侨俘回国后回忆起这段经历，称葫芦岛是他们的“再生之地”。

遣返日侨日俘，是抗战胜利后中国近代史上的重要事件，也是世界历史上的重要一幕。辽宁作为日本侨俘遣返地，在中国人民抗日战争暨世界反法西斯战争史上写下浓墨重彩的一笔。

审判日本战犯

1945 年 8 月抗战胜利后，一部分日本战犯被关押在苏联远东伯力（哈巴罗夫斯克）地区的战俘营中。1949 年底至 1950 年初，以毛泽东主席为首的代表团访问苏联。在苏期间，从维护中华人民共和国主权的角度考虑，经协商，双方决定将部分关押在伯力地区的日本战犯引渡到中国关押，接受中国政府的审判。

1950年7月，根据协议，中国政府正式接收苏联移交的侵华日本战犯969名，将其押送到抚顺战犯管理所关押。此外，在太原战犯管理所还关押着由人民解放军华北军区培训团、中华人民共和国公安部、华北行政委员会公安局、天津市公安局、山西省公安厅等单位解送的100多名日本战犯。

1954年3月，由最高人民检察署从全国抽调近千人组建的侦讯团奔赴抚顺、太原战犯管理所开展工作。侦讯工作全面完成后，最高人民法院根据全国人大常委会的决定，着手准备审判日本战犯。

1956年4月，全国人大常委会通过了《关于处理在押日本侵略中国战争中犯罪分子的决定》，中国政府决定成立特别军事法庭，分别在山西省的太原和辽宁省的沈阳两地开庭，对45名日本战犯进行审判。

4月25日，第一届全国人大常委会召开第三十四次会议，正式通过了任命最高人民法院特别军事法庭庭长、副庭长、审判员名单。时任最高人民法院刑事审判庭庭长贾潜被任命为庭长，时任解放军军事法院副院长（军法少将）袁光、最高人民法院刑事审判庭副庭长朱耀堂为副庭长；时任解放军军事法院上校王许生、牛步东、张剑，最高人民法院审判员徐有声、郝绍安、殷建中、张向前、杨显之为审判员。

1956年6月9日至19日，最高人民法院特别军事法庭在沈阳首次开庭，对日本陆军第一一七师团中将师团长铃木启久等8名战犯进行审理。7月1日至20日，特别军事法庭在沈阳再次开庭，对伪满洲国国务院总务厅长武部六藏等28名战犯进行审理。

参照当时国际法的相关规定，原本有100多名日本战犯被提起公诉，若按其罪行大小处理，其中70余名可以处以极刑，但特别军事法庭秉承着“不杀少判”的原则，最终仅对45名战犯判处刑罚，并首批释放了1019名罪行轻微的战犯。

★沈阳审判日本战犯法庭旧址陈列馆

历史证明，沈阳审判在新中国司法史上具有里程碑式的重大意义。其之所以成效显著，是因为中国政府宽严相济、人道主义的改造和审判工作，以及中国人民的博大胸怀。所有战犯都在法庭上认罪、悔罪、谢罪，这在国际军事审判史上前所未有，是个奇迹。

改造日本战犯

新中国成立之初，根据中苏双方协定，苏联同意将部分关押在伯力地区的日本战犯引渡到中国关押。1950年初，新中国首任司法部部长史良根据政务院及周恩来总理的指示，来东北选定羁押由苏联移交给中国的日本战犯和伪满洲国战犯的监所。在综合考虑交通、安全、保密设施等诸多因素之后，

★抚顺战犯管理所旧址

最终选定了坐落于抚顺市城郊的辽东省第三监狱作为战犯管理所。这一方案得到毛泽东、周恩来的批准。1950 年 6 月，根据毛泽东和周恩来的指示，国家司法部将辽东省第三监狱改为东北战犯管理所，用于关押由苏联引渡到我国的战争罪犯。

辽东省第三监狱原是日伪统治时期的一座高级军事监狱，始建于 1936 年，由日本人设计，1937 年 6 月竣工并开始使用，主要关押中国抗日志士和爱国同胞。抚顺解放以后，东北人民政府在此设立了“辽东省第三监狱”。1950 年 6 月，根据中央政府指示，东北人民政府公安部、司法部、卫生部和公安三师抽调了 145 名干部组成东北战犯管理所工作队伍，战犯管理所开始执行神圣的历史使命。1950 年 7 月，我国政府根据《波茨坦公告》，以及纽伦堡国际军事法庭、远东军事法庭有关处理第二次世界大战战争罪犯的规定和中苏有关协定的条款，开始正式接收由苏联政府移交给我国的在侵华战争中犯有破坏和平罪、战争罪、违反人道罪的日本战犯。这座由日本人设计修建的监狱，最终用到了他们自己身上，变成了改造日本战争罪犯，使他们由“鬼”变成人的学校。

1950 年 7 月 14 日，东北人民政府外事处处长陆羲率领战犯管理所有关人员和两个连的兵力日夜兼程奔赴中苏边界城市黑龙江省绥芬河等待接收日本战犯。17 日晚，押运第一批日本战犯的专列由苏联驶抵绥芬河火车站，18 日清晨，中苏双方开始办理移交手续。随后，押运日本战犯的专列由绥芬河火车站正式启动，于 7 月 21 日凌晨 3 点到达抚顺城火车站。接着，押运战犯的队伍转乘汽车抵达战犯管理所。此次由苏联移交给中国的日本战犯共计 969 人，之后，又接收 13 人，抚顺战犯管理所共计关押日本战犯 982 人。这些日本战犯，按体系分为军队系统 667 人、宪兵系统 116 人、特务警察系统 155 人、行政官吏 44 人，按军阶分为将级 35 人、校级 125 人、尉级以下 822 人。其中包括：日本帝国主义在伪满洲国的第一号“太上皇”——伪满洲国国务院总务厅长官武部六藏，第二号“太上皇”——伪满洲国国务院经济部次长、总务厅次长古海忠之；曾参与南京大屠杀的日本侵略军第一四九师团中将师团长、南京卫戍司令佐佐木到一；曾参与细菌部队进行活人实验的日本关东军第十师团防疫给水部少佐部长、关东军第七三一部队第一六三支队支队长榊原秀夫；日本关东军宪兵司令部部长齐藤美夫、齐齐哈尔宪兵队股长土屋芳雄；曾参与阴谋杀害抗日名将赵尚志的伪满洲国三江省鹤立县兴山警察署署长、齐齐哈尔市警察局特务课课长田井久二郎；曾参与杀害抗日英雄杨靖宇的伪热河警务课课长、奉天省警务厅厅长三宅秀也；曾以残酷手段刑讯受伤被俘抗日女英雄赵一曼的伪滨江省公署警务厅特务课外事股长大野泰治；等等。最富戏剧性的是，当年曾任伪满抚顺典狱典狱长的大村忍、伪抚顺市警察署长柏叶勇一等人，由抚顺监狱的管理者变成在抚顺战犯管理所改造的阶下囚。1950 年 8 月，东北战犯管理所又从苏联接收了伪满洲国战犯 71 人。这些战犯无论职位高低，均在日本侵略中国期间，公然违反国际法准则和人道主义原则，对中国人民犯下了滔天罪行，给中国人民造成了极大的灾难。据不完全统计，

★改造日本战犯历史陈列馆序厅

在他们的主谋和参与之下，共计烧毁房屋 7800 多处、44000 余间，掠夺粮食 370 多万吨，掠夺煤炭 2220 多万吨，掠夺钢铁等金属 300 多万吨，杀害平民和被俘人员 85.7 万余人，并在全国各地制造了 30 余起重大惨案。而在东北战犯管理所，面对这些十恶不赦的历史罪人，管理人员以德报怨，他们对日本战犯实行“恨其罪，不恨其人；惩其罪，救其人”的方针，赢得了战犯的信服和尊重，铸就了永世难忘的“恩师”形象。日本战犯在战犯管理所接受了正义、良知的审判和改造，他们在这里生活、学习、思考，少则 5 年，多则 14 年，在一座人道主义中国监狱里得到了高度国际化的和平改造，他们从心灵的深处开始反省自己的战争罪行，审视自己灵魂的丑恶，其间，他们的思想也逐步发生了转变，对于侵略战争及人类的和平事业，也渐渐产生了新的认识。从 1956 年 6 月至 1964 年 3 月，在抚顺战犯管理所关押的日本战犯被分期分批全部释放回国。从 1959 年 12 月至 1975 年 3 月，被关押的伪满洲国战犯也被分期分批全部释放。

中国改造日本战犯的胜利，是对世界文化史、文明史创造性的贡献，是第二次世界大战后的一个伟大的奇迹。位于抚顺的战犯管理所，将为历史作证：千余名日本、伪满战犯失魂落魄地走进来，却又一个个心悦诚服、热泪盈眶地走出去。杀人不眨眼的恶魔改造成了守卫和平的卫士，民族的罪人变为新社会的主人。昔为中国敌，今为中国友。兽性恢复了人性，“鬼”变成了人！

人物篇

碧血青蒿两千古，于今赤旆满山河

——记东北抗日联军第一路军总司令兼政治委员杨靖宇

著名的抗日民族英雄杨靖宇曾率领东北军民与日本侵略者血战于白山黑水之间，在冰天雪地、弹尽粮绝的紧急情况下，最后孤身一人与大量日伪军周旋战斗几昼夜后壮烈牺牲。郭沫若曾作诗赞曰：“头颅可断腹可剖，烈忾难消志不磨。碧血青蒿两千古，于今赤旆满山河。”

热血青春投革命

杨靖宇，原名马尚德，1905 年 2 月 13 日生于河南省确山县李湾村一个贫农之家。少年时，杨靖宇就树立了远大志向，学习刻苦努力。他喜欢听大人们讲古代英雄杀富济贫、精忠报国的故事，对岳飞这样的爱国英雄十分敬仰。1923 年秋，杨靖宇考入河南省立第一工业学校（开封纺染工业学校），在校期间，他秘密参加革命活动，之后受党组织派遣，回到确山县从事农民运动。1926 年加入中国共产主义青年团，1927 年加入中国共产党。

1929 年，杨靖宇被组织调到东北，从事革命工作。8 月，杨靖宇被派往抚顺，任中共抚顺特别支部书记。杨靖宇一到抚顺，就同矿工们广泛接触，根据实际情况，采取他们乐于接受的如“拜把子”，组织兄弟团、识字班等形式，

★青年时代的杨靖宇

把矿工们组织起来，开展斗争。他拿起丁字镐和矿工们一起下到潮湿阴暗的矿井里，干着又脏又累的活，吃着发霉变质的玉米面窝窝头。一天，一位老矿工一出矿井就摔倒在地，原来是几天没吃饱饭了。老矿工没钱请医生看病，家里又无米下锅，只好去找工头借钱。工头不但不借，反而叫人打了他一顿，说他怠工，并要开除他。下班后，杨靖宇及时赶到老矿工家里，把自己仅有的两块大洋送给老矿工后，转身就走。老矿工眼含热泪，拽住杨靖宇不让他走，激动地说："你来的日子，我看出来了，你和别人不同，大家也都在议论你。"杨靖宇说："我和你一样，都是遭大罪受人欺的'煤黑子'。"

杨靖宇不急于组织工会、开展政治斗争，而是先从经济斗争入手。当时，日本矿主为了更大程度地压榨矿工们的血汗，决定裁减人员，延长工作时间，这使许多矿工丢了饭碗，也使更多的矿工加重了劳动强度。矿工们怨恨交加，都来找杨靖宇出主意。杨靖宇借此机会发动矿工，以经济斗争的形式开展罢工。矿工代表向日本矿主提出了改善劳动条件、增加工资、如日本矿主不答应坚决不复工等要求。遭受很大经济损失的日本矿主被迫答应了矿工们的条件。这一时期，抚顺党组织和工人运动不断发展壮大，矿工们也更加信任杨靖宇了。

由于在抚顺领导当地矿工罢工，杨靖宇几次入狱，遭受日本警察署的严刑拷打，但他坚贞不屈，始终不承认自己是共产党员。九一八事变后，杨靖宇经组织营救出狱，赶到哈尔滨，与党组织接上了关系，继续投身革命。

文韬武略见骁勇

在东北抗日战场上，杨靖宇显露出卓越的军事指挥才能。

在空前的民族危难中，时任中共满洲省委军委书记的杨靖宇以省委特派

★杨靖宇画像

员的身份去海龙、磐石等地指导建立共产党领导的抗日游击队。1933年1月，在游击队战斗受挫、主要领导人牺牲、部队面临溃散危险的紧急关头，杨靖宇毅然决定出任南满游击队政治委员。9月18日，根据中共满洲省委的决定，杨靖宇在中国工农红军第三十二军南满游击队的基础上成立了东北人民革命军第一军独立师。他带领这支抗日队伍，打击日本警备队，袭击敌人铁甲车，擒杀汉奸分子，团结出没于山林之中的反日义勇军和山林队组成反日联合军，几次打破敌人的疯狂“围剿”，先后发动攻打吉林七区、伊通答城子、八道河子等地的战斗，极大地鼓舞了东北民众的抗日决心，使部队不断发展壮大。到1934年8月，独立师已发展到800余人，所属部队活动区域已扩展到辉发河南北两岸10余个县，给日伪在南满的反动统治造成了极大威胁。11月7日，东北人民革命军第一军正式成立，下辖两个师，杨靖宇任军长兼政治委员。1935年3月，杨靖宇率领部队开辟了清原、新宾、桓仁等游击区。到1935年底，东北人民革命军第一军总人数比1934年增长了1倍。

1936年春，在全国抗日救亡运动的鼓舞下，为了配合中国工农红军北上抗日，杨靖宇率领东北人民革命军第一军在辽宁与吉林毗连的东部地区主动出击，积极打击日伪军。从2月至4月，第一军与日伪军作战11次，歼灭日军60人、伪军382人。2月，东北人民革命军第一军改编为东北抗日联军第一军，杨靖宇任军长兼政治委员。军部下辖教导团和3个师，全军共有3000多人。

杨靖宇除了是一名骁勇善战的指挥官外，在广大指战员的心中，他还是个博学多才的将领。战斗之余，他为大家上政治课，讲国内外形势，常常用《孙子兵法》中声东击西、出其不意、兵不厌诈、围魏救赵等谋略进行战术研究。为了活跃部队生活，杨靖宇常常在晚上和指战员们一起联欢、娱乐，亲自教唱自己创作的《东北抗日联军第一路军军歌》，并编写了一个四幕话剧《王二小放牛》，让战士们化装演出。夜幕沉沉，篝火闪闪，每当“我们是东北抗日联合军……正确的革命信条要遵守，铁般的军纪风纪要服从……”的激昂歌声响起时，围坐在杨靖宇身边的指战员不由得周身充满暖意，士气更加高昂。

痛打汉奸邵本良

1936年初，日军为了彻底消灭活动在抚顺地区的抗日联军，调集了一个师团的兵力，在汉奸邵本良部的配合下，开始向抚顺地区大举进攻。在强大的敌人面前，杨靖宇采用“牵牛鼻子”的办法，迂回作战。他们从清原向新宾方向转移，再从新宾向桓仁转移，然后再回到清原。经过几次的长途急行军，拖得敌人筋疲力尽，使敌人失去了刚开始时的嚣张气焰。

一日，杨靖宇率领的小分队走到新宾的大琵琶岭时，被敌人发现，杨靖宇集中火力歼灭了60多名伪军。当杨靖宇率部在鸡房子岭吃饭时，被邵本良得知，派出200名骑兵追来，杨靖宇率领战士们给敌人迎头痛击，敌人丢下50多具尸体狼狈逃窜。敌人吃了几次败仗后，气急败坏，便集中兵力，想找机会与杨靖宇决一死战。杨靖宇看透了敌人的阴谋，便将计就计，让战士们一路上丢弃一些没有用的东西，制造逃跑的假象。敌人信以为真，紧追不舍。我军在杨靖宇的率领下，迂回到凤城县的梨树甸子。杨靖宇率部布置好了伏击圈，待邵本良残部完全进入后，一声令下，全体指战员一齐开火，经过4个多小时的激战，歼灭了几乎所有的残敌。邵本良仅带着7名伪军逃跑。

经过几个月的长途跋涉、艰苦斗争，杨靖宇率部粉碎了敌人的这次“大讨伐”，消灭了大量日伪军。痛击邵本良部的胜利，沉重地打击了敌人的嚣张气焰，极大地鼓舞了抚顺地区人民的抗日决心和战士们的斗志。

奇兵频出震敌胆

七七事变后，杨靖宇确定了积极开展抗日游击战争钳制日军入关、配合关内抗战的战略方针。抗联第一路军以英勇作战的实际行动与关内抗战

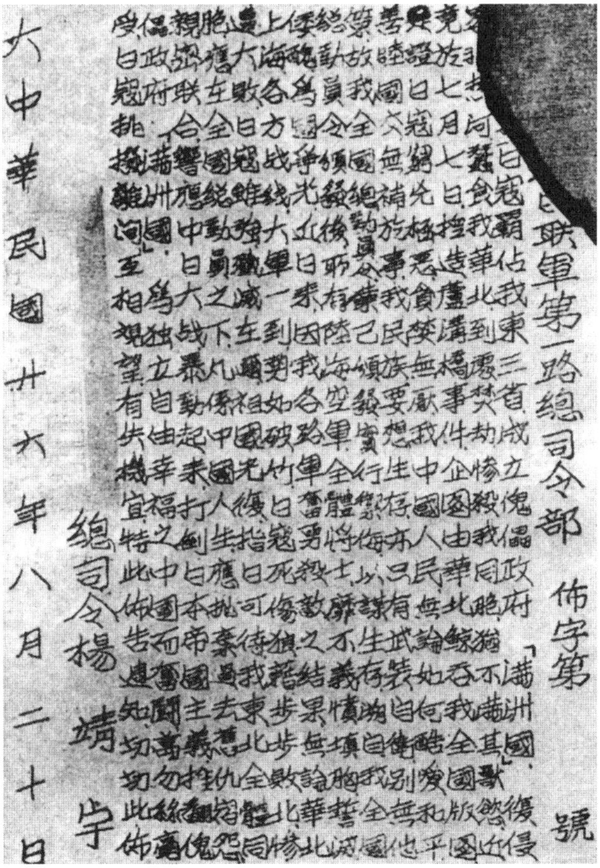
东北抗日联军第一路总司令部佈字第 號
大中華民國廿六年八月二十日
總司令楊靖宇

★ 1937 年 8 月 20 日，杨靖宇签发的《东北抗日联军第一路总司令部布告》

部队相呼应，有力地配合了全国的抗日战争。7 月中旬，杨靖宇率军部直属部队 100 多人，从桓仁西进，打算袭击奉（沈）吉铁路敌人列车。他们途经兴京县永陵街附近的黄土岗山中时，与日军松原部队遭遇，激战 6 小时将敌击退。随后，杨靖宇率部继续在兴京、桓仁、宽甸、本溪等地开展游击活动。

10 月 31 日，杨靖宇率军部直属教导团与第一师第三团 200 余人，来到宽甸县双山子和四平街之间的小佛爷沟，运用调虎离山之计，首先派出小股部队切断四平街通往本溪、桓仁等地的电话线，只留下通往双山子的线路。然后分兵佯攻四平街，诱使双山子日军守备队出援，而把主力部队埋伏在敌兵来援必经之地的小佛爷沟的山头和路旁。战斗打响后，四平街之敌急得四处求援。双山子守敌水出佐吉队长立即率守备队和部分伪军坐三辆汽车急往四平街。当敌人进入小佛爷沟时，枪声四起，敌人全部陷入抗联火力网内，敌一辆汽车被击毁，水出佐吉当即毙命。这时，佯攻四平街的抗联部队早已撤离。四平街守敌陆岛小队长从逃出人的口中得知援军受阻，又出兵支援水出，行至小佛爷沟，又被我军阻击，陆岛小队长等多人被击毙。这一仗，消灭日军守备队水出佐吉队长和陆岛小队长等30余人、伪军10余人，沉重打击了日军的嚣张气焰。

为了扑灭东北抗联这团熊熊燃烧的抗日烈火，1937年秋，日伪开始实施一系列“治安肃正”计划，调动作战师团、守备队、伪满军、警察队2万余人采取陆空配合，“篦梳式”“踩踏式”作战，对杨靖宇率领的第一路军进行连续“讨伐”和“扫荡”，并悬赏1万元捕杀杨靖宇。由于敌人进一步加紧制造“无人区”，我军密营遭到破坏，部队被迫在零下二三十摄氏度的冰天雪地中四处辗转，与敌周旋。

1937年冬，为了打破日伪军对东南满的冬季“大讨伐”，杨靖宇指示第一路军各部将主力适当地分成若干小部队，伺机开展游击活动，待需要大部队活动时，则迅速集结，完成任务后仍以小部队活动，以避敌人攻袭。在此次反“讨伐”斗争中，杨靖宇率直属部队由宽甸向西北移动，在本溪、宽甸、桓仁3县交界地区活动，先后进行了本溪简沟作战、大石湖战斗、老边沟伏击战等多次战斗，至1938年2月，终于打破了日伪的冬季“大讨伐”。1938年春，杨靖宇率部从桓仁北上奔赴辑安老岭山区，仅用了几个月时间就开辟了老岭游击区。

1938年，中共中央在延安召开了扩大的六届六中全会。会上，毛泽东高度评价了杨靖宇和他所领导的抗联部队对全国抗日所做的巨大贡献。11月5

日，全会专门给东北抗联发去致敬电："东北抗日联军杨司令靖宇转东北抗日联军的长官们、兵士们、政治工作员们：我们代表中国共产党全体党员及共产党所领导下的抗日军队与游击队，向沦陷在敌人统治下已七年多的东北同胞们，在冰天雪地与敌周旋七年多的不怕困苦艰难奋斗之模范的东北抗日军队，表示最深刻的同情，并向你们致最崇高的民族革命敬礼！东北抗日联军及一切抗日义勇军万岁！"

血洒濛江美名传

1939年，日伪军对东北抗日联军步步紧逼。为保存实力，免遭巨大损失，杨靖宇将所有部队化整为零，并于1939年5月前，陆续撤出辽宁境内，进入长白山。1940年1月21日，第一路军军部警卫旅第一团参谋丁守龙叛变投敌。丁守龙向敌人全盘供出了杨靖宇在吉林濛江的行军路线、活动区域、现在处境及下一步的行动计划。2月的一天，敌人纠集重兵，以叛徒程斌的"讨伐队"为先导，在几架飞机的配合下，对杨靖宇进行追击"围剿"。敌我力量悬殊，我军死伤惨重，杨靖宇的部队从百余人减少到30人，又从30人减少到15人。到2月14日，杨靖宇身边只剩下了两名警卫战士。15日，杨靖宇等3人依托树林和600余名敌人作战。毙敌1人，击伤6人后，3人冲出重围。18日，两名警卫战士进村寻找粮食时被敌发现，在枪战中壮烈牺牲。

天寒地冻，杨靖宇已经几天没有吃东西了，饥饿使他眼冒金星，左臂伤口隐隐作痛，两条腿像灌铅似的沉重，每迈出一步都要用很大的力气。23日，杨靖宇被敌人包围在濛江县城西南6公里的三道崴子上。由于寡不敌众，杨靖宇胸部被射中一枪，紧接着身上又中了数弹，他那高大、魁梧的身躯倒在冰冷的濛江大地上。

杨靖宇牺牲后，残忍的日军割掉他的头颅，当剖开杨靖宇腹部时，发现他的胃里尽是枯草、树皮和棉絮，竟无一粒粮食。日本侵略者无不为中国共产党人这种坚强的意志和民族精神而深感震惊。

★杨靖宇烈士陵园铜像

35年峥嵘岁月，14载戎马生涯。杨靖宇这位坚贞不屈的钢铁战士，以“拼着热血誓必打倒日本帝国主义”的坚韧，英勇不屈，战斗到生命最后一刻，血沃国土。他的生命虽然短暂，却谱写了无比壮丽的人生诗篇，为中华民族树起了一座不朽的丰碑。

林海雪原任驰骋，何须马革裹尸还

——记东北抗日联军第二路军副总指挥兼第三军军长赵尚志

“黑水白山，被凶残日寇强占，我中华无辜男儿，备受摧残。血染山河尸遍野，贫困流离怨载天。想故国庄园无复见，泪潸然。争自由，誓抗战，效马援，裹尸还。看拼斗疆场，军威赫显。冰天雪地矢壮志，霜夜凄雨勇倍添。待光复东北凯旋日，慰轩辕。”这是抗日英雄赵尚志任东北人民革命军第三军军长期间创作的《满江红·黑水白山》。这位被日伪称为“小小的满洲国，大大的赵尚志”的英雄，以豪气冲天的革命斗志和视死如归的革命精神令日本侵略者闻风丧胆、谈之色变。

转战哈东

赵尚志，1908 年生于辽宁省朝阳县喇嘛沟村一个知识分子家庭。1925 年参加革命，同年加入中国共产党，曾入黄埔军校第四期学习。1926 年初夏，根据东北革命斗争的需要，他提前结束了学习，来到哈尔滨工作，曾任中共满洲省委军委书记。九一八事变后，赵尚志投笔从戎，曾任巴彦游击队参谋长，该部失败后，赵尚志与组织失去了联系，在各地联系抗日力量从事抗日活动。

1933 年 10 月 5 日，赵尚志与珠河中心县委取得了联系。10 月 10 日，中共珠河县委在珠河铁道南的三股流召开“珠河东北反日游击队”成立大会，赵尚志被推选为队长。会上，赵尚志带领 13 名游击队员鸣枪宣誓：“我珠河东北反日游击队全体战士，为收复东北失地，争回祖国自由，哪怕枪林弹雨，万死不辞，赴汤蹈火，千辛不避，誓心武装东北三千万同胞，驱逐日寇海陆

★赵尚志画像

空军滚出满洲，为中华民族的独立解放奋斗到底！”珠河反日游击队成立后，广泛宣传党的抗日救国政策，没收汉奸走狗的财产，分给贫苦农民，使群众认识到游击队是真正抗日的队伍。

珠河反日游击队的出现引起了敌人的注意。1933 年 12 月，敌人曾在罗家店西沟和火烧沟两次“围剿”游击队，均以失败告终。在火烧沟战斗中，赵尚志率队与珠河日军展开了六个小时的激战，消灭敌人 20 名，击毙了敌方大队长。游击队声威大振，许多抗日志士慕名而来，不到三个月，游击队已发展到 70 人，编成了五个分队及骑兵队、机枪队和少年先锋队，成为珠河各义勇军、山林队所瞩目的抗日队伍。

1934 年 3 月末，赵尚志为了贯彻党的反日统一战线政策，在秋皮屯召集了 20 余支义勇军、山林队的首领召开会议，成立了东北反日联合军司令部，赵尚志被推选为总司令。联合军司令部成立后，游击队和义勇军共同进行了多次战斗，拔除了许多敌人据点。同年5月，赵尚志率领反日联合军四五百人攻打宾县县城，“木炮打宾州，威震敌胆”被传为佳话。同年6月，反日联合军在三岔河与来袭的日伪军数百人激战，在敌众我寡的情况下，我军不仅冲破敌围，而且消灭日伪军100多人。

日伪军十分惧怕共产党领导下的抗日部队的联合，提出了“专打游击队，不打义勇军”的口号，企图破坏游击队和义勇军的团结。为了粉碎敌人的阴谋，进一步加强抗日队伍的团结和统一，赵尚志提议收编义勇军和山林队。经过游击队党、团会议同意，宣布成立东北反日游击队哈东支队，赵尚志任司令，张寿篯（即李兆麟）任政治委员。哈东支队成立后，接连打了几场漂亮仗，胜利攻占了哈南重镇五常堡，逐渐发展成为一支组织性纪律性强、很有战斗力和影响力的抗日队伍。

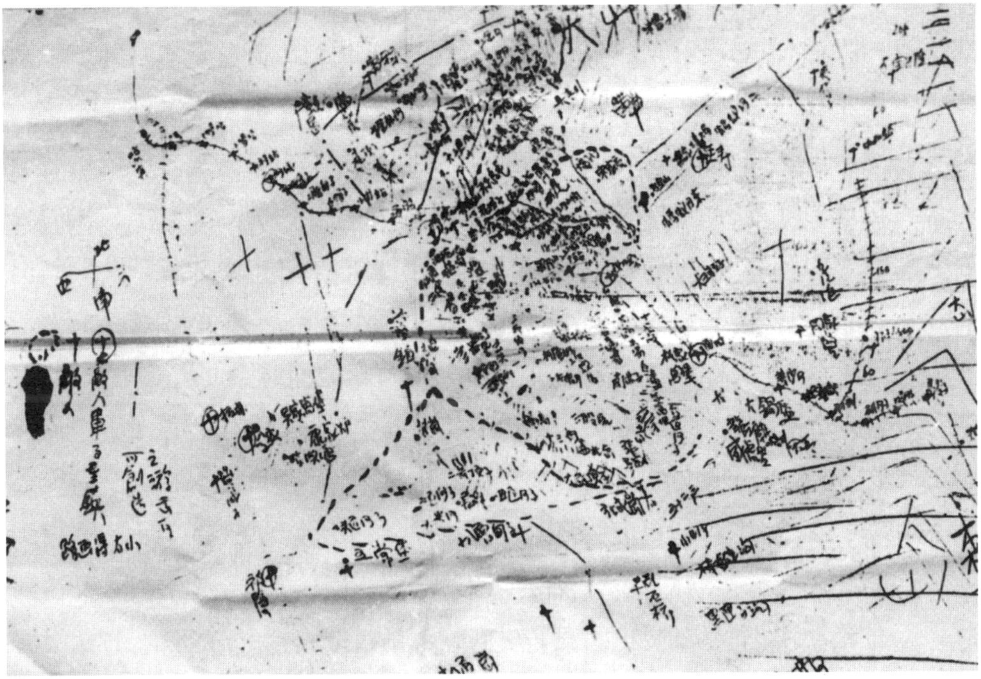

★赵尚志领导的珠河游击队使用的地图

“冰趟子”激战

在赵尚志的领导下，哈东支队的力量迅速壮大，1935年1月28日，成立了东北人民革命军第三军，赵尚志任军长。1936年8月1日，东北人民革命军第三军又改编为东北抗日联军第三军，成为一支下辖7个师、人员6000多名的抗日武装。

1937年3月初，赵尚志率第三军顺着运送木材的山道开进通北山里，不久，侦察员报告，有一股敌人紧追不舍。面对敌人的不断跟踪、追击、堵截，赵尚志决定主动出击，伺机设伏，彻底摆脱被动局面。他的想法得到了部下的赞同。为了进一步鼓舞士气，赵尚志对全体战士进行战前动员：“现在的情况是前有各县讨伐大队的阻截，后有日军和伪军的追击。敌人的目的很明显，一个是想把我们消灭，再一个是想把我们赶到大山里饿死、冻死。我们怎么办？我们要把日伪军引进山去打一次硬仗，让敌人吃吃苦头，知道中国人民不是好惹的。大家说好不好？”战士们齐声说：“好！”赵尚志把手一挥，命令队伍出发，他走在队伍最前头。当部队来到一个山道狭窄、两侧山坡布满茂密树林的地方时，赵尚志命令部队沿山路再继续向前走二三里，然后分左右两路上山，沿山脊再向回折返，埋伏在山上的树林中，并将马匹牵到山后隐蔽起来，等待来敌。

大约两小时后，百余名敌人顺着山道沿我军在雪地上留下的足迹追寻而来，当敌人全部进入埋伏圈后，赵尚志发出战斗命令。顿时枪声大作，子弹雨点般地射向敌群。敌人被突如其来的进攻打得蒙头转向。敌人十分疑惑：从雪地上留下的脚印看，抗日军还在向前方走，怎么会在这山上出现呢？不容敌人多想，我军已从四面八方杀了过来，打得敌人四处逃窜。当敌人逃至山腰时，又遭到赵尚志部署的第二梯队的攻击。我军居高临下，四挺机枪一齐怒吼，日伪军应声倒地。此战，毙伤日伪军30余人，我军仅伤1人，缴获了大量枪支弹药。

战斗结束后，赵尚志说："敌人绝不会甘心，一定还会反扑前来报复。"他决定率部队迅速转移，把敌人引诱到山里，选好地势，再次进行攻击。随后，部队行进至"冰趟子"。"冰趟子"是因冬天附近的山泉水流到一山丘下结成一片冰川而得名。当地人称此地为张破帽子店，这里有几家店铺，过往车马在这里歇息。车道北就是那片泉水凝成的冰川和河沟，车道南是一座岗岭起伏的小山，山上长满低矮而稠密的杂木丛，是个打伏击的好地方。此处建有四座伐木工人居住的木营，里面有用煤油桶做成的火炉。在这里，赵尚志召集干部开会，他说："冰趟子这儿地势不错，坚固的四座木营可以固守，沟的两侧是山林，可以设伏；沟口处很狭窄，可以截断敌人退路，又可以打敌人的援兵。"他指着外面那一片平坦的、盖着一层白雪的冰川信心十足而又诙谐地说："只要我们能守住阵地，把日本兵引到冰川上，他就像秃头上的虱子一样，无处藏身。别说他有五十（武士）道精神，就是有六十道、七十道也白搭。"接着他命令战士们连夜构筑工事，设立埋伏圈，准备迎击来敌。

3 月 7 日，日军竹内部队守田大尉率日伪军 700 余人沿山道向我军驻地方向赶来。面对武器装备优良、人数远远多于我军的敌人，赵尚志镇定自若、胸有成竹，全体抗联战士毫无畏惧，士气高昂。当敌人进入我军埋伏圈时，一支伪军首先被击退，伪军中队长毙命，其余敌人连滚带爬地往回逃。接着，约200名日军从远处耀武扬威地扑向我军占据的木营。但敌人在冰川上站不住、走不稳，很快队形就乱了。这时，我军的六挺机枪猛烈地向敌人射击，日军被打得人仰马翻。

敌人的第一次进攻失败，但后援部队很快乘爬犁又至。敌兵稍加整顿，又连续组织了第二次、第三次进攻。敌人依仗人多势众，向我军猛烈冲击，战斗愈演愈烈，处于胶着状态。这时，一股敌人占据了我军驻地左侧的一座木营。赵尚志见此，命令少年连趁日军立足未稳，坚决夺回这一阵地。少年连代理排长赵有财带领两个班与敌英勇搏斗，木营得失数次，最后终于被英勇的少年连战士夺回。

当晚，战斗仍在继续。因夜间山里天气寒冷，枪支冻得打不响，士兵的手指也冻得麻木，不能弯曲勾扳机。战士们就换班轮流到木营里在火炉旁烤枪、烤手，然后再去出击。后半夜，气温骤降，趴在冰雪中的日本兵被冻得无力还击，枪声渐渐稀落。此时，赵尚志估计到敌人将会从沟口撤退，于是命令加强沟口堵击力量。果然不出所料，敌人开始撤退。我军在沟口处与敌激战一小时，又出奇制胜地杀伤了大批敌人。

这次战斗，日伪军死伤300余人，我军缴获了大批武器弹药及敌人运送给养的马爬犁和大量米肉、服装、军毯等物资。

文韬武略

赵尚志不仅是个英勇善战的军事指挥员，他出色的文笔也是抗联军中少有的，他写的《关于布置和建立东北游击队的报告》《关于东北抗日游击队过去与现状的略述》等文章，为建立和发展游击队、打击侵略者提供了很好的理论支持。他主笔的《东北红星壁报》更成为宣传抗日、丰富抗联战士业余生活的精神食粮。

1940年3月，赵尚志调任东北抗联第二路军副总指挥。同年5月29日，鉴于敌人“讨伐”不断加紧、抗日活动日益困难的情况，第二路军总指挥部召开了党员大会，会议除了号召全体指战员要坚定信心、克服困难、坚持抗日外，还做出了加强宣传教育的决定，要求《东北红星壁报》第二期要立刻出版。

为了加强宣传教育，大会决定由赵尚志担任“主笔”，以便于第二期迅速出版。作为“主笔”，赵尚志不仅要整理电报员收来的国内外电讯，要征文，要设计版面，更要写出战士们喜闻乐见的具有可读性的诗文以弥补文稿不足。在这张壁报中，赵尚志个人创作的作品约占署名文章的三分之一。其中时评短论《纪念红色的五月》指出，五月是我中国人民曾遭受极端惨痛的国耻月，更是日寇侵凌我国、侮辱我人民的血史月。悲愤惨痛的五月，是唤醒我国人民起来进行伟大斗争的日子。文中说，五月自从涂上红色之后，是何等的英烈，何等的伟大。文中号召，要用“血命的力争”消灭敌寇，来纪念红色的五月。

为了使壁报的内容更为活泼，可读性更强，赵尚志特意设立了“谜语请教”栏目。为了使谜语既通俗易猜，又联系现实，有较强的政治寓意，赵尚志翻阅了很多资料，亲自制谜。这份壁报导向正确，创意新颖，栏目众多，内容丰富，文体多样，版面齐整，形式活泼，时效性强。在战火纷飞、条件异常艰苦的岁月里，壁报丰富了广大指战员的精神生活，陶冶了他们的情操，提高了他们的政治觉悟。

血染梧桐

赵尚志是日伪当局最头疼的“匪首”之一，穷凶极恶的日本侵略者时时企图拉拢和捕杀赵尚志，日本关东军曾登报悬赏 1 万元通缉捕杀赵尚志，并叫嚣谁抓住赵尚志，“一两骨头一两金，一两肉一两银”。敌人还多次派特务、奸细和一些赵尚志的旧交去拉拢、劝降和暗杀赵尚志，但都没有得逞。

1941 年秋，赵尚志在鹤立、汤原地区发展抗日武装时被敌特机关发觉，他们先是派驻鹤立的警察大队搜山“讨伐”了 7 天，却连赵尚志的影子也没见到。“讨伐”不成，他们经过一番谋划，制订了一个诱捕赵尚志的计划。他们派一个名叫刘德山的特务化装成收山货的老客进山，在山里找到赵尚志的小分队后，假称是赵部一个战士的老朋友，通过谎报经历，伪装积极，进而提供假情报，骗取了赵尚志的信任。

1942 年 2 月 12 日凌晨，由于受刘德山提供的“情报”的欺骗，赵尚志带领小分队去袭击预伏在梧桐河警察分驻所的伪警察队。当部队行进到离敌警察分驻所两公里处时，刘德山乘人不备，突然从背后向赵尚志开枪，击中赵尚志的腹部。赵尚志强忍着剧痛，回枪打死了刘德山。枪声惊动了埋伏好了的敌人，他们包围了赵尚志和他的小分队，并将因流血过多而昏迷不醒的赵尚志抓住。

抓住赵尚志后，敌人如获至宝，立即把身负重伤的赵尚志拉到敌分驻所

★赵尚志塑像

突击审讯，妄图从赵尚志这个北满抗联的“大人物”口中弄到我党、我军的高级情报。然而，狡猾而凶残的敌人却失算了，他们可以靠预谋诱捕一个坚贞的共产党员，却无法用酷刑使其开口。赵尚志视死如归的大无畏革命精神连敌人也大为惊叹。据伪三江省警务厅给伪满洲国治安部的报告记载：“赵尚志受伤后，仅活八小时。当警察对他审讯时，他对满人（中国人）警察说：‘你们不也是中国人吗？你们出卖了祖国，还不觉可耻吗？我一个人死去，这没有什么。我就要死了，还有什么可问？’说完闭口不语。”“其最后表现，真不愧为一个‘大匪首’的尊严。”就这样，年仅34岁的赵尚志，为中华民族的解放事业献出了宝贵的生命。

赵尚志一生忠于党的事业，是个坚定的马克思主义者，他在反对日本帝国主义侵略中国的民族解放斗争中，坚强不屈，英勇奋斗，做出了重大贡献，他的光辉形象和英雄事迹永远鼓舞华夏儿女不断克服困难，奋勇前进……

千顷林海颂将军，万里长风赞英雄
——记东北抗日联军第一路军副总指挥兼第二军军长王德泰

他，地地道道的辽宁人，九一八事变后毅然投身抗日斗争洪流；他，作战勇猛，威震敌胆，被称作“东满一只虎”；他，率部与敌浴血奋战，保卫了奶头山抗日游击根据地，战后，人们把他战斗过的山峰以他的名字命名；他，善做思想政治工作，经常给战士们讲授党的革命理论和优良传统，他领导的抗日队伍被中共东满特委称赞为“党领导下的最可宝贵的模范队”。他就是著名的抗日英雄，东北抗日联军第一路军副总指挥、第二军军长——王德泰。

歇人不歇枪，游击斗“讨伐”

王德泰，又名王铭山，1907 年 5 月生于辽宁营口，1931 年九一八事变后，积极参加抗日斗争，不久，光荣地加入了中国共产党。

当时，为了反抗日本帝国主义的侵略，东北各地民众相继建立了赤卫队、游击队、山林队等抗日组织。1932 年夏秋之际，王德泰受组织派遣，到延吉三道湾地区开展兵运工作。他深入“长江好”山林队，利用各种时机和条件，耐心地启发士兵的阶级觉悟和民族意识，很快就团结了一些士兵，并利用外出执行任务之机，把 20 多个士兵带到依兰沟，参加了党领导的抗日游击队。1933 年 1 月，中共延吉县委以数支游击队为基础，组建了延吉县抗日游击大队，下辖 3 个中队，若干小队，共 130 多人，有长短枪 70 多支。王德泰在游击队中先后担任了小队长、中队长、大队参谋长、政委等职务，在游击战中逐渐成长，显露出卓越的军事才能。

★王德泰

延吉游击大队主要的游击根据地是王隅沟，也叫湾湾沟，是我东满党组织重点发展的一块抗日根据地，中共东满特委和中共延吉县委驻地都在这里。这里有广泛的群众基础，且山高路险，交通不便，易守难攻，沟壑纵横的复杂道路和茂密覆盖的森林植被是我军的天然屏障，日军对此十分头痛却无计可施。1932 年 11 月初，按照中共中央“北方会议”精神，党领导当地人民在王隅沟建立了苏维埃政府，设立了土地部、经济部、粮食部、教育部、政治部、军事部等，还建立了兵工厂、印刷厂、被服厂等。日伪当局对此大为恼火，发动数次“讨伐”，欲除此“心腹大患”。在敌强我弱的形势下，延吉游击大队避实就虚，牵着敌人的鼻子在深山老林里兜圈子，王德泰率部机智巧妙地运用灵活的游击战术对抗敌人的“讨伐”，把敌人打得晕头转向，有劲无处使。在战斗中，王德泰针对我军人多枪少的不利情况，采用“歇人不歇枪”的办法，把游击队分成若干战斗小组，轮流出击。这样，一支枪可顶两支、三支用，从而大大加强了对日军的打击力度。据敌人 1932 年的交战记录统计，在不到一年时间里，王德泰指挥游击队与敌作战50余次，居东满各县游击队之首。

1933年春，在王隅沟抗日游击根据地的北洞村，王德泰与朝鲜族姑娘林昌淑结了婚。9月，在中共东满特委扩大会议上，王德泰被选为东满特委委员、军事部长。

1933年冬，日伪军纠集了700余人大肆向王隅沟进犯，企图一举消灭游击队，破坏抗日根据地。在长期对敌斗争中经受锻炼的王德泰，战略战术和军事素养不断提高，他经过仔细侦察，发现了一个两山夹一沟、极适合打围歼战的有利地形，于是便将部队主力埋伏于此。为防敌人不肯上钩，他又派一支小分队且战且走，带着敌人在山里绕了半天，最后才把敌人引进了事先准备好的包围圈。此战，我军消灭日伪军百余人，取得了反“讨伐”斗争的胜利。从此以后，敌人对王隅沟望而生畏，再也不敢轻易进犯。

党的模范队，松树糕充饥

1933年1月26日，中共中央发出了《给满洲各级党部及全体党员的信》(即“一·二六”指示信），提出“在政治上和组织上发展和巩固我们在满洲的组织，是我们党最要紧最主要的任务之一”。5月15日，中共满洲省委作出《关于执行反帝统一战线与争取无产阶级领导权的决议》。东满特委迅速贯彻中央和省委要求，全面加强了政治、军事、经济方面的抗日民族统一战线工作。王德泰在其领导的抗日游击队中，广泛开展了思想政治工作与军事业务训练相结合的练兵活动。王德泰经常给将士们讲党的革命理论，讲当时的敌我形势，注意发展思想积极进步的同志加入党团组织。到1934年初，延吉游击大队已由130人发展到300多人，编成了4个中队，开辟了王隅沟、八道沟、三道湾等抗日游击根据地。整个队伍中的党团员人数占80%以上，政治素质好，勇敢善战，纪律严明，受到了中共东满特委的表扬，被称为“党领导下的最可宝贵的模范队”，并荣获了一面“模范队”红旗。

在艰苦的斗争环境里，王德泰坚持与战士们同吃同睡同战斗，还经常利用各种方式鼓舞他们的斗志和士气，想尽办法解决各种问题。有一年冬天，王德泰和战士们在密营深处断了炊，伙食长找到王德泰，问："一点吃的都没有了，怎么办呢？"王德泰拍了拍唉声叹气的伙食长，笑道："活人还能叫尿憋死了？跟我来。"伙食长疑惑不解地随着王德泰走进白雪茫茫的树林，王德泰指了指粗大的松树说："把树皮剥下来，用碱水煮烂，再拿棒子捣碎，就能做成粥和糕吃，别有风味哩！"就这样，王德泰和战士们吃了一顿松树粥和松树糕，虽然嘴里的味道是苦涩的，但笑出来的声音却是甜的。

一开始，部队的服装很不统一，长衫短袖，样式和颜色各异，王德泰便带领战士们截了日军的一辆被服汽车，缴获了大批白布，从此部队有了自己的军服。冬天，一身白装；春秋，用柞树皮把白布染成黄色；夏季，用老鸹眼树皮煮成绿色。这样，部队一年四季都有了隐蔽的伪装服。

为了鼓舞士气，王德泰倡导创办了《战旗》《反日周刊》等报刊，还编印了《抗日救国千字文》等政治课本，并组建了战地演出队。王德泰会唱几句京戏，在战斗间隙，战士们常常要王德泰来上一段儿。每当这时，他二话不说，站起来，煞有介事地向席地而坐的将士们深鞠一躬，然后清清嗓，不是《赤桑镇》，就是《瓦岗寨》，高亢、嘹亮、浑厚的声音在山林中回荡，战士听了爆发出热烈的掌声……

突袭大甸子，罐里捉王八

1934年3月下旬，中共东满特委按照中共满洲省委的指示，以延吉、汪清、和龙、珲春四县游击队为基础，吸收了一部分义勇军等抗日队伍，在延吉县三道湾抗日游击根据地的张芝营建立了东北人民革命军第二军独立师，下设4个团和1个独立团，26岁的王德泰任独立师政委。

独立师成立后，为打破日伪军的"讨伐"和"围剿"，采取积极进攻的策略，统一部署，分兵挺进，积极深入敌占区开展活动，开辟新的抗日游击区。他们兵分两路，一路向安图的东厂子、大甸子一带进军，一路向汪清的罗子沟进发。4月，独立师第二团主力攻占安图东厂子。5月2日，攻克大甸子，毙伤敌人30余名，缴获大量物资。7月，王德泰率独立师独立团活跃在延吉、安图、敦化一带，四处袭击日伪军，并筹划创建安图东厂子抗日根据地。

一天，王德泰得到情报，安图县大甸子镇驻进伪靖安军一部，企图对抗日游击队进行秋季"讨伐"。王德泰决定趁敌不备，先下手为强，突袭大甸子镇的日伪军。王德泰率领独立师独立团和第二团一部，联合抗日义勇军共300多人，迅速包围了大甸子镇。他首先派侦察排切断敌人的电话线，派一个连拆毁了通往安图县城的公路桥，并占领了桥头的制高点，阻敌增援。一切工作安排就绪，王德泰便按兵不动等了起来。许多人要求马上进攻，怕错过机会，贻误战机。有一个说话风趣的战士问道："现在大甸子的鬼子伪军都是'罐里的王八——准拿'，咱咋还不动手？"王德泰哈哈大笑，说："正因为他们已经是'罐里的王八'，咱们才不着急。咱们弹药不足，能省就省。一枪不放，还打胜仗，不是更好吗？"遂让大家加紧封锁，掐断敌人的供给，一点儿一点儿地消耗日伪军的弹药。经过11个昼夜的围攻，敌人弹尽援绝，士气瓦解，被迫弃城而逃。王德泰指挥所部和两支赶来参战的反日义勇军、山林队乘势猛攻，一举攻占了大甸子镇，消灭了大批日伪军。我军部队入城后，王德泰组织没收日伪资产，对百姓秋毫无犯，受到群众的热烈欢迎。在群众的支持下，独立师在大甸子镇休养了一个多月。

要从铁路过，脑袋作路钱

1935年3月，在中共东满特委的领导下，东北人民革命军第二军独立师进行了整顿，王德泰任独立师师长。5月30日，独立师正式扩编为东北人民革命军第二军，兵力增至1200余人，有各种枪械980多支，王德泰任军长。

第二军军部发表了《成立宣言》和《告民众书》，号召人民群众和各反日爱国部队坚持抗日，结成广泛的统一战线，把日本侵略者从东北驱逐出去。

东北人民革命军第二军成立前后，为了扩大抗日武装力量和游击根据地，在王德泰等人的率领下，各部队活跃于安图、敦化、额穆、宁安、东宁等地，伺机打击敌人，取得了赫赫战果，其中以哈尔巴岭袭击敌人列车的战斗最为著名。

1935 年 5 月 1 日，王德泰率独立师第一团和义勇军一部共 200 多人，准备袭击敌人列车，打击敌人的嚣张气焰。经过周密侦察，他们得知5月2日凌晨，将有一辆列车行经哈尔巴岭与大石头车站之间，遂提前设下埋伏。5 月 2 日凌晨 2 点，敌 202 次列车呼啸着开了过来，只听山崩地裂一声巨响，列车像一头被射中了的狮子，猛然跌下轨道，后面的车厢晃晃荡荡，一个接一个地脱轨，七扭八歪地倒在路轨旁。这时，枪声四起，杀声震天，人民革命军发起猛攻。护车的日军拼命抵抗，垂死挣扎。人民革命军用机枪扫射，把顽抗之敌压到路轨旁，击毙 30 多名，其余的弃车逃命。紧接着，人民革命军战士闪电般地登车搜查，那些平日不可一世的日伪官吏，有的头上蒙着毯子，有的身上裹着毯子，顾头不顾腚地钻到卧铺底下，龟缩成一团。我军俘获日伪军政要员 13 人，缴获了大量物资和钱款。

这次战斗之后，在王德泰的领导下，我军又于八、九月间先后在安图的亮兵台和绞河的黄松甸进行了两次截车战斗，都获得了胜利。截车战斗的连续胜利，不仅严重地扰乱了敌人在长图线上的运输计划，沉重地打击了敌人的反动气焰，而且鼓舞了人民群众抗日救国的热情。当地群众编成歌谣诙谐地唱道：

中国地，中国山，
中国铁路中国管。
鬼子要想从此过，
留下脑袋作路钱。

奶头山巧战，“王德泰山”立

1935年9月，日伪当局调来了大批部队，在东满地区开展大规模的“讨伐”。为配合“讨伐”，敌人进行了严密的经济封锁，广泛推行“保甲法”，实行白色恐怖。第二军面临着极其严峻的形势，原有的几块抗日根据地大部分被迫放弃。第二军第一团、第二团化整为零，深入渗透到敌占区，打哨所，夺物资，逐步消灭敌人的有生力量。

11月下旬，日伪军侦知安图县奶头山抗日游击根据地无我军主力留守，遂调集800多人组成“讨伐队”，大举向奶头山抗日游击根据地进犯。奶头山抗日根据地远离日伪统治中心，交通不便，群众基础较好，有利于开展游击斗争，是第二军重要的游击根据地。这里不仅有第二军的司令部、政治部、军需处等军直机关，还有兵工厂、被服厂、后方医院等，第二军指战员经常到这里休整和训练。当时，奶头山抗日根据地只有我军两个连的兵力，加上军部、后勤机关人员，部分女战士、儿童团员和伤病员，一共才200多人。

强敌进犯，王德泰立即紧急动员，沉着指挥，冒着枪林弹雨在敌人进攻奶头山的咽喉要道——砬子口布下地雷阵和伏兵。狂妄的敌人第一天还没站稳脚跟，就被王德泰布下的埋伏消灭了几十个人。第二天，日伪军改变了进攻点，向游击队阵地发起了猛烈的进攻。王德泰率军居高临下，勇猛阻击，有效地消耗了日伪军兵力。在战斗中，游击队的伤亡也很大。为了弥补兵力的不足，王德泰把军直机关的老战士、女战士、儿童团员和部分轻伤员编成若干个游击小组参加战斗。这些游击小组在王德泰的指挥下，四面偷袭敌人，打得敌人日夜不得安宁且搞不清楚我军的实力。到第三天，日伪军已厌战惧战，进攻乏力。王德泰抓住有利战机，率部果断地向日伪军发起了反攻，在附近几支抗日游击队的支援和策应下，此战共歼敌200余人，缴获了大批武器弹药，粉碎了敌人的冬季“大规模讨伐”计划，保卫了抗日游击根据地。在奶头山战斗中，王德泰带领部队以少胜多，这场战斗是第二军战斗史上的一场硬仗。此次战役以后，当地民众就把王德泰指挥战斗的奶头山根据地中的一座无名山峰命名为“王德泰山”。至今，这座以王德泰名字命名的山峰，不仅印刻在伟大祖国的宏伟版图上，更印刻在了安图人民的心间。

东满一只虎，傲啸群山林

1936 年 2 月，王德泰与杨靖宇、赵尚志、李延禄、周保中等人联合发表了《东北抗日联军统一军队建制宣言》。3 月，东北人民革命军第二军正式改编为东北抗日联军第二军，王德泰任军长。1936 年 7 月，东北抗日联军第一军、第二军合编为东北抗日联军第一路军，杨靖宇任第一路军总司令，王德泰任副总司令兼第二军军长。

在长期的对敌斗争中，王德泰摸透了敌人的进攻策略，善于运用战略战术巧妙地打击敌人。1936 年 3 月，王德泰采取“围城打援”的战术，一面包围战略要冲大蒲柴河，一面分兵赶往寒葱沟设下埋伏圈，一举毙伤敌援兵数百名，缴获步枪 500 余支、轻机枪 16 挺。随后，挥师南进，乘胜攻陷了大蒲柴河。

王德泰不但善用战略战术打击敌人，还善于运用政治攻势瓦解敌人。敌人有个据点名叫太阳谷，是第二军在抚松、临江一带活动的必经之路。1936 年 11 月初，王德泰决定解决掉这个麻烦。他指挥第二军军部和第四师主力，把太阳谷围了个水泄不通，依然准备采取“罐中捉王八”的策略。他了解到敌守军是清一色的伪军，就组织投诚士兵现身说法，轮番喊话，展开了强大的政治攻势，迫使两个连的伪军缴械投诚，不费一枪一弹就拿下了这个据点。

在战斗中，王德泰坚毅果敢、勇冠三军，常常靠前指挥、身先士卒，遇到“难啃的骨头”，他总是冲锋在前，打得兴起时，他就抢过机关枪对准日伪军一顿扫射，打得敌人哭爹喊娘，闻风丧胆。战友们亲切地称赞他是“东满一只虎”，敌人听到“王德泰”的大名则掉头就跑……指挥员的性格，往往会感染乃至铸成其统领部队的整体性格。在王德泰的影响下，第二军逐渐成长为一支勇猛顽强、吃苦耐劳、富有牺牲精神的“虎”气十足的抗日队伍。第二军第六师朝鲜族女战士崔姬淑，在一次战斗中负伤被俘，敌人用尽酷刑，始终没能撬开她的嘴巴。恼羞成怒的敌人剜掉了她的双目，她凛然怒斥敌人说：“尽管你们抠去了我的双眼，夺去了我的光明，可我还是能够看到革命的胜利，看到你们的灭亡！”第二军有一位排长在零下40多摄氏度的严寒中行军时冻坏了脚趾，为了跟上队伍，他用罐头盒子做成了锯条，硬是将坏趾锯了下来，一瘸一拐地坚持行军。还有一位女战士，在一次随队活动时，突然发现前面

★王德泰石雕像

有敌人，为了不暴露部队的位置，她含泪将啼哭的刚满月的儿子按在雪地里，待敌人离去后，孩子已经咽了气……

1936 年 11 月下旬，为了策应第一路军西征，吸引敌人兵力，王德泰率领第二军军部及第四师主力、第六师一部，在濛江与抚松交界的小汤河屯召开干部会议，研究粉碎日伪“围剿”等问题。日伪军侦知第二军主力宿营小汤河屯的消息后，立即纠集步、骑兵 600 多人偷袭。25 日，王德泰率 300 多人在转移之际与敌遭遇。日伪军倚仗兵力多、火力强的优势，抢占了南山制高点，并在轻重机枪的掩护下发动猛攻。在敌强我弱的形势下，王德泰从容不迫，沉着应战。他指挥部队从正面顶住敌人的进攻，以部分兵力迂回攻击敌人侧后方。日伪军在迫击炮、轻重机枪的助攻下，进攻凶猛。王德泰身边的几个同志相继牺牲，王德泰怒目圆睁，端起机枪向敌群扫射。这时，我军一部分兵力迂回到敌人的侧后方，占领了制高点，对敌人发起前后夹击。敌人突然遭到前后两面猛烈火力的夹击，顿时乱作一团，伤亡惨重，慌忙败退。王德泰高喊：“战友们，冲啊！为牺牲的同志们报仇！”率领战士冲下山去。经过 4 个多小时的激战，消灭了敌人 200 多人。正当王德泰率军乘胜追击败逃之敌时，忽然一颗子弹飞来，击中他的肋部，王德泰不幸壮烈牺牲。

千顷林海为将军哭泣，万里长风为英雄悲歌，抗日英雄王德泰的英名，与千千万万的抗联将士一起，永远铭刻在中国人民抗日斗争的历史丰碑上，他的英雄事迹和革命精神不断鼓舞和激励着亿万炎黄子孙，继承先烈遗志，为中华民族的伟大复兴而不懈奋斗！

场馆篇

东北抗联史实陈列馆

东北抗联史实陈列馆位于辽宁省本溪市本溪满族自治县小市镇，总占地面积 69000 平方米，建筑面积 5040 平方米，陈列面积 3000 平方米，是集参观、

★东北抗联史实陈列馆序厅

★东北抗联史实陈列馆主展厅——东北抗日联军单元

学习、教育、研究、观光于一体的综合性陈列馆。年接待参观者 30 余万人次，先后荣获全国爱国主义教育示范基地、国家国防教育示范基地、全国文明单位、辽宁省未成年人思想道德建设先进单位、辽宁省中共党史教育基地、本溪市花园式单位等称号。

陈列布展以“林海雪原，抗联英雄”为主题，以东北抗联重要事件、人物、战斗为线索，通过丰富的历史照片、珍贵的史料和文物、场景及现代化的声光电等展示手段，全面、真实、准确、系统地反映了东北抗日联军十四年的艰苦斗争历程，生动再现了东北抗联惊天地、泣鬼神的英雄壮举，热情讴歌了抗联将士忠诚于党的坚定信念、勇赴国难的民族大义和血战到底的英雄气概。

东北抗联史实陈列馆展览共分四个部分：第一部分是“日本帝国主义对中国东北的侵略”；第二部分是“中国共产党领导下的东北抗日联军”；

第三部分是“坚持抗日斗争，迎接伟大胜利”；第四部分是“抗联英烈正气浩然”。

地　　址：本溪市本溪满族自治县小市镇滨河东路

开放时间：周二至周日 9：00—17：00 开馆（周一闭馆），16：00 停止入馆

乘车路线：自驾从本溪满族自治县客运站到东北抗联史实陈列馆约 2.5 公里，大约 6 分钟

联系电话：024-46854706

沈阳“九·一八”历史博物馆

沈阳“九·一八”历史博物馆坐落于沈阳市大东区望花南街46号，位于九一八事变的发生地——南满铁路柳条湖路段遗址的东南侧。始建于1991年，后经改扩建，占地面积达35000平方米，建筑面积12600平方米，开放面积9180平方米，是目前国内外唯一一座全面反映九一八事变历史的博物馆。开馆以来，已累计接待观众数千万人次。

2013年和2014年，沈阳“九·一八”历史博物馆分别开设沈阳二战盟军战俘营旧址陈列馆和沈阳审判日本战犯法庭旧址陈列馆两个分馆，进一步凸显了其在全国抗战类博物馆中的地位。多年来，沈阳“九·一八”历史博物馆被授予全国百家爱国主义教育示范基地、全国中小学生爱国主义教育示范基地、中央国家机关爱国主义教育基地、首批国家级抗战纪念设施遗址、国家AAAA级旅游景区（点）等称号，获得全国爱国主义教育示范基地先进集体、辽宁省文明单位等荣誉，是辽宁省中共党史教育基地。

目前，馆藏文物达14000多件。2018年，评定国家一级文物28件（套）、国家二级文物21件（套）、国家三级文物97件（套）。

博物馆的标志性建筑是残历碑。碑体为花岗岩贴面，造型酷似一本残缺的台历。碑高18米，面阔30米，进深11米，碑面的右侧是1931年9月18日的日历，碑面的左侧刻有：“夜十时许，日军自爆南满铁路柳条湖路段，反诬中国军队所为，遂攻占北大营，我东北军将士在不抵抗命令下忍痛撤退，国难降临，人民奋起抗争。”残历碑内部为三层楼的建筑格局。这是博物馆最早的展厅。进入一楼，迎面黑色大理石贴面的墙上刻着“勿忘国耻”四个颜体大字，在字的上方刻有一残缺的时钟，指针永远地指向10时20分，告

★沈阳“九·一八”历史博物馆标志性建筑“残历碑”

★沈阳“九·一八”历史博物馆展厅入口及《国难》浮雕

诫人们永远也不要忘记国难降临的那一天、那一刻。残历碑西南有一钟亭，高 2.38 米，直径 1.6 米，重达 4.2 吨的铜铸警示钟就悬挂在这里。

从残历碑广场向北，一组巨大的主题为“国难”的雕塑镶嵌在陈列馆入口的墙体上。这组用 46 吨青铜制成的雕塑分为上下两部分，形似一张被撕裂的东北地图。上半部分主要表现东北的大好河山，松花江、长白山、长白山天池、长城烽火台等景观依稀可见；下半部分则突出体现东北沦陷后的劫难与抗争：成堆的尸体，累累的白骨，塌方的矿井，流浪的人群，在寒风中手拉小孩沿街乞讨的老妇人，五花大绑即将被日军杀害的中国士兵……这一切，冲击着人们的视觉，给人以心灵上的震撼和无法抹去的国难之耻。

陈列馆序厅设计简洁而又寓意深刻。序厅是不等边的方形，在近 450 平方米的空间内，四周的墙壁全部用花岗岩石板装饰，并镶嵌有高低起伏、连

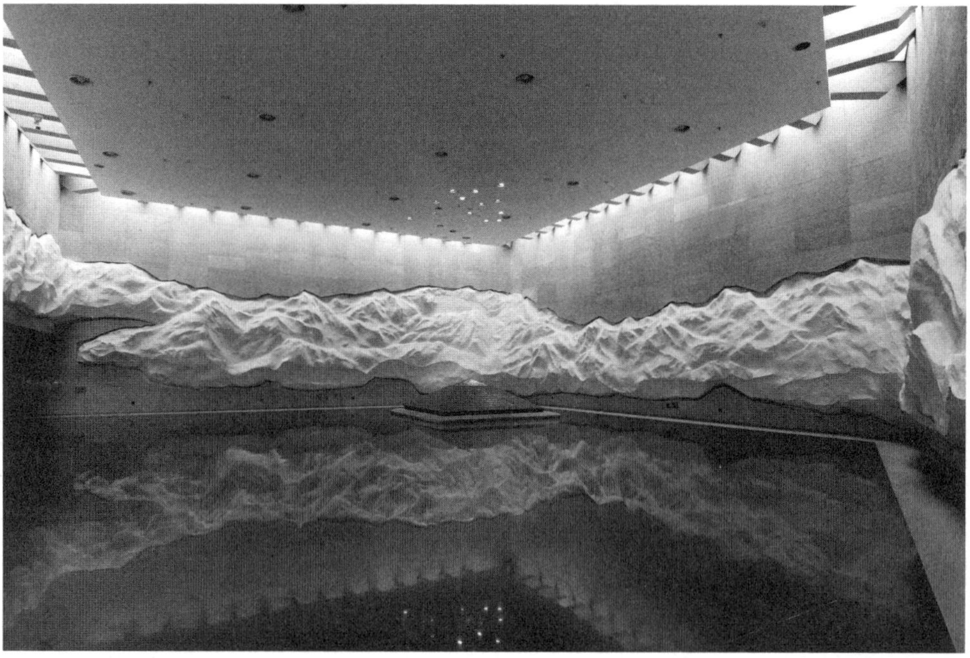

★沈阳“九·一八”历史博物馆序厅

绵不断的白色山脉浮雕。在灯光的映衬下，白色山脉倒映在黑色大理石地面上，墙面、地面浑然一体，营造出“白山黑水”的壮美景象，寓意着美丽富饶的东北大好河山。地面的中央有一座金字塔形的铜铸卧碑，碑顶是一块红色的宝石，在寓意14年抗战的14盏灯光的照射下，熠熠闪光，象征着东北人民不屈不挠的斗争精神和民族英烈浩气永存。在碑的四面，分别用中、英、俄、日文铭刻着这样一段碑文：“这是一个永远凝刻在中国人民心中的日子，这一天日本侵略者悍然发动九一八事变。此后十四年，日本侵略者在中国犯下种种战争罪行。无数物质财富被疯狂掠夺，中华民族的尊严被肆意践踏。从这一天起，十四个春夏秋冬，中国人民反抗日本侵略者的烈火燃遍华夏大地。无数中国人用热血和生命谱写出感天动地的抗日之歌。1931年9月18日是中华民族的国耻日，中国人民永远不会忘却……”

序厅的一侧有楼梯通向地下展厅。拾级而下，屋顶的采光窗由大变小，光线也渐渐由明变暗，这是国难即将降临的一种暗示。楼梯旁的地坪上铺满了石砾，石砾中又分布着14盏紫灯，象征14年的苦难与抗争。

博物馆展线长918米，共展出珍贵历史照片1000余幅，文物、资料500余件（份），大小场景21个，雕塑5组，油画、国画20余幅，真实反映了日本帝国主义策划和发动九一八事变，以及对我国东北进行残酷殖民统治的历史，生动再现了东北人民和全国人民一道，在中国共产党领导下，不屈不挠、浴血奋战，最终取得抗战伟大胜利的历史画卷。

展陈共分六个部分：九一八事变的历史背景；九一八事变的爆发与东北沦陷；日本在中国东北的血腥统治；东北军民的抗日斗争；全国抗战、东北光复与日本侵略者的最终下场；以史为鉴，企盼和平，警惕日本军国主义复活。

整体陈列是开展国耻教育、近现代史教育、革命传统教育、国防教育、爱国主义教育、党史学习教育的良好教材和重要载体。2011年，“九·一八”历史陈列荣获第九届全国博物馆“十大陈列展览精品奖”。

走出陈列馆，有一组主题为“奋起”的雕塑镶嵌在陈列馆的墙体上。这组雕塑分四个部分，分别表现：东北义勇军奋起抗争，英勇杀敌；爱国学生走出书斋，点燃全国抗日救亡运动的燎原之火；亿万军民用血肉筑起新的长城；中国人民欢庆抗战胜利。在“奋起”雕塑的北侧，伫立着一座高28米、呈“V”形的抗战胜利纪念碑。“奋起”雕塑与陈列馆入口处的“国难”雕塑，抗战胜利纪念碑与残历碑，遥相呼应，让人体验到从国难降临到抗战胜利的艰苦卓绝的历程，突出了博物馆的主题。

地　　址：沈阳市大东区望花南街46号

开放时间：夏季9：00—17：00；冬季9：00—16：30（周一闭馆）

乘车路线：沈阳市内乘坐公交163路、212路、253路、298路、299路、325路、328路、399路至“九·一八”历史博物馆站下车即是

联系电话：024-88320918

赵尚志纪念馆

赵尚志纪念馆位于辽宁省朝阳市双塔区中山大街二段。该馆于2007年9月投资兴建，2008年10月竣工并免费向社会开放。整个纪念馆占地面积62000平方米，建筑面积6000平方米，布展面积4400平方米。整个建筑平面为方正的矩形，俯视整个建筑可以看到平面为一个方正的“尚”字。纪念馆高11米，正面长34米，象征着赵尚志将军11岁离开家乡以及34年短暂而壮丽的人生。纪念馆的正面像张开的手臂，寓意家乡人民张开怀抱迎接将军魂归故里。

纪念馆总体设计以弘扬尚志精神为主题，以赵尚志革命战斗的一生为主线，突出展现了抗日民族英雄赵尚志的精神实质和光辉业绩。纪念馆馆名由中央军委原副主席迟浩田题写。赵尚志纪念馆周围是以“尚志”为名的主题

★赵尚志纪念馆正门

公园，公园内建有赵尚志将军骑马塑像、喷泉、叠泉、朝阳旅游文化长廊，并配合绿化，松柏参天，郁郁葱葱，花团锦簇，芳香四溢，气氛肃穆庄严，建筑宏伟壮观。

赵尚志纪念馆展陈共 10 个部分：序厅；第一部分忠义之家、刚烈少年；第二部分寻求真理、投身革命；第三部分武装抗日、威震北满；第四部分白山黑水、铁血三军；第五部分治军治校、文韬武略；第六部分面对挫折、忠贞不渝；第七部分将军蒙难、血染梧桐；第八部分中华英魂、浩气长存；尾厅。整个布展通过图片、实物、绘画、场景及现代科技手段，采用交互式、体验式、还原式等手法，充分考虑到现代人的观赏习惯，增强了观众的现场感。

纪念馆展陈利用幻灯、声响、幻影成像等手段，重点对颠覆日军军列、木炮打宾州、“冰趟子”战斗和最后的战斗等重要战役进行了详细解读，再

★赵尚志纪念馆序厅

现了赵尚志誓死抗日、威武不屈的光辉形象。

2009 年 5 月，赵尚志纪念馆被中宣部列入第四批全国爱国主义教育示范基地；2010 年 4 月被省政府确定为省国防教育基地；2010 年 10 月，被国家发改委列入第二批全国红色旅游经典景区名录；2012 年 3 月，被中共辽宁省委命名为辽宁省中共党史教育基地；2012 年 7 月，通过辽宁省质量监督局验收，成为全省第一批 29 个省级服务业标准化合格单位之一；2012 年 8 月，被确定为国家级国防教育基地；2012 年 9 月，被辽宁省委组织部等部门确定为首批省级公务员职业道德实践基地；2014 年 11 月，被辽宁省委组织部等部门确定为辽宁省干部教育培训现场教学基地；2015 年 8 月，被国务院列入第二批国家级抗战纪念设施、遗址名录。

地　　址：朝阳市双塔区中山大街二段

开放时间：周二至周日 9：00—16：00 开馆（周一闭馆）

乘车路线：高铁辽宁朝阳站乘坐 13 路公交车至尚志公园站下车；朝阳市内可乘坐 1 路、3 路、13 路至尚志公园站下车

联系电话：0421–3818009

辽沈决战

综述篇

伟大战略决战的首战

辽宁，简称“辽”，取辽河流域永远安宁之意。然而，抗日战争胜利后，辽宁乃至全国人民实现和平民主的热切希望却因国民党统治集团发动的全面内战而破灭。为了实现“永远安宁”的美好愿景，中国共产党团结一切可以团结的力量，在辽沈大地上拉开了解放战争三大战役首战的帷幕。到1948年11月2日，辽沈战役胜利结束，辽宁乃至东北全境解放。从此，人民解放军对比国民党军队不但在质量上占有优势，而且在数量上也取得了优势；从此，中国人民革命的军事形势达到了一个新的转折点；从此，全国解放战争获得了一个巩固的、具有一定工业基础的战略后方。

抗战胜利后辽宁重要的战略地位

辽宁地区位于东北的南部，南濒黄海、渤海，西南与河北接壤（抗日战争时期还与热河接壤），西北与内蒙古毗连，东北与吉林为邻，东南以鸭绿江为界与朝鲜隔江相望。辽宁地区交通便利，是东北进入关内的必经之路。抗战胜利时，辽宁地区铁路、公路交通已经四通八达，旅大（今大连）、营口、葫芦岛等地有港口码头可供船舶停靠，沈阳等地还有机场可供飞机起降。辽宁地区矿产资源丰富，抗日战争时期，辽宁的钢铁、采煤、发电、炼油等工业已初具规模。由于辽宁地区具有适宜的地理位置、便利的交通条件、丰富的矿产资源等，因此，自古以来就是兵家必争之地。

抗战胜利后，中国人民热切希望实现和平民主，建设新中国，中国共产党顺应人民的要求，为争取和平民主进行了种种努力。然而，国民党统治集团作为大地主大资产阶级的政治代表，企图继续维持国民党一党专政。美国政府依仗强大的经济和军事实力，大力支持国民党的反共方针，妄图实现控制中国、遏制苏联的政治目的，全面内战一触即发。在这场尖锐而复杂的斗争中，东北特别是辽宁地区因其重要的战略地位，成为国共两党首先争夺的对象。

蒋介石深知失去东北、失去辽宁意味着什么。1945 年 8 月，蒋介石在一次秘密军事会议上宣称：“国民党命运在东北……如东北为共产党所有，则华北也不保。”因此，他把夺取东北列为“国民革命最重大的目标和最迫近的工作”。不久，国民政府设立“军事委员会委员长东北行营”，作为东北最高军事机关，行营设政治委员会和经济委员会，分别主持东北的政治、经济工作。由于东北已处于苏军控制之下，国民党以《中苏友好同盟条约》为依据，同苏联谈判接收东北，不允许苏军向共产党移交。同时，委派他们在东北的党务专员到沈阳、大连等中心城市大肆活动，对汉奸、特务、地痞流氓等日伪残余加以委任，让这些人充当接收人员，组成所谓市、县、区国民党党部。在一些地方，他们公开悬挂国民党党部的牌子。此外，他们收编伪军为“东北自新军”，先后收编了12万余人。为了迅速抢占和接收东北，他们向东北派遣大批“中统”和“军统”人员，在各地设立特务活动组织。10月18日，蒋介石任命杜聿明为东北保安司令长官，企图武装夺取东北。蒋介石还请求美国派飞机和军舰帮助其运兵，1945年底，美国军舰将国民党军队的两个军运到秦皇岛，逼近辽宁，1946年1至4月，又先后将5个军20余万人调至东北。

中国共产党对东北尤其是辽宁地区的重要战略地位有着更加清醒而明确的认识。1945年6月10日，毛泽东在中共七大的讲话中明确提出了争取东北的战略任务，他强调“从中国革命的最近和将来的前途看，东北是特别重要的。如果我们把现有的一些根据地都丢了，只要我们有了东北，那末（么）中国革命就有了巩固的基础。当然，其他根据地没有丢，我们又有了东北，中国革命的基础就更巩固了”。根据这一判断，党中央从山东军区、新四军及晋冀鲁豫、晋察冀、晋绥等军区和延安总部，先后派出2万名干部和11万人的部队迅速开往东北。这些部队和干部绝大多数驻扎在辽宁地区，抢在由美国军舰运送的国民党军队之前，抢先争取和控制辽宁，守住东北大门，为夺取解放战争的胜利创造有利条件。1945年9月14日，中央政治局会议就东北的战略问题进行了比较深入的讨论和研究，会议确定了“向北发展，向南防御”的战略方针，并决定成立中共中央东北局，代表党中央统一领导东北的各项工作。9月19日，中共中央东北局在沈阳召开第一次扩大会议。会议确定尽快建立各地党政组织、大力宣传党的方针政策、准备抗击国民党武装抢占东北的策略。随后，东北局把已到达东北的干部迅速派往各地，开展相关工作……

显然，抗日战争胜利后，国共两党争夺包括辽宁在内的东北地区的斗争，是决定中国前途命运的历史抉择。辽宁，因其重要的战略地位而成为抗战胜利后国共两党首先争夺的焦点，这是辽宁成为解放战争转折地的基本前提。

党的英明决策和辽宁的巧妙部署

抗战胜利后，国共两党正式签订的停战协定根本没有阻止国民党政府调集精锐部队向东北发动进攻的步伐。而《中苏友好同盟条约》的签订更加助长了蒋介石出兵占领东北特别是辽宁各大城市的嚣张气焰。鉴于这种形势，中共中央迅速果断地决定争取和控制东北，这是基于深刻分析全国抗战胜利后的复杂形势作出的英明、正确决策。1945 年 12 月 28 日，毛泽东代表中共中央起草并发出了《建立巩固的东北根据地》的指示，明确指出：“我党现时在东北的任务是建立根据地，是在东满、北满、西满建立巩固的军事政治的根据地。建立这种根据地，不是轻而易举的事，必须经过艰苦奋斗。”毛泽东的指示对党在东北工作的方针和任务作了明确的规定，在这个方针指导下，辽宁地区各级党组织开始了建立巩固的根据地的伟大斗争：各级党组织和人民军队领导广大群众深入进行剿匪斗争，加强除奸反特工作，广泛开展反奸清算、减租减息和分配敌伪土地的斗争，实行土地改革，开展平分土地运动，大力恢复和发展工农业生产，使辽宁迅速成为辽沈决战最巩固的后方基地。

1946 年 5 月 4 日，中共中央发布了《关于土地问题的指示》（简称“五四指示”）。1947 年 10 月 10 日，《中国土地法大纲》由中共中央公布实行。辽宁各级党政机关认真贯彻执行党中央的决策部署，在辽宁各解放区深入开展土地改革运动，为解放农村生产力、提高农民的生产积极性、巩固人民民主专政奠定了坚实基础。

1946 年 7 月 7 日，中共中央东北局扩大会议通过了《东北的形势与任务》的决议，即“七七决议”。辽宁各级党组织深入贯彻落实“七七决议”精神，开展了艰苦卓绝的根据地建设，取得了较好效果。然而，随着国民党军队向南满解放区进攻的逐步加剧，南满地区的形势日趋紧张。到 1946 年 11 月下旬，南满根据地仅剩今吉林境内的4个小县，今辽宁地区基本沦陷。在这种情况下，是否仍然坚持南满是摆在我党我军面前的重要问题。中共中央东北局经过研究，决定坚持南满，并经中央批准，成立了中共南满分局（辽东分局），陈云同志任分局书记兼辽东军区政治委员，萧劲光同志任分局副书记兼辽东军区司令员。1946年12月11日，辽东军区在七道江召开师以上干部会议，会议通过了“巩固长白山区，坚持敌后‘三大块’（即辽南一分区、辽宁二分区、安东三分区）”的总的战略指导思想，为挽救南满危局迈出了关键一步。辽宁各级党组织认真贯彻执行七道江会议精神，各部队坚持正面战场与敌后战场、内线作战与外线作战、运动战与游击战相结合的原则，在辽宁地区与国民党进行了灵活巧妙的斗争，取得了显著效果。

由此可见，中国共产党的英明决策和在辽宁地区的巧妙部署是辽宁成为解放战争转折地的主要原因。

人民军队在辽宁地区的英勇战斗

在创建根据地的同时，东北人民自治军（1946年1月改称“东北民主联军”）根据中共中央的指示，在东北局和各级党委的领导下，配合主力部队，在辽宁地区开展了迎击国民党军队进攻的斗争。1946年2月发生在法库县城东南的秀水河子战斗，是东北民主联军进入东北之后的首次歼灭战，这场战斗的胜利极大地鼓舞了部队的士气，打击了敌人的嚣张气焰。随后的鞍海战役，首创了以军事打击与政治攻势相结合取得胜利的范例，“给好战分子一当头棒喝”。三次保卫本溪的战斗在运动中歼灭国民党军有生力量，震撼了国民党军将领，增强了东北民主联军的信心。胜利来之不易的新开岭战役打乱了蒋介石“先南后北”的计划，是对国民党军事力量的“一个沉重的歼灭性打击”。东北民主联军在辽宁地区多次战斗的胜利，为党领导的人民军队最终战胜国民党军队提供了宝贵经验。

1947年，东北战场上的夏、秋、冬三季攻势结束后，国民党军队被压缩

★东北野战军战士爬过城墙突破口，打进锦州市区

★东北野战军第三纵队第十九团第一连率先突破锦州城垣

在长春、沈阳、锦州三个孤立地区。1948年1月1日，东北民主联军改称“东北人民解放军”，下辖东北野战军和东北军区。当东北解放战争进入第三个年头时，东北战场上敌我双方的力量对比发生了根本变化。在中共中央的正确领导下，东北战场上的人民解放军已占据优势，进行战略决战的时机已经成熟。

1948年9月12日，东北野战军集中70万主力，发动了声势浩大的辽沈战役。东北野战军主力奔袭北宁路，连克昌黎、北戴河、绥中、兴城、义县等县城，切断北宁路，孤立了锦州。蒋介石深感事态严重，于10月2日飞抵沈阳，决定从华北、山东紧急海运7个师到葫芦岛，会同锦西、葫芦岛原有的4个师共11师组成“东进兵团”，自锦西增援锦州，再从沈阳派出5个军11个师组成“西进兵团”，驰援锦州。10月10日，国民党军“东进兵团”向锦西通往锦州的要隘塔山发起猛攻，东北野战军坚决阻击，经6昼夜鏖战，打退国民党军数十次冲击，成功地阻其东进。“西进兵团”出动后，也遭到东北野战军3个纵队的阻击，进至彰武、新立屯一带后，未敢继续南进，这为东北野战军攻锦部队赢得了宝贵的时间。10月14日，东北野战军对锦州发起总攻，经过31小时激战，全歼守敌。

就在东北野战军攻克锦州的当天，蒋介石再次飞抵沈阳，严令长春国民党守军向沈阳突围。10月17日，被长期围困在长春并经党和人民军队大力争取的国民党军第六十军军长曾泽生率部起义。接着，国民党军另一守军新七军官兵纷纷投诚。19日，东北“剿总”副总司令郑洞国也率余部放下武器，长春宣告和平解放。

10月18日，蒋介石第三次飞抵沈阳，企图挽救即将全部被歼的东北国民党军余部。他命令锦西的“东进兵团”继续北犯，令徘徊于彰武、新立屯地区的“西进兵团”立即南进，企图南北夹击，“规复锦州”，然后掩护沈阳国民党军经北宁路撤回关内；另又命令第五十二军南下抢占营口，以控制从海上撤退的通路。为应对这一部署，东北野战军一面在黑山、大虎山一带坚持阻击，迟滞南进的廖耀湘兵团，一面令攻锦主力部队立即回师，隐蔽地向新立屯、黑山地区急进，从两侧包围敌人。10月23日至25日，黑山、大虎山阻击部队经过3天浴血奋战，成功阻击了廖耀湘兵团，东北野战军各部亦于10月26日完成了对廖耀湘兵团的分割包围。经过两天的猛烈进攻，至28日，全歼该兵团5个军12个师共10万余人。东北野战军乘胜分多路向沈阳、营口猛追疾进，于11月2日直下沈阳、营口，辽沈战役胜利结束。9日，锦西、葫芦岛的国民党军从海上逃走，辽宁全境解放。

辽沈战役，是国、共两党参战部队人数首次超过百万的战略决战。在这场战役中，我党我军首次大规模使用火炮与步兵协同作战，首次引入全面的现代战争战法，实施大兵团作战。在这场战役中，我党我军一改以往只擅长打运动战的作战策略，全面成功尝试了攻坚战、阻击战等攻、守战法，实现了我人民军队战术战法上的伟大转折。

辽沈战役历时52天，东北人民解放军共歼灭国民党军47.2万余人，国民

★炮兵部队以强大的火力向锦州轰击

党赖以维持其反动统治的主要军事力量被摧毁近三分之一，东北地区的国民党统治宣告结束。辽沈战役结束后的第五天，毛泽东为新华社撰写的评论《中国军事形势的重大变化》指出，这是中国革命的成功和中国和平的实现已经迫近的标志。

通过以上事实不难看出，人民军队在辽宁地区的英勇战斗是辽宁成为解放战争转折地的重要保证。

辽宁人民的大力支持和无私奉献

在东北三年解放战争中，广大辽宁人民在党的领导下，积极行动起来，踊跃参军参战，努力发展生产，全力支援前线，军队打到哪里，人民就支援到哪里。在广阔的辽沈大地上，处处呈现出军民团结战斗的壮丽图景，显示出人民战争的巨大威力。

在东北解放战争特别是辽沈战役中，随着战争规模不断扩大，兵源问题日渐突出。在辽宁各级党组织的积极宣传和大力推动下，广大适龄青年踊跃参军，处处呈现父母送儿子、妻子送丈夫、兄弟姐妹争相参军的动人场面。据统计，东北解放战争期间，共有 160 万名东北民众参军，仅辽东地区就达 33 万余人。1948 年辽沈战役前夕，东北各地特别是辽宁地区掀起参军高潮，仅新金、复县、庄河三地，3 个月内参军者就超过万人。除了动员适龄青年直接参军外，中共中央东北局还要求各地区有计划有组织地组建大批二线兵团，由各省军区对其进行比较正规的军事训练和政治教育后，输送到前线部队。东北各地党组织对此项工作高度重视，每批均超额完成任务。以辽宁为例，第一批组建二线兵团任务是 8 个团，1948 年春，辽宁双倍完成；第二批任务是 24 个团，到辽沈战役开始前，辽宁实际组建了 61 个独立团，多组建了 37 个。每团最少 2500 人，多者 3000 余人，总计 17.5 万余人。这些独立团经过 5 个多月的军政训练后，在辽沈战役前或辽沈决战中，一部分充实到主力部队，直接到前线参战，一部分合编成新的独立师，配合主力作战。辽宁各地适龄青年踊跃参军，对东北解放战争特别是辽沈战役的胜利起到了积极作用。

辽沈决战期间，不仅有百万大军投入战斗，还有百万民工随军行动，这是国内历次战争中所没有的。尤其是主战场辽宁地区的青壮年，参加战勤民工队伍的人数更多。战役前，各地都成立了支前委员会，广泛动员群众参加战勤队伍，以县、区、村为单位，组建民工队、担架队、大车队，由县委主管书记或主管县长亲自带队，随军行动。据统计，辽沈战役期间，共出动民工 183 万人、担架 13.7 万副、大车 12.9 万辆、牲畜 30 万头。锦州外围战期间，绥中、兴城、北镇、阜新、义县等地，共出担架 7600 副、民工 1.1 万人。在攻打锦州的战斗中，战勤民工和担架队员在火线上奋不顾身地抢救伤员、运送弹药，不少人献出了宝贵的生命。塔山阻击战时，广大战勤民工掀起了支前热潮。有车的赶着大车拉送枕木、铁轨、石头，无车的则肩扛手抬沙石木料奔向阵地。阵地上，军民并肩携手共同修筑了多种掩体、战壕和交通沟，塔山村的民工和群众还帮助解放军修筑起一条东起打渔山、西至白台山的 8000 多米长的交通壕。战斗中，敌人将大量炮弹倾泻在塔山阵地，平地炸出了几尺深坑，很多工事被炸毁，阵地失而复得，工事毁而复修，不少支前民工受伤，甚至献出了宝贵的生命……辽宁地区民工积极参与战勤工作，为辽沈战役的胜利做出了极大贡献。

除了参军参战，辽沈战役期间，东北广大人民还积极纳粮献物，为部队作战提供强大的后勤保障，成为党和人民军队坚强有力的靠山。由于辽沈战役规模空前，粮食及其他物资的需求量巨大，仅靠东北军区组织的粮食和其他军需物资供给远远满足不了前线的需要，东北各地民众积极行动起来，广泛纳粮献物，仅辽宁民众就献纳粮食 3.5 万吨和大量油、盐、柴、草、鞋、袜等军需物资，集中在羊山、北镇、康平、法库、沟帮子、黑山、秀水河子、虹螺岘等 30 余个集结点，并组织了强大的运输队，日夜不停地就近供应，充分保证了部队的需要。塔山阻击战中，为帮助解放军构筑工事，塔山村周围的老百姓纷纷卸下自家门板，拆下炕沿、柜盖，甚至有一位农民主动献出三间房料。百姓们说："部队需要什么，我们就支援什么！"正是因为有了人

★东北野战军进军兴城至山海关段

民群众的无私奉献，才有了辽沈战役决战决胜的经典战例。

辽沈战役是中国人民解放战争决战阶段中具有决定意义的战略决战的首战。辽沈战役的伟大胜利，彻底完成了党的七大提出的争取东北的任务，使中国的军事形势进入一个新的转折点，即战争双方力量对比已经发生了根本的变化，人民解放军不但在质量上早已占有优势，而且在数量上也已经占有优势。这是中国革命的成功和中国和平的实现已经迫近的标志。同时，近百万东北野战军成为一支强大的战略后备队，为以后解放平津与华北创造了有利条件。东北的解放使全国解放战争获得了一个巩固的、具有一定工业基础的战略后方，强大的生产力为支援全国解放打下坚实的物质基础。1948 年 11 月 14 日，毛泽东在为新华社写的评论中指出："这样，就使我们原来预计的战争进程，大为缩短。原来预计，从一九四六年七月起，大约需要五年左右时间，便可能从根本上打倒国民党反动政府。现在看来，只需从现时起，再有一年左右的时间，就可能将国民党反动政府从根本上打倒了。"由此可见，辽沈战役的胜利加速了解放全中国的历史进程，成为全国解放战争的转折点。辽宁作为全国解放战争的转折地，在中共党史、中国革命史上占据着特殊重要的地位，发挥着极其重要的作用。

事件篇

锦西小山村的六个昼夜
——塔山阻击战

这里，临近大海，民风淳朴；这里，地势平坦，一望无垠；这里，距锦州几十公里，距锦西只有几公里，锦西去往锦州的道路直接从村中穿过；这里，本来名不见经传，普通得不能再普通，却因为解放战争中一场艰苦惨烈的阻击战而名动天下。这是一场关乎辽沈战役成败的战斗，这是一场影响解放战争进程和全局的战斗。在这场战斗中，东北野战军将士们用坚守6个昼夜的顽强斗争，顶住了拥有全套美式装备、武装到牙齿的国民党军队的凶猛进攻，为攻锦战斗赢得了宝贵的时间……这个锦西的小山村名叫塔山堡，这场战斗就是辽沈战役中著名的塔山阻击战。

疾驰 · 誓师

1948年9月12日，辽沈战役拉开了序幕，东北野战军首先在北宁线锦州至昌黎段发起攻势，相继攻克兴城、绥中、义县等地。就在东北野战军兵临锦州城下时，蒋介石急调华北“剿总”5个师和山东2个师，连同原在锦西的4个师组成“东进兵团”，企图与沈阳国民党军组成的“西进兵团”采取东西对进之势驰援锦州。蒋介石深知，锦州是东北三省通往关内的咽喉要道，锦州若被占领就彻底切断了东北战场上 50 多万国民党军的退路。他不仅调集了步兵、炮兵和坦克部队协同出战，还命令海军携带火炮、空军调动美式战斗机，共同掩护陆军进攻。

为了保障主力部队夺取锦州，东北野战军迅速展开反击攻势，决定在锦州以南的塔山地区，阻断国民党军队向锦州城的增援，为我军主力攻打锦州赢得更多的时间。

塔山是塔山堡的简称，意指一座有塔有山的堡垒，然而，塔山既没有塔也没有山，只是一个在锦西以东大约有 100 户人家的小村庄，其地名是来源于古代烽火台的名称。这里东面临海，西接白台山，山与海之间最狭窄的一段，仅有 12 公里宽。村南有片干涸的河滩，架有一座铁路桥。村子周边地势平坦低洼，村西通向高桥的地方，是一片宽约 8000 米的开阔地，散布着一些高差不大的小丘陵；东边靠着大海的山包就是打渔山岛，涨潮的时候是岛，退潮的时候是和海岸连成一片的滩涂。从海边往西，地势逐渐抬高，西面的白台山高 200 米，是唯一的防御制高点。从锦西去往锦州的道路直接从塔山村穿过，是国民党军援锦的必经之路。我军若想顺利攻下锦州，必须在塔山成功阻断国民党军“东进兵团”的去路。塔山，是国民党军“东进兵团”驰援锦州的必经之路，也是东北野战军堵住国民党援军的必争之地。

我人民军队自成立以来，一直把游击战和运动战作为克敌制胜的法宝，如今要在一个无险可守的地方打一场事关战役全局的阵地战、阻击战，既无经验可以借鉴，也无取胜的绝对把握。东北野战军第四纵队作为此次战斗的主力军，在接到任务后，紧急行军 50 公里到达塔山，与第十一纵队及热河的独立第四师、第六师一起阻击锦西向锦州增援之敌。他们的任务是坚守塔山，阻敌 7 至 10 天，掩护我军主力部队攻克锦州。接到任务后，四纵司令员吴克华立即召开作战会议，讲完敌情和我方作战部署后，他十分严肃地说：“同志们，情况就是这样，摆在我们面前的是一场硬仗，要准备打一场恶仗，打一场苦仗。增援的敌人，可谓来者不善，他们还有空中、海

★吴克华

★莫文骅

上的支援，这对我们第四纵队来说，是前所未有的考验！无论付出多大的牺牲，必须完成任务！我们必须守住塔山。只有抱定一个决心，和眼前的阵地共存亡，绝不能让敌人前进一步，确保打锦州的胜利。”政委莫文骅说：“为辽沈作战的大局，尽快统一官兵的思想，形成共识。这回就是四个字——死守塔山！坚守到底，一步也不能退，一步也不许退！敌人打到了营部，营部就是第一线；敌人打到了团部，团部就是第一线；打到了师部，师部就是第一线；打到我们纵队部，我和吴司令员就是第一线。各位，今天话撂在这儿，天塌下来也不能退，就是打到最后一个人，打到最后一口气，也要完成阻击任务。”

从1948年10月6日起，东北野战军各部队陆续按计划进入塔山一线布防。第四纵队布防在塔山；第十一纵队布防在塔山侧翼翻车沟以西；热河独立第四师、第六师在锦西西南机动作战；第一纵队布防在高桥，东出可堵塞海岸大道，南出可支援塔山作战，北去可配合攻打锦州。为了和敌人抢时间，第四纵队、第十一纵队全军上下进入塔山一线后，全部行动起来，立即构筑工事。

当地的群众也积极帮助抢修战壕、掩体和地堡，军民齐心，誓将塔山建成一道牢不可破的铜墙铁壁。

初战 · 苦斗

1948年10月10日，我军工事还未完全修好，敌人已向我军阵地发起进攻，塔山阻击战打响。10月10日拂晓，国民党军“东进兵团”代理指挥官、第五十四军军长阙汉骞令暂编第六十二师、第八师、第一五一师、第一五七师4个师向东起打渔山岛、西至223高地的塔山一线阵地发起进攻，企图试探守备情况，以便实行重点突破。敌人先是集中美式山炮、野炮、加农炮、榴弹炮等重炮对塔山阵地全线猛轰，再进行步兵冲锋。阙汉骞以为经过半个小时的猛烈炮击，部队再冲锋，塔山阵地便唾手可得。但是，他的如意算盘打错了。虽然炮弹密如急雨，把塔山阵地的战壕、地堡、掩体部分炸毁，但在当地百姓的支援下，东北野战军一方面迎击敌人，一方面着手修复工事，坚守阵地。国民党军在飞机、舰炮和炮兵火力的掩护下发起了多路进攻，但始终未能前进一步。一天之内，东北野战军先后击退了国民党军9次攻击，守住了高家滩、塔山堡、白台山等阵地，打出了军威，打出了士气。而急于东进增援的国民党军滞阻于此，动弹不得，心急如焚。

10月11日拂晓，阙汉骞来到鸡笼山附近高地，指挥其部队发动第二天的攻势。国民党暂编第六十二师、第八师、第一五一师、第一五七师在国民党海军的配合下，采取中央突破、两翼配合的战法，全力向我第四纵队核心阵地——塔山堡突击，企图打开通路。7时许，敌人集中了两个军30多门野炮、榴弹炮和两艘军舰的火力，并以5架飞机轮番投掷轻重型炸弹，集中轰击30分钟，投射炮弹、炸弹约2000发。塔山阵地前沿的大部分房屋、工事和树木被毁。炮火过后，敌3个团都由团长带头，同时从正面和左右翼向塔山堡阵地扑来。守卫在前沿工事里的东北野战军等到敌人靠近时，突然机枪、手榴弹一齐开火，正面的敌人被压住了，两翼的敌人却绕了上来，敌我双方混战在一起。激烈的战斗使双方都付出了较大的代价，东北野战军坚决抵抗，最终打退了敌人，守住了阵地。

10月12日，敌军“东进兵团”指挥官侯镜如来到葫芦岛召开会议，重新部署作战计划。东北野战军则借此时机，修筑工事，补充给养。东北野战军各部队还借机开展“战评”，从战术战法上总结经验，增强战士们必胜的信心。

13日是战况最激烈的一天。拂晓4时30分，国民党军就开始向白台山、塔山一线阵地猛烈轰击，东北野战军防线遭受到了前所未有的压力。经过侦察，东北野战军了解到，蒋介石十万火急地将中央军嫡系部队、被称作“赵子龙师”的国民党军独立第九十五师海运到了塔山前线。这支部队是蒋介石的王牌，清一色美式装备，训练有素。这个号称“天下无敌”的“王牌师”确有与众不同之处，他们端着清一色的美式冲锋枪、轻机枪，如浪头般向东北野战军阵地袭来。但是，任敌再不可一世，当他们冲到阵地前时，立即就被密集的火力压得抬不起头来。原来，东北野战军利用12日休战一天的机会加固了工事，增修了防坦克壕，还在前沿埋设了地雷，架设了铁丝网，且第四纵队将主力团第十师第二十八团调到了塔山以东阵地，并在塔山堡约1000米宽的正面阵地上配置了16挺重机枪、49挺轻机枪、数十门各种身管炮和迫击炮。这一天，是敌人投入兵力最多、火力最猛、进攻最凶的一天，也是对塔山阵地存亡有着决定意义的惊天动地的一天。事实证明，敌人投入的赌注越大，输得就越惨。那个号称常胜不败的“赵子龙师”，在东北野战军面前一样一败涂地。

夜幕降临，塔山一带噪耳的枪炮声停止了，只有渤海的涛声不时被风吹送到阵地上来。已经艰难地度过了4天激战的英雄阵地上，这时又响起叮当的锹镐声，战士们又在抓紧加固被打坏的防御工事……

坚守 · 胜利

10月14日，是东北野战军对锦州发起总攻的日子。蒋介石急令“东进兵团”在“拂晓攻下塔山，中午进占高桥，黄昏到达锦州”。凌晨5时，敌军的炮火就开始向塔山阵地轰击，敌海军的大炮也同时开始狂轰。在猛烈的炮火过后，国民党军开始反复冲锋，敌第八师曾一度攻入塔山铁路桥头堡的防御阵地。正当敌第六十二军第二十一师准备进入增援时，敌第八师已经被东北野战军的反冲锋赶出了阵地。上午10时，塔山阵地的后方响起了震天动地的炮声，锦州总攻开始了。塔山之战已经到了最关键的时刻，国民党军不顾一切地向东北野战军的防线发起冲击，东北野战军誓死保卫阵地，双方一直激战到黄昏，国民党军仍旧未能前进一步。

10月15日，国民党军集中了5个师的兵力，以偷袭、集团进攻等多种形式向塔山一线阵地发起了近乎疯狂的冲击。东北野战军仍以不变应万变，牢牢坚守阵地。敌人在万般无奈之下亮出了最后一张王牌——蒋介石用50万金圆券一个人的高价收买来的兵痞和土匪。冲锋前，这帮亡命徒吞了朱砂，画了黑脸，而后高叫着“刀枪不入”，一个个脖子上挂着枪、手拎大刀蜂拥而上……面对来势汹汹的敌人，战士们毫不畏惧，猛烈射击。敌人的“敢死队”成了“该

★塔山阻击战中，东北野战军发起反冲锋

死队”，成群地栽倒在阵地前。中午12时左右，塔山一线的国民党军全线溃退。不久，锦州胜利解放的喜讯在东北野战军阵地上掀起了狂欢的浪潮，战斗胜利结束。

塔山阻击战是解放战争时期东北野战军第四纵队、第十一纵队等部在辽沈战役中，为保障主力夺取锦州，于锦州西南塔山地区对增援锦州的国民党军所进行的一次防御作战。塔山阻击战，以我军的胜利和国民党军的溃败而宣告结束。这场战斗是辽沈战役中规模最大、时间最长，同时也是最为残酷的一场阵地防御战，其意义远远超出了一个局部战场的胜负，它不但关乎辽沈战役的进展乃至结局，而且影响了此后整个解放战争的进程。

时光荏苒，岁月无声，如今的塔山早已无法找寻当年战斗的痕迹，但在塔山阻击战中，东北野战军的将士们为建设新中国不怕牺牲、敢于斗争的大无畏精神却永远闪烁着耀眼的光辉……

辽沈战役的关键一战

——锦州攻坚战

锦州，位于辽宁省西南部、辽西走廊东部，是连接华北和东北两大区域的交通枢纽，战略位置十分重要。特别是在东北解放战争中，锦州的战略地位更为凸显，成为国共两党争夺的焦点。正如 1948 年 10 月中央军委电示锦州前线总指挥部时所指出的：“你们的中心注意力，必须放在锦州作战方面，求得尽可能迅速地攻克该城，即使一切其他目的都未达到，只要攻克了锦州，你们就有了主动权，就是一个伟大的胜利。”锦州攻坚战，是辽沈战役的关键一战，锦州攻坚战的胜利，加速了全东北的解放，推进了人民解放战争的胜利进程。

攻锦外围战

锦州，是连接关内外的枢纽，1945 年 11 月国民党军占领锦州后，一直设重兵扼守于此，到1948年秋，国民党军在锦州投入的兵力有8个师共10万余人。东北“剿总”副总司令兼锦州指挥所主任范汉杰指挥所属部队在锦州市内设置了交通大学、神社、中纺公司、老城车站以南、中央大街以东 5 个守备区，明堡暗堡交错，堑壕工事呼应。此外，在锦州城四周的敌人也设置了数道封锁线。

10月 1 日，东北野战军总部向各作战部队下达了夺取锦州的战斗动员令，指出：锦州之战有很大可能发展成为敌我两军主力的大决战，我军必须以最大决心拿下锦州，并于攻取锦州过程中准备打沈阳出援之敌。

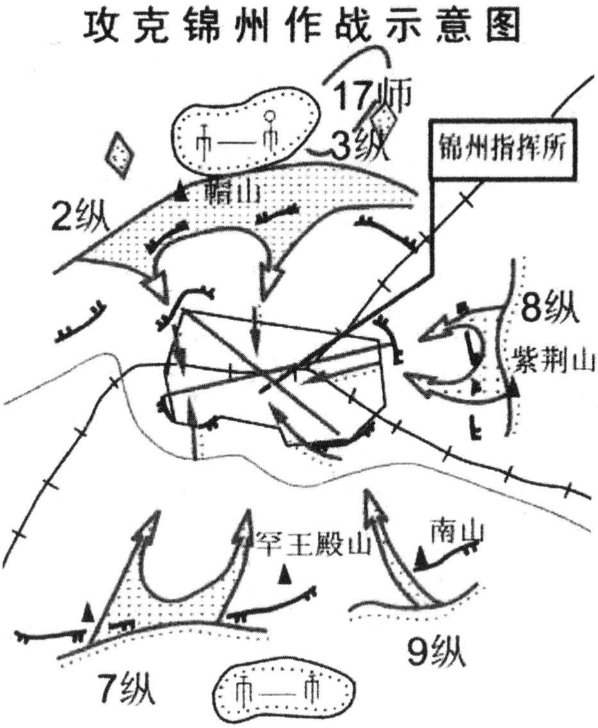

★攻克锦州作战示意图

10月5日，东北野战军指挥机关搬到锦州西北距城只有10公里的翠岩山脚下的牤牛屯，设立了东北野战军司令部攻锦指挥所，并在锦州北部的帽儿山设置了观察所。在中央军委和毛泽东关于辽沈战役作战方针的指导下，东北野战军司令部不断调整作战部署，正确组织战役协同，实施了大规模连续作战，取得了一个又一个胜利。

根据部署，攻打锦州分为锦州外围战和攻城战两部分。1948年10月9日，东北野战军各攻城部队经过充分准备，打响了扫清锦州外围据点的战斗。根据部署，东北野战军兵分四路：第八纵队负责清扫城东外围的守敌，夺取锦州东郊的屏障——紫荆山，攻占锦州守敌北大门的北大营，攻占城北主要制高点之一的东大梁、八家子、被服厂等；第七纵队负责扫清城南外围的守敌，包括攻占锦州南郊群山主峰——罕王殿山，攻占锦州城西南易守难攻的大架子山，攻占敌西机场附近的一个主要据点——新地号；第二纵队负责城西北外围的战斗，包括攻打锦州城北的一座突出高地——十二亩地，攻占城西北外围最坚固的防御据点——黑山团管区；第三纵队负责扫清城东北外围的敌人，包括攻占配水池（锦州供水处）及攻占城北坚固防御要点——“大疙瘩”（亮甲山）。其中，配水池作为锦州外围一个非常重要的敌人据点，是一块最难啃的“硬骨头”。

★辽沈战役配水池战斗遗址

配水池战斗

配水池是1937年日本侵略者在锦州修建的一个供水站，修筑的时候，用了大量的钢筋水泥，非常坚固。辽沈战役打响之前，国民党军又用了半年左右的时间，将这个地方进一步加固、翻修，新建了4座红房子、14个碉堡暗堡、10余个明暗火力点，工事十分坚固。国民党军将这里称为“第二凡尔登”。配水池的守敌是国民党第九十三军暂编第二十二师第一团第二连，全是8年以上的老兵，作战经验丰富，战斗力极强。他们嚣张地声称，“守配水池的都是铁打的汉”。辽沈战役前夕，东北“剿总”副总司令兼锦州指挥所主任范汉杰又另调3个步兵连、1个战防炮连、1个重机枪连和1个火箭炮排来加强守备，并死令：“战至一人一枪。”

东北野战军承担主攻任务的是第三纵队第二十团第一营。10月12日拂晓，第一营的战士们向配水池发起了进攻。第三连的战士率先冲进壕沟，不料，国民党军引爆了事先在沟内埋好的大量炸弹，剧烈的爆炸后，第三连只有指导员一人生还。面对第三连的惨痛牺牲，第二连的战士们毫不退缩，他们迅速冲锋，占领了东北角的4座红房子，为后续部队打开了一个缺口。丢失红房子的国民党军疯狂地进行反扑，企图夺回失守的阵地。敌我双方在红房子展开了激烈的争夺战，一直持续了7个小时。最终，我军连续打退了国民党军27次冲锋，坚守住了阵地。

下午3时许，国民党军增调了1个营的兵力，在5辆装甲车、2架飞机的掩护下，从城内沿侧路向配水池开来，企图作最后争夺。我军第一营的战士们一个个倒下去，到最后，能坚持战斗的仅剩下二十几个人。营长赵兴元大喊：“只要还有一口气，就一定要拿下配水池！”所有的伤员都爬了起来，他们有的继续向敌人射击，有的握着手中仅有的手榴弹只身冲入敌群……下午5时30分，我军增援的第二十团第三营在西南侧投入了战斗，配合第一营迅速对配水池形成围攻。傍晚6时，战士们攻下核心工事，胜利攻占了配水池据点。

此次战斗，毙敌200余人，俘敌150余人，缴获大炮4门、机枪10挺。当然，第一营为此也付出了惨烈的代价，800人的营队打到最后只剩下了5名战士和1名随军记者。战后，营长赵兴元说：“他们是铁打的汉，而我们则是打铁的汉！”

配水池战斗的胜利，为东北野战军攻打锦州打开了城北的门户，为锦州攻坚战的胜利创造了有利条件。战后，第一营第二连荣获“攻克凡尔登战场建奇功”锦旗一面，第七连荣获“锦州连”光荣称号，第七连第一排荣获“打铁汉排”光荣称号，第一营荣立集体大功一次，营长赵兴元被授予“文武双全的全面英雄”光荣称号，后被选为“全国战斗英雄”。

亮甲山战斗

攻打亮甲山，是锦州攻城外围战斗中另一场较为困难的战斗。

亮甲山是锦州城北一个孤立突出的山头，因其形状似蘑菇顶，又俗称为“大疙瘩”。它北临亮甲河，北陡南缓，居高临下，地形开阔。在这里，国民党军修筑了一座上下两层的巨型钢筋水泥“大母堡”，四周筑有内壕和30多个明碉暗堡，形成环形防御体系，国民党第九十三军暂编第二十二师第二团第三营在这里驻守。

东北野战军承担进攻任务的是第三纵队第八师第二十四团。根据部署，第三营第九连为突击连，向“大疙瘩”东北角进攻，第八连则向“大疙瘩”东南200米的地堡群进攻，以牵制敌人，掩护九连，第七连为预备队。

12日下午1时，在炮火的掩护下，第三营向“大疙瘩”发起冲击。第八连、第九连迅速占领了部分堑壕，战士们在越过壕沟向山上冲击时，遭到了国民党军的疯狂阻击。经过数小时激战，第三营因弹药用尽、减员严重，团首长决定停止进攻。当晚，第二十四团重新调整了部署，由第二营实施主要突破，其中第五连和第六连负责主攻，第四连为第二梯队，第三营第七连在第二营后跟进，第一营从东北侧助攻。此外，为配合第二十四团，第八师命令第二十三团第二营派两个连穿插至白老虎屯东侧，占据有利地形，阻敌增援，保证第二十四团侧翼安全。

13 日清晨，进攻再次开始。第五连、第六连率先发起冲锋，在先后占领堑壕、外壕、西北角地堡并炸毁暗堡进入内壕后，第四连、第五连、第六连共同控制了“大疙瘩”西北角，据此向山顶大碉堡发动攻击。与此同时，第三营第七连占领了西南角地堡，第一营第三连由“大疙瘩”东北侧进入阵地，逐渐形成包围之势。埋伏在外围的第二十三团第二营也有效完成了阻援任务，击退了从石桥子东侧向“大疙瘩”增援的国民党军队。12 时，第二十四团各

★亮甲山战斗遗址

攻击分队从“大疙瘩”西南、西北、东北三面发起攻击，一点点蚕食敌人，国民党残余部队只能龟缩在东南角地堡和大碉堡内顽抗。

为了攻克“大母堡”，第七连第三排战士张成有、吴连义、王玉环组成爆破小组，利用弹坑作掩护，迅速向前推进。在国民党军密集的火力网压制下，张成有不幸中弹牺牲，吴连义也身负重伤，但他忍着伤痛继续向“大母堡”爬去。在距离“大母堡”三四米远时，吴连义猛地跃起，将爆破筒从机枪眼中塞了进去，当敌军想把爆破筒向外推出的时候，吴连义用自己的身体死死堵住了“大母堡”的机枪眼。与此同时，王玉环乘机迂回到“大母堡”的南面，将另一只爆破筒也塞进碉堡里。伴随着“轰”“轰”两声巨响，碉堡被摧毁，攻击部队冲上了亮甲山，全歼了国民党守军。

就这样，经过激烈战斗和反复争夺，至13日，北突击集团第二纵队攻占了城西北的合成燃料厂、十二亩地、黑山团管区等据点，第三纵队第七、第八师和第六纵队第十七师攻占了城北的配水池、“大疙瘩”（亮甲山）等据点。南突击集团的第七、第九纵队攻占了炮台山、罕王殿、双山子、松山、大岭、老爷庙、南山等外围阵地，进至女儿河北岸。第八纵队攻占了紫荆山、百官屯、北大营，进至城东关。至此，东北野战军控制了锦州外围的有利地带，锦州城区已处于攻锦部队瞰制之下。

锦州攻城战

10月14日上午，经过周密准备的东北野战军所属部队向锦州城发起了总攻。攻城的具体部署是：刘震、韩先楚指挥第二纵队、第三纵队和第六纵队第十七师从锦州西北、正北方向实施突击；邓华、詹才芳指挥第七纵队、第九纵队由城南向北突击，形成第二、第三、第七、第九纵队由南北两面对攻；段苏权指挥第八纵队从东向西进攻。各支部队若突破城垣后，即进入巷战，割断敌纵深防御体系，力求先歼灭老城外之敌，而后分区围歼残敌，攻克全城。

10月14日10点12分，在接到打开城南缺口并消灭敌人火力点和试射命令后，我军第一发炮弹在锦州城墙右边的地堡上开花。随后，数百门大炮一齐轰鸣，数千发炮弹呼啸着飞向敌阵。霎时，锦州城上空硝烟弥漫，火光冲天。11时，在炮兵主力和坦克的支援下，东北野战军发起全线攻击，直插锦州城垣，在选定的10个突破口上进行殊死搏斗，迅速突破城防。在主要突击地段负责攻击的第二纵队第五师，通过挖交通壕迫近锦州城守军防御阵地前沿，在总攻发起不久后首先进入巷战。随后，北突击集团第二纵队主力沿惠安街、

★东北野战军部队进入锦州

★ 1948 年 10 月 14 日，东北野战军向锦州城发起攻击

良安街冲入市区；第三纵队主力由伪省公署东侧越墙突入市区；作为预备队的第六纵队第十七师也沿突破口北侧投入战斗，从康德街、大同街突入市区。南突击集团第七纵队、第九纵队涉水过女儿河、小凌河，从城南突破进入市区，沿牡丹街、中央大街向纵深发展。东突击集团第八纵队发起冲击的时间较迟，但突破后发展较快，从瓦斯会社方向攻入城内。各纵队突破后，随即与国民党军展开了激烈的巷战。他们以大胆穿插分割、迂回包围的战术，各个歼敌。敌人则利用工事、楼房顽抗。为了把红旗插在锦州城头，攻锦部队广大指战员不顾国民党军飞机的轰炸、机枪的扫射和城内守军的抵抗，英勇冲杀，攻破城内一个又一个核心据点，打退守军一次又一次反击。

此时，承担锦州北城墙突破任务的是第三纵队第十九团第一连。第一连是尖刀连，在战前的动员会上，团长郑重地将一面细布制作的红旗交到了尖刀连手上，并叮嘱他们一定要把它插在锦州城墙上。旗手黄德福深感使命光荣，责任重大，在排长李世贵的带领下，他高举红旗勇敢地冲在队伍的最前面。突然，一颗子弹划过黄德福的身体，他顿时血流不止。黄德福心想：无论怎样，也要保证手中的红旗不倒，要让锦州人民看到这面红旗。他忍着疼痛，飞快地向前奔跑，在战士们的掩护下迅速登上城墙，将红旗牢牢地插在锦州北城墙上。一颗颗炮弹打来，泥土和弹片飞溅；一排排子弹穿过，旗面弹洞斑斑。红旗不能倒下，这是血染的风采，这是正义的呼唤，这是胜利的象征……战后，第三纵队第十九团第一连荣记两大功，并荣获“锦州尖刀连”称号。

无独有偶，在锦州城南的战斗中，第九纵队第二十五师第七十六团第五连“四竖红旗”的故事亦让人为之动容。战前，经第九纵队党委讨论决定，由第二十五师第七十五团、第二十六师第七十六团共同承担主攻任务。第七十五团为左翼，在锦州中兴路地段实施突破；第七十六团为右翼，在太子街、牡丹街之间实施突破。出发前，纵队首长到负责主攻任务的第七十五团、第七十六团进行了战斗动员。通过动员，全体指战员一致表示要坚决完成战斗任务，并自上而下开展了人人动脑筋想办法的群众运动。为了保证顺利完成此次战斗任务，纵队要求各级指挥员提前指挥，攻击部队两个营进入突破口师首长要跟进，两个团进入突破口纵队首长要跟进。14 日总攻开始后，作为“尖刀连”的第七十五团第一连和第七十六团第五连不约而同地发起了冲击，涉过小凌河，不到 10 分钟就占领了突破口。第七十六团第五连第四班战士朱万林首先登城，他刚刚举起红旗，就不幸中弹牺牲。第四班班长赵洪泉在身负重伤的情况下，忍痛爬上突破口，第二次竖起了红旗。但是，一枚炮弹飞来，赵洪泉应声倒下，旗杆也被炮弹炸成了几段。第一排排长刘金冲上前去，接住红旗，用手高高举起红旗，大喊：“同志们，冲啊！”红旗在突破口迎风招展。可是，红旗在战场上分外明显，执旗人实际就是敌人的“靶子”。不久，刘金又负伤倒下，战士李玉民又接着举起红旗。英雄的红旗在三分钟内三次倒下四次竖起。紧接着，第五连在占领突破口后打退了国民党军 7 次反冲击，巩固了突破口，保证了后续部队向纵深发展。战后，第九纵队给予第七十六团通令嘉奖，“四竖红旗”的英雄事迹更是在部队中广为传颂。

至 10 月 15 日拂晓，各攻城部队先后在白云公园、中央银行地带会师，攻占了国民党东北“剿总”锦州指挥所及第六兵团司令部。15 日午前，锦州新市区敌人已基本肃清。午后，第七纵队和第二纵队一部又向老城发起攻击，激战至晚 6 时，全歼老城残军。

锦州攻坚战，历时 31 小时，共歼灭国民党军 10 万余人，活捉了国民党东北“剿总”副总司令兼锦州指挥所主任范汉杰。

锦州的解放，完全封闭了东北国民党军从陆路撤向关内的通道，为夺取辽沈战役的胜利奠定了坚实的基础。正如《东北日报》在庆祝锦州大捷的社论里所说：“锦州的胜利，对于东北人民的全部胜利与最后胜利是有决定意义的。敌人失去了锦州，其实际意义，就等于失去了全东北。孤守长、沈之敌，从陆上逃跑的后门，从此被紧紧地关闭起来了。东北敌人的最后被歼，及全东北的最后解放，已经为期不远了。”

血染黄沙，黑山变红

——黑山阻击战

黑山阻击战是辽沈战役期间，发生在辽西黑山、大虎山的一场战斗。1948年10月锦州攻坚战前后，国民党廖耀湘兵团的10万西进援锦部队已进至阜新、新民一线。按照东北野战军“顽强死守阻击敌人，集结主力围歼敌人”的战役部署，10月23日至25日，英勇的第十纵队将士用鲜血和生命扛过了金子般的三天时间，“血染黄沙、黑山变红”，将数倍于己之敌死死钉在了黑山，为大军回师辽西、全歼廖耀湘兵团赢得了宝贵的时间。

周密部署

1948年9月，辽沈战役打响后，蒋介石为解锦州之围，飞抵沈阳，命令以沈阳之国民党军11个师及3个骑兵团组成“西进兵团”，由第九兵团司令长官廖耀湘指挥，从新民进至彰武、新立屯一带，妄图先切断我军锦州前线的补给线，继而与锦西援锦的“东进兵团”合围我攻锦部队于锦州地区。然而，令蒋介石及国民党军不曾预料的是，东北野战军官兵以破竹之势和闪电之速，仅用31个小时即全歼锦州守敌，活捉国民党东北“剿总”副司令范汉杰，解放锦州。10月19日，和平解放长春，敌人计划完全破产。蒋介石不甘失败，第二次飞抵沈阳，确定了“东进兵团”与“西进兵团”继续向锦州夹击、重夺锦州的战略部署，并令国民党第五十二军主力夺取营口，以备危难之时东北国民党军可经海上撤离。原本打着保存实力小算盘的廖耀湘，带领他的“西进兵团”从10月15日至22日就在彰武和新立屯一线徘徊不前，在蒋介石的严令之下，不得不率部向黑山、大虎山一线进发。

黑山及大虎山以西至绕阳河一带是沈阳通往锦州的交通要道，更是“西进兵团”撤往营口的重要通道。黑山县黑山镇、大虎山镇至北镇县（今北镇市）沟帮子镇，是东北至西南走向的山地丘陵地带，西北面连着北镇境内的医巫闾山山脉，最高峰望海山海拔867米，东南面紧邻沼泽地带，绵延90余公里。在医巫闾山山脉与沼泽地带间，有一条宽约20公里的狭长走廊，与辽西走廊相连。铁路与公路均由此地穿过，是沈阳通往锦州的唯一通道。黑山、大虎山两个制高点就像这条狭长走廊上的两扇坚实的大门，开则南北畅通，闭则人车堵塞。为了保证东北野战军在攻占锦州后迅速东进，围歼国民党军“西进兵团”，东北野战军总部电令第十纵队主力与第一纵队第三师及内蒙古骑兵第一师立即向黑山、大虎山地区挺进，完成阻击“西进兵团”的任务。

当时，敌我双方兵力与装备相差悬殊。我军仅有一个纵队外加临时配属的兵力，仅2万余人，且装备较差，弹药不充足。而国民党“西进兵团”以

★梁兴初

廖耀湘率领的第九兵团为主体，第九兵团下辖的新一军、新六军是国民党军主力中的主力。特别是新编第三十师、第二十二师，曾在印度兰姆伽军事基地接受过美式训练，配备全美式装备，是能正面击溃数倍于己之日军的王牌部队。整体而言，黑山地区东北野战军第十纵队等部面对的国民党军共有5个军12个师，10余万人，敌我力量对比为5∶1。

面对敌我兵力和装备的巨大差距，东北野战军总部在深入分析了战场形势后，命第十纵队司令员梁兴初、政治委员周赤萍从北起水泉、大小白台子，南至大虎山五台子，全长约25公里的弧形防线上选择阵地，构筑工事，顽强死守，正面展开防御，以掩护第一、第二、第三、第七、第八、第九纵队和炮兵纵队以及第六纵队第十七师等主力到达，歼灭前进之敌。

10月21日下午6时，梁兴初、周赤萍召集各师师长、政治委员开会，下达作战命令：第十纵队第二十八师，以一个团兵力置于望北楼、尖山子等警戒阵地，该师主力在黑山镇、十里岗子、陈家屯等地选择阵地，构筑工事，死守黑山镇；第十纵队第二十九师在第二十八师左翼，以一个团兵力置于前江台、司家屯等警戒阵地，该师主力控制于赵屯、小营坊、魏家岭等地；第十纵队第三十师在第二十八师右翼，在前大虎山、后大虎山、沈家窝棚、兴隆堡等地构筑工事，抗击廖耀湘兵团从东北、东南方向的进攻；内蒙古军区骑兵第一师，位于胡家窝棚、雷家窝棚、王家窝棚等地，为第十纵队预备队，并向东展开侦察；第十纵队炮兵团，位于大营盘；第一纵队第三师，位于黑山镇与大虎山之间，构筑并扼守第二线阵地。晚11时，会议结束，部队火速整装，马不停蹄地向黑山镇、大虎山进发。

为在天亮前赶到阵地，修筑工事，战士们几乎是跑步行军，赶到黑山镇时，东方已朦胧泛白。城内人声鼎沸，骡马长嘶，车轮滚滚。原来，头天晚上，政治、后勤机关已赶到黑山镇，与地方政府取得了联系。全城居民听闻消息，便通宵不眠地为东北野战军准备修工事的木料、麻袋。待部队到达时，各种物资已装上大车，停在街头路口，准备出发。

军民齐心

1948 年 10 月 22 日清晨，东北野战军第十纵队各师进入指定阵地，部署完毕后，开始紧急修筑工事。

黑山地区的山都是石头山，没有树也没有草，山上全部是岩石，根本没法挖掩体。特别是第二十八师守卫的黑山防区，就是一个长达 3000 米的丘陵地带，西侧是大白台子，东侧是高家屯，整个防守地区的突出部位是形势险要的 101 高地。101 高地的土质坚硬，根本没法修筑像样的工事，战士们费尽九牛二虎之力，仍是一镐一个白点。但是，101 高地位置十分重要，它控制着黑山县城和黑山与大虎山之间约 9 公里的开阔地，是一个重要的制高点，能否守住 101 高地是打好黑山阻击战的关键。面对如此严峻的情况，部队向当地百姓深入了解了 101 高地的土质情况，经反复商议，做出两条决定：一是多方动员，筹集物资器材，解决构筑堆积式工事的材料问题；二是把师团机关干部和勤杂人员组织起来，与部队分成两班，昼夜抢修，争取按时完成任务。

黑山附近的百姓们听说了部队的困难后，立刻发动起来，有力的出力，有物的出物，他们有的肩扛门板，背驮麻袋，气喘吁吁地在山头间往返，有的推着木料和土石，马不停蹄地在阵地间穿梭。公路上人车汇集，阵如长蛇。山头上锹起镐落，尘土飞扬。一位白发苍苍的老大爷，一手扶着肩头上的门板，一边拉着一位战士的手说："同志，把这副新门板拿去修工事吧！只要是打'遭殃军'，大爷就不心疼；你要是不肯收下，大爷就给你扛去！"一位衣衫褴褛的大娘，把一件半新的棉衣强披在一个战士身上。战士婉言谢绝，大娘哭着说道："这件棉衣是我儿子穿的。他只穿了一冬，就让国民党抓去，半路上被打死了！现在天气这么冷，你们不穿棉衣怎么行？孩子，穿上它吧！穿上这件棉衣，多杀些'遭殃军'，也好给大娘报仇啊！"就这样，军民齐心，硬是在101高地这堆石头上垒出来了一座堡垒。军民齐心，黑山自然固若金汤。

在黑山阻击战中，在“一切为了前线，一切为了胜利”“不惜一切代价，支援前线打胜仗”的号召下，黑山群众积极捐款捐物，组织担架队支援前线，涌现出1000多名支前模范和60余名支战功臣，许多人为此献出了宝贵的生命。

三日苦斗

1948年10月23日，在胡家窝棚一带，国民党新六军第二〇七师第三旅的两个营率先向我内蒙古骑兵第一师的防御阵地发起了疯狂的进攻。同时，国民党第七十一军第九十一师第二七二团两个营向我黑山县城北部的尖山子防御阵地发起攻击，由此拉开了黑山阻击战的序幕。

负责守卫尖山子阵地的是我军第二十八师第八十二团第七连。第十纵队首长对第二十八师下达的命令是：对进犯尖山子之敌，定要狠狠纠缠，能死守一天即算完成任务。上午9时，随着一阵猛烈的炮响，尖山子阵地顿时隐没在滚滚烟尘之中。继而，敌人以两个整营的兵力向我军阵地发起了5次冲锋，第七连官兵死守硬拼，与敌缠斗，在子弹、手榴弹全部打光之后，用石头、枪托打击敌人，牢牢守住了阵地。他们的顽强固守，迷惑并牵制了敌人，为整个纵队争取了一整天的准备时间，为黑山阻击战立下了旗开得胜的一功。

廖耀湘原以为黑山阵地上东北野战军兵力不多，攻击容易得手，没想到遭到东北野战军如此顽强的阻击，遂增派兵力，加大攻击力度。10月24日晨6时，4架野马式战斗机飞到黑山县城上空，野蛮地狂轰滥炸，县城顿时被撕裂开了。紧接着，架设在张家窝棚方向的敌重炮群向我军高家屯一线阵地猛轰，随即，廖耀湘指挥第七十一军2个师、新一军1个师、新六军1个师、第二〇七师第三旅共约5个师的兵力，向黑山、大虎山方向西起水泉子、东至高家屯、南到四台子的约25公里的东北野战军阵地展开猛攻，以黑山以东、大

★ 1948 年 10 月 23 日至 25 日，东北野战军在黑山、大虎山地区与国民党军展开激烈战斗

虎山以北为重点，企图夺取黑山、大虎山两点间约 9 公里的西进通道。在水泉、大小白台子、高家屯、大虎山、四台子等从北到南的马蹄形阵地上，廖耀湘兵团展开全线攻击，妄图以兵力和火力的优势，一举突破我军的阻击，占领黑山、大虎山一线咽喉要道。主攻的敌人分三路向我军阵地发起进攻，主攻的方向是黑山县城东北的 101 高地。

为了拿下 101 高地，廖耀湘派出了最反动的“党化部队”——青年军第二〇七师第三旅。上午，国民党军向 101 高地连续发起三次进攻，均被我军第二十八师第八十四团第二营击退。下午 3 时 30 分左右，国民党军向 101 高地发起了第四次进攻。在疯狂的炮火掩护下，两个营的敌人向山头涌进。此前，101 高地在敌人飞机和大炮的狂轰滥炸之下早已弹坑累累，碎石成堆，防御工事损毁大半，几乎所有的土木火力点都坍塌不能使用了。我军坚守阵地

★东北野战军在黑山、大虎山阵地顽强阻击国民党军

的第四连和第六连余部在无任何依托的山头上，利用弹坑滚进跃出，与敌人周旋缠斗。后来，子弹和手榴弹都打光了，仅剩的5名战士便与敌人展开了勇猛的肉搏战，终因寡不敌众，全部壮烈牺牲。下午4时左右，101高地失守。下午5时30分左右，我军开始反击，纵队炮营和师山炮营集中火力向101高地猛烈轰炸，一发发炮弹准确地落在101高地上，敌人伤亡惨重。与此同时，第八十二团第一、第二营和第八十四团第二营第五连，迅速分三路向101高地发起攻击。激战半小时，守敌被击退，我军收复了101高地。晚7时左右，城东一线高地全部被我军夺回。

夜幕降临，敌军开始向村屯收缩，枪炮声逐渐稀疏下来。夜间，国民党军的进攻停了下来，但东北野战军司令部的工作没有停止，首长们正在讨论分析敌情，研究第二天的作战方案。我军前线的战士也没有休息，他们抓紧修复被毁工事，构筑新的防御工事，为新的战斗做好准备。

25日，国民党新六军向黑山发动新一轮进攻，主攻方向仍是高家屯一线，特别是101高地。从11时开始，敌第一六九师将进攻部队分成多梯队，每次以两个营以上的兵力，发起波浪式攻击，与东北野战军反复争夺20多个回合。敌人先是组织了130人的“敢死队”向高地冲击，被东北野战军击退后，又组成“效忠党国先锋队”，排成五六道人墙再次发起冲击。此时，101高地上的东北野战军守军已不足百人，弹药耗尽。将士们与敌人展开了白刃战，又一次打退了敌人的进攻。敌人数次攻击不成，遂一面以占领石头山之敌攻进黑山城北孙家屯，一面又以占领下湾子之敌迂回占领了黑山城东的92高地，对101高地形成合围之势。下午4时，101高地再次失守。

为了夺回101高地，第二十八师决心组织力量进行反击。下午6时，第八十二团和第八十四团第三营在战斗动员后，分四路直扑高家屯。第八十二团第一连避开敌人机枪火力，登上101高地山腰，连续炸毁敌4个机枪火力点，第三次夺回了101高地。与此同时，第八十四团第三营从两侧奋力出击，全歼守敌1个连。第八十二团第二、第三营也攻上石头山和92高地，高家屯阵地重新被东北野战军夺回。经过3天的顽强阻击，黑山至大虎山一线主要阵地——高家屯、石头山、101高地、92高地，终于被我军全线占领。

10月25日晚，廖耀湘见从黑山、大虎山“西进”已不可能，便停止了对黑山的进攻，试图改向营口撤退，“西进兵团”的前卫部队在台安以北遭我军独立第二师的拦击后，又改向沈阳撤退。10月26日凌晨3时，东北野战军司令部致电第十纵队：北上主力已到达。敌已总溃退。望即协同一、二、三纵队，从黑山正面投入追击。随后，廖耀湘在逃跑途中被俘。

黑山阻击战，共歼敌5404人，伤敌3413人，俘虏敌人1991人，同时缴获了各种枪、炮、子弹和大量军用物资，成为我军历史上光辉的阻击战例。后来东北野战军司令部对这次战役评价道：“（黑山阻击战）争取了时间，打乱了东北‘剿敌’总司令卫立煌的作战计划，迫使敌人不得不放弃其‘西进企图’，为我军在辽沈平原上集中主力聚歼敌人创造了先决条件。”黑山阻击战，击退了“西进兵团”连续以整团整营兵力反复向黑山、大虎山一线进行的集团冲击，迟滞了“西进兵团”的进攻和撤退行动，为东北野战军主力回师聚歼廖耀湘兵团赢得了宝贵的时间。

决定东北解放战局的40小时

——辽西围歼战

1948年10月下旬，辽沈战役进入最后阶段。黑山阻击战的胜利迟滞了国民党军廖耀湘兵团的进攻步伐，为东北野战军主力回师聚歼廖耀湘兵团赢得了宝贵时间。在东北野战军的强大攻势下，廖耀湘兵团进攻锦州不成，南撤营口受阻，退至沈阳无望，如一只无头苍蝇四处乱转，溃不成军。东北野战军则乘胜追击，向廖耀湘兵团各部纵深穿插，分割围歼，在广阔的辽西战场上布下天罗地网，将廖耀湘困成瓮中之鳖，仅用40多个小时便全歼10万国民党军，取得了决定性的胜利。

主动出击　拉开围歼序幕

1948年10月23日至25日，东北野战军在黑山浴血奋战的三天阻击，打乱了廖耀湘“西进兵团”的全盘计划，经过多次改变作战方向而不能奏效的廖耀湘兵团，行军秩序既草率又混乱。这种慌乱之中的撤退，甚至连各军行军的方向都无法统一。面对四散逃窜的敌人，东北野战军各纵队朝着廖耀湘兵团的方向日夜兼程行军。东北野战军总部虽然无法准确判断出廖耀湘兵团的确切位置，但为了尽快抓获敌人，总部给各纵队下达了灵活机动的作战命令：第五、第六纵队插入敌后，切断廖耀湘兵团向沈阳的退路；第一、第三、第八纵队负责正面攻击，直逼廖耀湘所在的黑山地区；第二、第七、第九纵队作为第二梯队，迅速向前靠拢；第十二纵队和各独立师南压。东北野战军中，只有第四、第十一纵队得到了具体的命令：留在葫芦岛方向，与塔山地区的

★辽西围歼战中，东北野战军对敌射击

国民党军继续对峙，决不让刚上任的杜聿明突破防线威胁锦州，决不能让他加入到廖耀湘的战场上来。

黑山阻击战打响后，因为廖耀湘兵团的行动方向还不明确，东北野战军总部并没有马上命令各纵队合围廖耀湘兵团。但是，辽南独立第二师却主动拉开了围歼廖耀湘兵团的序幕。原来，独立第二师自战役发动以来，主要的任务是在战场边缘钳制敌军和机动作战，他们在黑山以南的绕阳河西岸，缠住了廖耀湘的第七十一军的一个师，阵地白刃战把敌人纠缠得苦不堪言。就在 10 月 25 日黑山阻击战接近尾声的这天，没有接到明确命令的独立第二师发现了廖耀湘兵团企图从营口逃跑的苗头，东北野战军作战处处长苏静和独立第二师师长左叶商议后，决定必须立即出发，在廖耀湘可能逃跑的路线上，给敌人以迎头痛击，不惜一切代价也要把敌人死死缠住。

入夜后，独立第二师一路急行军，在夜里到达了大虎山至台安公路与绕阳河交会处，在这里遭遇了敌军。先头部队发现了大批头戴钢盔的国民党兵，这些敌人看起来十分疲劳，纪律松懈，挎着枪成四路蹒跚前行，有的官兵一边走还一边打着瞌睡。这是廖耀湘派往营口方向的前卫团——第四十九军第一〇五师。虽然当时廖耀湘心急如焚，但其前卫团的行进速度却非常缓慢，一看便是军心涣散，无力再战。见此情形，左叶师长下达了攻击命令：不许开枪，上去就掐脖子，哪个敢反抗就用刀捅。仅仅 20 分钟，独立第二师没开一枪一炮，就把这个前卫团悄无声息地干掉了。

敌第一〇五师的跟进部队并不知道开路的前卫团出了事，根本没有战斗准备，直到走入我军的射程之内才发现已经被包围了。敌人顿时惊慌失措，四下逃散。独立第二师遵照师长的命令，没有追赶逃兵，而是直接向敌军后方插去。他们知道，国民党的精锐部队一定就在其后不远处跟随。果然不出所料，26 日凌晨，当独立第二师来到三家子附近时，发现大批敌军住满了整个村子。敌军正在吃早饭，混乱不堪。独立第二师的战士们悄悄地围上去，在 30 米内突然开火。敌军猛然受到攻击，一下就被打蒙了，没有组织反击，而是狼狈地四处逃窜。他们误以为这是东北野战军的主力部队，并判断撤往营口的路已经被东北野战军封死，于是放弃了从海路撤退的打算，改变方向向沈阳逃窜。独立第二师的主动攻击，不但打乱了廖耀湘兵团的撤退部署，更是拉开了围歼廖耀湘兵团的大幕。

天降奇兵　直捣敌军老巢

几乎在独立第二师进攻的同时，东北野战军的其他纵队也开始了围歼廖耀湘兵团的战斗。廖耀湘当时已被打蒙了，像只无头苍蝇，他从未见过如此混乱的情势。东北野战军的追击完全没有阵型，也完全没有战斗序列可言，几乎是走一路打一路，见国民党军就打。廖耀湘面对如此“阵法”反而无计可施。

此时，被廖耀湘和杜聿明等称为“旋风纵队”的东北野战军第三纵队在打完锦州之后一路向东追歼国民党军，第七师向胡家窝棚一带进击。作为前卫营的第二十一团第三营官兵在追击逃敌的公路上碰到了被国民党强迫拉去当差的当地百姓。从百姓口中他们得知，胡家窝棚里的国民党军身上佩短枪、乘小汽车，还在周围拉起了不少的电话线。第三营的官兵敏锐地判断出胡家窝棚有可能是国民党军某个指挥部，遂立即进行了作战部署：第八连配属重机枪两挺，迅速穿过胡家窝棚西北开阔地，在村东头截断敌人的退路；第七连配属重机枪一挺，首先攻占村庄西北的高地；营部跟随第七连行动；第九连为预备队。

10月26日清晨，第三营官兵逐渐向胡家窝棚逼近。第八连第三排官兵在向一个无名小高地发起攻击时，遭到了重炮、迫击炮和各种机枪的火力射击。尽管战士们还不知道他们攻击的就是廖耀湘的兵团指挥部，但没有一个人退缩，他们抱定必死的决心与敌人纠缠到底。第八连第二排的战士在冲锋的路上截住了一辆坐满国民党军官的汽车，并俘虏了车上没有任何抵抗的全体军官。当他们继续冲到河滩上时，被眼前整整18门榴弹炮吸引，顾不上敌众我寡的局面，立刻投入战斗。面对敌人密集的火力封锁，第二排战士伤亡惨重。第八连第一排在拼死增援的途中，与敌人厮杀几个回合之后，也大部分伤亡。在迫击炮和山炮连的增援与配合下，预备队第九连反复冲锋，最终拿下了无名高地，第八连和第七连余部乘势冲进村庄，一举将“西进兵团”指挥所摧毁。

本来，一个国民党兵团的司令部不仅防卫森严，而且是层层守卫，不至于不堪一击，但第三营这样一支小分队的攻击，一是令敌司令部守敌猝不及防，他们根本没有想到东北野战军会直捣黄龙，所以被打得手足无措，二是廖耀湘部这几天被东北野战军的强大阻击吓怕了，守卫的国民党军以为大部队就在后面，根本无心恋战，全都四散溃逃。

第三纵队第七师第二十一团第三营的这场遭遇战，犹如神兵天降，在总攻还没有开始的时候，就打烂了廖耀湘的兵团指挥部，使10万国民党大军失去指挥而陷入混乱。“西进兵团”指挥中枢系统的瘫痪，对于整个辽西围歼战，甚至对于整个辽沈战役，都起到了不可估量的作用。

瓮中之鳖　难逃被捉命运

10 月 26 日，东北野战军在黑山以东、大虎山东北、绕阳河以西、无梁殿以南、魏家窝棚以北纵横约 120 公里的区域，对廖耀湘兵团展开大规模围歼战。东北野战军第一、第二、第三、第五、第六、第七、第八、第九、第十纵队和炮兵纵队，对被合围的廖耀湘的 5 个军展开了大规模的分割和围歼。其中，第一、第二、第三（附属第十七师）、第十纵队和炮兵纵队由黑山、大虎山正面自西向东突击；第七、第八、第九纵队由大虎山以南向北突击；第五、第六纵队主力及独立第二师由二道境子、绕阳河自东向西突击，坚决阻击廖耀湘兵团向东突围。各部队发扬灵活机动、主动杀敌的作战精神，不怕疲劳，不怕伤亡，以猛打猛冲猛穿插动作，大胆插入廖耀湘兵团各部队之间，割裂其相互联系，打乱其战斗部署。

混战中，侥幸逃出的廖耀湘来到国民党新六军第二十二师指挥部，慌乱之下，这位国民党高级将领竟然用明语在电台中呼叫和调动部队，他的部署全部置于东北野战军的监听之中。东北野战军总部掌握了廖耀湘兵团的行动计划和路线，迅速有效地采取了措施。

27 日凌晨，东北野战军对廖耀湘兵团发起最后总攻，各纵队接到的作战命令是：不要休息，不要睡觉，哪里有廖耀湘的部队就往哪里打！哪里有枪声就往哪里打！直到把廖耀湘兵团彻底歼灭为止。东北野战军把廖耀湘兵团 10 万大军包围在方圆几十里的狭小范围内，只要大致方向正确，部队就朝着有国民党军的村庄冲杀。在广阔的辽西战场上，到处呈现出壮观英勇的作战场面。

在东北野战军的强大攻势面前，国民党军如笼中困兽，早已无力抵抗，纷纷缴枪投降。面对数量庞大的俘虏群，东北野战军的政工部门已经应接不暇，没有时间逐一去做思想工作。于是，他们想到一个立竿见影的好主意，用上

★ 1948 年 10 月 26 日，东北野战军在辽西黑山、大虎山以东纵横约 120 公里的地域对廖耀湘兵团展开大规模的围歼战

★ 1948 年 10 月，辽沈战役中被俘的国民党第九兵团司令廖耀湘及其官兵

了刺刀的步枪相互交叉，或者就地取材找来长短不齐的树枝排出一座座“解放门”，向敌溃兵宣布：放下武器从下面过去的就算是解放了。大部分被俘的国民党官兵从“解放门”下蜂拥而过，竟有着如释重负的感觉。

面对兵败如山倒的惨败场面，无力回天的国民党军各部各级长官纷纷开始了他们的逃亡之旅。廖耀湘的兵团司令部是随着新六军军部和第二十二师一起行动的，此时也是溃不成军。在一片开阔地，他们被东北野战军隔断包围，顿时乱成一团。东边枪响，人群往西逃，西边枪响，人群又往回跑。漫山遍野只见国民党军队的大炮、卡车、辎重被扔得到处都是，官兵们四下溃散。廖耀湘眼睁睁地看着部队逃散的情景，却也无可奈何。27 日夜晚，负责廖耀湘隐蔽警戒的特务连也弃主不顾，没了踪影。廖耀湘身边只剩下新六军军长李涛和第九兵团参谋长杨焜及几名副官。廖耀湘和李涛等人藏匿在一个洼地里，夜幕降临后，在茫然不知去向的逃亡路上，几个人晕头转向，最后也不得不分散开，各自逃命。

国民党高级将领被俘虏了不少，但是最重要的廖耀湘却迟迟没有下落。其实，在辽西围歼战进入尾声时，东北野战军总部就给各部队发出电令，活捉廖耀湘，并发布了廖耀湘的口音和容貌特征。这天，驻在中安堡的东北野战军第三纵队后勤部的战士发现街上来了两个身穿破衣、肩披麻袋的“南方商人”，其中那个头发花白的矮胖子，特征与通缉令上说的一样。后勤部将两人扣留，交给了警卫连。连部卫生员是个走过“解放门”的战士。他指着矮胖子问：“你不是廖耀湘吗？在西安阅兵时你还给我们讲过话呢！”廖耀湘脸涨得通红，矢口否认。警卫连指导员看在眼里，心里增加了几分警惕。一天夜里，廖耀湘想翻墙逃走，押送他的战士一梭子子弹打出去，大喝一声，吓得他搭到墙上的腿又缩了回来。指导员告诉他：“你最好自己承认，不然新解放的战士也能把你认出来。”廖耀湘还是不肯承认，还乞求给他开具通行证，没有达到目的就装病不肯走路。后勤部让他坐上卡车，司机是新解放的战士，一看就说：“没错，他就是廖耀湘！”11 月 11 日，后勤部政委亲自审问，在无法抵赖的情况下，廖耀湘终于低头承认了自己的身份。至此，东

★东北野战军攻锦部队在黑山、北镇、大虎山一带痛歼廖耀湘兵团

北国民党军最精锐的廖耀湘兵团，除新一军军长潘裕昆、新三军军长龙天武带少数残部冲出重围，从新民乘火车逃回沈阳外，基本全军覆没。

10 月 28 日清晨，壮观激烈的辽西围歼战全部结束。在两昼夜 40 多个小时的战斗中，东北野战军共歼灭廖耀湘兵团 5 个军 12 个师，包括敌人五大主力中的新一军、新六军在内，共约 10 万人。俘获廖耀湘、杨焜、李涛、向凤武、郑庭笈、文小山等将官 28 名。缴获各种火炮 1571 门、轻重机枪 3861 挺、步枪冲锋枪 40446 支、掷弹筒 86 具、装甲车 20 辆、汽车 607 辆、骡马 6087 匹，以及大量弹药物资。

面对东北野战军取得的辉煌胜利，毛泽东发来电报，欣喜之情充溢字里行间："庆祝你们歼敌十二个师的伟大胜利。"紧接着，中共中央致电林彪、罗荣桓、高岗、陈云诸同志及东北人民解放军全体同志："庆祝你们此次在辽西地区歼灭东北敌军主力五个军十二个师的伟大胜利。东北我军在两星期内连获锦州、长春、辽西三次大捷，使敌人损失二十六个整师共约三十万人的兵力，对于全国战局贡献极大。尚望激励全军，再接再厉，为全歼东北匪军，解放沈阳而战！"

东北野战军围歼廖耀湘兵团，对于全歼东北国民党军、解放东北全境具有决定性的意义。

人物篇

一世与“炮”不解缘，终生爱党报国情
——记东北人民解放军炮兵司令员朱瑞

1948 年 10 月 1 日，就在新中国成立整整一年前，一位将星为了中国人民的解放事业而悄然陨落，他就是解放战争中我军牺牲的最高将领——东北人民解放军炮兵司令员、东北炮兵学校校长、被誉为人民军队“炮兵之父”的朱瑞。

结缘炮兵，“巧妇乃为无米炊”

朱瑞，1905 年生于江苏宿豫，幼年丧父，母亲带着子女辗转多地谋生。虽然自幼四处奔波，但朱瑞思想进步，学习成绩优异。中学时代，他因在徐州培心中学参加青年进步组织罢课闹学潮被校方开除；在南京钟英中学，他自拟作文题《拟孙文讨贼檄》，大骂军阀。1924 年，朱瑞加入社会主义青年团，同年考入广东大学。1925 年末，苏联莫斯科中山大学在广东招收中国进步学生，朱瑞报考顺利通过。在中山大学，他曾在被称为“理论班”的第七班学习。这个班是政治气氛最浓、理论讨论最为激烈的一个班。在这样一个集体里，朱瑞很快成长为理论交锋的主力，他思维敏捷，雄辩滔滔，有极强的感染力。1927 年，在组织的安排下，朱瑞被派往莫斯科克拉辛炮校学习军事。从此，他与炮结下了不解之缘。

★朱瑞

在克拉辛炮校，看着制造优良、威力巨大的炮兵装备，朱瑞被深深震撼，决心努力学习炮兵知识，为国效力。1928 年，朱瑞加入苏联共产党，后转为中国共产党党员。在校期间，朱瑞几乎把所能接触到的资料全都钻研了一个遍，并且他非常重视实践，几乎每天都要到炮场上练习。两年之后，朱瑞已经成为炮兵领域的“百科全书”了，各种火炮技术参数及操作要领，包括在特殊情况下的注意事项，他全都烂熟于心。不久，朱瑞以毕业考试和炮弹射击第一名的优异成绩结束了在克拉辛炮校的学习。临别时，苏联炮兵教官拍着他的肩膀说：“小伙子，你是最棒的！我们等着你们炮兵部队胜利的消息。”

1930 年春，朱瑞学成回国。由于当时红军条件有限，还不具备建设一支专业的炮兵部队的条件，朱瑞没有机会一展所长。作为从苏联留学回来的高才生，朱瑞被任命为中共中央特派员、长江局参谋长。1932 年 1 月，朱瑞到

★朱瑞雕像

中央苏区工作，历任红军总司令部科长、红军学校教员、军政治委员、军团政治委员等职，率部参加了第四次、第五次反“围剿”。1934 年夏，朱瑞任红一军团政治部主任，10 月，参加长征。第一、第四方面军会师后，任第一方面军政治部主任。1936 年 12 月，任第二方面军政治部主任。全面抗战爆发后，朱瑞任中共中央北方局军委书记，后调任八路军驻第一战区联络处处长。1938 年 11 月，任北方局组织部长。1939 年 5 月，任八路军第一纵队政治委员，与司令员徐向前赴山东，统一指挥在山东和苏北地区的八路军部队。后兼任山东军政委员会书记、中共中央山东分局书记，领导抗日军民开展敌后游击战争。1943 年 12 月，入中央党校学习。

党的七大闭幕后不久，党中央决定让朱瑞担任军委副总参谋长，主要与美国和国民党代表谈判。朱瑞听到这一消息后，思绪连绵：“党中央如此委以重任，是对我的高度信任，但目前国际国内形势异常复杂，无论是走向和平还是继续战争，我军都迫切需要建立一支强大的炮兵部队。”怀着发展祖国炮兵事业的梦想，朱瑞迫不及待地向毛泽东主席请求：“我准备把后半生交给大炮，和大炮交朋友，为建设我们自己的炮兵做一些力所能及的工作。”毛泽东主席对朱瑞主动考虑建设人民炮兵的战略构想和他的建议甚为赞赏，连说：“朱瑞啊，那你就去做炮兵校长。放手做，做一个桥头堡！”

1945 年 6 月底，朱瑞被任命为延安炮兵学校代理校长。该校是在八路军炮兵团的基础上发展起来的。朱瑞到任第一天，就给全体师生作动员，要求大家通过认真学习、刻苦钻研，把所学科目烂熟于心，并在实践中不断总结提高，把自己培养成称职的炮兵指挥员。开学后，他把主要精力用于抓训练工作。除了开会，他几乎和学员们成天泡在炮场，观察指导学员操作训练，甚至亲自为学员做示范。训练结束后，朱瑞及时进行讲评。他这种深入实际、深入教学的作风，有力地激发了学员的学习热情，学员成绩提高很快。

当时，国民党对陕甘宁边区实行经济封锁，边区财政十分困难。尽管党中央和中央军委对炮校予以极大的关怀，但无论是教学设备还是训练器材都严重不足。朱瑞号召大家自己动手，因陋就简，克服困难，搞好教学和训练。学员们热烈响应，很快就制作了代用炮镜和代用观测仪，自己动手绘制炮弹解剖图，有的还用黄泥和木材制作炮镜，解决了不少训练问题。延安炮兵学校在短期内培养了 1000 多名干部，成为我军炮兵建设的重要骨干。在极其艰苦的条件下，炮校的教学工作在延安如火如荼地展开。

捡回器材，英雄终有用武地

1945 年 9 月抗战胜利后，按照中央计划，朱瑞率炮校全体师生来到东北，目的是接收日军撤退后留下的一些重型武器，建立一支能够真正在战场上发挥作用的炮兵部队。但日军极其狡猾，把炮拆得七零八落，扔得漫山遍野，朱瑞率部到达后，只接收了一些破烂不堪且不能连续作战的火炮。为了完成任务，朱瑞提出了“分散干部，搜集武器，发展部队，建立家业”的方针，发动全校师生，到日军曾驻扎过或作战过的地方，搜集火炮的零散配件。全体同志组成多支小分队，在东起绥芬河、西到满洲里、南迄长春、北至瑷珲的广大地区，开展了大范围的搜索工作。到 1946 年 5 月，共搜集组装火炮 700 多门、炮弹 50 余万发、坦克 12 辆、汽车 23 辆，还有大批的火炮零件和各种器材。依靠这些装备，朱瑞迅速组建了一支极其正规的炮兵部队，还建立了我军第一个高炮大队、两个坦克队和一个修械所。同时，朱瑞还提出“变学校为部队，拿部队当学校”的办校方针，采用了短期培训和长期专业学习相结合的办法。

1946 年 12 月起，朱瑞对炮兵部队进行调整，对炮兵的组织、训练、装备、作战等做出了一系列明确规定，炮兵部队由分散状态进入到有组织、有计划的发展阶段。1947 年上半年，朱瑞率 50 多个炮兵连队参加了“三下江南、四保临江”战役，相继取得了丰硕战果。1947 年的冬季攻势，在朱瑞领导的炮兵的有力配合下，我军共歼敌 15.6 万人，收复城市 21 座，东北民主联军总部在嘉奖令中指出：在这次冬季攻势中，炮兵“起了重大作用”。经过多次实战，我军炮兵战斗技术水平和指挥能力逐步成熟，发展到能支援步兵攻克十几个师、多兵种合成防守的阶段。

朱瑞还研究提出一系列适用于我军的炮兵战术原则，主要包括步炮协同，集中使用火力，攻坚作战快、准、猛，等等。这些战术原则对我军炮兵建设具有重大意义，标志着人民炮兵建设进入正规化作战阶段。辽沈战役前夕，我军在东北已有各种火炮 4700 余门。东北人民解放军炮兵纵队正式成立，隶属炮兵司令部。

魂断沙场，不负凌云壮志才

1948 年 7 月，朱瑞参加了东北野战军总部关于实施辽沈战役的准备工作，并向组织上要求坚决到前方去，亲自指挥炮兵部队作战，以便总结大规模运

★朱瑞将军殉难地

动战、攻坚战中的炮兵作战经验。得到同意后，朱瑞于9月下旬进至锦州北面屏障——义县城下。

当时，义县四周都已解放，只剩主城由国民党第九十三军暂编第二十师防守。国民党军加固了三丈多高的城墙，城墙上依靠垛口又筑上暗沟相通的明暗碉堡，城墙外还修建了一条又深又宽的护城沟堑，沟外还有鹿砦、铁丝网，阵地前埋有密密麻麻的反坦克地雷，这些工事组成了完整的防御体系。朱瑞指挥炮兵部队首先来到义县城北。义县城北是大凌河，河沿离北面城墙只有30多米远，这里都是开阔地，根本无法攻城，要想攻城必须从南或东西两侧上去，所以一些火炮必须运到河南岸。这条河虽不太深，但河水却涨得很宽，河两岸是二三百米宽的沙滩，不要说过沉重的炮车，就是马车也得费很大劲才能过去。朱瑞和炮兵、工兵相关领导协商后，让大家把秸秆、树条子、枕木排在沙滩上，垫到河底，再用铁轨压上，有的地方还垫很多石头，一门门大炮就这样按时运到了南岸。

为了打好这一仗，朱瑞领着负责主攻的几个炮兵团长到前沿察看地形。

由于距敌人的据点很近，他们的活动很容易被敌人发现。大家都为司令员的安全担心，而朱瑞却一路谈笑风生，边察看边指点部署，还信心十足地对其中一个团长说："你明天先拉两个连来，把敌人那几门炮给我敲掉，给他们来个下马威！"9 月 30 日，朱瑞又到各团前沿阵地视察，每到一处，他都仔细检查各门火炮的射向和隐蔽情况。承担支援城北主攻任务的第三团前沿指挥所设在大凌河北岸，第三团团长听说司令员要去视察，立即用电话向他作了详细汇报，并请他千万不要过河。但朱瑞仍是挽起裤腿，蹚着深秋冰凉透骨的河水去了北岸，视察后又蹚水返回南岸。

1948 年 10 月 1 日上午，进攻义县城的战斗打响了。朱瑞一声令下，各种口径的大炮以排山倒海之势轰击敌人的各个主要据点。顷刻之间，西南城墙就被撕开了一道 40 多米宽的豁口。接着，朱瑞下令炮火延伸打击，敌人经营多时的工事，随着我军炮弹爆炸的硝烟，顷刻就被摧毁了。我军步兵各纵队冲进被炮兵打开的突破口，同国民党军展开巷战，顺利拿下了义县。

义县战斗，是东北野战军第一场较大规模的攻坚战，并且第一次使用了缴获的美国榴弹炮。朱瑞看到炮兵在义县攻坚战中发挥了巨大作用，心情无比兴奋。他不顾战斗仍在进行，立即前往战场了解美制榴弹炮的性能。不幸的是，朱瑞沿着一条沟边向前线行进时，被地雷夺去了宝贵的生命，牺牲时年仅 43 岁。

朱瑞是东北人民解放军在解放战争中牺牲的最高级别将领，他的光辉业绩和革命精神永远激励华夏儿女不断奋勇前进……

七秒瞬间化永恒，攻锦之战勇先锋

——记锦州攻坚战“特等功臣”梁士英

七秒，在一个人的生命中稍纵即逝；七秒，在人的一生中会经历亿万次。然而，在硝烟弥漫的战场上，七秒，却是一枚爆破筒从拉开导火索到爆炸的生死时刻。就是这样的七秒瞬间，在辽沈战役锦州攻坚战中见证了一名共产党员生命里最后的果敢与坚定，让 26 岁的青春年华成为永恒。这个年轻的生命、这位伟大的英雄就是在锦州攻坚战中被授予“特等功臣”荣誉的烈士——梁士英。

艰难生活磨意志

1922 年 11 月 13 日，梁士英出生在吉林省扶余县三岔河镇郊区的一个贫苦家庭。祖父梁继业是个私塾先生，因疼爱孙子，特意为他起了一个充满希望的乳名——梦辰。然而，新生命降生的喜悦是短暂的，一直清贫度日的梁家，因梁士英的到来，生活更是雪上加霜。父亲梁乃东除了终日在贫瘠的土地上劳作外，还要去房东家打工。祖父也不得不常常拖着病弱的身体到私塾教书。即便如此，梁家每年收获的粮食交税后还是无法满足一家人的温饱。物质生活的匮乏并没有阻挡梁士英渴望知识、追求理想的脚步。因为祖父教书的缘故，梁士英获得了去私塾学习的机会，从此便有了“梁士英”的学名。在私塾朴素单调的启蒙教育中，梁士英学习刻苦，从不落后。全家人都把希望寄托在他身上，希望他为梁家争光。然而，童年的快乐和全家人的期待并没有持续多久。随着祖父的去世，这一切都化为了乌有。10 岁的梁士英不得不用瘦弱的身体承担起家庭生活的重担。更可悲的是，在一次给地主运粮食的路上，

★梁士英

父亲由于饥饿和过度劳累，从通往粮仓的跳板上掉了下来，摔成重伤，失去了劳作的能力。祖父的离世、父亲的重病，生活的苦难把梁士英一切美好的梦想彻底击碎。13岁的他给地主喂猪，时常挨骂受辱，后来又到鼓棚当帮工，只为挣钱养家。艰苦的生活磨炼了他吃苦耐劳的精神，成长的磨难锻炼了他坚韧不拔的意志。

“偷梁换柱”披戎装

1946年1月，是梁士英命运的转折点。他初遇八路军，看到部队军纪严明，战士善待百姓，跟他以往接触过的军队大不一样。他认定，这是一支好部队，是一支可以为穷人做主的部队。于是，梁士英找到一个“长官”模样的人，愣愣地开口就问：“我想当兵，行不行？”那位“长官”打量他半天，说：

“你想参军？行。但你得找个保人。”梁士英很是激动，撒腿就往大舅家跑，想让大舅为他写一份保证。可是，大舅却坚决不同意他参军。梁士英见大舅不给他担保，便自作主张写了张保条，趁大舅熟睡之际偷偷拿出印章盖上……从此以后，梁士英开始了人生新的征程。

入伍后，梁士英自觉接受军事教育，从文化课程到政治理论，从队列训练到枪械演习，他都认真学习、刻苦训练。其中，他最感兴趣的课程就是射击。白天，梁士英认真训练，到了晚上，还要仔细思考动作要领。经过不懈努力，梁士英很快成长为一名优秀的射击手。

1946 年 12 月，参军不到一年的梁士英就光荣地加入了中国共产党。在党的教育下，他的阶级意识不断提高，在战斗中英勇顽强。他常说：“我是共产党员，我的行为应该配得上这个光荣称号。”1947 年 6 月，在攻打昌图的战斗中，他冒着敌人的炮火，用一挺机枪打退了几十个敌人的抵抗，为部队打开了突破口。1947 年冬，在攻打彰武的战斗中，梁士英所在的机枪连负责突破任务，敌人几次进攻失败后，组织了一个连的兵力，在强火力掩护下，疯狂发动新的进攻。一时间，阵地上硝烟滚滚，敌人趁机压住了我军火力，阵地上的我军战士伤亡不断增加。正在这个紧要关头，敌军的左侧突然响起了急促的枪声，很快敌人的机枪便哑了，进攻的敌军倒的倒、退的退，我军趁势反攻，攻克了彰武县城。战斗胜利后，直到总结会上，指导员才找到了打侧翼的战士，他就是梁士英。这次战斗，梁士英又立了战功。

经历过战斗的洗礼，梁士英成长更加迅速。别看他平时沉默寡言，但在连队开会发言时，却总是简洁有力。他常说：“共产党人要起带头作用，要不然就配不上这个光荣称号。”生活中，他经常帮助战友调解矛盾，促进全班团结；训练中，他不但自己严格刻苦，还时常激励战友的战斗热情；战斗时，只要他的机枪一响，就会有敌人应声倒下。同志们都称他为“神枪手”。梁士英常说：“打仗要勇敢，要冷静，不要惊慌。”“我们要正视敌人火力的输出，战场不像射击场，你一定要稳住，如果你担心害怕，枪不会听你的。”战士们都对他的教导心悦诚服。

七秒瞬间定永恒

1948年秋，人民解放战争进入夺取全国胜利的决定性阶段。9月7日，毛泽东为中共中央军委起草给东北野战军的电报，明确地阐述了辽沈战役的作战方针，提出“攻锦打援”的战略部署，把第一战放到了锦州。

锦州是连通东北、华北的重要交通咽喉，只有攻克锦州，切断东北与华北的联系，国民党在东北的军队才能全被封闭，就地歼灭。同样，锦州也是国民党军重点设防的战略要地。早在日伪时期，这里就修筑了大量的工事和设施，国民党军占领后再次加修，设置了层层障碍，形成了以外围据点为依托、城防工事为重点的防御体系，易守难攻。

攻锦战前动员后，梁士英和其所在连队的五位同志一起向团首长请战，请求把突破锦州的尖刀任务交给他们。团首长见他们意志坚定、积极性高，便同意了他们的请求。

为了较好地完成任务，不辜负组织的信任，梁士英提出：“轻伤不下火线，重伤不哭叫，爬也要爬到突破口去，死也要死在突破口里。”他还当场咬破手指，用鲜血写了一封保证书：“不辜负党的培养教育，为完成任务，牺牲我的一切。”写毕，他从一个布包里拿出两块银元，交给排长说：“我要是牺牲了，这钱作为我的最后一次党费！”

10月14日，东北野战军集中了25万优势兵力、数百门火炮，向锦州城发起总攻。梁士英所在的连队承担了突破锦州的“尖刀连”任务，他们要在双方炮战之后，率先冲上阵地扫清国民党军布置的重重障碍，为大部队的总攻打开突破口。一个小时的炮火急袭过后，战士们如猛虎一般跃出战壕，从城西北方向杀向国民党军阵地。通过一连串的连续爆破，战士们清除了敌人周围的铁丝网、梅花桩、地雷阵等障碍物，很快突破了锦州城外第一道防线。当冲到第二道防线时，铁路桥路基下的地堡突然开火。敌人借助地堡所形成的扇面式火网，一分钟就能打出近千发子弹，突击部队被笼罩在火网之下，战士们硬冲了几次都被压了回来，伤亡很大。要想成功冲破防御工事，就必须炸掉地堡。可是，地堡的外壁十分坚硬且光滑，手榴弹炸不毁，唯一的方法就是用爆破筒，而且要近距离地从机枪口推进去。但是，这样做不仅接近难度大，而且长长的爆破筒极有可能还没完全推进地堡就被敌人推出来。爆破筒如果不在内部爆炸，就无法完全摧毁地堡。排长连续组织了几次爆破都没有成功。此时，大部队的冲锋号已经吹响，主力部队已像潮水般冲了过来，每拖延一分钟，都意味着后续部队更多的牺牲，不炸毁地堡，将影响整个战斗进程。

在万分危急的时刻，梁士英主动请战："排长，我是共产党员，把炸掉敌人堡垒的任务交给我！"说完，他便甩掉棉衣，别上两颗手榴弹，抓起一根两米多长的爆破筒，匍匐着冲入枪林弹雨中。敌人的火力很猛，梁士英一边向前冲，一边仔细观察，寻找合适的路线。突然，一阵机枪扫射，梁士英马上卧倒隐蔽。趁着敌人短暂的火力间隙，他又一个翻滚，滚出路基。接着，他躲避着雨点般的子弹，在敌人的枪口下距离地堡越来越近。地堡里的敌人很快发现了他，一挺机枪马上掉转枪口，梁士英发觉不妙，顺势又一个翻滚，躲到了地堡前一处土坎后面，此时距地堡仅仅只有 10 米。但是敌人已经把他牢牢看住，不可能再给他机会继续前进。梁士英尝试了几次，想从土坎冲向地堡，但是敌人的火力压制得他连头都露不出来。危急关头，机智的梁士英灵机一动，将两颗手榴弹朝着地堡的方向丢出，"轰""轰"两声，手榴弹在地堡前面爆炸，趁着烟雾，梁士英提着爆破筒冲到了地堡旁的火力盲区，躲到了敌人的眼皮子底下。到了地堡近前，梁士英立刻拉响爆破筒，顺着机枪口，将爆破筒扔进地堡。正当梁士英转身想隐蔽时，刺刺冒着白烟的爆破筒又被地堡里的守敌推了出来。情急之下，梁士英顾不得许多，捡起马上就要爆炸的爆破筒再次塞进了机枪口，可爆破筒马上又被敌人推出来半截。情况紧急，为了不让敌人再将爆破筒推出来，梁士英坚定地将自己的身体堵在了机枪口前面。不远处看到这一幕的排长大喊着："梁士英，快回来！"但是梁士英回答："不能回去……"他的声音还没落下，就传来了山崩地裂般的一声巨响，坚不可破的地堡被炸得粉碎。从拉燃导火索，到爆破筒爆炸，只有大概7秒钟的时间。没有迟疑，没有退缩，有的只是视死如归的决心和人民必胜的信念。梁士英将他26岁的青春年华永远定格在这7秒的瞬间里。

部队进攻的通道打开了，战友们高呼"为梁士英报仇"，争先恐后地冲进市区。经过31小时激战，我军全歼10万守敌，俘虏国民党兵8万人，解放了锦州城，缴获大量的武器和军用物资。

褒奖如山美名传

1948年10月16日早晨，就在锦州解放的第二天，东北野战军在广场上召开追悼会。全体指战员眼含热泪沉痛悼念在这场战役中英勇牺牲的战士。会上，团政委宣读了师党委追记梁士英烈士为"特等功臣"的褒奖令，并建议政府将锦州西北门改名为"士英门"，以作纪念。1948年11月，梁士英的家乡——吉林省扶余县三岔河区，为梁士英烈士举行了隆重的追悼会。1949年9月14日，锦州市人民代表会议决定把梁士英所在部队进攻的道路命名为"士英路"，以示纪念。1948年12月10日，《东北日报》用显著的版面，刊登了在攻占锦州的战斗中，东北人民解放军第一纵队第五师特等功臣梁士英"以伟大的自我牺牲精神，炸毁了挡在部队前进道路上的敌地堡，使部队得以迅速插向纵深，完成歼敌任务"的报道，向全国人民宣传了梁士英烈士的英勇事迹。1950年，锦州人民在辽沈战役革命烈士纪念塔的西北角，敬修了一座高大肃穆的梁士英烈士纪念塔，塔的正面铭镌着梁士英悲壮的英雄事迹。1986年8月20日，为修建辽沈战役纪念馆，经报辽宁省人民政府批准，将梁士英烈士墓从纪念塔的西北侧移到纪念塔东侧。锦州市委、市人大、市政府、市纪检委等单位领导，驻锦部队有关领导，锦州市直机关干部及各界代表出席了迁墓仪式。每逢清明及梁士英烈士殉难日——10月14日，人们都会怀着崇敬的心情，从四面八方聚集到这里，悼念这位用自己生命换来锦州

★梁士英炸地堡场景复原

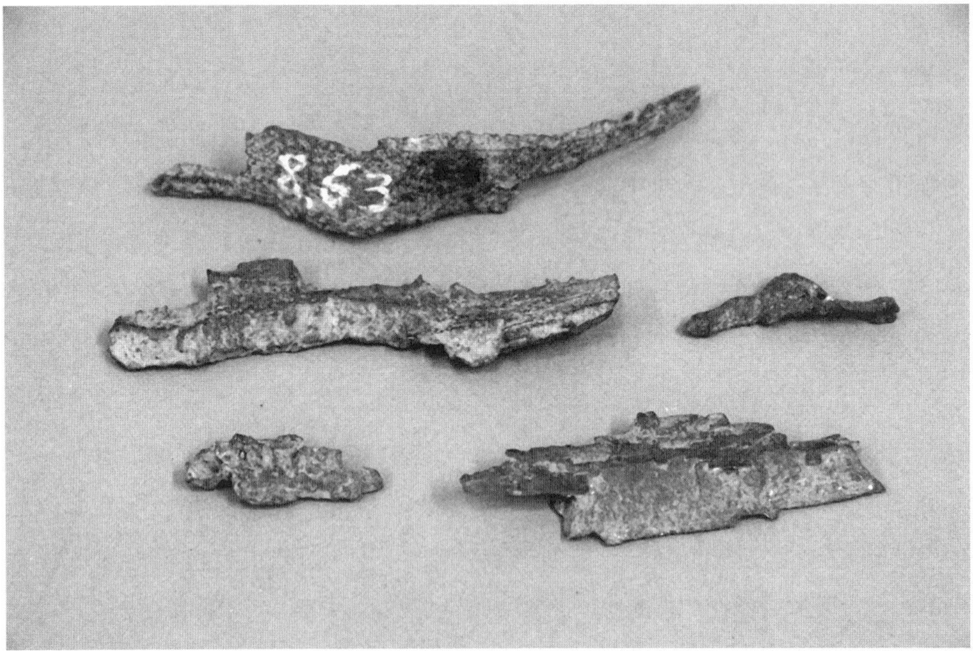

★梁士英炸地堡的爆破筒残片

★梁士英塑像

解放的伟大战士。1995年，由时任中央军委副主席、国务委员兼国防部长迟浩田题写片名，中央电视台影视部，松原市委、市政府，扶余区委、区政府，中国人民解放军八一〇四三部队，八一电影制片厂电视部联合摄制了电视剧《梁士英》。此外，在北京中国人民革命军事博物馆中，在锦州辽沈战役纪念馆中，在吉林省革命博物馆党史文物资料中，在哈尔滨东北烈士纪念馆中，都记载和展示着梁士英的英雄业绩。

共产党员、革命烈士梁士英没有照片，没有遗体，他将短暂生命化为永恒，为中国人民的解放事业增添了光辉，他的英雄事迹成为人们心中不朽的丰碑。

共产党员均类此，中华伟业必兴隆
——记塔山阻击战“独胆英雄”卜凤刚

2022年8月16日，习近平总书记考察辽沈战役纪念馆时，在一位解放军战士的黑白照片前驻足良久，看得十分细致。那幅照片说明仅有7个字：“独胆英雄”卜凤刚。卜凤刚是何许人也，为何总书记会对他格外关注？他是如何在战斗中以一敌百的？他的三条遗言和“五不”原则又是什么？为何莫文骅中将给予他“共产党员均类此，中华伟业必兴隆”的高度评价？本文将为您讲述“独胆英雄”卜凤刚的数字人生。

以一敌百

卜凤刚，辽宁岫岩人，蒙古族，1930年9月出生，1946年7月入伍，1948年8月入党。就在卜凤刚入党一个月后，1948年9月，解放战争战略决战的首战——辽沈战役打响。10月10日，为保障主力夺取锦州，东北野战军第四纵队、第十一纵队等部在锦州西南塔山地区对增援锦州的国民党军发起了著名的塔山阻击战，卜凤刚随部队参加了这场艰苦卓绝的战斗。

战斗从一开始就异常惨烈，国民党11个师的精锐部队在飞机、军舰的掩护、配合下，向塔山这个平时只有百十来人的小山村发起了潮水般的攻击。山炮、野炮、加农炮、榴弹炮在东起打渔山、西到白台山一线阵地上狂轰滥炸，卜凤刚和战友们奋勇抵抗，激战四天四夜，敌人寸步未进。但是，我军也伤亡很大，卜凤刚所在的四纵十二师三十四团一营一排一班，战士牺牲了三分之二，班长也牺牲了。危急时刻，卜凤刚挺身而出，带领仅剩的几名战

★新中国成立初期的卜凤刚

士沉着应战。打到第五天，全班只剩下卜凤刚1人，而他的头皮也被子弹擦伤，鲜血直流。

此时，锦州攻坚激战正酣，面对人数和装备均占优势的国民党军，上级决定采取政治攻势，从内部瓦解敌军。但是，接连派出的两名政工人员还没有接近敌人阵地就牺牲了。关键时刻，卜凤刚自告奋勇，领下任务。他找来8个拧开盖子的手榴弹，别在腰间，趁敌人不注意猛然冲出阵地，但敌人很快发现了他，朝他猛烈开火。他躲在山坡下，机智地把帽子放在山头后面，露出一角以吸引敌人火力，然后灵巧地向敌营部指挥所匍匐前进。进了指挥所，卜凤刚看到一个胖军官，看服装应该是敌营长，便立即冲上前去抵住他的身子，大吼道："你动，我就和你同归于尽。"军官见卜凤刚身上缠着一排手榴弹，正准备拉弦，直接吓蒙了，手枪举了一下又马上放下，哆哆嗦嗦地举起双手投降。卜凤刚让敌营长跟着自己往我军阵地里爬，并沿途呼喊他的部下投降。

敌营长乖乖照做。一路上，卜凤刚边爬边喊：“锦州已经被我们占领了，你们赶快跟着你们营长投降吧。”那个营长也呼唤着那些国民党兵跟着他投降。此时，塔山阻击战已激战5天，那些国民党兵早已没了斗志，听到呼喊，便一个跟着一个地往我军阵地爬去，投降的国民党兵排了长长的一排。就这样，卜凤刚一个人凭着8颗手榴弹俘虏了敌军124个人。

战斗结束后，卜凤刚荣立了特等功，被授予“独胆英雄”称号，并获得当时东北野战军的最高荣誉——毛泽东奖章，他所在的第三十四团也被命名为“塔山英雄团”。

两个名字

辽沈战役胜利后，卜凤刚随军南下，参加了解放康怀、宣化、张家口、衡阳、桂林等战役，他英勇善战，多次立功受奖，先后立大功1次，小功多次，

★ 1965年，在海军学校学习时的卜凤刚

闪亮的军功章迎来了新中国的诞生。但是，卜凤刚并没有躺在功劳簿上以功臣自居，而是选择“埋没”自己，默默地为党和人民做更多的工作。

1955年起，卜凤刚应召到海军，后被送到多所军事院校深造，与原来部队的领导、战友天各一方，他便闭口不讲当年叱咤疆场的英雄事迹，不再提“当年勇”了。1961年5月，他从大连海军指挥学校火炮指挥系毕业，被分配到海军装备部，任驻军代表，1978年被提拔为驻厂总代表……其间，他变换了好几处工作单位，每到一处他都守口如瓶，连履历表上也不写当年立功受奖的事，甚至连他的家乡人也不知道他就是塔山阻击战中那个“独胆英雄”。原来，他的本名叫作卜凤殿，当年参军时，因为年龄小，怕部队不要他，就报了哥哥卜凤刚的名字，用了哥哥当年的年龄。到部队后，他就一直用着“卜凤刚”这个名字，所以家乡人并不知道他就是那个获得那么多军功章的英雄。

后来，他身边一些爱读书看报的同志和朋友在苏联著名作家西蒙诺夫所著的《战斗着的中国》和《红旗飘飘》杂志第十八期中读到了“卜凤钢”（由于作者的笔误，将他的名字写成了“卜凤钢”）的事迹，便拿着书和杂志来找他，问这里面写的是不是他，卜凤刚说：“你看，这里面是‘钢铁’的‘钢’，不是我这个‘刚’。”他就是不想以英雄和功臣自居。

不仅同事、好友、家乡人不知道他是解放战争中的革命英雄，甚至连他的妻子秦金枝都不知道。后来，秦金枝在一个箱子底下翻到了一本《战斗着的中国》，扉页上有作者西蒙诺夫亲笔签字：“赠给卜凤刚同志”。看完这书，她才知道，自己的爱人正是组织上寻找的辽沈战役的英雄！但他为什么刻意“隐瞒”？秦金枝从那本书扉页下面的一行小字中读懂了，那是卜凤刚亲手写下的一句话——“永远不要忘记流血牺牲的战友”。卜凤刚在日记中还写道：“我是一个幸存者。是先烈们的流血牺牲保护了我，使我能够活下来了。我所做的一切，和先烈们对革命的贡献比较起来，没有什么了不起的，没有什么值得骄傲的。我要永远牢记先烈在临牺牲时对我的嘱托，把追求和志向放在为党为人民多做贡献上，放在将革命进行到底上。”

“五不”原则

从1961年起，卜凤刚担任了执行海军火炮监造任务的驻厂军事代表，在此后的20多年里，卜凤刚以开拓者的姿态，从内蒙古大草原到黑龙江北大荒，先后在4个工厂参加筹建了军代表室，组织了两型火炮的研制及生产线的建设工作，为海军装备的发展做出极大贡献。由于职务的升迁，各种诱惑逐渐多了起来，但卜凤刚始终保持革命本色。“今后办事，法纪违不得，政策偏不得，作风歪不得，便宜占不得，群众离不得。”这是卜凤刚走上领导岗位后，写下的“五不”原则。他还给自己定下规矩：有功不居功，有权不谋私，忘我不忘人，有苦不怕苦，攻坚不畏难。卜凤刚是这么说的，也是一直这么做的。

建立一个军工生产的新点是一项开拓性的工作。人生地不熟权且不说，要重建生产线，新产品要从头搞起。而建一条生产线、搞一项新产品又谈何容易！海军用的武器构造特别复杂，一门炮有几千种部件、上万个零件，而且精度要求都很高，水准都要求先进、独创，要接近、赶上或超过一些国家的同类武器水平，否则就失去了意义。而当时我国海军的装备相对落后，要

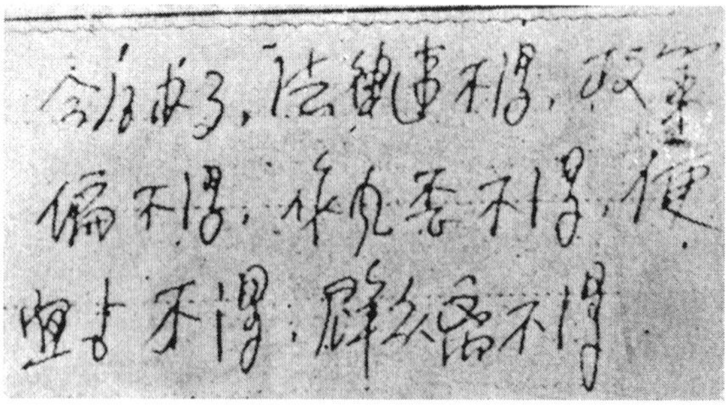
今后办事，法纪违不得，政策偏不得，作风歪不得，便宜占不得，群众离不得

★卜凤刚写下的“五不得”

达到这个要求十分困难。更何况当时正处于“文化大革命”时期，许多技术骨干都被关进“牛棚”，一些还正被批斗。卜凤刚克服重重困难，常常是吃住在厂里，工人24小时两班或者三班倒，他是“连轴转”，饿了，啃几口干粮，困了，在工具箱上趴一会儿……工作之余，他常到知识分子和技术工人家里走访，谈心谈话，了解情况，帮助解决实际困难和问题，解除他们的后顾之忧。1963年3月他作为组长来到北疆边城开辟新点，经过5年3个月难以想象的艰苦奋战，不仅建立起了军工生产线，而且创制出了一种新型海军军工产品，并且通过了鉴定，得到了较好评价。

在卜凤刚工作的地方，生长着一种叫乌拉草的多年生灰绿色草本植物。这种植物的纤维坚韧耐久，是制作草鞋、人造棉、纤维板的良好材料。因此，它同人参、貂皮一起被称为“关东三大宝”。同卜凤刚一起工作过的人都亲昵地称他是一棵乌拉草，赞扬他忘我不忘人，吃苦在前、享乐在后的崇高品德。这个比喻，真是再恰当不过了。外出住招待所，卜凤刚争着住靠近门口的边铺；乘大卡车去靶场，不管工人怎样推搡着让他坐驾驶室，他都非要坐到车厢尾部，为同志们挡风遮尘；组织上每次给卜凤刚分房子，他首先想到的还是别人……他时刻坚持着自己的“五不”原则，兢兢业业、无私忘我地奋战在海军火炮监造事业上。

“四子”问题

英雄模范也是普通人，在现实生活中，也要面对房子、儿子、位子、票子问题。但在处理“四子”问题上，卜凤刚表现出优于常人的浩然正气和清廉作风。

1963年，刚到黑龙江工作时，卜凤刚没让厂里给腾房子，就在独身宿舍挤了好长一段时间。后来，妻子和孩子们来了，他们一家五口挤在一个13平方米的小房子里，使用公共厨房和厕所，冬天阴冷，夏天返潮。后来孩子一天天大了，实在转不开，厂里给他家分了三间平房，可卜凤刚硬是让给了另一位军代表。当他被提为海军驻另一厂的总代表后，他再一次把一套距厂很近、条件很好的楼房套间让给了别人。在房子问题上，卜凤刚总是一让再让。

卜凤刚有两个儿子，大儿子卜作林1975年初中毕业，同学们有的留在城里安排了工作，有的当了兵，还有的等待下乡。卜作林不想下乡插队，便请父亲帮忙，卜凤刚气愤地说："要说拉关系，我当兵几十年，哪儿还没有个老首长、老战友，可我是共产党员，决不能为这事走后门，你还是老老实实到农村去，到艰苦的环境里锻炼锻炼对你有好处。"就这样，卜作林硬是被安排下乡了。而回城时，卜作林是最后一批，被分配去当装卸工，专门卸煤。二儿子卜恩强，被卜凤刚响应国家号召送去当了兵，在工程兵某部做开山洞的工作。

卜凤刚对位子的态度也令人叹服。一位领导了解到卜凤刚1953年才是排职，1961年才是连职，而同等资历的同志即使没有很大的功绩也已是相当职位的负责干部了，领导觉得卜凤刚的职位定得太低了。卜凤刚说："我的职位不低啊，当年参加革命，一不为当官，二不为发财，只为打倒地主老财，让穷人翻身……党和人民给我的够多了，而我对党的贡献太少了，为此我时时有一种不安的感觉，我觉得现在的职务都有些高，职务是责任而不是报偿，一分职务，十分责任啊。"他从不关注职位的高低，论职务、级别和资历，他完全可以坐"小车"，但他执意不坐，理由有三：为国家省汽油，和群众打成一片，不给司机添麻烦。即使在病重期间，他也是乘坐公交车去医院。像这样的事例不胜枚举。

对于票子，卜凤刚更是看得很淡。一次，工作人员由于疏忽，错把卜凤刚的工资按十九级发了，正常他应该是十八级，工资少发了好几个月，卜凤刚一声没吭，后来组织发现了，才改回来。卜凤刚淡淡一笑："差不多，够花就行……"单位每次提级、涨工资，他总是谦让，他说："一个真正的革命者，眼睛不能老盯在钱上，钱眼儿里看不到大目标啊。"

对待房子、儿子、位子、票子，卜凤刚的觉悟令许多人汗颜，更令所有人钦佩和敬重。

三条遗言

由于长期忘我地工作，卜凤刚积劳成疾，1982 年 9 月 3 日，卜凤刚在北京海军总医院做了开胸手术，确诊为恶性胸膜间皮瘤。面对病魔，卜凤刚并没有多想其他，心中只有奉献，他在日记中写道："人生的意义就在于贡献……作为一个人，无论在任何地方，都是可以创造价值的。"虽因身体虚弱只能卧床，但他仍坚持每天读书看报，实在不行就让人读给他听。在病床上，他仍关心新装备的生产、攻关情况，还关注职工的政治思想工作。

一天，海军政委李耀文来看他，问他还有什么要求，卜凤刚没提任何要求。偶然间，卜凤刚想到：既然注射四环素可以治疗胸水，能不能用同样的办法

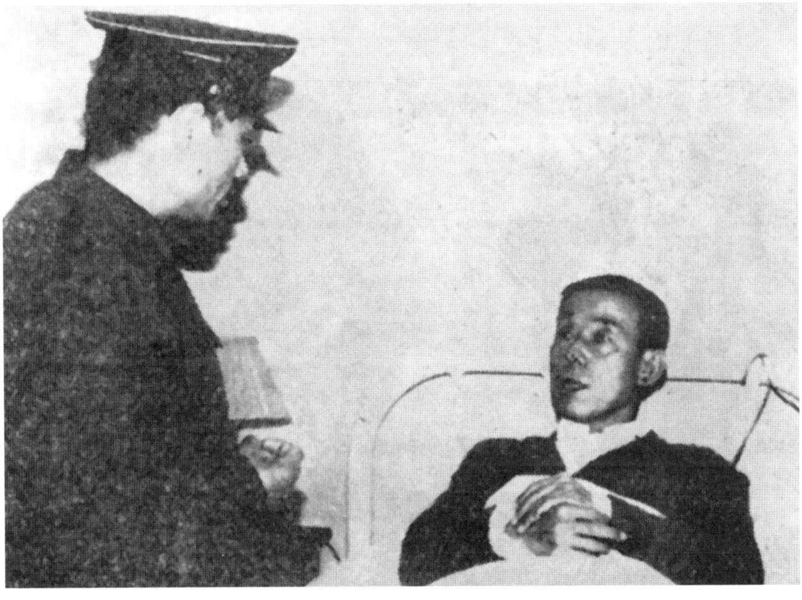

★ 1983 年 3 月，卜凤刚向前来医院探望的军代表询问生产情况

治疗腹水呢？就是不成功也可以为医疗事业积累一些经验……顿时，卜凤刚的脸上露出刚毅的神情。他把自己的想法告诉了医生，激动地说：“你们放心地做试验吧，如果出了问题，就说是我叫做的！”虽然医护人员没有“满足”卜凤刚的这个要求，但是他的这种精神却给大家留下了终生难忘的印象。

1983 年 10 月 5 日上午，卜凤刚突然全身抽搐，呼吸困难，生命处于垂危阶段，海军装备部机关的同志、他的妻子、医院的医护人员陆续围到他的病床前。一位干部几次问他还有什么要求，卜凤刚吃力地回答:“没——有——！”站在一旁的护士再也抑制不住自己的感情，噙着泪说：“卜代表，你还有什么话，就赶紧说吧！”卜凤刚吃力地望望机关领导，带着颤抖的声音说：“我死后，丧事要从简，不要开追悼会。”他的视线又转向妻子秦金枝，深情地说：“你要领着孩子好好过日子，不要给组织添麻烦。”再把目光转向医务人员，断断续续地说：“请把我的遗体做病理解剖，以便尽早弄清病因，好让更多的患者避免……”

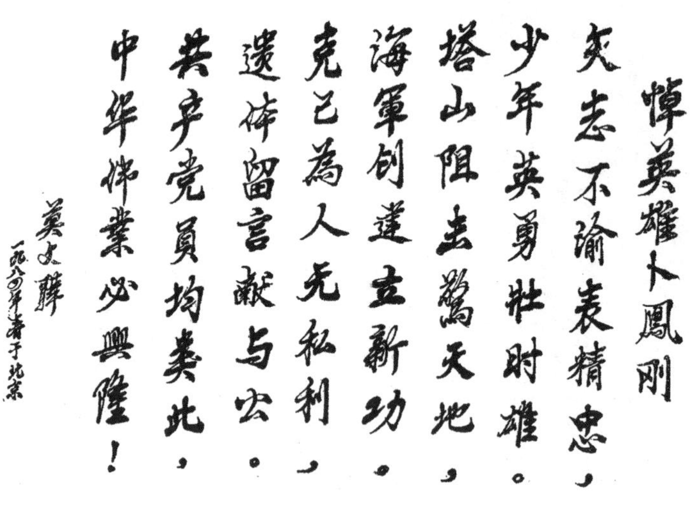

★莫文骅题写的挽诗

1983年10月6日6时7分，卜凤刚的心脏停止了跳动，终年53岁。

10月12日下午，153次列车从北京开出，向着东北方向奔驰。卜凤刚的骨灰，随着这趟列车，经过他35年前曾经战斗过的塔山，经过20多年来一直寻找这位英雄的辽沈战役纪念馆，踏上他为国防现代化建设奋斗了20多年的东北大地，最终到达了沈阳。

10月13日，卜凤刚的骨灰被安葬到沈阳市革命公墓。

没开追悼会——因为这是卜凤刚在弥留之际向党倾吐的最后心愿！

没献花圈——因为卜凤刚一生都是那样朴实、清廉，骨灰盒两旁放两束小花已经足够了！

没奏哀乐——因为卜凤刚这位优秀共产党员的事迹，在人们心中所激起的深切思念、所卷起的奋进波涛，早已汇成了高亢、壮丽的乐章，久久萦绕在人们耳畔！

此刻，人们静视着覆盖在卜凤刚骨灰盒上的鲜红的八一军旗，仿佛看到了他当年在塔山阻击战中只身冲入敌群的英姿，看到了他一生沿着共产主义道路前进的闪光足迹，看到了一个幸存者为共产主义理想终生追求的崇高形象……

徐向前、乌兰夫、杨尚昆、张爱萍等都为卜凤刚题了词，莫文骅中将还专门写了一首《悼英雄卜凤刚》的挽诗：矢志不渝表精忠，少年英勇壮时雄。塔山阻击惊天地，海军创建立新功。克己为人无私利，遗体留言献与公。共产党员均类此，中华伟业必兴隆！

场馆篇

辽沈战役纪念馆

辽沈战役纪念馆是全国首批（100处）爱国主义教育基地、全国中小学生爱国主义教育基地、全国爱国主义教育示范基地、国家AAAA级旅游景区、全国爱国主义教育示范基地先进单位、全国精神文明建设工作先进单位、全国红色旅游经典景区、辽宁省中共党史教育基地。

1958年12月，锦州市将锦州历史文物陈列馆改为辽沈战役纪念馆，原址设在锦州大广济寺。1978年10月，叶剑英元帅题写了馆名。1985年4月，经中共中央办公厅、国务院办公厅、中央军委办公厅联合批准，同意在锦州修建辽沈战役纪念馆。新馆选址在辽沈战役革命烈士陵园北侧，于1988年10月31日建成并对外开放。2001年，辽宁省委、省政府决定对纪念馆进行全面改陈改造，2004年11月2日，新馆竣工并重新对外开放。2008年3月1日，作为全国首批博物馆向社会公众实行免费开放。

辽沈战役纪念馆占地18.8万平方米，纪念馆主体建筑8600平方米。陈列设计运用现代陈展理念，突出主题，把握重点，彰显个性，营造了独特的展陈环境和个性空间，并运用现代科技手段和艺术形式，深度解读历史，艺术再现宏大战争场景。纪念馆馆藏藏品总计19915件，其中文物6248件，一级文物25件，二级文物275件。

为整合红色文化资源，辽沈战役纪念馆还接管了东北野战军锦州前线指挥所旧址和配水池战斗遗址，并于2005年和2008年对旧址和遗址进行了修缮，举办了专题展览和系列主题活动。

辽沈战役纪念馆基本陈列设有序厅、战史馆、支前馆、英烈馆和全景画馆。陈列面积4912.92平方米，展线788.92米，展出照片、文物、文献、文摘、图表、沙盘、绘画、雕塑、景观复原等文物史料和辅助展品计1470余件。

序厅是陈列的首要亮点。推开厚重的铜门步入序厅，地面是光洁的黑金沙石材，中间镶嵌一条古典黄麻石材色带，于暗色中透射出一种鲜亮。正面大型主题雕塑《决战决胜》，采用仿铜高浮雕，以人民解放军突破城垣的瞬间为创作背景，表现出人民解放军无坚不摧、勇往直前、胜利进军的雄伟气势。前言卧碑以东北地形为创作契机，叠现在冲破倒塌的残垣之上，暗寓辽沈战役的胜利和东北全境的解放。主题雕塑周围墙面采用粗犷苍劲的机刨石效果装饰，使雕塑产生的巨大精神张力无限延伸。东西两侧装饰墙上各镶嵌5枚铜质奖章、纪念章，在凸起的墙面上下垂，透出一种沉甸甸而又凝重的历史感。举目抬望，天棚上3颗巨大的金星在灯光映射下熠熠生辉，更加烘托出辽沈战役辉煌胜利的浓郁氛围。

战史馆在一层，主要反映了从“争取和平民主，向东北进军”“实行自卫作战，粉碎国民党军的进攻”“转入战略进攻，把战争引向敌占区”“举行辽沈决战，解放东北全境”到“百万雄师挺进华北”的历史进程。

支前馆在负一层，主要展示了东北人民在中国共产党领导下，为夺取战争的胜利，积极行动起来，努力发展生产，从各个方面支援战争的壮丽图景。

烈士馆在负二层，主要陈列了在东北解放战争中牺牲的烈士名册及267名县、团级以上和纵队以上授予荣誉称号的烈士名录，重点展示了50位著名烈士的生平和事迹。

全景画馆的全景画是陈列的最大亮点，是中国乃至世界全景画馆中的精品和经典之作。“攻克锦州”全景画馆是中国第一座全景画馆。《攻克锦州》这幅全景画是中国美术史上前所未有的艺术巨作，已跻身于世界大型全景画的行列。画馆于1989年10月对外开放，通过绘画、塑型、灯光、音响等多

★辽沈战役纪念馆战史馆

★辽沈战役纪念馆支前馆

★锦州攻坚战景观复原

★辽沈战役纪念碑

种艺术形式，真实再现了辽沈战役的关键性战役——攻克锦州的宏大战争场景。《攻克锦州》全景画，画面高16.1米，周长122.24米，总面积1968平方米，重量达4吨。巨幅的环形画面将观众包围在看台上，成为全景画不同于一般绘画形式的突出特点。

近几年，辽沈战役纪念馆被评为中国红色旅游经典景区，园区充分利用现有园林环境，以辽沈战役军事主题为切入点，以具有纪念性和标志性的门、塔、馆为建筑主体，成为集历史研究、文化传播、艺术博览、旅游休闲等功能于一体的大型军事主题公园。

地　　址：锦州市凌河区北京路5段1号

开放时间：周二至周日 9：00—12：00（11：30 停止入馆），13：00—16：00（15：30 停止入馆），周一闭馆

乘车路线：锦州市内乘坐公交环路、111路、10路、202路、5路、121路至辽沈战役纪念馆站下车；乘坐10路、112路、124路、128路至一九二站下车

联系电话：0416-3805555

塔山革命烈士陵园

塔山革命烈士陵园位于辽宁省葫芦岛市区东北12公里塔山村东山岗上——当年塔山阻击战时原第四纵队第十二师第三十四团（原塔山英雄团）前沿指挥所所在地。沈山铁路、公路在陵园南北两侧山脚蜿蜒穿过。陵园占地1.1万平方米，园林22万平方米。塔址是明朝天启年间的烽火台，海拔

★塔山阻击战革命烈士纪念碑

41.8 米。站在塔台向山下望去，8000 米战线尽收眼底。

塔山革命烈士陵园初建于 1953 年 10 月，经有关部门批准，在塔山的西楼台，也就是现在的塔山葡萄恒温库附近的位置修建了塔山阻击战纪念塔，当时塔高约 6 米，红砖砌成，水泥罩面，上书水泥字（红色）：塔山阻击战革命纪念塔。塔顶是一位站姿的解放军战士雕像，他手握冲锋枪，面朝渤海湾，英姿飒爽，士气高昂。1962 年，当年参加阻击战的战斗英雄鲍仁川、程远茂和塔山英雄团团长焦玉山等来到塔山进行战地回访时发现，纪念塔所处的位置竟是当年国民党军队的阵地。于是英雄们立即向当时锦州市政府及省有关部门提出意见，有关部门经请示中央军委后将纪念塔炸掉。

1963 年 10 月，在原东北野战军第四纵队第十二师第三十四团前沿指挥所旧址修建塔山革命烈士陵园，同时修建了革命烈士纪念塔，正式对外开放。陵园距市区 15 公里，占地面积 147000 平方米。1982 年，修建了高 6 米、宽 12 米的正门牌楼，顶部正面镌刻有时任中央军委副主席刘华清题写的“塔山革命烈士陵园”牌匾。1998 年，在纪念碑正北方修建了烈士合葬墓。墓前黑色大理石纪念碑正面是由时任中央军委副主席张万年题写的“塔山英烈万古流芳”，碑的后面镌刻着 747 位烈士的姓名。

1982 年，在陵园内纪念碑正南方修建了 300 平方米的革命文物陈列馆，全国政协原副主席程子华题写了馆名“塔山阻击战纪念馆”。2006 年 9 月，对塔山阻击战纪念馆进行全面改扩建。2010 年 10 月，投资 1280 万元的纪念馆主体工程竣工，外形为碉堡形，寓意塔山阵地牢不可破、固若金汤。2012 年 10 月，投资 1450 万元的广场建设、道路改造等附属工程竣工。2013 年 10 月 15 日，投资 1270 万元的纪念馆室内装修布展工程竣工，纪念馆正式落成开馆，展陈面积 2000 平方米。2016 年，纪念碑维修工程、消防安保监控系统工程、电力系统工程、广播系统工程等相关工程建设完成。2016 年 8 月，主题文化长廊布展完成并对外开放；2016 年 9 月 20 日，游客服务中心投入使用。

★塔山阻击战烈士名录

★塔山阻击战纪念馆

地　　址：葫芦岛市连山区塔山乡塔山村东山岗

开放时间：周一闭馆，其他时间全天开放

乘车路线：由葫芦岛市汽车站乘坐葫芦岛至高桥客车，塔山纪念馆下车

联系电话：0429-4016049

黑山阻击战纪念馆

黑山阻击战纪念馆为全国爱国主义教育基地、全国国防教育示范基地、全国百个红色旅游经典景区之一、辽宁省中共党史教育基地。

1948 年 11 月黑山阻击战结束后，黑山人民在城北石龙岗上修建了黑山阻击战烈士陵园，并在陵园内建成一座 300 平方米的黑山阻击战纪念馆。

2008 年，黑山县委、县政府在国家及有关部门的支持下，在黑山阻击战战斗遗址 101 高地西南山脚下重建纪念馆。纪念馆建成后，原黑山阻击战烈士陵园内旧纪念馆文物全部迁入新馆，2011 年 7 月 1 日正式对外开放。

黑山阻击战纪念馆占地面积 9154 平方米，建筑面积为 2279 平方米。建筑主体高 11 米，为两层框架钢穹顶结构建筑，顶部为半球形穹顶，外形是大写的“101”造型。整个纪念馆造型规整、宏伟，中轴对称，庄严肃穆。

在黑山阻击战纪念馆东侧，是 101 高地遗址。遗址南北长 580 米，东西宽 450 米，占地面积 2.6 万平方米。遗址东山坡及山顶处遍布战壕及掩体工事。1988 年 10 月，在黑山阻击战胜利 40 周年之际，在 101 高地主峰前平台上建起一座 1.2 米高、2.4 米宽的汉白玉战史碑。1996 年 10 月，在 101 高地山顶修建了高 10.1 米的纪念碑。纪念碑上面镌刻着当年指挥黑山阻击战的东北野战军第十纵队第二十八师师长贺庆积的亲笔题词：“辽沈战役黑山阻击战 101 高地纪念碑”。

黑山阻击战纪念馆主体设施包括展厅、文物库房、研究室、多功能厅四部分。展厅陈列分七个部分：第一部分为序厅，第二部分为战前形势，第三部分为战役实施，第四部分为人民支前，第五部分为英烈风范，第六部分为多媒体数字半景画，第七部分为媒体放映厅。馆内陈列的图片和珍贵的历史

★黑山阻击战纪念馆

★ 101 高地纪念碑

文物、战史资料，以及战场场景复原图、101 高地模型、电动演示沙盘、多媒体半景画等，生动地展示还原了黑山阻击战的历史画面。

黑山阻击战纪念馆与 101 高地战斗遗址、黑山阻击战纪念碑共同构成一幅黑山阻击战的全景画卷。

地　　址：锦州市黑山县县城东北 4 公里，S304 公路 222.3 公里处北侧

开放时间：周二至周日 9：00—15：40 开馆（周一闭馆）

乘车路线：黑山客运站东走 200 米，乘坐 2 路车到黑山县烈士陵园下车

联系电话：0416-5528101

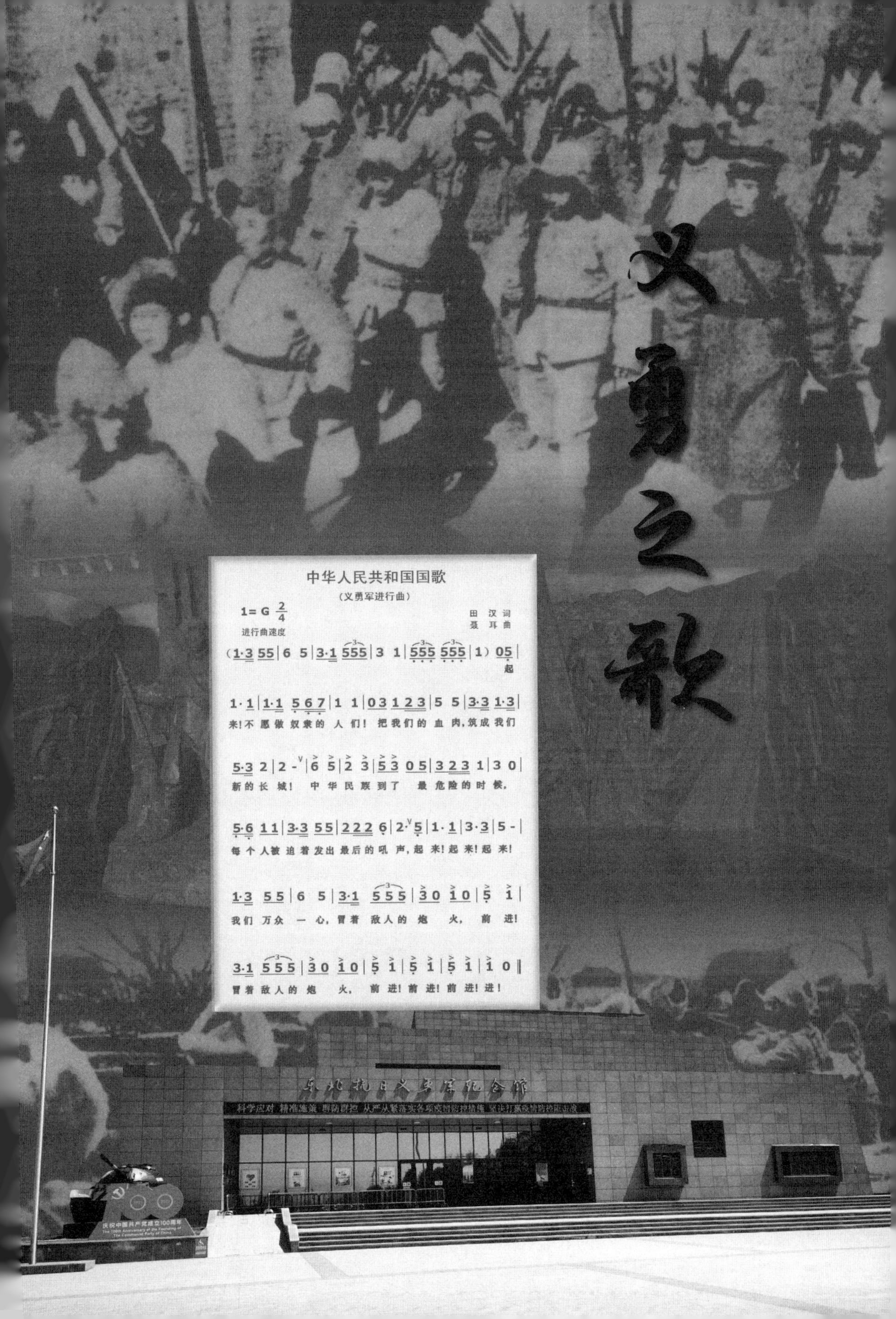
义勇之歌
中华人民共和国国歌
（义勇军进行曲）
1=G 2/4
进行曲速度
田 汉 词
聂 耳 曲
起
来！不愿做奴隶的人们！把我们的血肉，筑成我们
新的长城！中华民族到了最危险的时候，
每个人被迫着发出最后的吼声，起来！起来！起来！
我们万众一心，冒着敌人的炮火，前进！
冒着敌人的炮火，前进！前进！前进！进！
东北抗日义勇军纪念馆
庆祝中国共产党成立100周年

综述篇

国歌与辽宁

"起来！不愿做奴隶的人们！把我们的血肉，筑成我们新的长城！中华民族到了最危险的时候，每个人被迫着发出最后的吼声。起来！起来！起来！我们万众一心，冒着敌人的炮火，前进！冒着敌人的炮火，前进！前进！前进！进！"

这首由田汉作词、聂耳作曲的《义勇军进行曲》，是电影《风云儿女》的主题歌。歌曲歌颂了以东北抗日义勇军为代表的中国人民对帝国主义侵略的强烈愤恨和反抗精神，歌颂了中华民族在外侮面前勇敢、坚强、团结一心、共赴国难的英雄气概。《义勇军进行曲》自 1935 年诞生以来，一直激励无数中华儿女为实现国家独立和民族富强而努力奋斗，后被定为中华人民共和国国歌。《义勇军进行曲》的创作与辽宁有着千丝万缕的联系。1931 年九一八事变后，不愿做亡国奴的辽宁民众在中国共产党的积极声援和大力支持下，自发组织成立了抗日义勇军，武装反抗日本帝国主义的侵略，他们是歌曲的创作原型和歌颂对象。在艰苦卓绝的抗日斗争中，辽宁地区的抗日义勇军创作了许多鼓舞士气、催人奋进的战歌、誓词、通电、文告等，这些内容成为《义勇军进行曲》的重要创作素材。《义勇军进行曲》创作之前，词作者田汉和曲作者聂耳都曾与辽宁地区的抗日义勇军有过深入的接触和交流，义勇军英勇斗争的事迹和可敬可贵的精神激发了田汉、聂耳的创作灵感，使歌曲在很短时间内就创作面世，且脍炙人口、影响深远。因此，《义勇军进行曲》与辽宁省有着千丝万缕的联系。

中华人民共和国国歌

（义勇军进行曲）

1= G $\frac{2}{4}$

进行曲速度

田 汉词
聂 耳曲

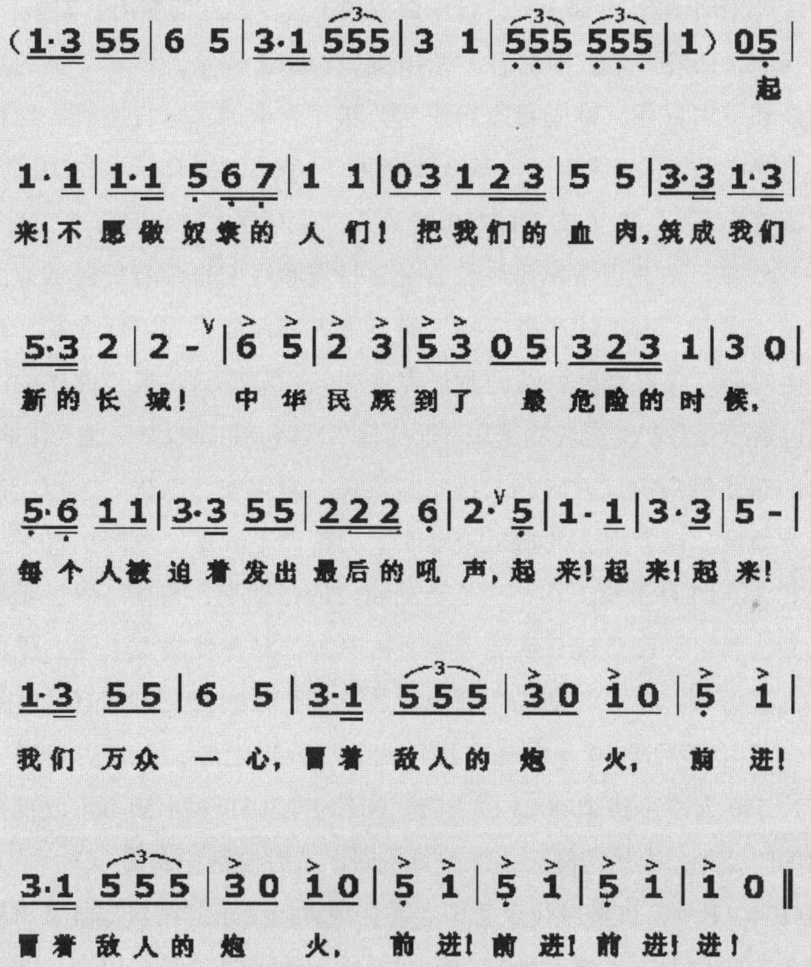

发端于辽宁的抗日义勇军是国歌的主要歌颂对象

1931年9月18日，日本帝国主义悍然发动了震惊中外的九一八事变。9月19日，沈阳沦陷。不到3天，日军即占领了辽宁地区的鞍山、安东、本溪、营口、抚顺、铁岭等地。面对日本帝国主义的野蛮侵略，不屈不挠的辽宁各阶层民众和爱国官兵，率先自发组织起义勇军、救国军、自卫军、红枪会、大刀会等抗日武装保卫家乡，“不愿做奴隶的人民”“万众一心”，用“血肉”筑成“新的长城”，奋勇抗击日本侵略者，“冒着敌人的炮火前进”……

9月23日，东北边防军司令长官公署行署和辽宁省政府行署被迫由沈阳迁往锦州。当时，因军队和政府的主要负责人都留居平津，因此军、政两署实际上由时任辽宁省警务处长的黄显声主持。9月27日，流亡北平的东北爱国人士包括部分共产党员成立了以“抵抗日本侵略，共谋收复失地，保护主权”为宗旨的东北民众抗日救国会，推举高崇民、阎宝航、王化一、卢广绩、黄显声等为委员。在救国会的积极策动和大力帮助下，辽宁地区抗日义勇军不断发展壮大。10月中旬，在共产党员刘澜波的帮助下，黄显声以辽宁省警务处的名义，制定了民众抗日武装《编委方案》，允许爱国人士建立民众抗日武装——义勇军。为了鼓励仁人志士武装抗日，救国会发出号召：自备手枪抗日者，给月薪大洋30元；凡率抗日武装百人以上者，以上尉待遇之；率武装骑兵500人或步兵1000人以上者，当任上校团长；不满百人之部队，当俟与他部门合并，俟达定额后，派委员检阅，然后付给编成费。

1931年11月，黄显声代表救国会委任项青山为东北民众抗日义勇军第一路军司令，驻盘山；张海天为东北民众抗日义勇军第二路军司令，驻辽中；盖中华为东北民众抗日义勇军第三路军司令，驻台安。不久，救国会又重新加委张海天为辽南前线总指挥，新组建的“辽西抗日义勇军”为东北民众抗日义勇军第一路军，王显庭任司令；项青山改任第二路军司令；第三路军仍

★电影《风云儿女》海报

保持原建制。据东北民众抗日救国会编写的《东北义勇军概况》记载，到12月中旬，接受救国会委任的义勇军多达20多路。

中国共产党对抗日义勇军给予了充分的肯定，并承担起发动、支持和领导义勇军开展抗日武装斗争的重任。在中共满洲省委的统一领导下，各地党、团组织抽调骨干力量加入和协助义勇军开展工作，还从党领导的抗日团体反帝大同盟、反日会、互济会中选派一大批青年骨干参加义勇军，鼓励工、农、知识分子和青年学生入伍补充到义勇军中去，发动社会各界募捐，组织“义勇军后援会”“慰问团”“北上决死队”等去支援和参加义勇军。此外，中共河北省委、北平市委也派大批党员、团员和反帝大同盟盟员到辽宁义勇军

★东北抗日义勇军出发时的情景

★ 1932 年，沈阳民众在沈阳城小东门夹道欢迎第二十一路和第二十四路义勇军

中工作。通过各级、各地党组织的努力，到 1932 年 3 月，辽宁各地义勇军中都不同程度地有了党的工作。

在中国共产党的发动、支持和领导下，辽宁抗日义勇军发展迅猛，至 1932 年夏秋高潮时期，已有几十路人马、数十万人，逐渐形成了三大活动区域，即以北宁路（北京至沈阳）、大通路（大虎山到通辽）、营沟路（营口至沟帮子）为中心的辽西、辽北义勇军活动区，以安奉路（沈阳至安东）、南满路中段（沈阳至盖平）为中心的辽东三角地带和辽南义勇军活动区，以通化、桓仁为中心的东边道义勇军活动区。各地义勇军不屈不挠、浴血奋战，给日本侵略者以严重威胁和沉重打击。

发端于辽宁并逐步扩展到东北地区其他省份的抗日义勇军是《义勇军进行曲》的歌颂对象和创作原型，他们可歌可泣的英雄事迹充分反映了中国军民因不甘被外族奴役和侵略而勇于斗争、不惧牺牲的意志品质和追求独立自由的伟大民族精神。辽宁各地抗日义勇军兴起最早，也最为典型，自然成为东北抗日义勇军的杰出代表。而《义勇军进行曲》就是以东北抗日义勇军的形象为原型创作的，其创作要素主要来自辽宁。因此，辽宁是中华人民共和国国歌《义勇军进行曲》的创作素材地。

辽宁各地义勇军的军歌、誓词、通电、文告等是国歌歌词的重要创作素材

在与日军激烈的斗争中，辽宁各地义勇军创作了许多凝聚力量、鼓舞士气的军歌、誓词、通电、文告等，这些作品对振奋民族精神、激发义勇军将士斗志起到了积极作用，其句式特点、修辞方法、语言形式、韵律架构、意象意境等被田汉在创作《义勇军进行曲》歌词时广泛运用，因此，辽宁各地抗日义勇军的军歌、誓词、通电、文告等是《义勇军进行曲》歌词的重要创作素材。

首先，东北国民抗日镇北军（后改为“东北国民救国军”）的抗日誓词是《义勇军进行曲》歌词的重要创作素材。1931 年 9 月 27 日，在九一八事变爆发后的第九天，高鹏振（报号“老梯子”）在新民与黑山交界处的姚堡乡宋家窝堡组织召开东北国民抗日镇北军成立暨誓师大会。会场上，一块大幅白布上，用朱砂写着抗日誓词（后称《誓词歌》）：“起来！起来吧，不愿做亡国奴的人们。山河碎，家园毁，父母成炮灰，留着我们的头颅有何用？拿起刀枪向前冲！杀！杀！杀！”这段抗日誓词振聋发聩，充满激情，极富感染力，与《义勇军进行曲》有许多神似之处。抗日誓词的开头“起来！不愿做亡国奴的人们”与《义勇军进行曲》的开头“起来，不愿做奴隶的人们”

高度相似，“起来”是唤起民众，起来的原因是“不愿做奴隶”，这是唤起国人报效祖国的大声疾呼，极具震撼力。抗日誓词中的“拿起刀枪向前冲”与《义勇军进行曲》中的“冒着敌人的炮火前进”有异曲同工之妙，都是表现具体动态的反抗之势。抗日誓词与《义勇军进行曲》在风格、节奏、气势上也极其相似，言简意赅，简洁明快，开头、结尾都运用了呼号式的歌词，且抗日誓词结尾的“杀！杀！杀！”与《义勇军进行曲》结尾的“前进！前进！前进！进！”都运用了反复手法，反映出不怕牺牲、一往无前的勇敢斗志。因此，东北国民抗日镇北军的抗日誓词是《义勇军进行曲》歌词创作的重要来源之一。

其次，《血盟救国军军歌》也是《义勇军进行曲》歌词的重要创作素材。1931 年 10 月 19 日，孙铭武、孙铭宸、张显铭等人在清原县大苏河城隍庙宣誓成立血盟救国军，举旗抗日。起义前，他们创作了《血盟救国军军歌》，以鼓舞将士士气。由于年代久远，目前流传于世的歌词内容有几个版本，字句方面虽略有差异，但整体韵律和意思基本一致。其中一个版本是：“起来，不愿当亡国奴的人们，用我们的血肉去唤醒全国民众，中华民族到了最危险的时候。我们不能坐以待毙，必须起而杀敌，起来，起来，我们要团结全国民众，去战斗！战斗！战斗！”从内容上看，《血盟救国军军歌》和《义勇军进行曲》歌词接近，《义勇军进行曲》歌词共 84 个字，《血盟救国军军歌》歌词共 70 个字，两者有 35 个字重合，其中，第一句“起来”、第四句“中华民族到了最危险的时候”、第六句“起来”完全相同。此外，两首歌曲的格式、节奏、主题与意境都很相近，连每句话的长度都相差无几，行文递进方式基本相同，长短句排布亦很相似，演唱节奏也相仿，两首歌的主题句都是“中华民族到了最危险的时候”，整体意境都充溢着雄浑、悲壮的爱国主义情怀。因此，《血盟救国军军歌》歌词也是《义勇军进行曲》歌词创作的重要来源之一。

再次，辽宁民众自卫军的“两电三书”亦是《义勇军进行曲》歌词的重要创作素材。1932 年 4 月 21 日，唐聚五联络东边道地区爱国军官、公安局长、公安队长等在桓仁师范学校操场召开辽宁民众自卫军誓师大会。誓师大会后，相继发出《辽宁救国会通电》《自卫军各司令就职通电》和《告民众书》《告武装士兵书》《再告武装同志书》（简称“两电三书”）等文告。“两电三书”的关键词句虽然没有与《义勇军进行曲》完全相同的部分，但其内容与《义勇军进行曲》的歌词有着重要关联。在“两电三书”中有“响应起来”“精诚团结起来”“风起云涌起来”等语句对应《义勇军进行曲》的开头“起来”；有“皆以血肉之躯驰于硝弹之中奋勇杀敌”对应“把我们的血肉筑成我们新的长城”；有“现在是中国存亡关头”对应“中华民族到了最危险的时候”；有“我们已经忍无可忍”“国难当头，今不奋起更待何时”对应“每个人被迫着发出最后的吼声”；有“不畏炮火……冒弹雨直进”对应“冒着敌人的炮火前进”；等等。由此可见，“两电三书”与《义勇军进行曲》歌词在内容上形神皆似，亦是《义勇军进行曲》歌词创作的重要来源之一。

田汉、聂耳与辽宁义勇军将士的交流激发了国歌的创作灵感

歌曲作为一种艺术形式，往往是现实生活的写照或炙热情感的表达。《义勇军进行曲》之所以成为空前绝后、影响至深的名篇佳作，除了与创作时独特的历史背景密切相关之外，更与词曲作者同辽宁义勇军将士深入交流有着密切的关系，义勇军可歌可泣的英雄事迹震撼和影响了创作者，激发出二人无限的创作灵感。

《义勇军进行曲》是电影《风云儿女》的主题曲，其词作者是田汉。田汉，本名田寿昌，湖南长沙人，中共党员，剧作家、戏曲作家、电影编剧、小说家、词作家、诗人、文艺批评家、文艺活动家，中国现代戏剧三大奠基人之一。他既是《义勇军进行曲》的词作者，也是电影《风云儿女》故事梗概的创作者。1931 年九一八事变后，田汉被抗日义勇军的事迹和战绩深深地鼓舞着。1933 年 5 月，《新中华》杂志半月刊上刊登了署名为“立川”（即张永兴）的文章《血战归来》，详细介绍了高鹏振创建东北国民抗日镇北军抵抗日军侵略的事迹。田汉看后写道：“最后的胜利是不决定在敌人的武器而决定在全国劳苦民众

★田汉

的意志。但凡他们不肯做奴隶，他们是必能把帝国主义强盗踢出去的，不管它的飞机大炮是多么厉害。因此只有组织了自己的力量，才是真正能防卫自己的家的万里长城。”这段话的语句中已经有了《义勇军进行曲》歌词的部分雏形了。

此后，田汉对抗日义勇军抵抗日本帝国主义侵略的事迹更为关注。1932年8月，东北民众抗日救国会印发了《辽宁东边民众自卫军抗日救国详记》一书，在全国各大城市的爱国人士中流传。田汉对唐聚五等义勇军将士的英雄事迹深为钦佩，受辽宁民众自卫军“两电三书”等文告内容触动较大，特别是被《告武装同志书》中“团结起来，团结起来哪能甘心作亡国的奴隶，振作起杀敌卫国的精神，要知道现在是中国存亡的关头。我们被压迫的同胞们，团结起来，响应起来，风起云涌起来，万众一心。我们东北民众已义愤填膺，故喊杀愈烈，不畏炮火，冒弹雨直进！进！进！”等语句所感染。1934年，时任《抗战日报》

★聂耳

主编的田汉得知唐聚五到武汉向张学良汇报工作，主动采访了唐聚五。借此机会，田汉了解了许多义勇军将士奋勇作战的细节，积累了大量素材，将士们浴血杀敌的精神更使他深受感动。后来，田汉创作《风云儿女》故事梗概时，就是以唐聚五率义勇军进行长城抗战的著名战役——古北口战役为背景的，剧中人物梁质夫在牺牲前给朋友辛白华留遗书中那句“要为国家争土地，为民族争自由”正是唐聚五的名言。而田汉、夏衍组织拍摄的纪录片《义勇军大血战》在北平首映时，还特别邀请唐聚五等义勇军将领前来观看。由此可见，在《义勇军进行曲》歌词创作前，田汉通过各种途径搜集的辽宁各地抗日义勇军的资料及与唐聚五等在辽宁抗日的义勇军将士的交流极大地激发了他的创作灵感。

《义勇军进行曲》的曲作者聂耳，原名聂守信，云南玉溪人，中共党员，著名音乐家，曾创作了《卖报歌》《毕业歌》《大路歌》《开路先锋》等许多脍炙人口的歌曲。1933 年 2 月，聂耳曾随同“辽吉黑热民众后援会”慰问团携带武器、弹药、给养等物品到热河抗日前线，即今辽宁省朝阳市建平县朱碌科和四家子一带，慰问抗日义勇军，倾听义勇军战士讲述战斗故事，听他们回忆近一年的战斗历程，还听他们高唱了义勇军的一些歌曲，曲调和旋律令聂耳深受鼓舞和感动。热河会战前，聂耳还出席了上海抗日救国会到热河省会承德慰问抗日义勇军官兵的活动，唐聚五、郑桂林等辽宁籍及在辽宁抗日的义勇军将领观看了文艺节目，慰问团还给大家赠送了瓷杯、毛巾及其他衣物用品等。在与辽宁籍抗日义勇军将士的交流中，聂耳深受感动，激发了自身的创作欲望和创作灵感。

1934 年，田汉决定写一个以抗战救亡为主题、歌颂义勇军抗日斗争的电影剧本。1935 年 2 月，田汉刚刚完成故事梗概和主题歌的歌词，就被国民党反动派逮捕入狱。据田汉回忆，《义勇军进行曲》是剧中人物辛白华创作《万里长城》长诗的最后一节。聂耳听说了田汉创作歌词的事情后，主动要求为《义勇军进行曲》谱曲。1935 年 4 月，聂耳完成了曲谱的初创，为了躲避敌人的追捕，聂耳出走日本，不久便将曲谱修改定稿后寄回上海。据聂耳回忆，由于此前与抗日义勇军的诸多接触与交流，他看着田汉写的歌词，眼前便涌现出义勇军浴血奋战的激烈场景，创作的灵感如潮水般喷涌而出，两天工夫便把曲子谱好了。然而，不幸的是，1935 年 7 月，聂耳在日本溺水身亡，《义勇军进行曲》也成了他的生前绝唱。

在抗日烽火中诞生的《义勇军进行曲》，唱出了一个民族、一个国家不屈不挠、团结御侮的怒吼和心声，激励和鼓舞了千千万万中华儿女前赴后继、勇往直前，被称为中华民族解放的号角。正如政协全国委员会办公厅编纂的《中华人民共和国国旗国歌国徽诞生》一书中所说的那样：“伴随着救亡运动的巨浪，伴随着抗日战争的熊熊烈焰，这激昂雄壮的旋律像插上翅膀，迅速传遍了中华大地。它如同嘹亮的号角，如同激越的战鼓，召唤、激励着千千万万的中华热血儿女奔赴抗击外来侵略的战场。一时间，《义勇军进行曲》

成为代表中国人民最强音的战歌。随着世界反法西斯战争的推进，它在全世界传播，享誉国际。”

综上所述：发端于辽宁的抗日义勇军是《义勇军进行曲》的主要歌颂对象，风起云涌的抗日义勇军彪炳史册的辉煌业绩和光耀千秋的伟大精神，为《义勇军进行曲》的创作提供了肥沃土壤和丰富养分；辽宁各地义勇军创作的军歌、呐喊的誓词、发布的文告等，其语言风格、韵律架构、修辞手法、意境意象等，为《义勇军进行曲》的歌词创作提供了极具价值的借鉴和素材；辽宁抗日义勇军的英雄事迹和可贵精神不但鼓舞和激励了全国人民的抗日热情，也深深地感染了著名词曲作家田汉和聂耳，促使他们亲临抗战前线慰问采访，进一步激发了他们的创作热情和创作灵感，最终成就了这首影响深远、享誉世界的传世金曲。毋庸置疑，发端于辽宁的抗日义勇军为中华人民共和国国歌《义勇军进行曲》的创作提供了重要创作素材，这也使辽宁成为中华人民共和国国歌的素材地。

事件篇

把我们的血肉，筑成我们新的长城
——东北抗日义勇军概说

1949 年 9 月 27 日，中国人民政治协商会议第一届全体会议隆重召开。会议不仅宣告了中华人民共和国的成立，还通过了四项议案，其中之一是：在中华人民共和国国歌未正式制定前，以《义勇军进行曲》为国歌。“文化大革命”期间，《义勇军进行曲》曾一度被禁唱。1982 年 12 月 4 日，五届全国人大五次会议通过决定：恢复《义勇军进行曲》为中华人民共和国国歌。2004 年 3 月 14 日，十届全国人大二次会议通过宪法修正案，正式将《义勇军进行曲》作为国歌写入宪法。国歌代表一个国家的尊严和形象,《义勇军进行曲》作为一首诞生于抗战时期的歌曲，为什么能被选为中华人民共和国的国歌呢？主要是因为它在“中华民族到了最危险的时候”，鼓励无数中华儿女“万众一心”“冒着敌人的炮火前进”。正如爱国画家徐悲鸿所说，《义勇军进行曲》在抗战时期唤起千千万万的民众，歌唱了人民的意志和民族的自信，今后仍将鼓舞人民以昂扬的精神奋勇前进。那么，作为歌曲歌颂的主体——东北抗日义勇军到底是一个怎样的群体？它是如何产生和发展的？由哪些队伍组成，又有哪些特点呢？本文将为您一一揭晓答案。

东北抗日义勇军的产生

1931年九一八事变爆发后，中日民族矛盾上升为主要矛盾，中国国内的阶级关系随之发生了重大变化。伟大的中国共产党从广大人民的根本利益出发，明确提出驱逐日本侵略者出东北、坚决进行抗日的正确主张。这一主张得到东北各阶层民众的支持与拥护。当时的东北地区，民族危机尖锐化，使惨遭屠杀、凌辱的东北广大民众和一部分东北军爱国官兵，勇于违反南京国民政府的意志，冲破不抵抗政策的禁锢，组成反日义勇军、自卫军、救国军、工农义勇军、大刀会、红枪会等各种武装，团结一致，奋起抗日。这些抗日

★积极抗日的东北抗日义勇军

★在田庄台交战中被义勇军打伤的日军

武装都是自发组织而成，其斗争是实行民族自卫对日作战的义举，所以统称其为东北抗日义勇军。

东北抗日义勇军最早在辽宁诞生，继而迅速扩展到整个东北地区。在抗战的起始阶段，东北抗日义勇军在白山黑水的广大区域给日本侵略者以极大威胁和沉重打击，迟滞了日军侵略的步伐，发挥了极其重要的作用。

东北抗日义勇军是东北人民革命军、东北抗日联军的前身之一，是最早奋起从事武装抗日斗争的先驱。抗日义勇军在兴起、组建和开展武装抗日斗争的过程中，得到了中国共产党的支持、协助与领导。

东北抗日义勇军的发展[1]

东北抗日义勇军的发展大致可以分为三个阶段。

第一阶段为1931年九一八事变爆发后至1931年底，为抗日义勇军的发动时期。这一时期，东北民众抗日救国会派遣大批军事人员到东北（主要是辽宁）各地“督率指挥”，黄显声、熊飞等人在锦州“收编加委”。在中国共产党的声援、支持和帮助下，各地民众和爱国官兵自发组织成立了许多名称不同的抗日武装，其中，接受救国会委任的已有22路，领导者和驻扎地点分别是：

路 别	司 令	驻扎地点
第1路	冯亚超	黑山
第2路	项忠义	营口、盘山、海城、义县
第3路	方向学	台安
第4路	耿继周	新民
第5路	潘士贤	新民
第6路	袁佐棠	辽中
第7路	国 强	昌图
第8路	蒋连瑞	通辽、开鲁
第9路	于德霖	沈阳
第10路	吴朝纲	热河
第11路	崔荣廷	辽源
第12路	姜云霖	怀德
第13路	石 盘	绥中
第14路	那景春	双山、梨树、铁岭、法库
第15路	贾秉彝	北镇

①由于东北抗日义勇军是自发组织的，目前的研究成果对各路义勇军的编制、领导者等说法并不一致，本节资料主要采用了东北民众抗日救国会编《东北义勇军概况》的内容。

续表

路 别	司 令	驻扎地点
第 16 路	祖辉时	通江口
第 17 路	李芳廷	热河
第 18 路	裴景奎	锦县
第 19 路	徐文海	安奉线
第 20 路	金子明	黑山、彰武
第 21 路	赵殿良	沈阳、抚顺
第 22 路	齐献廷	锦西

第二阶段是从 1931 年底至 1932 年春夏之际，为抗日义勇军的扩展时期。这一时期，日军沿沟营、沈山、大通三条铁路线向锦州进攻，抗日义勇军配合正规军抵抗日本侵略者。受蒋介石国民政府的不抵抗政策影响，正规军一般是稍作抵抗或者根本不作抵抗就撤入关内，实际上是抗日义勇军单独地、分散地抗击日军的侵略和进攻。义勇军的抗日义举得到了各地民众和爱国官兵的支持和拥护，他们纷纷请缨加入义勇军，使义勇军迅猛发展，到 1932 年 3 月，经救国会委任的已达 54 路（后增至 56 路），10 余万人。除这 54 路外，还建立了 27 个独立支队、6 路骑兵部队。各路义勇军或独立作战，或联合进攻，给日本侵略者以沉重打击，取得了较大战绩。新委任的各路义勇军领导者和驻扎地点分别为：

路 别	司 令	驻扎地点
第 23 路	孙光烈	乾安
第 24 路	李巨川	辽阳
第 25 路	赵大中	北镇
第 26 路	张鸣五	朝阳
第 27 路	李宝连	义县
第 28 路	邓铁梅	本溪
第 29 路	萧汉臣	兴城
第 30 路	穆文明	绥中
第 31 路	韦世民	哈尔滨
第 32 路	陈济新	开原、铁岭

续表

路 别	司 令	驻扎地点
第 33 路	孙洗尘	兴城
第 34 路	刘纯起	锦西、义县
第 35 路	李春光	凤城
第 36 路	方聘珊	开原
第 37 路	杜成栋	义县、阜新
第 38 路	吴宝丰	辽中、辽阳
第 39 路	赵亚洲	铁岭、抚顺
第 40 路	张国襄	新民、法库
第 41 路	顾右军	怀德
第 42 路	张宝全	凌源
第 43 路	崔殿华	铁岭
第 44 路	吕景新	铁岭、抚顺、凤城
第 45 路	维民生	北镇
第 46 路	殷元民	营口、海城、盘山、台安
第 47 路	赵公继	昌图、通化、新宾、柳河
第 48 路	郑桂林	绥中
第 49 路	刘铁军	北镇
第 50 路	方 鲁	沈阳、抚顺、本溪
第 51 路	刘伯伦	盖平、复县
第 52 路	郝玉昆	辽阳
第 53 路	陈子阳	怀德
第 54 路	王超山	铁岭

27 个独立支队分别是：

支 队	司 令	驻扎地点
第 1 支队	于百恩	沟帮子、北镇、大虎山
第 2 支队	李双仪	昌图、四平街
第 3 支队	潘海涛	黑山
第 4 支队	王玺廷	中东路线、哈尔滨

续表

支 队	司 令	驻扎地点
第 5 支队	李大方	开原
第 6 支队	石殿卿	义县
第 7 支队	李克兴	黑龙江肇州
第 8 支队	张殿恒	宽甸
第 9 支队	张凤君	辽阳
第 10 支队	刘炳章	岫岩
第 11 支队	王清源	凤城
第 12 支队	高荣九	北镇
第 13 支队	田　荣	吉林长岭县
第 14 支队	高军清	梨树
第 15 支队	藉而常	北镇
第 16 支队	赵荣昌	昌图
第 17 支队	沈宝琳	沈阳
第 18 支队	吴兴周	黑山
第 19 支队	张致中	怀德
第 20 支队	孙权东	黑山、阜新
第 21 支队	王占东	庄河、岫岩
第 22 支队	刘佐田	盘山
第 23 支队	张东阳	辽阳
第 24 支队	赵鹏先	辽中
第 25 支队	李成一	辽中
第 26 支队	王兴山	沈阳
第 27 支队	陈占武	辽东

6 路骑兵司令分别为：第 1 路崔德胜，第 2 路马世绵，第 3 路秦凤山，第 4 路程长奎，第 5 路陈龙元，第 6 路宋鹏翔。

1932 年 4 月 21 日，辽宁民众自卫军在桓仁成立，唐聚五任总司令，黄宇宙任副司令，下辖 19 路部队，10 余万人，在东边道地区 14 个县同时崛起，各路司令分别如下：第 1 路唐聚五，第 2 路常永林，第 3 路李连科，第 4 路张连波，第 5 路张为东，第 6 路李春润，第 7 路郭景珊，第 8 路徐达三，第 9 路卢英宸，第 10 路孙公雨，第 11 路王彤轩，第 12 路文殿甲，第 13 路邓铁梅，第 14 路谭庆海，第 15 路姜中天，第 16 路孙秀岩，第 17 路盛御风，第 18 路林振清，第 19 路王凤阁。

到 1932 年夏，东北抗日义勇军发展到近 50 万人，其中，接受救国会委任和领导的有近 30 万人。从中不难看出，有很大一部分抗日义勇军集中在辽宁地区。

第三阶段是从 1932 年春夏至 1933 年，为抗日义勇军的整理时期。1932 年 5 月 28 日，救国会召开常委会，讨论如何加强对各路义勇军的统一领导、指挥及统一编制等问题，以克服不听指挥、各自为政、单独作战、互不配合、编制不一等弊端。6 月 1 日，在救国会第十九次常委扩大会上，决定将义勇军划分为五个军区：沈阳、新民、北镇、黑山、锦县、义县、锦西、兴城、绥中、彰武为第一军区；辽阳、海城、盖平、复县、营口、盘山、台安、辽中为第二军区；本溪、凤城、安东、庄河、宽甸、岫岩、桓仁、通化、清原、新宾、安图、柳河、临江、长白、辑安、辉南、海龙、抚顺、抚松、金川为第三军区；铁岭、开原、昌图、梨树、东丰、怀德、西丰、双山、磐石、桦甸、伊通、三面船为第四军区；法库、康平、通辽、辽源、瞻榆、开通、镇东、安广、洮南、突泉为第五军区。每个军区设一名总指挥，方便统一行动。

东北抗日义勇军的特点

东北抗日义勇军的出现并非偶然，它是在近代东北特定的历史条件下和社会基础上产生并发展起来的，因此，它有着不同于其他抗日武装和革命群体的特点。

首先，东北抗日义勇军是东北广大民众在“中华民族到了最危险的时候”，自发自觉组织起来抵御外侮的抗日武装。自发性是其最为明显的特点。

其次，东北抗日义勇军不同于农民起义队伍和其他正规部队，据不完全

★东北抗日义勇军破坏锦州女儿河铁桥

★东北抗日义勇军破坏安奉铁路电线

统计，他们中，曾为土匪者占约20%，因农村经济破产而失业的农民占约50%，曾服兵役者占约25%，矢志救国的知识分子占约5%。在中日民族矛盾上升为主要矛盾的情况下，广大人民不分党派、不分民族、不分阶级和阶层，为抗日救国而广泛地团结在一起。广泛性是其最为突出的特点。

再次，东北抗日义勇军鼎盛之时，达58路人马、27个支队和6路骑兵队，不仅成分复杂，而且派系较多，既有东北军系统的，又有救国会系统的，还有后援会系统的。他们党派不同、信仰不同，甚至加入动机都不同。因此，这支抗日武装具有复杂性的特点。

正是以上特点，决定了东北抗日义勇军最终没能担起把日本侵略者彻底赶出中国的历史使命。从1932年底至1933年，一部分义勇军化整为零，隐蔽起来，一部分加入中国共产党领导的革命武装中，一部分撤入苏联境内，等待时机，一部分撤入热河、河北等省，参加和支援了热河、长城、察绥等地区的抗日斗争。到1936年末，东北抗日义勇军残余部队处境困苦，孤军无援，最终走向失败。

宁为义勇死，节烈永芬芳

——“第一支东北抗日义勇军”发展始末

有一支队伍，出身绿林，时常活跃于黑山、新民一带，劫富济贫，声势浩大，一时间成为辽西一带的绿林盟主。这支队伍名声显赫，战斗力强，张作霖想招抚之，日本人想收买之，但其以民族大义为先，在全国最早举起抗日大旗，与日本侵略者浴血奋战，威震敌胆。这支队伍的首领，报号“老梯子”，取步步登高、青云直上之意，曾写下“宁为义勇死，节烈永芬芳”的壮丽诗篇，他率领部队高呼的誓词成为后来创作国歌《义勇军进行曲》的素材之一。这支队伍就是被许多专家称为“第一支东北抗日义勇军”的东北国民救国军。

绿林志难酬，救国勇当先

20世纪二三十年代，辽西地区屡受战祸影响，盗贼四起，兵匪一家，民不聊生。许多乱世枭雄便以打兵匪、保乡里为名乘势而起，拉起“绺子”保一方平安。在黑山、新民一带，有一支首领报号“老梯子”的绿林武装，除了保卫地方外，还兼做护送商旅充当保镖等事，经常往来于奉天、热河、开鲁、通辽、郑家屯、四平等地，颇有名号。当年，提及其首领“老梯子”，无论黑白两道，还是普通百姓，无不交口称赞。这位首领为人仗义、见多识广、豁达大度、能文能武，深得下属拥护和百姓爱戴，很多热血青年都慕名前来投奔，“老梯子”的名号在辽西一带如雷贯耳，极具影响。

“老梯子”名叫高鹏振，原名高青山，字云翔，号竞雄，曾化名苏云祥、高德山，1897年生于辽宁省黑山县英城子乡朝北营子村一个富裕的农民家庭。

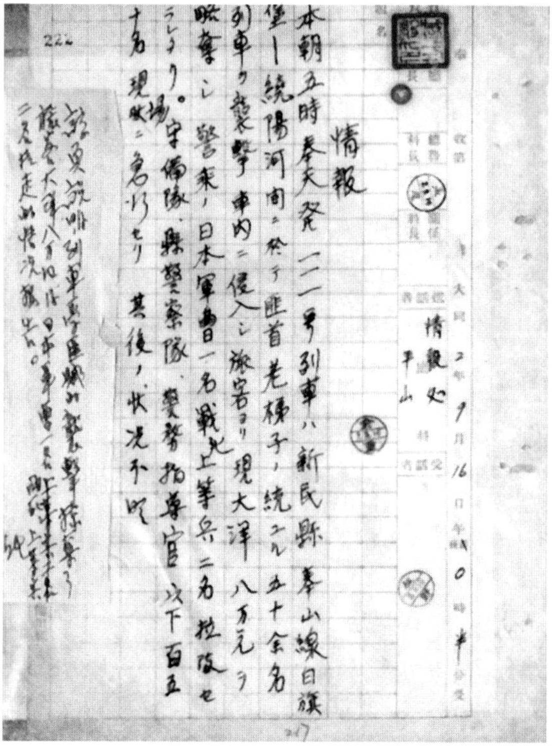
情報

本朝五時奉天発 一一一号列車ハ新民縣 奉山線白旗堡ー繞陽河間ニ於テ匪首老梯子ノ統ユル五十余名列車ヲ襲撃 車内ニ侵入シ旅客ヨリ現大洋 八万元ヲ賊奪シ 警乗ノ日本軍曹一名戦死 上等兵二名拉致セラレタリ。守備隊、縣警察隊、豐警指導官 以下百五十名現場ニ急行セリ 其後ノ状況不明

★“满铁”档案中关于1933年“老梯子”（高鹏振）率部袭击奉山线列车的记载

他从小聪明好学，曾到新民县教会学校文会中学读书，后又入奉天教会学校萃文学院深造，早年还跟江湖艺人学过拳脚。1921年，他被推举为乡团首领，后投身绿林，报号“老梯子”，聚众500余人，在黑山、新民一带打击兵匪，保护地方。随着队伍的不断发展，“老梯子”声名鹊起，一时成为辽西一带的绿林盟主。

1924年，第二次直奉战争爆发，奉军张作霖为拉拢地方武装充实军队，多次派人招抚高鹏振。高鹏振本也有意一展所长，为国效力，但看到封建军阀的问题和弊端，终未成行。

1931年春夏之际，驻扎在沈阳的日军经常制造事端，加紧进行侵略东北的准备。一天，日本特务邀请高鹏振到沈阳站附近日商大正洋行内，以金钱为诱饵，要他组织五六个人化装成铁路工人，破坏北大营附近南满铁路的部分路段，答应他如同意可马上付金票万元，“白面”（毒品）20磅，高鹏振听后断然拒绝。不久，1931年9月18日夜，日军自行炸毁南满铁路柳条湖附近的一段路轨，并以此为借口向北大营发动进攻，发动了震惊中外的九一八事变。事变一出，高鹏振猛然醒悟，原来日本人是想利用自己充当挑起事变的替罪羊，真是阴险。事变发生后，高鹏振进一步看穿了日本帝国主义的侵略阴谋和丑恶嘴脸，遂在黑山、新民、彰武一带集合旧部，拉起大旗，走上了抗日救国的道路。

组建救国军，誓词震寰宇

九一八事变爆发后的第九天，即1931年9月27日，高鹏振召集新民、黑山、彰武一带的旧部和东北军一些下级军官，在新民与黑山交界的姚堡乡宋家窝堡召开东北国民抗日镇北军成立暨誓师大会，宣布抗日救国，高鹏振为司令。会上，高鹏振升起东北国民抗日镇北军的旗帜，军旗为火焰图案的三角大旗，中间绣有“兴中灭日”四个大字，沿竖边顺写着“东北国民抗日镇北军”。会场中挂着一副对联，上联“渴饮倭贼血为民雪恨”，下联“饿餐鬼子肉救国复仇”。在一块大幅白布上，用朱砂写着抗日誓词：“起来！起来吧，不愿做亡国奴的人们。山河碎，家园毁，父母成炮灰，留着我们的头颅有何用？拿起刀枪向前冲！杀！杀！杀！”高鹏振带头高喊这段誓词，在场兵士热血沸腾。这段誓词振聋发聩，充满激情，与后来创作的《义勇军进行曲》有许多神似之处，是国歌创作的重要素材之一。

1931年10月初，东北民众抗日救国会派张永兴（化名王立川）来到镇北军军部，协助高鹏振整编队伍，严明军纪，开展活动。他建议把“镇北军”

改为“东北国民救国军”，取消匪号，取消山头，组建正规部队，接受东北民众抗日救国会的领导，高鹏振欣然接受。10月10日，在沙里岗子召开大会，宣告东北国民救国军正式成立。这是东北民众抗日救国会成立以来，派遣人员帮助组建的第一支抗日义勇军。不久，搬到锦州的东北边防军司令长官公署行署和辽宁省政府行署通电辽西各军政要全力配合救国军的抗日行动，并发给救国军3000块大洋作为慰问金，黄显声任命高鹏振为“东北国民救国军骑兵支队司令”，这是东北抗日义勇军中第一支得到锦州两署承认的抗日武装队伍。因此，许多专家认为东北国民救国军是“第一支东北抗日义勇军”。

在成立大会上，选举高鹏振为东北国民救国军司令，高鹏振任命王立川为参谋处处长。据有关资料记载，最早救国军有4个团，即3个团和1个补充团。第一团团长包铁山，第二团团长高永昌，第三团团长孙荣久，补充团团长贾凤海。其中，包铁山是高鹏振的盟弟，孙荣久原是东北军的一个营长，高永昌、贾凤海均是高鹏振的亲属，也是东北军的排长、连长。全军共1300多人。队伍成员有原来的绿林武装，东北军的零散官兵，康平、法库一带的红枪会、大刀会等民众武装，也有农民、游民等四方民众。救国军纪律严明，力戒一切土匪行为，深受当地民众欢迎，人数不断增加，不久就增至2000余人。后来，救国会派出军事人员对救国军进行整编训练，整编后的救国军司令部下设参谋、副官、政务、秘书、军医、兽医、军法、军械等8个处，分别由救国会派来的军事人员主持。全军编为9个团，各团团长分别由杨振声、陆子然、陶子真、王德霖、耿亚光、张廷芳、杨九洲、王凤武、刘永升担任。王立川还将原镇北军的抗日誓词配以“满江红”的古曲，作为东北国民救国军军歌（即《誓词歌》），战士们“在出操时唱，休息时也唱”。这首歌创作于高鹏振的镇北军建立之初，唱出了当时人们心头最大的关切，鼓励很多人加入义勇军。这首歌应该是最早使用“起来！起来吧，不愿做亡国奴的人们”的表达，具有重要的开创意义。“起来”唱出了不甘心日本帝国主义侵略造成国破家亡的屈辱，唱出了身处国民政府不抵抗政策下的愤怒，更唱出了质朴的中华儿女追求独立和自由的强烈呼声。

驰骋辽西北，痛击日伪军

1931年11月下旬，日军向辽西进犯，高鹏振率救国军灵活机动地打击日本侵略者，迟滞了日军侵略的步伐。11月25日，救国军在新民五台子痛击了日军的一个小队。12月3日，高鹏振又率部袭击了驻扎在黑山的日军，取得重大胜利，毙、伤日军百余人，缴获大枪、手枪、机关枪数十支，子弹3000余发，马70多匹，迫使驻守大通线的日军撤离。

12月23日，高鹏振率东北国民救国军，会同活跃在新民一带的耿继周部第四路义勇军和另一支义勇军“姜字”部，在白旗堡召开军事会议，筹划联合攻打新民县城事宜。高鹏振派部下数人乔装成商旅及江湖艺人混入新民城内，侦察敌情，获悉日军守军不多，日新民领事馆、洋行等日军政人员共70

★东北抗日义勇军在新民白旗堡袭击日军列车

余人。高鹏振等部遂抓住有利战机，于 1932 年 1 月 4 日晚 7 时许，率 4000 余人攻打新民县城。救国军攻打城北及西北面；“姜字”部从县城南及西南面围攻；耿继周部从东和东南面猛击。他们首先切断新民与沈阳之间的交通线，炸毁巨流河大桥两孔，以防新民县城之敌东逃和沈阳日军增援。战斗伊始，三路义勇军联合行动，按预定目标攻城。经数小时激战，新民县城一鼓而下。救国军攻破新民县城“小红楼”（即日本领事馆驻地），击毙日军官兵 20 余人，砸开新民大狱，放出了所有“囚犯”。其他部的义勇军也迅速占领老爷庙附近的“一、二当”（当铺、洋行），击毙日军十几人。这是九一八事变后，义勇军对日较早的一次战斗，给日本侵略者以沉重的打击。

1932 年 1 月 12 日，救国军得到确切消息，离他们驻地约 15 里的五台子村附近来了一股日军骑兵，声言要血洗该村。原来，在此前一天，一支由新立屯出发勘察地形的日军小部队路过五台子村时，村内民团开枪示警，日军未敢进村。第二天，日军便派出大部队前来报复。时值寒冬腊月，高鹏振接到报告后立即率领骑兵冒着寒风向该村疾驰。接近该村附近时，只见数十匹战马拴在村头，由哨兵看守，其余日军已经进村。高鹏振立即将队伍分成两部分，一部分直接冲进村子，另一部分先向日军战马和哨兵冲去，击毙哨兵，将马匹打惊驱散后，与先冲进村子的部队联合将敌人团团包围。在村内的日军听见枪响欲冲出村外寻找战马，被迎面而来的救国军打个正着，双方展开激战。此役，救国军歼灭日军 46 人，缴获大批军马，仅有少数日军侥幸逃脱。

此次战斗后，日军恼羞成怒，派兵抄了高鹏振的家，放火烧毁了高家房屋并将高鹏振的父亲高品重抓到警察署严刑拷打，高父难以忍受种种酷刑，死于牢中。高鹏振的独生子高小山在乡亲们的掩护下免遭杀害，后被送到彰武的亲属家，改名张汝隐匿下来。如此国仇家恨更加坚定了高鹏振的抗日决心，他曾写下一首诗，记述失去亲人的痛苦并表达自己矢志不移的抗日志向：“草泽非我志，转战十里霜。抗日军兴后，宿愿始得偿。首战传捷报，骨肉连祸殃。宁为义勇死，节烈永芬芳。”

浩气荡天地，英名传千古

在与日伪的艰苦斗争中，救国军往往采取避实就虚、灵活机动的策略和方针，斗智斗勇、出其不意地打击敌人。

沈山线是日军侵华西犯、运送军用物资的主要运输线，日军为了加强护路，常有轧道车往返巡视。1932 年 5 月，救国军为了切断日军的运输线，阻其西进，在沈山铁路新民至柳河沟之间一段路轨上堆放石头十余米，然后埋伏在附近树丛和土堆后面。不一会儿，一辆轧道车引导一列火车从沈阳向西开来，见路面被封锁，遂停下车，护路的日军向两旁开枪扫射。日军打了一阵见没有动静，以为没有人，便开始下车搬石头。这时，救国军以猛烈火力向日军射击，毙伤日军 10 余人，日军担心中计被歼，遂借轧道车向沈阳逃去。救国军缴获步枪 3 支，得胜而归。

1932 年 6 月，救国军侦知日军有 4 辆军用汽车从新民往彰武运输军用物资，经周密部署，决定在新民与彰武交界处的小四台子南一段公路上截击。6 月 15 日晨，救国军在公路上挖了一道半米多深的横沟，用秫秸铺上，再覆上一层土，战士们伏于公路两侧。当日军汽车前车掉进沟里挡住前进的道路时，公路两侧埋伏的救国军以猛烈火力向日军射击。一场激战后，击毁汽车两辆，击毙日军 20 余名，生俘 4 名，缴获步枪 30 支、牛奶糖 20 箱、军用皮鞋 100 双，另两辆日军汽车仓皇逃回新民。

没过几天，日伪当局纠集了 200 余日军和伪警欲“讨伐”救国军。这天，天降小雨，救国军侦知“讨伐队”正向彰武进发。为先发制敌，救国军在彰武东北部后新邱一带公路边设下埋伏。不久，日伪车队浩浩荡荡开来。高鹏振指挥部队放过前面的伪警察不打，当后面的日军车队进入埋伏圈时，他一声令下，救国军猛烈开火，打得敌人措手不及。经两小时激战，救国军毙敌 40 余人，俘日军上尉黑田等 7 人，其余敌人逃走。战后，高鹏振作诗记述曰：“阳

★高鹏振（中）领导的抗日义勇军

★东北抗日义勇军在阵地上抵抗日军进攻

关道上我逢敌，偷袭川原在辽西。辽彰康法人落落，新邱杀敌雨凄凄。孰知土匪能御辱，哪晓百姓也杀敌。保卫家乡当义勇，轻骑纵马战辽西。” 诗中提到的川原，指的是所袭击的日军第十六旅团长川原劲，彰、康、法分别指彰武、康平、法库等县。

救国军的抗日活动引起了日伪当局的高度关注和极大恐慌，随即派出大队人马向救国军发起“围剿”。由于敌众我寡，武器装备亦相差悬殊，高鹏振决定将队伍化整为零，分散行动。不久，救国军一部编入第十二路义勇军于百恩（于汇川）部，有部分人员合入王显廷第一路义勇军余部，还有一百余人东征加入杨靖宇领导的中国工农红军第三十二军南满游击队（后改为抗日联军）。而高鹏振则率少数队伍活跃在辽河两岸的偏僻地区，与敌周旋，虽屡次克敌，但终因寡不敌众，在彰武境内哈尔套一战中，伤亡惨重，不得不再次向西转移，到今朝阳北票一带活动。在北票一带，救国军部分队伍与蓝天林、周荣九、双红及苑九占的义勇军部合并，成立“天狼大队”，即“东北农民抗日拥张（张学良）铁血军”，继续与敌周旋。1936 年初，在敌人频繁“讨伐”下，高鹏振率数十人返回彰武、新民交界地带活动。敌人见强攻硬打对灵活机动的救国军不太奏效，便卑鄙地采取拉拢收买叛徒的方法达到其目的。1937 年 6 月 23 日，高鹏振不幸被叛徒杀害于彰武西北的哈拉哈，东北国民救国军亦宣告失败。

“第一支东北抗日义勇军”——东北国民救国军，在长达 6 年多的时间里，驰骋、转战于辽西地区，同日本侵略者进行了殊死的斗争，表现了中华民族坚决抗击外侮、同敌人血战到底的英雄气概。救国军领导人高鹏振，威震辽西，惊破敌胆，他的英雄事迹永远激励我们奋勇前进。

鼓励“越轨行为”的诸多举措

——中国共产党对辽宁地区抗日义勇军的支持、推动和领导

1931年九一八事变后，发端于辽宁、遍布全东北的抗日义勇军在白山黑水间奋勇抗战，用鲜血和生命抵御外敌入侵，捍卫中华民族的主权和尊严。但是，抗日义勇军的正义行为不但没有得到南京国民政府的支持，反而被视为“越轨行为”，遭到取缔和禁止。伟大的中国共产党从中华民族和广大人民的根本利益出发，对抗日义勇军的“越轨行为”给予充分鼓励、积极支持、大力推动和热情指导。这是抗日义勇军发展壮大的重要原因。而在对抗日义勇军支持、推动和领导的过程中，中国共产党也经受了锻炼，提高了组织革命武装、进行革命斗争的能力，一些到义勇军中开展工作的共产党员在对敌斗争中逐渐成熟起来，为建立党直接领导的抗日武装创造了有利条件。

发布文告支持声援义勇军

九一八事变爆发不久，中国共产党及中共满洲省委就在决议和宣言中提出了“以武装民众的民族革命战争反对日本帝国主义侵略”的抗日救国主张。为了实现这一主张，中共满洲省委不顾环境的恶劣，在工农群众、青年学生和东北军士兵中进行了大量宣传、发动和组织工作。1931年10月，各地义勇军在辽宁刚刚兴起，中国共产党就对这一民众抗日武装形式给予了充分肯定和热情支持。党认识到对义勇军武装反日斗争的领导责任，强调对义勇军加强领导，并初步提出了抗日义勇军武装反日斗争的策略思想。在10月22日《红旗周报》第20期上，周恩来以“伍豪”的笔名发表了《日本帝国主义占

领满洲与我们党当前任务》的文章。文章指出：救国义勇军的组织已成为工农劳苦群众普遍要求，我们要领导工人和一切被压迫民众自己组织武装的抗日义勇军。文章号召，东北党的组织必须发动民族革命战争来反对日本侵略者，驱逐日本侵略者出中国。12 月 1 日，中共满洲省委发表宣言，号召工农和一切被压迫群众“自动武装起来，以斗争的行动赶走日本帝国主义，这样来实行武装自卫”。1932 年 3 月 20 日，中共满洲省委再次指出：“自日本帝国主义武装占领满洲以来，东三省的工农劳苦群众，受尽空前未有的压迫和摧残，失业破产，生路断绝，特别是劳苦的兵士们更是受尽国民党军阀官僚的压迫和欺骗。”并向他们呼吁：“竖起民族革命的旗帜，工农兵及一切革命民众联合自动武装起来，扩大反日的战争，直至驱逐日本帝国主义出满洲。”周

告满洲各地義勇軍書

義勇軍戰士們！

英勇的反帝國主義的義勇軍戰士們！

義勇軍戰士們！

中國共產黨滿洲省委員會

1931. 3/3

★ 1931 年 3 月 31 日，中共满洲省委发表《告满洲各地义勇军书》

恩来的文章和中共满洲省委的宣言极大鼓舞了爱国志士仁人的革命热情，各地义勇军如雨后春笋般发展起来。

1932 年 3 月 31 日，中共满洲省委发出了《告满洲各地义勇军书》，在充分肯定义勇军抗日行动的同时，号召义勇军战士们抗战到底，指出："英勇的反帝国主义的义勇军战士们！只有广大的劳苦民众真正是革命的力量。你们要斗争胜利必须与广大劳苦民众团结在一块，你们赶快和工人、农民、灾民、失业者密切地联合起来，夺下地主、豪绅、民团、自卫队的武装，武装工人和农民，勇敢坚决地和他们共同驱逐日本帝国主义的一切军队出满洲……只有这样你们才能得到广大劳苦群众的同情和拥护，只有这样你们才能得到中国民族和你们自己的真正解放！"

为了进一步发动民众抗日，中共满洲省委于 1932 年 4 月 5 日提出了满洲民众义勇军及一切劳苦群众反日战争的十条纲领。4 月 6 日，中共满洲省委又发出紧急通知，要求各地用实际行动来支援义勇军。同时，通知要求各地迅速、坚决地做好具体的工作："在工厂里向群众宣传义勇军的胜利及日本帝国主义残酷进攻的紧急情况。同时应用最大的努力组织起工人的义勇军纠察队，尤其在反日战争的区域立即广大动员他们加入反日战争，成为这一战争的骨干。"

1933 年 2 月 7 日，中共满洲省委又提出："援助义勇军，慰劳义勇军等工作，特别是义勇军活动范围的区域内，坚决的进行公开的工作，组织慰劳队、后援队、救护队、看护队、募捐队，开群众大会、军民联欢会等，办拥护义勇军运动的小报，无论如何是一刻再也不能容缓的任务。应加紧注意动员广大群众进行破坏工作，破坏日军的军事运输与军事设备，实际去帮助义勇军作战。"

1933 年 3 月 2 日，中共满洲省委作出决议，决定自 1933 年 3 月 18 日至 4 月 12 日为"反对日本帝国主义进攻热河、华北与援助义勇军运动周"，并就开展拥护与援助义勇军工作作了部署。1933 年 3 月 20 日，中共满洲省委还提出了拥护义勇军运动周的口号，主要有：义勇军是民众抗日反帝的武装队伍，拥护义勇军；义勇军是反日民族革命战争的民众武装组织，援助义勇军；义勇军为中国民族的解放与独立而战，工农劳苦民众们，拥护义勇军；开展义勇军运动，扩大反日民族革命战争；募集捐款、物品、药品，及一切军用必需品赠送义勇军，一个人捐一个铜子给义勇军；组织义勇军后援会，扩大拥护义勇军运动；一切劳苦民众自动供给义勇军的给养——粮食、衣物、住所；工农学生和劳动妇女们，组织看护队、洗衣队，帮助义勇军，组织慰劳队到前线去慰劳义勇军；工友、农民、学生们，一切劳苦民众们，到义勇军中去，进行反日的民族革命斗争；工友、农民、学生们，一切劳动民众们，自动武装起来，组织义勇军，进行革命的反日战争；工友们，罢工斗争，反对进攻义勇军与援助义勇军作战；工农学生及一切劳苦民众们，组织交通队、输送队、侦察队实际帮助义勇军弟兄作战；以民族革命战争，打倒日本帝国主义及其走狗“满洲国”，争取民族革命战争的彻底胜利；等等。这些口号像进军的号角，鼓舞着全东北乃至全国人民拥护义勇军、支援义勇军，同时也造成了反对日本帝国主义的强大声势，对东北地区特别是辽宁地区的义勇军具有极大的鼓动作用。

中国共产党的一系列号召和对义勇军的声援使许多仁人志士和劳苦大众纷纷加入义勇军，走上抗日救国的道路，而抗日义勇军也在中国共产党的声援和支持下不断发展壮大，鼎盛时期，东北抗日义勇军曾达 50 多路人马，数十万人。

选派骨干推动义勇军工作

在中国共产党的声援、支持和影响下，义勇军一度迅猛发展，但同时也暴露出一些弱点。1932 年春，以罗登贤为书记的中共满洲省委通过调查分析及时做出判断，认为当时各种形式的义勇军、救国军可能有两种前途：一是在土匪头子、军官、豪绅地主的领导下走向挫折失败；一是党能够打入义勇军中去树立党的领导，开展游击战争。于是，在中共中央和中共满洲省委一系列指示的指导下，党选派了一大批骨干力量到义勇军中工作，促进了义勇军的发展。尽管当时中共满洲省委的处境十分困难，党的组织力量还很薄弱，在册党、团员总数只有2000人左右，但为了加强对义勇军的领导，仍然派出200余名党团员到义勇军中去开辟工作，还从党领导的抗日团体反帝大同盟、反日会、互济会中选派一大批青年骨干分子参加义勇军，鼓励工、农、知识分子和青年学生入伍补充到义勇军中去，发动社会各界募捐，组织"义勇军后援会""慰问团""北上决死队"等去支援和参加义勇军。中共河北省委、北平市委也派大批党员、团员和反帝大同盟盟员到义勇军中工作。其中，到辽宁地区的骨干分子占了很大一部分。

早在1931年10月黄显声主持辽宁军政两行署工作、组建义勇军之初，就得到了共产党员刘澜波的帮助。刘澜波与黄显声本是同乡，国难当头之际，共同的民族意识和抗日救国的强烈愿望使两人一拍即合。在谈到抗日问题时，黄显声提到张学良曾有可以组织警察民团维护地方治安的面谕，刘澜波当即建议：可以仿照前人组织民间武装卫国保家的先例，组织义勇军。黄显声采纳了刘澜波的建议，一方面组织整顿了辽宁公安警察部队，加紧训练，抵抗日军，另一方面又在锦州一带北宁路沿线发动民众组织东北抗日义勇军。在短短的两三个月中，即组织起20余路抗日队伍，并先后镇压了受日本关东军扶植的凌印清、张学成两支汉奸队伍。黄显声的这些活动，得到了刘澜波的协助和支持。可见，中国共产党在义勇军组建之初就发挥了极其重要的作用。

在辽东三角地区邓铁梅的东北民众自卫军中，曾任中共满洲省委常委的邹大鹏做了许多开拓性的工作。1932年初，邹大鹏带领5名党外人士从凤凰城出发冒险去找邓铁梅，被邓铁梅任命为司令部政治部主任。邹大鹏在邓铁梅部积极宣传党的抗日主张，还为邓铁梅部拟定了政治工作条例、农会章程等，并为严明军纪和协调军民关系做了许多工作，深得邓铁梅的信任和邓部官兵的爱戴。他的几项建议均被邓铁梅采纳并在一定程度上实行过。邹大鹏还经常到司令部下属各部队调查研究情况，对战士们进行爱国主义教育。邹大鹏

★中共满洲省委派到义勇军中开展工作的共产党员邹大鹏

离开后，中共奉天特委又先后两次派互济会会员周利亚等人到邓铁梅部开展宣传教育工作，也取得了一定成效。

1932年5月，随着义勇军的迅猛发展和刘澜波、邹大鹏等共产党员在义勇军中发挥作用的逐步显现，中共满洲省委提出“真正动员党员干部与群众打入一切救国军中，首先是派得力干部到战斗力较强的义勇军中去”的思想。7月12日，中共满洲省委提出，党要在有工作的义勇军中、反日军中或其他的武装组织中，用最大的努力派得力的领导干部、工人干部进行工作，动员广大的工人、农民、学生——尤其是工人到这些部队中去工作。

在一系列方针的指引下，中共满洲省委派出大批共产党员加入义勇军，在义勇军中开展工作，例如：张雪轩、侯维民、王子明、田玉林等人在唐聚五领导的辽宁民众自卫军中积极开展工作，促进了辽宁民众自卫军的发展；

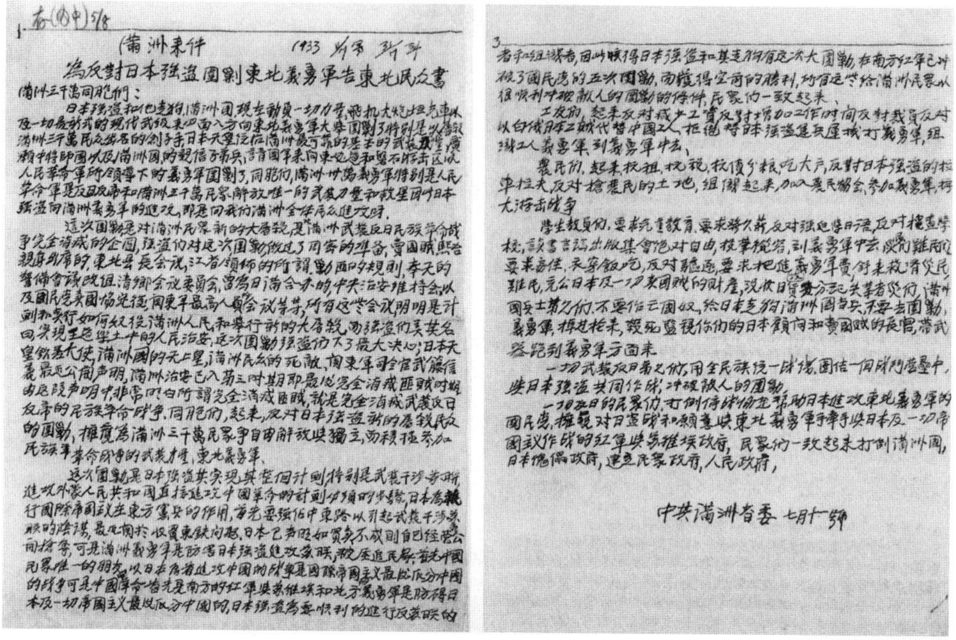
满洲来件

為反對日本强盗圍剿東北義勇軍告東北民衆書

满洲三千万同胞们：

中共满洲省委 七月十一號

★ 1933 年 7 月 11 日，中共满洲省委发表《为反对日本强盗围剿东北义勇军告东北民众书》

共产党员王仁斋、刘山春到包景华领导的辽宁民众抗日自卫军第九路军中工作，促使包景华同意与共产党人联合抗日，有 20 多名党员加入第九路军，并成立了党支部；中共东满特委派胡泽民、王毓民、孟径清、刘静安、金伦（李成林）、贺剑平等 10 多名党员到王德林的“中国国民救国军”中工作，后来，延吉县委又派李延禄参加救国军的工作，通过这些同志的工作，建立了救国军旗号下党所控制的三个团 700 多人的武装力量；等等。

中共满洲省委选派共产党员到义勇军中工作，是义勇军不断发展壮大的重要原因。同时，党通过在义勇军中的工作，不断增加对敌斗争和组建、领导抗日武装的经验，为建立党独立领导的革命武装打下了坚实的基础。

派遣党员组建领导义勇军

随着抗日斗争形势的日益严峻及东北抗日义勇军成分复杂带来种种弊端，中共中央和中共满洲省委逐渐认识到组建党独立领导的抗日武装的重要性，于是便派遣了一些富有威望、善于组织、具有影响力和号召力的共产党员及共青团员开展了组建党独立领导的抗日义勇军的工作。

1932年2月，党派遣冯基平、李兆麟、杨寿天到辽阳开展抗日斗争。不久，又派夏尚志、孙志远、王守贤、丁济阳、林郁青、张一吼等党团员到辽阳工作。很快，辽阳小堡附近的抗日活动便轰轰烈烈地开展起来。辽阳人李兆麟在家乡素有威望，党组织决定由他出面同各群众武装和山林队进行联络，组建抗日义勇军。在李兆麟等人的努力下，1932年3月，在辽阳县三家子成立了辽阳义勇军，全军共计5个支队，3500余人。辽阳义勇军成立不久，便被东北民众抗日救国会统编为东北抗日义勇军第二十四路军，队伍的领导权掌握在

★行进中的东北抗日义勇军

李兆麟和几个党团员手中。在李兆麟的率领下，第二十四路义勇军以小堡为中心，在辽阳、沈阳和本溪之间的三角地区开展了艰苦卓绝的抗日救国斗争，队伍不断发展壮大，到1932年六七月间，已经发展到6000多人，部队装备也有了明显改善，成为辽宁抗日义勇军的一支劲旅。

1932年春，党组织委派共产党员白乙化在辽阳石场峪地区组建抗日武装。他会同3位抗日志士，带两支手枪，突袭了辽阳伪警察局，夺得枪支，很快便组织起了一支几百人的抗日队伍，命名为“东北青年抗日义勇救国军”，又号“平东洋”。在白乙化的领导下，队伍转战辽南、辽西，人数增加到1000余人。在战斗中，白乙化身先士卒，不畏艰险，深得部下的拥护和爱戴，人称“小白龙”，令敌人闻风丧胆。

1932年初，党组织派遣宋黎、车向忱、李述全秘密潜回东北，开展工作。宋黎等人按照预定计划，先是慰问了邓铁梅部，又到宽甸、桓仁、辑安等地播撒抗日火种，筹划组建抗日武装。此后，宋黎来到清原、铁岭、开原、新民、法库等地，联络组织抗日义勇军队伍。5月，在新民成立了“辽西抗日义勇军总指挥部”，宋黎任总指挥，队伍有800多人、几百条枪，主要分布在辽西地区。他们利用青纱帐作掩护，各自为战，袭击敌人，并组成以铁路工人为骨干的铁路爆破队，经常破坏敌人的铁路和桥梁，阻止敌人调兵镇压抗日活动，劫获被日军掠夺的物资，战果累累。1933年3月，宋黎与共产党员宁匡烈等自制定时炸弹，在沈阳火车站、日本大使馆和日本人开设的烟馆等处爆破。这些爆破威力虽然不大，但影响很广。一时间百姓奔走相告：“义勇军进沈阳城了！”

1932年5月，东北抗日义勇军武装反日斗争进入高潮，中共满洲省委果断提出“真正能在党领导之下的乡团以及其他队伍，更应该用百分之百的力量去加强政治军事的领导”，从而“建立民众的反日联合”，“是发动与争取反日战争胜利条件之一”。在此基础上，中共满洲省委又明确提出“党须用最大的努力派得力的领导干部、工人干部进去（义勇军）工作……另一方面，须建立党独立领导的中心部队，来独立的发动与领导反日的民族革命战争”。在九一八事变一周年之际，中共满洲省委发出《为加紧义勇军的工作致各级党部的一封信》，信中对义勇军的反日斗争给予很高评价，并要求各级党部必须做好下列工作：“组织工人义勇军、农民义勇军、学生义勇军，要建立党独立领导下的工农义勇军，特别是工人的模范义勇军，以加强工人阶级在义勇军的核心；在反动领袖所操纵的义勇军、反日军、救国军等组织，各级党部要利用一切可能去进行工作；对红枪会、大刀会、黄枪会这些原始的群众的反日武装组织，要我们在内面进行极其艰苦的工作；要在义勇军中，反日军队中，反日的武装群众中，进行广泛的宣传工作；开展援助义勇军的工作……在我们军事力量有基础的地方，立即组织革命军事委员会，这个委员会可由党团、工会、反日会、义勇军指挥部与兵士委员会（或反日会）组成；建立党的正确领导。”可见，革命形势的不断变化和义勇军的不断发展使党充分认识到建立党领导的抗日武装的重要性和必要性，而且通过党在义勇军中的工作，中共中央和中共满洲省委逐步总结经验，并进一步地开展了更为有效的工作。当时，中共满洲省委书记罗登贤和省委的其他干部经常到各地巡视，监督、检查各级党组织的工作情况，指导和帮助各地解决义勇军工作中的实际问题。通过各级党组织的努力，东三省各地义勇军中都不同程度地有了党的工作。在各级党组织的努力下，“很多义勇军来找党……而且要求党的直接领导”。

综上所述，中共满洲省委积极声援义勇军，加强对义勇军的支持和领导，推动和影响了义勇军的发展。在此过程中，中国共产党宣传了自己的抗日主张，锻炼了组织革命武装的能力，推动了抗日战争的发展进程。一些到义勇军中进行工作的共产党员如杨靖宇、赵尚志、李兆麟等在对敌斗争中积累了经验，逐渐成熟起来，为中国共产党组建直接领导的抗日武装创造了有利的条件。

人物篇

生不带兵死不休，国家危难显身手

——记中共特别党员黄显声

他，曾任辽宁省警务处长，九一八事变后，把辽宁各地的警察队伍组织起来，组建义勇军，抗击日军侵略；他，英勇善战、胆识过人，在抗日战争中指挥了著名的锦州保卫战等一系列战役，令日军闻风丧胆；他，深受张学

★黄显声

良的器重和信任，亲身参与了西安事变；他，是周恩来发展的中共特别党员，被反动政府残酷囚禁了近十二年，辗转关押于息烽集中营、渣滓洞、白公馆，血雨腥风中依然不改英雄本色； 他，就是小说《红岩》中“小萝卜头”的老师“黄将军”的原型，“狱中《挺进报》的创办人之一”，被誉为“血肉长城第一人”的黄显声。

惩腐除弊开新风

黄显声，字警钟，1896 年 12 月 18 日生于辽宁省凤城县苇山河村（今鞍山市岫岩满族自治县石庙子镇蓝家沟）。少年时期，黄显声就读于安东道立中学。1918 年，考入北京大学文科补习班。1919 年五四运动爆发，黄显声积极参加游行示威活动，是火烧赵家楼、痛打章宗祥的参与者之一。当一些同学被反动军阀逮捕之后，他挺身而出，组织同学前往营救，还多次将爱国传单和进步书刊寄往沈阳、锦州等地，委托亲友散发，后终因言论“过激”、行为“越轨”被学校除名。

经过五四运动的洗礼，黄显声毅然放弃了继续升学的机会，选择了一条投军报国的道路，发誓“生不带兵死不休”。几经周折，1921 年，黄显声终于如愿以偿，考上了东三省陆军讲武堂第三期炮科。翌年，他以优异的成绩毕业后，破例被分配到奉天兵工厂任少校卫队营长。因“谈吐不凡、颇有见解”，以及在卫队团所表现出来的卓越才干，受到张学良赏识，黄显声被留作随从参谋。1924 年 9 月，第二次直奉战争爆发，黄显声随奉军入关，打了几次胜仗，被张作霖擢升为上校参谋，后来任东北军第一旅（即后来的卫队旅）旅长。1929 年 3 月，黄显声调任东北陆军步兵第二十旅旅长。东北易帜后，在张学良率东北军入关支持蒋介石“武装调停”中原大战时，他又调任辽宁省警务处（张学良拟为成立沈阳警备司令部过渡）处长兼沈阳市公安局局长，担负起张学良委托的加强防卫老家大本营的重任。

早在学生时期，黄显声就深感内政腐败是民族振兴之大敌，而且也给强敌入侵，特别是日本觊觎东北造成各种可乘之机。因此，从任警务处长开始，他就坚决反对旧官场中的许多陈俗恶习，对沈阳等地的警界风纪和社会秩序进行了整顿，不仅撤换了一些极端腐败的县公安局长，还在警务处和沈阳市公安局革除了一批腐化渎职分子，同时施行一些新的制度，对警务处所有公务人员进行考试，根据成绩和实际才干量才录用，成绩优异者还被破格提升。尤其突出的是，黄显声采取了严厉的禁烟（鸦片）禁赌措施，使官员中的颓废风气顿减，风貌为之一新。时有阎宝航、车向忱等爱国人士成立“辽宁省国民常识促进会”“辽宁拒毒联合会”等爱国进步组织，主张提倡国货，抵制日货，反对侵略。这些组织都得到黄显声的支持与肯定。一次，“拒毒联合会”通过辽宁省邮政总局扣留日商“从瑞士偷运进来的价值百万”的海洛因 380 包及鸦片 400 箱，决定在小河沿公开焚烧。黄显声顶住日本驻沈阳领事的压力，下令警务处全力支持。那天，到会各界民众达万余人，各国领事也被邀请到现场参观。（日本领事未到。）与会者群情激昂，“粉碎日本纵毒侵华阴谋”的口号响彻云天，全市民众无不拍手称快。时隔不久，热河省主席汤玉麟（张作霖把兄弟）有大宗鸦片运经沈阳被警方查获，黄显声断然下令全部没收焚毁，沈阳等地一些高官显宦因此大为震惊。当时，日本“满铁”警宪经常滋事，黄显声为维护民族利益，经常指挥军警与之做针锋相对的斗争，有时“几乎引起武装冲突”，这使日本军国主义分子对他格外忌恨，以致日军在占领沈阳后首抄其家。

组建义勇斗敌顽

1931 年，日本帝国主义在东北相继制造了“万宝山事件”和“中村事件”，沈阳的形势日趋紧张，黄显声汇集从各方面接到的情报向张学良作了详细报告。他根据张学良“你们地方武装可加紧训练，严加戒备”的指令，着手扩充各县公安队编制，同时建立地区公安联防区，又果断地将其所属的公安部队和各县警察编为 12 个总队（3 至 5 县编为一个总队），以利调动。

9月初，日本关东军向辽沈一带的日本人发放枪支，形势日趋严峻。黄显声立即以警务处的名义紧急通知全省58县公安队到沈阳领枪。数日之内，沈阳库存原奉军历次入关作战所获枪支尽数发到各县，这批枪支为辽宁各地后来迅速组织起民众抗日武装提供了便利条件。

9月18日下午，黄显声接到公安督察长熊飞（熊正平）报告，称当天早上日本特务机关长土肥原贤二由日本国内来到沈阳，已与关东军司令本庄繁见面，可能采取行动。黄显声当晚即到公安局坐镇，并严令各警察分局及公安队待令行动。晚10时20分，日军果然发动事变，随即炮轰北大营东北军第七旅的营房。19日晨，日军占领了沈阳市区商埠及大小西关。据吕正操、万毅、宋黎、郭峰、黄中等人撰写的《回忆怀念杰出的爱国抗日将领黄显声将军》一文记载，“沈阳南市、三经路等公安分局均按他的命令奋起抵抗，这是当时沈阳唯一未执行‘不抵抗’命令的武装队伍。”在面临强敌、力不能支的情况下，黄显声不得已下令以各分局为单位，尽量携带武器弹药退出沈阳，自已赴北平向张学良请示以后行动。

沈阳沦陷后，张学良于9月23日通电将东北的军政中枢西迁锦州，在那里设立了东北边防军司令长官公署行署和辽宁省政府行署。25日，已经撤退到北平的原辽宁省政府部分人员20多人，在黄显声的带领下首先返回锦州。9月末，黄显声主持召开了锦西、义县、兴城、绥中、北票、黑山、台安、盘山等县公安局长会议，抽调各县干警补充公安队伍，又重编所属部队为公安骑兵三个总队，通令全省各县与驻锦州的省政府警务处联系。10月初，日本关东军委任其豢养多年的汉奸凌印清为“东北自卫军总司令”，司令部设在盘山县沙岭镇。关东军除提供大量的经费、武器之外，还指派日本人仓冈繁太郎等15人为顾问，由仓冈繁太郎总揽一切事宜。当时，为了替这股逆军壮大声势，日方报纸曾大肆宣传，声称这股逆军编了18个师，拥兵8万之众。为了打击凌印清和关东军的阴谋，黄显声派熊飞做争取当时任逆军第一师师长的项青山等人的工作，在熊飞的支持下，项青山等人一举擒获了汉奸凌印清及其全部日本顾问。

张学良对黄显声在锦州的工作十分满意，对其委以重任，寄予厚望。当时，省政府代主席米春霖和边防军参谋长荣臻都留居平津，锦州军政两署实际上由黄显声主持。在这期间，黄显声积极与各地爱国人士取得联络，大力发展民众武装，组织各种形式的抗日义勇军。为此，他特别制定了义勇军委编方案和在辽西地区组成8万义勇军（每县以公安警察为基础组成1万人的队伍）的计划。当时，有一些赴北平找张学良要求抗日的爱国志士，张学良都把他们介绍到锦州来。于是，张学良秘密委派黄显声组织东北民众抗日义勇军的消息不胫而走，一时间，各方爱国志士请缨抗敌者纷至沓来，黄显声根据实际情况分别给予编委任用。1931年11月末，辽西、辽南等地由黄显声编委任用的义勇军就达20路之多。与此同时，黄显声还部署各地成立武装民团，又对一些绿林帮伙晓以大义，分别将他们编成各种形式的义勇军。1931年11月末，黄显声亲自携军费1.8万元赴通辽召集张炮仁等15000多人组成义勇军。同时，黄显声对东北爱国人士组织的“东北民众抗日救国会”十分支持，除出任救国会常委外，还特派熊飞担任该会军事部部长，与救国会密切配合，共同组织义勇军。救国会根据黄显声的建议，先后派大批人员到辽、吉、黑等地组织义勇军，使东北各地的义勇军又有了很大的发展。当时，日伪报纸报道义勇军必提及其组织者和领导者黄显声之名，日本关东军将其视为“日军之劲敌”，爱国志士更以“血肉长城第一人”誉之。

特别党员心向党

东北军按照不抵抗政策未与日军交锋就撤入关内后，黄显声对蒋介石和国民党政府有了更为深刻的认识。长城抗战开始不久，黄显声毅然率部抗日。在积极抗日的过程中，黄显声逐渐接受了中国共产党的抗日主张。他聘请共产党员刘澜波为秘书，并通过刘澜波等人与中共中央北方局联系，请求党组织派共产党员到他的队伍中工作。根据他的请求，共产党员孙志远、康少逸、朱大光、白坚等17人先后来到了黄显声率领的骑兵第二师，黄显声安排他们以秘书、军需、书记官等职务公开对部队进行教育改造工作。为了培养抗日骨干，骑兵第二师办起了一个教导队，由刘澜波任队长，还建立了士兵委员会等组织。当时，在这支部队中可以进行其他国民党部队所不能进行的政治宣传，可以公开教唱其他国民党部队所不能高唱的抗日歌曲，部队的军事训练常以日军为假想敌进行。骑兵第二师内的党组织还在地方上开展工作，使部队与地方的关系非常融洽，抗日气氛十分活跃。为了支持骑兵第二师内党组织的工作，黄显声毫不犹豫地清除了国民党派来的特工人员。这些情况，曾引起当局有关人物的不满，他们称骑兵第二师是"红到底"部队，视黄显声为"桀骜不驯"之徒。

1935年7月，东北军的骑兵部队集中成立了一个骑兵军，何柱国任军长，黄显声任副军长，部队驻防陕甘一带。黄显声了解到中国共产党所发表的著名的《八一宣言》的内容，深受震动和鼓舞，决心走共产党指引的道路。每次与张学良谈及"还乡大业"时，即直陈利弊，规劝其接受共产党的正确主张，枪口对外，而且还不止一次地向张学良表明对共产党"只能联合，不能敌对"的观点。黄显声鲜明的联共、反蒋、抗日的政治倾向，在骑兵军内产生了巨大的影响，骑兵军不仅从未与红军发生过任何摩擦，而且第七团、第十六团等部队的中共党组织还逐步建立和发展起来。

1936年6月，中共中央北方局为了把分散在东北军中工作的党的力量集中起来，统一领导，决定成立党的东北军工作委员会（简称"东工委"），在东北军内部开展党的工作，以配合中央争取东北军走上抗日道路的工作。七八月间，因形势发展迅速，东工委改由党中央直接领导，由当时任中央白区工作委员会书记的周恩来负责。北方局向党中央介绍了黄显声多次表示要加入共产党、渴望成为一名共产党员的要求。经研究，1936年8月，黄显声加入了中国共产党，成为中共特别党员，由中央直接领导。

抗战时期，黄显声多次为八路军运送武器和物资，为抗日民族统一战线做了大量工作。黄显声过人的胆识和凛然正气，特别是他鲜明的抗日态度，在东北军中享有极高的声誉，实际已成为东北军中积极要求抗日的新派军官，对全体东北军将士影响较深，为党的统战工作做出很大贡献。他还多次与张学良深谈，向张学良直言，不要上蒋介石“一石二鸟”政策的当，将抗日的本钱（指东北军）丢光，并“劝张与共产党合作反蒋抗日”。他还说：“孙中山可以联共，冯玉祥也可以联共，为什么我们不可以联共？”这些发自肺腑的劝告对张学良发动西安事变产生了积极影响。西安事变后，黄显声到武汉参加了营救张学良的工作。在武汉，周恩来多次邀见黄显声谈话，两人甚是投契。

狱中斗争英名传

1938年2月，黄显声在武汉不幸被国民党特务机关逮捕，后转押到贵州息烽集中营。黄显声与同押的杨虎城的秘书、共产党员宋绮云，狱中地下党负责人韩子栋（小说《红岩》中华子良的原型）等密切合作，开展了坚决的狱中斗争。

入狱之初，黄显声受到了百般凌辱和非人的折磨，但他坚贞不屈，还常以“虎入笼中威不倒”来鼓励难友们斗争的勇气。难友们被黄显声的凛然正气深深折服。狱中地下党组织虽然不知道黄显声特别党员的身份，但对这位“爱憎分明的铁汉子”十分信赖。息烽集中营成立生产组时，黄显声被委任为组长，他借此机会联络难友，帮助病弱，积极开展狱中斗争。

1945年春，国民党军统特务头子戴笠为了网罗人才，曾亲自跑到息烽来请黄显声出山，并封官许愿。黄显声嗤之以鼻：“戴笠算什么东西！只不过是一条狗，我能去做走狗的狗吗？”

1946年7月，黄显声被转押到重庆歌乐山下的中美合作所。在此，他团结难友，巧妙地与军统特务进行斗争，协助共产党员陈然出版了白公馆版的《挺进报》，并担任了宋绮云小儿子宋振中（即小萝卜头）的狱中老师。

1949年11月重庆解放前夕，蒋介石下达密令，将囚于重庆的共产党员和进步人士全部处决。11月27日，两名特务骗黄显声说请他出去谈话，与他一

★黄显声塑像

起走出白公馆，来到步云桥附近的一个山坳处。一名特务突然从背后向黄显声连开两枪，一弹打穿右臂，一弹直穿胸膛，一代爱国将领黄显声倒在血泊之中……

重庆解放后，黄显声的灵柩由其长子黄耀华扶送北京，后葬于八宝山革命公墓。

杀身毁家何所惧，愿做抗日第一人

——记辽东血盟抗日救国军总司令孙铭武

2014年9月，中华人民共和国民政部公布了第一批300名著名抗日英烈和英雄群体名录。名录是按照英烈牺牲年份和姓氏笔画进行排序的。名录上的第一位，是曾任辽东血盟抗日救国军总司令的孙铭武。因他在第一批300名著名抗日英烈和英雄群体名录中牺牲时间最早，故被称作“抗日英烈第一人”。而他率领的血盟抗日救国军唱响的军歌，其歌词的文字内容、节奏韵律、修辞手法、意境意象等都与《义勇军进行曲》有许多相似之处，被视作国歌的重要创作素材之一，对后世影响深远。

从弃警从戎到解甲归田

孙铭武，原名孙明武，字述周，满族，1889年9月15日生于辽宁省清原县中寨子村一个中农家庭。从小他就喜欢听岳飞、戚继光等英雄抗击外敌入侵的故事，并立志向他们学习，成为一名爱国英雄。1908年，孙铭武奔赴离家80公里外的兴京县城，报考了兴京县警官教练所，因成绩名列前茅被录取。从此，他开始了新的生活。

在警官教练所学习、训练的一年多时间里，孙铭武逐渐开阔了视野，增长了见识。毕业后，他被任命为兴京县东二区巡警，后升至巡官，因精明干练，维护治安有方，调至北四区任区官兼地方保甲团团总。

辛亥革命推翻了清政府，赶跑了封建皇帝，但革命果实却被北洋军阀的袁世凯窃取，北洋军阀的反动政治代替了清政府的腐朽统治，人民生活更加

★孙铭武

困苦。1916 年初，孙铭武在千金寨（今抚顺）参加了反对袁世凯复辟帝制的运动，加入了辽东讨袁护国军。袁世凯“洪宪”帝制崩溃后，孙铭武返回兴京任海阳区及东昌台区警官。

1918 年，奉天省当局派陆军第十六师前往清原一带驻防，该师师长发现孙铭武强干精明，特向清原县县长商请携其回原防，得到同意。从此，孙铭武弃警从戎，被委任为工兵第三连连长。后该师改编为东北军第十六师，孙铭武随该师撤回奉天。1921 年，奉系军阀张作霖指挥东北军征蒙定边作战，孙铭武任输送大队长。1922 年，第一次直奉战争爆发，孙铭武随奉系军阀入关战斗，由于功勋卓著，被送到军育团集训 6 个月，毕业后被提升为少校营长。第一次直奉战争，奉军以失败告终，张作霖率部 20000 余人退往滦县。5 月，张作霖在滦县宣布独立，改任奉军总司令，孙铭武被任命为昌黎县警察局长，兼任直隶临、抚、昌、卢、迁 5 县警备司令部上校参谋长。1924 年，孙铭武又参加了第二次直奉战争。经历了两次直奉战争和征蒙定边大战的孙铭武，目睹了帝国主义列强为掠夺中国资源，扶植各路军阀互相残杀，争夺势力范围，百姓饱受战乱之苦的现实。他以不能为国复兴效力而深感痛心。同时，他又看到了反动封建军阀只顾个人私利，到处摧残人民反帝运动的种种暴行，更加对反动军阀心生厌弃。

1925 年 7 月，中国共产党和共产主义青年团联合发表宣言，提出“张作霖因得日本的援助……所以他不踌躇的以武力镇压从奉天到上海的民众爱国运动，出卖祖国，以博得英日帝国主义者之欢心”，号召全国人民团结一致，打倒帝国主义和卖国军阀。在中国共产党的领导和影响下，全国范围内迅速掀起了大规模的反奉运动，孙铭武受到中国共产党反帝反封建主张的影响，于 1925 年毅然弃甲归乡，在沈阳开办了福兴旅馆以维持生计。

从奔走呼号到血盟誓师

1931 年 9 月 18 日，日本帝国主义发动了蓄谋已久的九一八事变，炮轰东北军驻地北大营，继而攻占沈阳城。南京国民政府令张学良采取不抵抗政策，使东北大好河山很快落入日军魔掌。孙铭武看到军人和百姓被日本侵略者摧残杀戮，万分痛心，对诸好友涕泣说：“国家兴亡，匹夫有责，当此国难临头之际，应奋起挺身杀敌，尽国民之责，以争民族地位。”就在日军进攻沈阳的硝烟未尽之时，他开始奔走呼号，联络知己，决心组织武装力量抗击日军侵略。他首先找到曾在东北军军官团相识的黄显声（时任辽宁省警务处长）。黄显声要他去找东边道握有重兵的镇守使于芷山，商讨抗日之事。当孙铭武通过关系找到于芷山时，岂料于芷山已被日军买通，不但拒绝抗日，还说抗日是不识时务，应该听国民政府的。孙铭武见联合于芷山抗日无望，又从山城镇返回清原。

此行之后，孙铭武感到依靠别人的力量来抗日不可行，必须组建自己的队伍。于是，他再次返回沈阳寻求机会。一日，他偶遇在日本留学返沈的同乡好友张显铭。两人谈到救国图存之事，孙铭武的想法深得张显铭的赞同。

张显铭当即表示放弃回日本继续留学的打算，决心共赴国难。张显铭说：“政府丢弃东三省大好河山和三千万同胞，我辈不能坐视亡国灭种无动于衷。坐以待毙，不如起而杀敌。”于是他们相约各回原籍联络同乡、旧僚，组织抗日武装。随后，他们又在旧部下及同人的援助下，把在沈阳弄到的一批枪械秘密运回清原。回清原后，孙铭武首先向全家老小讲述了日军侵占东北的暴行和组建抗日队伍的决心。家人和亲属听后，极力劝阻他说：“出头的椽子先烂，老蒋百万军队、张学良30万军队都不抗日，你也别干了，谁当皇帝就给谁纳贡吧！”孙铭武坚决表示：“民族不可辱，国土必收复，杀身毁家何所惧，愿做抗日第一人。”

1931年10月19日，孙铭武、张显铭各自带领队伍，并与其他同僚拉出的队伍齐集于清原县大苏河的城隍庙。庙前的操场上，旌旗猎猎，400多名抗日壮士整齐列队，威风凛凛。庙前置起香案，孙铭武、李栋材、张显铭、张东郊、盖光安五位好友，立于案前，置酒5碗，分别刺破中指，滴血于酒碗中，焚香对天盟誓：“国难当头，匹夫有责，抗日救国，杀身成仁。”并把一支手枪置于香案上，枪口对准5人，齐声发誓：“倘我等若有二心，弹立穿我胸。”言毕，端酒一饮而尽。孙铭武为表明誓死抗日决心，在庙前的庭柱上血书“血盟抗日救国军”7个大字。随后，孙铭武向全体官兵讲述了九一八事变的经过，揭露了蒋介石的不抵抗政策和日本帝国主义侵略东北进而吞并整个中国的野心。

孙铭武等人血盟讨日的壮举，使在场的全体起义官兵和群众无不为之感泣，群情激奋，喊声震天。这是东边道地区九一八事变后第一支举起抗日大旗的武装。

大苏河血盟誓师后，孙铭武和张显铭等人，先后到新宾、柳河、通化、桓仁等地秘密联络各界人士，宣传共同抗日，组织发动青年学生参加血盟救国军，扩大了血盟救国军的武装力量。在孙铭武的领导和号召下，救国军不断发展壮大，军纪严明，同仇敌忾，成为辽东地区一支抗日劲旅，对辽东地区日伪统治形成极大威胁。

从国歌素材到与国同难

为了让更多人知道抗日救国人人有责的道理，孙铭武等人在各路队伍联合举义时，草拟了口号，随后又将这些口号连缀成歌词，编成军歌，便于大家铭记于心，激扬斗志。于是，这支注定要铭刻于中华民族史册的军歌就在辽东山区诞生了。由于年代久远，这首《血盟救国军军歌》在流传过程中，产生了好几个版本，虽字句方面略有差异，但语句长短、节奏韵律、内容大意等基本一致，普遍流传的一个版本是："起来，不愿当亡国奴的人们，用我们的血肉去唤醒全国民众，中华民族到了最危险的时候。我们不能坐以待毙，必须起而杀敌，起来，起来，我们要团结全国民众，去战斗！战斗！战斗！"歌词表达了不愿做亡国奴的东北人民的共同心声和坚定意志。孙铭武等三位词作者，用"起来"呼唤全国民众，第一次把"中华民族"写到了歌曲中。《血盟救国军军歌》成为后来中华人民共和国国歌《义勇军进行曲》的重要素材之一。

《血盟救国军军歌》的创作者们，不仅是中华民族抗日思想最早、最有力的宣传者，更是民族危亡之际行动上的先驱者。他们在"最危险的时候"，把中华民族的救亡图存精神用歌声传扬。他们不仅是这样唱的，更是这样做的。

1932 年 1 月 18 日，狡诈的大汉奸于芷山派他的儿子、卫队团第二营营长于宗谦到血盟救国军驻地，转达了于芷山致孙铭武的"抗日诚意"，并定于当日晚在东边道保安司令部所在地三源浦会谈，共商抗日大计。对此，救国军总参议张显铭持否定态度，他认为这是个阴谋，坚决反对前去。孙铭武则主张前去，理由是：第一，可利用这个机会向于芷山晓以民族大义，争取其抗日；第二，如果不幸献身，也可以用自己的死唤起民众的觉醒，以免遭受更大损失。就在救国军还未确定是否参加会议之际，于芷山又派人送信给孙

★孙铭武墓

铭武，信中附有几十名军官，包括孙铭武在东北军的属下、好友等人联名签署的“保证书”，郑重担保参加谈判人员的人身安全。于是，孙铭武、张显铭等带领20余名军官和近百名护兵进入三源浦，准备会谈。可是，老奸巨猾的于芷山借口军务繁忙久不露面，让他的部下设宴招待，当晚强行留宿。此时，孙铭武意识到这是于芷山设的“鸿门宴”，料知难逃虎口，挥笔书写了催人泪下的遗书，嘱其二子：“父生年四十又四，时值国家变乱，余本国家军人，必须与国同难，故奋然抗日，号召民众救国，但不幸中途惨遭挫折。父今为国而死，吾子必继父志，为国努力。不准为非作歹，不准为职流盗，父纵死九泉已瞑目矣。再关于父之体骨倘能回籍，暂不入土，必俟国土收复，民众免遭灾难时，再为安葬，是余所嘱。”而后，交部下刘锡九转给孙家。刘锡九挥泪而退。半夜时分，伪军将救国军谈判人员重重包围，继而持枪入室，将孙铭武、张显铭等20余名爱国军官一一捆绑。孙铭武怒斥卖国贼于芷山是背信弃义的民族败类。于芷山害怕真相泄露，连夜将孙铭武等人押解到三源浦西门外杀害。孙铭武时年44岁。

孙铭武虽然牺牲了，但英烈的壮举，历史不会忘记，国家和民族更不会忘记。孙铭武等先烈创作的《血盟救国军军歌》的旋律，永远飘扬在大苏河的山谷间，传向辽东，传向东北，传向全中国……

杀敌讨逆震山河，救国爱民耀春秋

——记辽宁民众自卫军总司令唐聚五

1932年春，在辽宁东部崛起了一支抗日劲旅——辽宁民众自卫军。数月时间，这支队伍已发展成了一支拥有30多路军、五六万人，作战英勇，令日本侵略者闻风丧胆的抗日武装。这支武装的总司令，就是曾任辽宁省代理主席、国民革命军陆军东北游击司令，在抗日战争时期为国捐躯的著名爱国将领唐聚五。

桓仁誓师

唐聚五，亦写作“唐聚伍”，原名唐福隆，字甲洲，吉林双城（现属黑龙江省）人，满族正黄旗。幼时，唐聚五读过4年私塾，后因生活所迫，辍学当了木匠。18岁那年，他离家出走，加入了东北军。由于聪明好学，肯于吃苦，他被选送到东北讲武堂学习，毕业后由排长做起，到九一八事变时，他已经升为辽宁陆军步兵第一团（驻守凤城）中校副团长了。

1931年9月19日，日军占领沈阳后突袭凤城，第一团团长被俘投降，一个营被缴械。当时，任副团长的唐聚五未在凤城，他惊闻事变后立即来到北平，向张学良面陈抗日殷情。张学良升任他为第一团团长，让他回东北就职，唐聚五立即返回辽宁。

唐聚五到桓仁县就职时，能够直接调动的队伍实际只有一个营。他千方百计联络各方志士仁人，共谋抗日大计。一日，唐聚五以到城外买人参为由，约会旧时盟友——桓仁县公安队长郭景珊一道出城。到了人参园，唐聚五趁

★唐聚五

左右无人，便对郭景珊说道："俊杰（郭景珊的表字），买参是假，我想跟你说说心里话。你看咱们已经面临国破家亡的境地了，身为军人，守土有则，该怎么办才好呢？"郭景珊略加思索："事关重大，要从长计议。"唐聚五见他没有表示反对，便开门见山地说："俊杰，我们应该起来抗日！"郭景珊早有抗日愿望，此时听了唐聚五的话，当即表态："大哥说的极是，兄弟听你的。"唐聚五听了大喜，遂决定共谋大计。经过周密部署，两人联络了宽甸、辑安等县的公安局长及唐聚五在讲武堂时的老同学、新宾县第一团第三营营长李春润，大家相约共同举事。

1932 年 4 月 21 日，桓仁县师范学校操场上红旗招展，一万多名抗日志士和群众汇集在这里，召开了辽宁民众自卫军成立誓师大会。唐聚五跳到讲台上，慷慨激昂地说道："天下事最痛心者莫过于亡国。日本强占我东三省，生灵倍遭涂炭，凡有民族气节者，怎能容敌猖獗！今天我们成立民众自卫军，就是肩负光复山河的重任，毁家纾难，誓与日寇血战到底，不达目的决不罢

★ 1932 年 4 月 21 日，辽宁民众自卫军在桓仁举行誓师大会

休。”说罢，他掏出一把利刃，毫不犹豫地划破自己的手指，用殷红的热血，在讲台上写下了“杀敌讨逆，救国爱民”8 个大字。此时，会场上群情激奋，人们高呼起“打倒日本，还我山河”的口号。辽宁民众自卫军正式成立了，唐聚五被推选为自卫军总司令。

自卫军成立后，辽东各地的广大农民纷纷拿起长矛、大刀、土枪，加入这支抗日的队伍。一些早就想抗日的伪军，也陆续前来投奔。时间不长，自卫军就在新宾、抚松、长白、临江、辑安等地，打开了抗日局面。

智斗日伪

桓仁誓师后,唐聚五领导各路人马投入到轰轰烈烈的杀敌讨逆的斗争之中。

自卫军在成立之初，号称十八路军，实际上基本队伍只 5000 人左右，而且分布地域广，兵力分散。有的县如通化有原陆军步兵第二团团长廖弼宸作梗，尚未掌握在自卫军手中。在此情况下，如何顺利地打开抗日斗争的局面，是唐聚五的当务之急。唐聚五审时度势，决定对多数未表态抗日的县先礼后兵，稳住局势，遂以东北民众抗日救国会名义发出通令，要求各县军政首脑表示抗日，对于像通化这样战略地位十分重要的地区，则采取了军事、政治双管齐下的方针。唐聚五一方面命令在通化的自卫军第十六路军司令孙秀岩策动城内警察哗变，同时调民团武装迫近县城，以威胁城内的廖弼宸部；另一方面于4月24日给通化县公署发了一封电报，指出："本会志在救国，誓不承认伪国国旗存在，贵县各机关如再迟疑观望，即不啻为虎作伥，与敌为友。义师待发，有逆必讨；军行在即，可西可东，顺逆之从，请即电复。"在义正词严的电文催促和自卫军第十六路军大兵压境的情况下，通化县当局不得不召集地方维持会议，决定即刻改悬中华民国的青天白日旗。廖弼宸部在通化只有一个营兵力，在此情况下，也只得假作支持抗日的姿态。4月28日，孙秀岩部自卫军在通化各界民众的欢迎下，进入通化县城。

日伪当局得知唐聚五等人树起抗日大旗后，甚为惊恐。为了斩除心腹之患，敌人派出重兵，气势汹汹地向通化扑来，企图乘唐聚五和他率领的自卫军立足未稳之际，一举消灭。1932年5月1日，一队日军开到了离通化10多公里的过河道子，与在此阻击的自卫军接上了火。自卫军战士大多数是第一次打仗，有的人连枪都没有，但在敌人重炮和机枪的猛攻下，他们毫无惧色，勇敢地与敌人搏斗。为了使敌人的火力优势难以发挥，自卫军战士等敌人冲到面前时，用大刀和长矛勇敢地与敌人肉搏。在战斗中，自卫军还巧妙地把敌人分割开来，成功地将部分日军围困在一座小山上。最后，日军被迫退出通化。不久，唐聚五将总司令部迁至通化。

在日军进犯的同时，汉奸于芷山率领2000多名伪军，分两路向自卫军驻地开来。自卫军在新开岭和老城等地痛击伪军，伪军只能龟缩在新宾县城。这时，唐聚五采取了疲惫拖垮敌人的策略，每到夜晚，自卫军就分头在敌人阵地外骚扰。由于子弹很珍贵，战士们就弄来鞭炮，在铁桶里点燃，噼噼啪啪的声音就像是机关枪响。"枪声"停的时候，自卫军的宣传员就大声向伪军喊话："中国人不能为鬼子卖命……当汉奸绝没好下场……"县城里的伪军被自卫军搞得夜夜不得安宁，都很疲惫，有的人本来就不想帮助日军打自己的同胞，这时更没心打仗了，和自卫军对阵时，就向天上乱放空枪。于芷

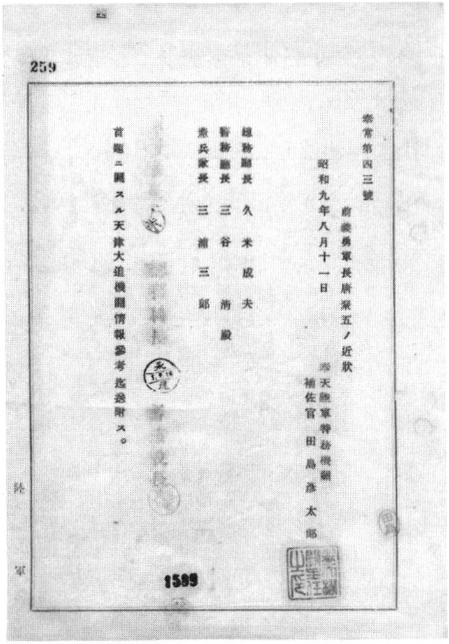

259

奉常第四三號

前義勇軍長唐聚五ノ近狀

昭和九年八月十一日

奉天陸軍特務機關

補佐官　田島彥太郎

總務部長　久米成夫殿

警務部長　三谷清殿

憲兵隊長　三浦三郎殿

首題ニ關スル天津大迫機關情報參考迄送附ス。

1589

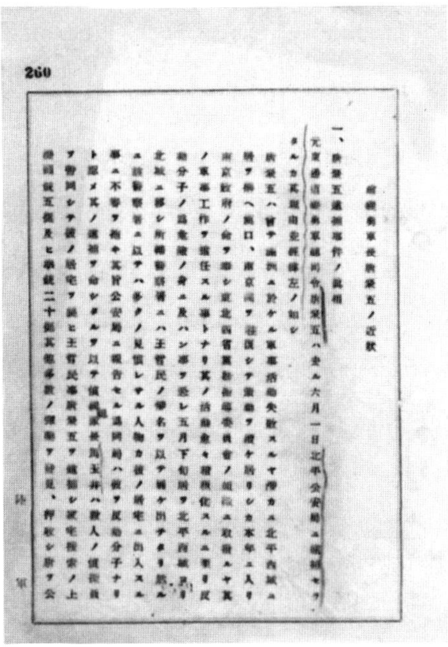

260

前義勇軍長唐聚五ノ近狀

一、唐聚五逮捕事件ノ眞相

元東北遼寧義勇軍總司令唐聚五ハ去ル六月一日北平公安局ニ逮捕セラレタルカ其理由左ノ如シ

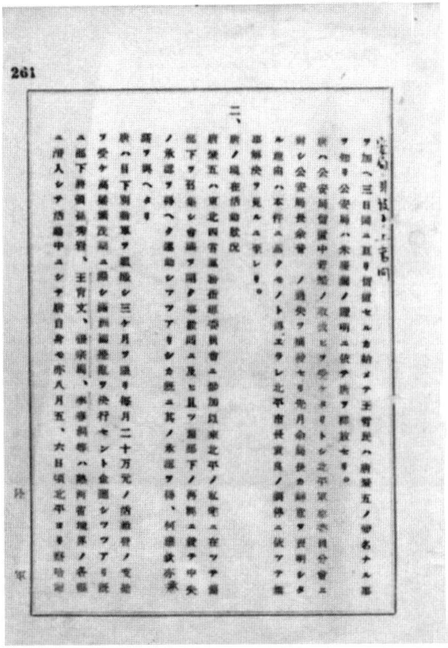

261

二、唐ノ現在活動狀況

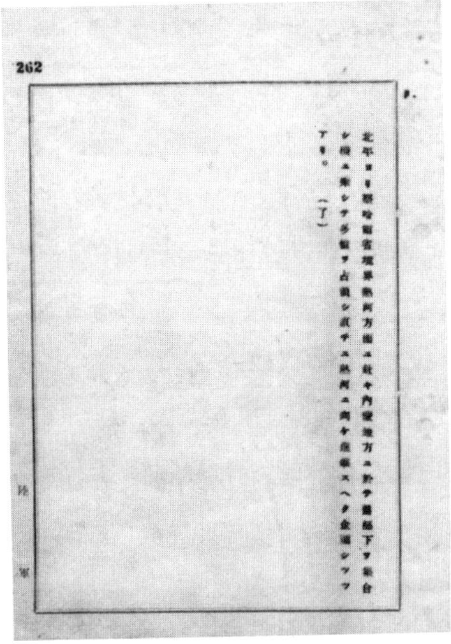

262

（了）

★日伪特务机关搜集的有关唐聚五的情报

山见与自卫军相持下去绝对捞不到便宜，4天之后，狼狈地溜回了山城镇。

为了阻止敌人再次进攻，唐聚五下令在坎川岭布置了防线。7月初，他亲临阵地，给自卫军官兵鼓劲，他说："以前我们节节后退，是为了消耗敌人，把敌人引进深山，最后消灭他们，别看小鬼子的武器好，可进了这深山老林，他的飞机大炮就不灵了，我们用长矛、大刀和土枪、土炮，照样能够消灭他们！"大家听了他的话，备受鼓舞。7月16日，800多名伪军进犯坎川岭，自卫军官兵奋起还击。由于敌人武器精良，弹药充足，自卫军阵地一度被敌人占领。关键时刻，几百名自卫军战士手持大刀长矛冲出阵地与敌人展开肉搏，一场激战过后，敌人扔下了数十具尸体后狼狈逃窜。就这样，敌人对唐聚五自卫军的"讨伐"，再一次宣告失败。

整顿军政

唐聚五在抗击日本侵略者的同时，也着手整顿军政，建立抗日根据地。他深知，要想站稳脚跟，与日本侵略者作长期的斗争，就必须得到人民的拥护，因此，他特别强调自卫军要实行誓师时提出的"救国爱民"的宗旨。当时，自卫军里除了农民战士外，还有一些人原来是土匪，这些人虽然参加了抗日，但土匪习气却一时难改，扰民的事情经常发生。唐聚五决心整饬军纪，对那些严重违犯军纪的人坚决制裁。1932年5月，唐聚五下令枪毙了6个抢夺老百姓财物的部下。不久，他又将严重违纪的自卫军团长于立仁等人斩首示众，并发布了《致地方各界公函》等文告，一再重申自卫军救国爱民的宗旨。为了杜绝扰民事件的发生，他不仅经常向战士们讲述救国爱民的道理，还组织了宪兵队，专门稽查部队纪律。在他的教育下，自卫军变成了一支纪律良好、受到百姓拥护的抗日军队。

与此同时，唐聚五还在自卫军控制的地区实行了许多保护百姓、促进经济发展的措施：废除了几十种苛捐杂税；建立起民众银行，向农民发放生产贷款；调拨粮食，救济受灾群众；建立学校，帮助农民的孩子入学。他还指

★朱庆澜、唐聚五到前线慰问义勇军

挥自卫军为通化人民修筑了堤台岭的道路，把这段经常发生翻车事故的险峻山路变成了平坦大道。道路修成后，通化人民怀着感激的心情把堤台岭改名为“唐公岭”，并在岭道的石壁上镌刻了这样的诗句：

险峰峻岭化坦途，军兴民众庆来苏。
堤台岭改唐公岭，大好山河入壮图。

在唐聚五的治理下，辽东抗日根据地出现了家家安居乐业、人人奋勇抗敌的感人局面。1932 年 8 月，辽宁民众救国会和自卫军各路首领在通化召开会议，经在北平的张学良同意，决定以辽宁民众救国会为基础，暂设辽宁省政府，唐聚五被大家公推为省政府主席。这样，辽宁省出现了一个与“满洲国”伪政权对立的抗日政府。

决胜千里

辽宁省政府成立后，鉴于自卫军日益发展的新局面，为了便于统筹指挥，唐聚五决定将原来的30余路军和10多个支队统编成5个（后扩展为7个）方面军，先后委任了李春润、孙秀岩、王凤阁、邓铁梅、张宗周、郭景珊、刘景文为各方面军总指挥。

为了夺取反日斗争的更大胜利，自卫军决定向日伪统治的沈海、安奉铁路沿线的敌人据点发起新攻势，以期最后夺取沈阳，同时决定在抚松一带的深山密林中建立后方基地，以备在失利时可退守该地与日伪作长期周旋。8月18日，第一方面军李春润部一举攻克南扎木车站，毙、俘日军守卫数十人，破坏了铁路及通信线路，随即攻克了营盘、英额门、南口等车站，并于19日和23日两次攻击了清原县城，沉重打击了日伪的嚣张气焰。8月22日，第三方面军王凤阁部切断了海龙东沙河铁路桥，26日夜对海龙发起了猛烈的攻击。在李春润部和王凤阁部的配合下，9月7日，第二方面军孙秀岩部集中优势兵力攻击了日伪重兵防守的老巢山城镇，消灭了大量敌人的有生力量。与此同时，自卫军第五路张宗周部、第一路唐玉振部、第七路郭景珊部联合围攻了伪军驻地牛毛坞，于9月11日凌晨攻下了敌人据点。9月15日，以大刀会为主的第十一路军梁锡福部，袭击了日伪重兵布防的抚顺，予敌重创……

短短一个月里，唐聚五组织自卫军各个方面军对日伪据点进行了猛烈进攻，击毙、打伤日军、伪军千余名，沉重打击了敌人的嚣张气焰，在中华民族反侵略斗争史上写下了可歌可泣的一页。此后不久，由于形势发展需要，唐聚五离开东北到中原地区继续领导抗日斗争。1932年11月，东北民众抗日救国会对义勇军重新编制了军团，任命唐聚五为第三军团总指挥。1933年初，日军西侵热河，唐聚五同郭景珊等指挥第三军团参加了热河抗战。

唐聚五率部抗击日本侵略者的事迹深深感染了许多文艺工作者，田汉曾以唐聚五及其所部参加长城抗战为背景创作了《风云儿女》的故事梗概，其主题曲《义勇军进行曲》的歌词创作也受唐聚五发表的“两电三书”影响颇深。

1939 年 5 月 18 日，唐聚五率部在冀东与日军展开激战，不幸头部、腰部受重伤，牺牲前他对部下说的最后一句话是：“要团结所有的抗日力量挺进东北……”

唐聚五牺牲后，他的英雄事迹传遍了全国，他与敌人血战到底的英雄气概永远激励着中国人民继续战斗。

场馆篇

东北抗日义勇军纪念馆

东北抗日义勇军纪念馆地处辽宁省本溪市桓仁满族自治县境内，位于世界文化遗产地五女山山城脚下的环山渠公园，系目前唯一经国家批准的全面展示义勇军抗战史实的纪念性场馆。

2015 年，为更好地纪念 14 年抗战历史，弘扬伟大抗战精神，鉴于当时国内尚无东北抗日义勇军专题展馆的现状，桓仁县委、县政府在省、市党委、政府的大力支持下，开始筹建东北抗日义勇军纪念馆。2016 年 12 月 3 日，中共中央办公厅、国务院办公厅联合下发文件，批准桓仁建设东北抗日义勇军纪念馆。纪念馆于 2017 年 7 月开工建设，2018 年 9 月建成开放。

纪念馆建筑面积 2990 平方米，展陈面积 2300 平方米，馆前广场 5000 平方米，停车场 2000 平方米。展馆内分为序厅、主题展厅、国歌厅、东北抗日义勇军将士名录厅及多功能厅。此外，设有综合服务区及宾客休息区，为参观者免费提供接待咨询、参观引导、大件物品存放等服务。

纪念馆馆内陈列以“民族烽火”为主题，展陈主体包括一楼序厅、主题展厅，二楼国歌厅、东北抗日义勇军将士名录厅，三楼多功能厅，采用图文展板、多媒体演绎、场景复原、大型雕塑等多种表现形式，集中讲述了 1931

★东北抗日义勇军纪念馆

★东北抗日义勇军纪念馆展厅一角

★东北抗日义勇军纪念馆主题雕塑

年九一八事变后，国民政府奉行不抵抗政策，中国共产党在民族危亡时刻发表抗日宣言，发出“坚决抗日，收复失地”的号召，不甘屈服的东北各阶层民众毁家纾难、英勇抗争，立体、全面、翔实、客观地展现了东北抗日义勇军组建兴起、发展壮大、对敌斗争，在党的声援、支持和领导下抗战到底的奋斗历程。

纪念馆不仅是史料搜集编撰中心、文物收藏展示中心，也是义勇军历史宣传中心、义勇军学术研究中心。自 2018 年 9 月开馆以来，面向社会各界免费开放，共接待东北三省及北京、上海等地参观者 12 万余人次，完成团队讲解 900 多场次，举办（承办）各类主题教育和重大活动近 50 次，是辽宁乃至东北地区弘扬革命文化和弘扬抗战精神的重要教育基地。

目前，纪念馆已获评辽宁省爱国主义教育示范基地、辽宁省中共党史教育基地、辽宁省国防教育示范基地、辽宁省党性教育现场教学点、辽宁省社会科学普及示范基地、团省委团员教育培训基地、团省委少先队校外活动实践基地、辽宁省消防救援队伍思想政治教育基地等荣誉。

地　　址：本溪市桓仁满族自治县桓仁镇北环路北山公园内

开放时间：周二至周日 9：00—16：00 开馆，15：50 停止入场（周一闭馆）

乘车路线：桓仁镇乘坐 1 路、2 路、3 路公交车到大市场头下车，沿兰家沟路步行 200 米即是

联系电话：024-48889088

黄显声将军故居

黄显声将军故居位于辽宁省鞍山市岫岩满族自治县城北部的石庙子镇蓝家沟村，俗称“黄家大院”。南距岫岩县城60公里，北距凤城重镇青城子不足10公里，西距丹海高速路偏岭出口28公里。故居始建于1880年，1896年黄显声出生在这里。2005年，为了纪念爱国将领黄显声的英雄事迹，经岫岩满族自治县县委、县政府决定，于石庙子镇丁字峪村（原蓝家村）黄显声出

★黄显声将军故居外观

★黄显声将军故居正门

★黄显声将军故居内景

生地原址修建了黄显声将军故居。故居占地面积约 595.8 平方米，保护范围面积 6000 平方米，是百年前关东典型的殷实地主庄园。

故居现建有正房三栋共 15 间，东西厢房各一栋共 14 间，门房三间，院中花坛内矗立着白云石筑成的黄显声将军雕像。故居房屋按原貌修旧如旧，正房房木大多数是原房木料。配套工程有门前 1.5 公里的柏油路、将军桥，院内有绿化甬道以及 4 个花坛，并恢复了将军泉原貌。在将军童年生活的旧屋中，现存黄显声一家当年用过的衣柜、炕桌、火盆、木桶等生活用具，以及将军少年读书时的桌椅、油灯等用具，院外为冬暖夏凉的将军井。

故居内“黄显声生平陈列馆”为永久性馆藏，陈列馆共 7 间房屋，展板面积50余平方米，内容共分5大板块，展陈珍贵历史照片资料及绘图90余幅，全面详尽地介绍了黄显声的生平事迹和不朽功绩。“岫岩人民抗日斗争陈列馆”占地7间厢房，展板面积50余平方米，内容共分3大板块，展出珍贵历史照片资料及绘图130余幅，全面详尽地介绍了岫岩义勇军前仆后继、波澜壮阔的武装抗日斗争情况。故居建成后，接待参观者超过10万人次，黄显声的后人也多次来此参观凭吊。

地　　址：鞍山市岫岩满族自治县石庙子镇丁字峪村堡子村民组14号
开放时间：周二至周日9：00—16：00开馆，15：30停止入场（周一闭馆）
乘车路线：无直达公共交通，需自行前往

李兆麟将军故居

李兆麟将军故居坐落于辽宁省辽阳市灯塔市铧子镇后屯村，距市区8公里。故居始建于民国年间，1996年，灯塔市人民政府与铧子乡人民政府共同投资，对李兆麟将军故居进行了修葺。2005年，灯塔市人民政府投资30万元在故居的东侧新建了李兆麟纪念馆。

李兆麟将军故居占地面积1057平方米，建筑面积172平方米，共有房屋9间，其中正房3间，东西各有厢房3间。建筑风格为民国时期北方普通民宅

★李兆麟

★李兆麟将军故居

★李兆麟将军故居纪念馆

★李兆麟将军故居正门

建筑，四周有苇草压顶的土围墙。正房后边有两个粮仓，李兆麟在家乡抗日时经常在粮仓内印刷抗日传单。居室内陈列着李兆麟在参加东北抗日联军时使用过的手枪枪套、穿过的牛皮“乌拉”鞋和马裤呢军裤，这些遗物和图片生动记述了李兆麟生前的事迹。故居宅院西南角有李兆麟组建抗日义勇军第二十四路军时骑过的白马的拴马棚。

李兆麟纪念馆占地面积1080平方米，建筑面积120平方米。展厅内陈列了李兆麟驰骋辽、吉、黑，横扫哈东南，抗日救国收复河山的史料，歌颂了李兆麟光辉的一生。馆内展陈主要是图片资料，包括启蒙教育、返乡抗日、转战白山黑水、浴血北疆、英灵永存等部分，有李兆麟生前照片、遗物、后人为纪念李兆麟所作的诗文字画等。院内立3块石碑：东边一块石碑高2.08米，正面刻有李兆麟生平，背面刻有修复李兆麟故居碑记；中间一块石碑高为1.67

米，正面刻有赞李兆麟的碑文《西江月》，背面刻有“李兆麟将军纪念馆惠存”；西边一块石碑高2.3米，正面刻有东北抗日联军第三路军成立纪念歌，背面刻有李兆麟和抗联其他同志创作的《露营之歌》等3首遗作。

李兆麟故居自开放以来，共接待省内外参观者5万多人次，已成为辽阳市进行爱国主义教育和国防教育的重要场所，先后被辽宁省、辽阳市列为爱国主义教育基地、青少年学雷锋活动基地、国防教育基地和中共党史教育基地。2005年6月，被辽宁省确定为红色旅游精品景区。2007年，被辽宁省人民政府公布为省级文物保护单位。

地　　址：辽阳市灯塔市铧子镇后屯村

开放时间：周一至周五 8：30—16：00

乘车路线：从灯塔站乘坐灯塔至铧子镇的公共汽车到荣官村供销社下车，沿道路旁指示牌北走1000米至后屯村即是

联系电话：0419-8584098

保家卫国
抗美援朝 保家衛國

综述篇

跨过鸭绿江

这里，曾因邻国发生战争遭到飞机轰炸、战火袭扰，人民生命财产受到严重威胁；这里，曾是中国人民志愿军前身——东北边防军的集结之地，20多万东北边防军曾在此整训待发；这里，见证了中国人民志愿军的诞生，志愿军司令员兼政治委员彭德怀从这里奔赴朝鲜战场；这里，唱响了《中国人民志愿军战歌》，几十万志愿军将士由此雄赳赳、气昂昂跨过鸭绿江，出国作战，保家卫国；这里，曾是抗美援朝的“国内最前沿，前线总后方”，这里的人民积极支援、无私奉献，为抗美援朝运动做出了重要贡献。这里，就是抗美援朝出征地——辽宁。

东北边防军在辽宁集结

1950年6月25日，朝鲜内战爆发。美国政府从其全球战略和冷战思维出发，做出武装干涉朝鲜内战的决定，并派遣第七舰队侵入台湾海峡。朝鲜战争最初阶段，在朝鲜人民军节节胜利的情况下，中共中央冷静地观察局势的发展，估计到这场战争不会轻易结束，决定在军事上采取措施，作未雨绸缪之计。根据毛泽东的指示，1950年7月7日、10日，中央军委副主席周恩来主持召开了两次保卫国防问题会议，会议讨论了成立东北边防军，保卫东北边防问题。根据会议精神，中央军委决定迅速调集20多万野战军组成东北边防军向鸭绿江边集结。

祖国号召，军令如山。1950年8月上旬，除高炮团未全部到位外，东北边防军进入指定位置完成集结。其中：第十三兵团团部位于安东；第三十八军军直位于铁岭，所属第一一二、一一三、一一四师分别位于铁岭、新开原、老开原；第三十九军军直位于辽阳，所属第一一五、一一六、一一七师分别位于辽阳、土佳屯、海城；第四十军军直位于安东，所属第一一八、一一九、一二〇师也全部位于安东；第四十二军军直位于通化，所属第一二四、一二五、一二六师分别位于通化、三源浦、柳河；特种兵司令部位于凤城，所辖野战炮兵第一、二、八师分别位于凤城、本溪、通化；高射炮兵团位于安东、拉古哨；一个工兵团位于安东；配属第十三兵团的骑兵第十三团位于安东；担任战勤任务的第一六九师位于大东沟（今东港）。除第四十二军外，其他部队均在今辽宁境内集结。

东北边防军集结后，召开了沈阳军事会议。会议明确了东北边防军未来作战任务：准备赴朝鲜作战，支援朝鲜人民抗击美国的侵略。在安东及辽宁地区，东北边防军进行各项战前准备，编制和装备调整工作与军事训练和思想政治教育同步进行。同时，精简机关人员和司令部直属分队，以充实作战部队；加强师以下部队的特种兵分队；部队连以上单位，配备朝鲜语联络员；加强侦察分队建设。在补充兵员上，以军内调整为主，东北军区作补充，并从各大军区抽调10万老兵作为补充兵员，并且还要补充武器、加紧武器装备维修、增加弹药补充和储备、补充装具缺额等。另外，通过召开官兵大会、小组和班排讨论、墙报和板报宣传、到敌机轰炸现场参观等方式，部队对“该不该打”“愿不愿打”“能不能打”等问题，进行自上而下的讨论和教育，保证了政治动员和教育富有针对性和说服力。同时，部队对美军陆、海、空联合作战可能带来的风险做了思想准备，对朝鲜人文历史、风俗习惯、文化差异等进行宣传普及，还深入进行政治动员和教育，为东北边防军战前准备工作的顺利进行奠定了坚实的思想基础。除此之外，后勤部门也进行了物资筹措、调运和储备等工作。

集结后，东北边防军开展集中军事训练，苦练杀敌本领，采取“多用老办法、多想新办法”的训练方式，以确保“宁可备而不用，不能用而不备”的训练原则。第一，通过分析敌我力量对比等客观条件，部队根据朝鲜多山地、河流的地形特点，将山地进攻作战作为重点。第二，部队要求既要熟练掌握传统战法，又要学习现代战争和诸兵种协同作战的知识。训练包括技术训练、战术训练和防空、反坦克教育四个部分。第三，针对部队老兵新兵参差不齐、对技术掌握程度相差悬殊的情况，部队在训练中采取因人施教的原则，并在战士中组成互助小组。第四，针对干部进行夜战和协同作战战术教育。

1950年10月8日，中国人民革命军事委员会主席毛泽东签署组建中国人民志愿军的命令，将东北边防军改为中国人民志愿军，辖第十三兵团及所属第三十八、第三十九、第四十、第四十二军和边防军炮兵司令部及所属炮兵第一、第二、第八师，立即准备出动。随后，东北边防军，这个仅仅存在了两个多月的建制，以“志愿军”的名义开赴朝鲜战场。

东北边防军作为中国人民志愿军的前身部队，在抗美援朝战争史上写下了不可磨灭的重要一笔。它的组建及各项准备工作的开展不仅巩固了东北边防，而且使我军在战略上处于主动，避免了临急应战，为边防军改为志愿军及时出国作战创造了重要条件。彭德怀元帅曾在总结抗美援朝战争经验中提到:“最重要的则是由于党中央和毛主席英明的决策、坚定的意志和正确的领导。当美帝国主义发动侵略战争时，我们即调了五个军置于鸭绿江北岸，待敌越过三八线向我国边境逼近时，出其不意地给敌以痛击，取得第一个战役的胜利。这不仅挽救了当时朝鲜人民军败退的局面，而且取得了战争的主动权。如果预先无此准备，想要凭空扭转当时极不利极严重的局面，那是不可设想的。”彭德怀对东北边防军的作用和意义给予充分肯定。

东北边防军在辽宁集结和整训，为辽宁成为抗美援朝出征地奠定了坚实的基础。

志愿军司令员从辽宁出征

1950 年 9 月中旬，大批美军在朝鲜半岛西海岸仁川登陆，截断朝鲜人民军南进部队的后路，战局急骤逆转。10 月 1 日，大批韩国军队越过三八线，美军也虎视眈眈向朝鲜北方大举进犯，并迅速向中朝边境推进。在遭受严重挫折的情况下，朝鲜政府和金日成首相在 10 月 1 日和 3 日写信和发电报两次请求中国政府出兵支援。斯大林也于 10 月 1 日致电毛泽东，建议中国派遣部队援助朝鲜。

10 月上旬，在毛泽东的主持下，中共中央书记处和政治局多次召开会议，讨论研究是否应朝鲜政府请求出兵援助的问题。当时，我国经济恢复刚刚开始，物资极度匮乏，财政状况甚为困难，新区土改还没有进行，人民政权也没有完全巩固，人民解放军武器装备相当落后，海、空军队尚处于初创阶段。而我国如要出战，所迎击的却是当时世界上经济实力最雄厚、军事力量最强大的美帝国主义。在军事装备方面，美国拥有包括原子弹在内的大量先进武器和现代化的后勤保障，而我军基本还处于“小米加步枪”的水平，敌我力量如此悬殊，压力巨大，决策异常艰难。

10 月 4 日，在毛泽东的要求下，彭德怀从西安回到北京。5 日，毛泽东

★ 1950 年 10 月 19 日，中国人民志愿军跨过鸭绿江开赴朝鲜前线

询问彭德怀中国出兵援朝问题，彭德怀说：“昨天晚上我反复考虑，赞成出兵援朝的决定。”下午，中共中央政治局扩大会议，继续讨论了朝鲜战局和中国出兵援朝问题，彭德怀发言说：“出兵援朝是必要的，打烂了，等于解放战争晚胜利几年。如美军摆在鸭绿江岸和台湾，它要发动侵略战争，随时都可以找到借口，如果让美国占领了朝鲜半岛，将来的问题更复杂，所以迟打不如早打。”经过充分讨论，大家统一了认识，会议最后作出“抗美援朝，保家卫国”的战略决策，并决定由彭德怀率志愿军入朝作战。10 月 8 日，中国人民革命军事委员会任命彭德怀为中国人民志愿军司令员兼政治委员，当日离开北京到达沈阳，准备奔赴抗美援朝战场。

彭德怀到达沈阳后，紧锣密鼓地开展临战准备工作。10 月 9 日，彭德怀召集志愿军军以上干部会议。11 日、12 日彭德怀到达安东志愿军入朝前指挥机关，听取了志愿军第十三兵团领导汇报情况，亲自勘察了鸭绿江口岸情况。13 日，彭德怀返回北京，与中共中央政治局同志对出兵朝鲜问题进行了复议。16 日，彭德怀返回安东，主持召开了志愿军师以上干部会议，对志愿军作战作进一步动员。17 日，彭德怀接到毛泽东的电报后立即从安东飞回北京。18 日，周恩来从苏联返回北京，中共中央政治局再次举行会议，周恩来汇报了与苏联方面谈判的情况，彭德怀汇报了志愿军出动准备情况。会议最后决定：中国人民志愿军于 1950 年 10 月 19 日向朝鲜境内出动的计划不变。

1950 年 10 月 19 日，彭德怀从北京返回安东，此时，朝鲜内务相、人民军次帅朴一禹过江与彭德怀会面，并告知朝鲜形势异常危急，邀请彭德怀入朝。为了会见金日成，尽早掌握全局，上任仅 12 天的志愿军司令员兼政治委员彭德怀安排好第十三兵团过江相关事宜后，先于大部队之前几个小时，踏上了出国作战的征程。时任彭德怀军事秘书杨凤安回忆："彭老总和我、两个警卫员坐一个吉普车，苏联嘎斯 –69，又带了一部电台，报务员和译电员 7 个人，由崔伦处长带着，坐一个大卡车在后面跟着，就这样，在部队先头就入了朝了。"他们一行人是乘车从安东鸭绿江边奔赴战火纷飞的朝鲜战场的。

入朝后，彭德怀冒着被敌机轰炸的危险，驱车两昼夜，辗转数百里，于 20 日在平安北道北镇附近的一个小村庄，会见了金日成，商讨了志愿军的作战方案和中朝两军配合作战的问题。

10 月 24 日，志愿军第十三兵团部与彭德怀司令员在朝鲜北部昌城郡的大榆洞会合。25 日，毛泽东以中共中央名义发布命令，决定第十三兵团司令部、政治部及其他机构，立即改组为中国人民志愿军司令部、政治部及其他机构，任命邓华为中国人民志愿军副司令员兼副政治委员，洪学智、韩先楚为副司令员，解方为参谋长，杜平为政治部主任，后勤部及其他机构的负责同志均照旧负责。同时决定，成立中国共产党志愿军委员会，彭德怀为书记，邓华为副书记。为协同中国人民志愿军和朝鲜人民军的作战行动，经中国共产党中央和朝鲜劳动党中央协商，朝鲜劳动党中央派遣朝鲜人民军次帅朴一禹常驻志愿军总部，兼任志愿军副司令员和副政治委员，并任志愿军党委副书记。

中国人民志愿军司令部正式组成。

彭德怀临危受命，肩负党和人民的重托，在出任中国人民志愿军司令员兼政治委员的7个多月的时间里，先后指挥志愿军发起5次战役。最终，志愿军同朝鲜军民一道，把以美国为首的“联合国军”赶回三八线附近，迫使其接受停战谈判。1953年7月28日，在朝鲜开城来凤庄志愿军谈判代表团驻地，彭德怀在停战协定及补充协议上签下了自己的名字，正式宣告抗美援朝战争结束。而彭德怀从安东鸭绿江出征前往朝鲜战场的事实，也是辽宁成为抗美援朝出征地的重要依据。

志愿军战士从辽宁出发

从1950年8月27日起，美军飞机不断侵入中国领空进行侦察并对中国境内目标进行轰炸和扫射，造成大量财产损失、人员伤亡。这是美国准备扩大侵略战争规模的一个信号，中国的安全受到越来越严重的威胁。9月中旬，大批美军在朝鲜半岛西海岸仁川登陆，截断朝鲜人民军南进部队的后路，战局急骤逆转。9月28日，美军占领汉城，30日，又全线进抵三八线。如果说，之前美军对中国的挑衅是打擦边球，那么三八线就是中国的底线。

10月3日凌晨，周恩来郑重指出：如果美国军队越过三八线，扩大战争，“我们不能坐视不顾，我们要管”；我们主张朝鲜事件和平解决，朝鲜战事应该即刻停止。10月7日，美军越过三八线轰炸平壤，第二天，中国人民革命军事委员会主席毛泽东发布命令，将东北边防军改为中国人民志愿军，任命彭德怀为中国人民志愿军司令员兼政治委员，待命出动。18日晚，毛泽东向中国人民志愿军下达了入朝作战的正式命令。

志愿军各部队普遍召开了出国作战誓师大会，广大指战员向祖国人民庄严宣誓：

我们是中国人民志愿军。为了反对美帝国主义的残暴侵略，援助朝鲜兄弟民族的解放斗争，保卫中国人民、朝鲜人民和全亚洲人民的利益，我们志愿开赴朝鲜战场，与朝鲜人民军并肩作战，为消灭共同的敌人，争取共同的胜利而奋斗！为了完成这一光荣、伟大的战斗任务，我们誓以英勇顽强的战斗意志，坚决服从命令，听从指挥，上级指到哪里，打到哪里。决不畏惧，决不动摇，发扬刻苦耐劳、坚忍精神，克服一切艰苦困难，发扬革命的英雄主义，在战斗中创建奇功。我们要尊重朝鲜人民领袖金日成将军的领导，学习朝鲜人民军英勇善战的战斗作风，尊重朝鲜人民的风俗习惯，爱护朝鲜的一山一水，一草一木，和朝鲜人民、朝鲜军队团结一致，将美帝国主义的侵略军队彻底消灭。

1950 年 10 月 19 日，中国人民志愿军肩负着祖国人民的重托，在夜幕的掩护下，按照预定计划，陆续跨过鸭绿江，秘密进入朝鲜战场，开始了中国人民伟大的抗美援朝战争。首批入朝参战的志愿军部队第四十军、第三十九军、炮兵司令部、炮兵第一师、炮兵第二师、第十三兵团部从安东口岸及长甸河口过江。26 日，第六十六军、第五十军一部先后从安东入朝。

此后，在抗美援朝战争期间，志愿军的大批部队从安东及长甸河口跨过鸭绿江。1951 年 2 月 5 日，中央军委决定 4 个野战高射炮兵师入朝参战，高炮第六十四、六十一、六十三、六十二师从集安、安东先后入朝。2 月 15 日，志愿军第十九兵团（辖第六十三、六十四、六十五军）从安东、长甸河口入朝参战。3 月 16 日，志愿军第三兵团（辖第十二、十五、十六军）由长甸河口、安东入朝参战。6 月 19 日，志愿军第二十兵团（辖第六十七、六十八军）由安东、长甸河口入朝参战。9 月 7 日，志愿军第二十三兵团（辖第三十六、三十七军）由安东、长甸河口入朝，担任修建机场任务。

据统计，在抗美援朝战争中，赴朝参战的志愿军步兵部队有 27 个军零 1 个师，其中 20 个军零 1 个师（志愿军第三十九、四十、五十、六十六、六十三、六十四、六十五、六十、十二、十五、四十七、六十七、六十八、三十六、三十七、二十三、四十六、十六、五十四、二十一军，第三十三师）从安东地区过江。此外，入朝作战的志愿军炮兵、工兵、装甲兵、铁道兵、公安部队等多兵种部队，大部分从安东入朝。

★从 1950 年 8 月 27 日起，美国入朝空军就不断侵入我国领空，疯狂轰炸我城镇和乡村。图为安东市被轰炸后的情景

志愿军部队入朝后，作为志愿军总后方基地最前哨的安东市进入了临战状态，全市人民全力以赴积极支援志愿军备战。1951 年 3 月 15 日，志愿军空军司令部、政治部在安东成立。11 月，志愿军驻安东办事处正式成立。同时，志愿军后勤汽车修理厂、志愿军后勤总医院、志愿军商店等均设在安东。几乎每天都有志愿军部队、民工、后勤人员从这里出发开赴朝鲜前线，各种作战物资从这里源源不断运往朝鲜前线，大批伤员从这里转到全国各地。

同时，中共安东市委根据毛主席关于“只要我们有，朝鲜前线要什么就给什么”的指示，做出了“要人给人，要物给物，要血给血，要什么就给什么，要多少就给多少”的承诺。全市各条战线为了实现这一诺言，在坚持工作的同时，积极支前、参军、参战、拥军优属，践行着“一切为了前线的胜利”

★保家卫国，毅然出征

而奋斗的光荣使命。

70多年过去了，鸭绿江江水依旧奔流不息，当年“雄赳赳、气昂昂，跨过鸭绿江”的歌曲还在耳边回荡。辽宁作为抗美援朝出征地，承载了太多的记忆，这里的每一处山丘、每一处江水都铭记着中华民族英雄儿女从这里出征奔赴抗美援朝战场，用生命保家卫国的动人故事。从这里发出的每一声呐喊都铿锵有力充满希望，激励着每一名辽宁人誓死守卫祖国“大门”，用生命守护祖国盛世、人民安康。

事件篇

抗美援朝战争伟力之深厚根源
——辽宁人民积极参军参战和开展支前运动

“战争的伟力之最深厚的根源，存在于民众之中。”抗美援朝战争期间，地处东北国防前哨的辽宁，肩负着维护国家安全和领土完整的神圣使命，全力支援抗美援朝。在各级党组织的领导下，辽宁大批青年踊跃参军，走上前线，为保家卫国奉献自己的青春、鲜血和生命。在后方的辽宁儿女也不甘落后，大量民工和技术人员积极支前，老人、妇女和儿童也铆足了劲儿，尽其所能组成强大的战勤保障队伍，有钱出钱，有力出力。为了祖国，为了人民，为了和平，辽宁人民积极参军参战，广泛开展支前运动，为抗美援朝、保家卫国做出贡献……

青年踊跃参军，抒写奋勇当先史诗

1950 年 10 月 24 日，中共中央东北局颁布《动员新兵方案》，决定在东北全区动员新兵十万人。地方党政机关负责征兵动员的一切工作，省市县均成立了扩军委员会。富有革命传统的辽宁人民积极响应党和政府的号召，投入到抗美援朝、保家卫国的斗争中来。从东部山区到辽西走廊，从渤海之滨到鸭绿江畔，在今辽宁（当时包括辽东、辽西两省和沈阳、旅大、鞍山、抚顺、本溪五个直辖市等）的广大区域里，到处都可以看到广大青年争先恐后报名参军的生动场面。

在辽宁地区，曾开展了两次扩兵工作，1950年至1951年扩充新兵7.4万名。在扩兵工作中，各市、县（区）均逐级召开干部会、人代会、荣复军人军属代表会等，层层贯彻政策，布置任务，交代方法，统一思想认识。到1950年11月，辽西省2.3万名青年报名参军；到1951年初，辽东省2.1万名青年参加志愿军。1950年12月，沈阳市3800多名青年参军。旅大市首批赴朝参战人员700余名。抚顺市在1951年志愿参军赴朝的有1185人。本溪市在控诉美帝罪行大会上，有的工人和职员当场要求参军赴朝。在辽东省安东市区，有1000多名青年参加了志愿军。岫岩县在1950年冬季扩兵中，组织了2600名宣传员，仅十几天时间，全县就有7800多名青年报名参军，经检查合格被批准的有2043人。1950年11月，辽西省锦州市各界群众发起了“抗美援朝志愿报名运动”，十几天内志愿报名参军的人数即达1000余名，以机关干部、青年学生和工人最多。

在征兵过程中，辽宁人民充分发挥抗日战争时期“父母送子妻送郎，兄弟争相入伍，打击日本侵略者”的革命传统和解放战争时期“保家保田上前线”的斗争精神，纷纷报名参加志愿军。宽甸县遭遇美机轰炸后，青年李大永再也抑制不住内心的怒火，告别了新婚妻子，踏上了保家卫国的征途。安东县孤山镇张家村模范军属陈书山先后把两个儿子送到部队。桓仁县宋大妈的10个儿子在旧社会被折磨而死，如今听到美国侵略者打到鸭绿江边，要来破坏和平生活时，宋大妈毅然把身边最后一个儿子宋茂英送去参加志愿军。辽西军区征召新兵时，各界青年踊跃报名，有些报名者咬破自己的手指，在志愿参军的请求书上签名，以表示坚定决心。在辽西省锦县，涌现出“刘家三兄弟”同时参军的感人事迹。大哥刘有林是村武装队长，二哥刘玉林是村武装基干队员，三弟刘宝林是村儿童团长。抗美援朝战争爆发后，哥儿仨都报名参军，区党委考虑到刘家还有年迈老母无人照顾，只批准大哥、二哥去，三弟年纪小，只有16岁，又是学生，不符合征兵条件，不让他去。但刘宝林执意要求参军，

★在神州大地，成千上万的青年学生志愿赴朝参战

★安东市职工响应祖国号召，报名参加抗美援朝

新兵走后，他暗中尾随。部队领导深受感动，破例批准他入伍，编入第十九兵团第六十三军第一八九师第五六七团当战士，而后赴朝作战。

到 1951 年初，仅辽东省就有 2.1 万余名青年参加志愿军，有 921 人直接开赴前线参加战斗。父母送子参军的有 624 起，妻子送丈夫参军的有 562 起，兄弟争相入伍的有 342 起。在沈阳、旅大等城市，报社接到了许许多多要求参加志愿军的信件。虽然他们的工作岗位不同，但都有一个共同的愿望：抗美援朝，保家卫国。不论工人、农民、学生、机关职员，或者年轻的医务工作者、技术人员、工商业者等，都踊跃要求参加这一伟大斗争，以实际行动打击美国侵略者、援助朝鲜人民，保卫和平。

辽宁入朝参战的志愿军战士不仅数量多，而且战功卓著。在志愿军陆军中，杀敌最多的特等功臣梁庆友是辽东省桓仁县人。在 1953 年 6 月中国人民志愿军一次防御作战中，他带领全班打退了敌人 8 次进攻，歼敌 300 余人，他一个人就歼敌 120 余人。

经核查，已知的志愿军辽宁籍烈士达 13374 人，辽宁是全国各省（区）牺牲英烈较多的省份之一。当时，辽宁各县在朝鲜战场上壮烈牺牲的志愿军指战员，有的县牺牲了几十人，有的县牺牲了上百人。宽甸一个县牺牲的志愿军烈士就达 451 人。辽东省安东县小甸子乡一起参加志愿军的有 20 多人，1953 年从朝鲜回国时只剩下 3 个人……

在抗美援朝战争中，数以万计的辽宁地区优秀儿女长眠在朝鲜的土地上，他们身上展现出的为了国家和民族、为了党和人民随时准备牺牲一切的革命精神永远扎根于每一个辽宁人民的心中。

民工积极参战，绘就战勤服务画卷

在抗美援朝战争中，辽宁不仅派出大批优秀的儿女参加志愿军，还选派了大量战勤民工随军参战，为抗美援朝后勤保障工作做出了重要贡献。

1950 年 11 月，为了适应战勤工作的需要，辽东、辽西两省及五个直辖市各级政府均增设了战勤机构，负责战勤工作。从省、市到县、区，一直到最基层的乡村组织，组成了一个抗美援朝支前的战勤网络，全方位、多角度为抗美援朝战争提供战勤服务。

在抗美援朝战争中，辽宁人民发扬解放战争时期支援前线的优良传统，借鉴当年组织民工担架队的经验，动员和组织了普通担架队、基干担架队等，赴朝执行战勤任务。1950 年抗美援朝战争初期，辽宁共组织了一般担架 8010 副、担架队员 50070 名。1951 年 1 月，根据现代化战争的特点和要求，辽宁又组织了 5 个半军事化精干灵活的志愿担架团，共 2160 副担架、10900 人。每副担架由 6 人改为 4 人的轻便担架，长期随军作战。这样，既节省人力物力，也适合前方的实际需要。据统计，在抗美援朝时期，辽宁地区先后动员了 246.2 万人次参加抗美援朝的各种战勤工作，占当时总人口的 11.7%。

向前方运送军用物资是赴朝支前民工的主要任务之一。主副食、弹药、

★抗美援朝期间，辽宁地区先后动员 246.2 万人次参加各种战勤工作。图为辽宁支前民工队

★辽宁人民组织了大批担架队，前往朝鲜前线。图为辽东省辑安县担架队出发赴前线的情形

油料、药材等军用物资进入朝鲜境内后，主要由辽宁等地赴朝支前民工靠人力运输，其数量和难度之大，在中外战争史上极为罕见。向后方运送志愿军伤病员是赴朝支前民工的另一项主要任务。由于战区医疗条件差，治疗力量不足，不能随军行动的伤员一律回国内治疗。当时，由于抗美援朝战场的特殊情况，向前方运送物资与向后方运回伤员，大多采取分段运输、倒运等方式。有的是支前民工直接运送物资到前线，或直接将伤病员送到后方医院，但多数是将伤员送到火车、汽车集结地，或将火车、汽车上的物资卸载下来，再倒运到下一段装车，或分送到指定地点和前线。在第五次战役期间，辽西省民工二中队随志愿军第六十师部队转战在白雪山、高山里等地区，负责运送弹药和抢运伤员。他们在极为艰苦、极其危险的条件下，不仅抢运伤员 61 次，计 549 人，还冒着硝烟炮火抢运武器弹药 11 次，总重量约为 3.3 万公斤。1950 年 11 月前后，本溪市本溪县组织民工支前支队在朝鲜朔州、义州、定州等地，后又越过清川江和西浦等地执行任务。在一年时间里，他们共转运伤员 1450 人，装卸和运输了大量军用物资，为一次次战斗的胜利做出了重要贡献。

当时，朝鲜多地已被炸成一片废墟，志愿军所需物资大多要从国内一直运送到朝鲜前线。而随着战争的不断发展，后勤运输线不断拉长，为了保证各类物资能够及时顺利地运往前线，辽宁人民广泛发动战勤民工修复、建设了一些机场、桥梁和道路，保证了交通运输线的畅通。据不完全统计，抗美援朝战争期间，辽宁人民共抢修中朝交通要道1453公里、桥梁297座。1950年12月和1951年1月，为加强对抗美援朝战争的支援，辽东、辽西省分别成立了修建委员会，并建立了若干机场修建队，动员大量民工和建筑工程队参加了修建军用飞机场的战勤任务。安东浪头机场、沈阳机场和鞍山机场等是志愿军飞机起降的重要机场，工程量很大。各级党委政府和战勤民工共同努力，保质保量地提前完成了任务。据统计，从1950年8月开始，在抗美援朝战争时期共抢建了57个飞机场，其中，多数机场设在辽宁地区。

1952年，战争局势和缓，各项战勤任务逐渐减少，大批战勤民工返回国内。抗美援朝战争时期，在各级党政机关的坚强领导下，辽宁广大干部群众圆满地完成了各项战勤任务，为中国人民志愿军提供了重要的后勤保障。

巾帼不让须眉，奏响后勤保障赞歌

自古以来，中华民族就有巾帼不让须眉的优秀品格和价值引领。在抗美援朝战争中，辽宁各地女性积极响应国家号召，广泛参加抗美援朝运动，在硝烟弥漫的战场阵地上，在紧张繁忙的支前队伍里，留下了飒爽英姿，展现着巾帼风范……

辽宁地区，是志愿军卫生勤务基地，安东，是伤病员回国后的第一站。抢救、医治伤病员，急需大量的护理人员，一些女团员、女党员和进步女青年纷纷主动请缨，投入到救护伤病员的工作中来。当时，在安东设立了很多临时医院，由于医院设施比较简陋，护理人员吃住都在医院，由护士带着护理员三班倒。有时，一个护理员需要照顾100多名伤病员，从穿衣服、洗衣服、打饭、喂饭到端屎、端尿等都是护理员的工作。但是，无论原来从事的是什么工作，自从当上志愿军伤病员护理员后，没有一个女同志嫌弃这些工作，都尽心尽力地帮助伤病员恢复健康。著名的安东市拥军模范缴大娘就是其中的一位。缴大娘组织成立了妇女“拥军护理队”，到医院护理伤病员，她们认真负责，护理工作干得很出色。缴大娘还在自家门前挂起了“二街拥军优属委员会”的牌子，积极组织街道群众订立拥军优属爱国公约，组织群众防空疏散，到火车站给志愿军送开水、写慰问信、送慰问品。每次志愿军部队到安东，她总是跑前跑后，到招待所、旅馆和各家各户帮部队找房子、借炊具、安置食宿、洗米煮饭，她宁可不吃饭、不睡觉，也要把部队安置妥当。一天深夜，大家都睡熟了，缴大娘得知又新来了部队，立即挨家挨户敲门动员群众腾房子，这支部队很快便安置下来。她还把志愿军战士安排在自己家住，把热炕腾出来给战士睡，自己和家人挤在一间屋子里，在地上搭铺睡。她在生活上省吃俭用，却竭尽所能照料志愿军战士的生活，遇到战士缝补衣服没有布和线，便自己掏钱去买，还把剩下的布做成袜子套分给战士们。志愿军战士都亲切地叫缴大娘“缴妈妈”，并把一面写有“你的模范行为，永远鼓舞着我们胜利前进”的锦旗赠给“缴妈妈”。

志愿军战士在前线奋勇杀敌的英雄事迹感动了很多辽宁女青年，同时，她们把青春和爱也奉献给了“最可爱的人”。志愿军第四十军第一二〇师摄影记者辽宁人陶天治，首批随军入朝后，在朝鲜战场上拍摄了很多优秀的摄影作品，为鼓舞全国人民献身抗美援朝运动发挥了积极作用。1953年5月28日，陶天治在拍摄过程中失去了左腿。当时，只有20岁的陶天治承受着肉体上的巨大痛苦和精神上的巨大压力。他的未婚妻——安东市空军护理队护理员骆建平得知陶天治重伤的消息后，凭着一颗淳朴善良的心，不离不弃、始终如一地守护着与陶天治的爱情，两人共同建立了一个幸福的模范家庭。骆建平包揽了家中一切生活琐事，悉心照料丈夫生活，并有了3个懂事的孩子。

在辽宁，像骆建平这样的女性还有很多，她们对英雄倾心向往，对爱情忠贞不渝，对家庭尽职尽责，是新时代的女性楷模、巾帼榜样。她们的柔和之美似冬日暖阳，如暗夜星光，给志愿军战士带来无限温暖和希望。这种巾

★巾帼不让须眉，安东报话局话务班在敌机轰炸时坚守岗位，圆满完成任务。图为三位代表接受锦旗

帼风范足以让人动容，这股巾帼力量足以让人震撼。

在轰轰烈烈的抗美援朝运动中，辽宁人民一面进行国民经济恢复工作，一面支援前线作战，极大地提高了人民群众的政治觉悟，增强了民族自尊心和自信心，为抗美援朝战争的胜利做出了巨大的贡献。

功不可没的辽宁“三线”

——辽宁人民为抗美援朝后勤保障做出重要贡献

“三线”，一般指20世纪60年代中期至70年代末我国经济相对发达且处于国防前线的沿海沿边地区向内地收缩划分的三道线，一、二线地区曾支援三线地区开展了一场以战备为指导思想的大规模国防、科技、工业和交通基本设施建设。其实，早在此前，在抗美援朝运动中，辽宁地区亦有声名显赫的“三线”，即打不烂炸不断的运输线、促生产保生活的电力线和运伤员救病患的生命线。辽宁的“三线”在抗美援朝战争中作用非凡，为抗美援朝后勤保障工作做出了极其重要的贡献。

打不烂、炸不断的运输线

“千条万条，运输第一条。”在波澜壮阔的抗美援朝战争中，在党中央、中央军委及辽宁各级党组织的领导下，辽宁地区的交通运输、公路铁路、工程保障等部门同以美国为首的“联合国军”进行了英勇顽强的斗争，战胜了美国空军实施的所谓“集中轰炸”、“重点轰炸”和“绞杀战”等疯狂封锁和洪水带来的灾害，形成了随炸随修、此炸彼通的“打不烂、炸不断的钢铁运输线”，创造了运输、防护、抢修“三位一体”联合作战的宝贵经验，卓有成效地保障了抗美援朝战争的顺利进行，在中国交通史上写下了辉煌的篇章。

抗美援朝战争期间，位于安东的鸭绿江大桥是中国和朝鲜铁路及公路的联结点，是中朝“交通大动脉”的咽喉，更是抗美援朝后勤保障的战略

★铁路员工志愿援朝大队加紧抢修桥梁、铁道，保证铁路运输的畅通

要道。不仅几十万志愿军将士从这里出征，奔赴朝鲜出国作战，大量战略物资和后勤给养也从这里运往朝鲜前线，为志愿军指战员提供重要保障。正因为如此，鸭绿江大桥成为敌人实施空袭的重点目标。为了保证志愿军战士和物资顺利到达战场，安东铁路分局的职工们奋力保护、积极抢修鸭绿江大桥，与以美国为首的“联合国军”展开了一场场惊心动魄的“生死时速”。

1950年6月25日，朝鲜战争爆发后，为增强我国边境的防御能力，党中央决定开始向安东等地调集部队和军用物资。随着物资运输任务的不断增多，安东铁路分局的铁路运输工作日趋紧张，工作的重点由以前的为人民、为企业服务转为“军运第一”。8月，安东铁路分局成立了一支200余人的抢修工程队，下设四个中队：一中队负责抢修山洞、桥梁，二中队负责抢修沿线线路，三中队负责抢修沿线建筑，四中队负责材料物资运输。为了便于随时调动，安东铁路分局配备了一辆“抢修列车”，方便职工统一工作，统一休息。

各中队主要活动于沈安线路南段，负责将铁路线桥用的枕木、钢轨、工字梁等材料运送至沿线的线桥地带，以备战时急用。10月19日，战火烧到鸭绿江边，中国人民志愿军跨过鸭绿江，出国作战。安东铁路分局也整装待发，担负起保护江桥安全的神圣使命。

安东通往朝鲜新义州的鸭绿江大桥有两座：一座建成于1911年，是铁路、公路两用铁桥（通称“老桥”）；另一座建成于1943年，是铁路复线桥（通称“新桥”）。为了切断中国人民志愿军军用物资和部队入朝的交通线路，1950年11月8日，美军百余架飞机侵入朝鲜新义州和鸭绿江大桥的上空，投下无数颗炸弹和燃烧弹。由于敌机连续多次轰炸，老桥被拦腰炸断，8孔桥梁落入水中；新桥南端起火，部分桥面和铁轨被炸坏，行车中断。安东铁路工务段闻讯后，立即组织力量抢修，段长戴景阳、党支部书记宫希昌带领职工率先赶到现场灭火，并电令抢修工程队和专用列车火速赶到安东。经过19个小时的连续奋战，第二天凌晨就恢复了通车。11月9日，数十架敌机连续轰炸大桥，行车再次中断。安东铁路分局又从灌水、本溪两个工务段抽调了60多名线桥工人充实抢修队，轮番进行抢修作业，终于在13日夜恢复了通车。

1951年4月7日上午9时，美军突然动用B29型轰炸机及24架喷气式战斗机，对鸭绿江大桥和安东市投弹50余枚，鸭绿江大桥又一次遭到破坏，9号桥墩移位，两孔钢梁严重受损，运输再次中断。戴景阳带领工程技术人员冲上大桥灭火、勘察，提出抢修方案。分局局长周克、铁路分局机关干部、工人家属和驻军官兵千余人及上百条船只投入抢修。凤城、本溪、灌水地区370余人连夜赶往安东参与施工。共产党员马占斌自告奋勇抢修被炸的孤悬钢梁，他带着绳索顺着钢梁爬过20多米，把绳索系在钢梁的两端，作为人行扶手，再搭上跳板，方便维修人员通过，算是闯过了抢修的第一关。4月8日下午，抢修用的毛石、枕木陆续运到。参加抢修的1500多名工作人员立即行动起来，抢着往江心搬运石块，站在寒冷刺骨的江水里往小船上运石头，没有一个人叫苦。4月9日晚，敌机又来轰炸，在防空炮火反击下，敌机未炸到主要目标，但燃烧弹把旧桥桥面烧着了，火势向两侧蔓延。电务科长梁立坤带领14名工人划着小船来到江心，再沿梯子爬上桥墩，爬过50多米的钢梁，扑灭了烈火。经过4个昼夜的艰苦奋战，工作人员提前两天半完成了抢修任务，大桥恢复了通车。积压在安东的10余列援朝军用物资抢运了过去，保证了大前方的物资供给。

为了确保军运列车能够长期安全地从鸭绿江大桥上通过，按照上级指示，1951年6月，安东铁路分局开始着手全面修复江桥，8月9日完成第一期工程。翌年8月，江桥的整个修复工程全部竣工，并正式交付使用。至此，安东铁路分局抢修江桥的工作，取得了根本性的胜利。

促生产、保生活的电力线

朝鲜战争爆发之前，安东市的用电是由66千伏的“新六线”（朝鲜新义州—安东市六道沟）供给的。该线路是中朝两国共用的电力资源，也是安东地区唯一的供电电源。在当时的情况下，如果电力线遭到破坏，就会严重影响前线通信、运输及军民生活，可以说牵一发而动全身。抗美援朝战争开始后，电力供应成为打赢战争的重要保障。战争期间，辽宁电力人在炮火硝烟中抢架线路，用行动践行“流血流汗不流泪，掉皮掉肉不掉队”的职业誓言。

1950年11月8日，美军派来100多架“野马式”战斗机对江桥猛烈扫射。紧接着，70多架B29轰炸机以重磅炸弹和燃烧弹对新义州和鸭绿江大桥轮番轰炸一个多小时，66千伏的电力供给线被炸毁。安东市停电、停水、停工、停业，陷入瘫痪。军队需要电，工商业需要电，居民也需要电。安东电业局领导心急如焚，立即组织了53名技术娴熟的工人展开了紧张的抢修工作。工人们坚定信心，纷纷表示：“只要有电源，就保证能送电。”

从当天下午4时开始，不管白天黑夜，工人们背着上百斤重的工具与器材，沿着钢轨爬上桥，开始了紧张的抢修工作。当时，桥上的杆子高约8米，杆顶距江面约40米，人在杆上作业会随风摇晃，惊险异常。而且，由于天气寒冷，工人们手脚冻得麻木，嘴巴冻得说话都打哆嗦，一不小心就有掉入江里的危险。但是，工人们不惧危难，奋力抢修，终于在夜里12时完成了电力修复。在抢修2号塔时，敌机反复轰炸，全线刚刚修好送电，又被敌机炸坏了。工人们气红了眼，信念坚定地说："你能炸，我们就能修。就是江桥没了，光剩下桥座子，我们也能保证修好送电。"就这样，抢修工人们在第一线连续奋战16个小时，终于在第二天早上5时前修复了2000多米的输电线路，完成送电任务。

此后，"新六线"一直是修了炸，炸了再修。为了确保及时送电，又不累垮工人，中共辽东省委决定，从朝鲜的新义州跨越鸭绿江，经虎山、叆河、九连城直到安东，架设一条新的66千伏输电线——"义东线"，以保障安东市非常时期的用电。由于时间紧、任务重，安东电业局局长向市领导立下了军令状："保证七天架设成功。"为了按时完成任务，安东市委从市区、郊区和附近各县抽调了200辆大车、40辆汽车和500名民工予以支援。11月14日，沈阳、抚顺、鞍山、营口等兄弟局的20多名工人到达安东支援。工人们进行了任务分工：安东电业局为第一队，负责架设虎山至九连城一段，共56个杆子；来支援的兄弟局工人为第二队，负责架设九连城至东坎子一段，共70个杆子。从15日起，工人们撸起袖子、甩开膀子，热火朝天地忙碌起来。为了加快进度，许多工人天不亮就起来干，天不黑不收工。敌机不断来侦察、扫射，但他们为了早日完工，不顾危险，照常坚持工作。第二队往山上运杆子时，马车上不去，工人们就用肩扛。17日下午，骤降大雨，工人们的棉袄都被淋透了，但大家仍在杆子上坚持工作……

在省委、市委及东北电业管理局的领导下，在工人、干部、技术人员、民工和朝鲜同志的大力支援与配合下，大家仅用7天半的时间就成功抢建了工期一个月的"义东线"。11月22日11时53分，"义东线"正式送电。"义东线"的胜利竣工，有力地保证了安东地区军需与地方的长期安全送电，为支援抗美援朝战争做出了重要贡献。

运伤员、救病患的生命线

有战争就会有伤亡，战争不可避免的就是人员伤亡问题。在与死神争分夺秒的过程中，多一所医院，多一位医护人员，多一副担架，可能就会多一丝生存下来的希望，点亮黑暗中的光芒。抗美援朝战争是新中国成立后我国首次出国作战，后勤保障工作困难重重，伤病员的转运和及时救治工作更是面临着严峻的挑战。辽宁，作为支援抗美援朝前线最近的后方基地，在志愿军医疗救治方面做出了突出贡献。

★运送伤病员

朝鲜战争爆发后，东北人民政府卫生部负责收治伤病员的准备工作。在人力物力极度缺乏的情况下，东北卫生部医政处成立了战勤小组，后扩大为战勤室、战勤科，负责筹划战勤医院工作。当时，位于安东的中国人民解放军东北军区第六陆军医院成为安东地区唯一一所担负伤病员分类转运任务的志愿军总医院，在救治前线伤病员工作中发挥了重要作用。

为了适应战时救治保障的需要，医院组织全院人员进行动员教育，提出"一切为了前线，一切为了伤病员"的口号，极大地激发了全院人员参战、保战的热情与斗志。随着战争的不断进行，对医院的需求不断加大，医院的建制也逐步扩大，最终扩展为三个所。院部和一所、三所驻安东，二所迁至凤城官家站，进行战地救护训练。1950 年 10 月，二所迁至宽甸、永甸、河口待命，一所也撤离市区奔赴灌水一线，在长达 80 公里的边境线上摆开了战场。同时，

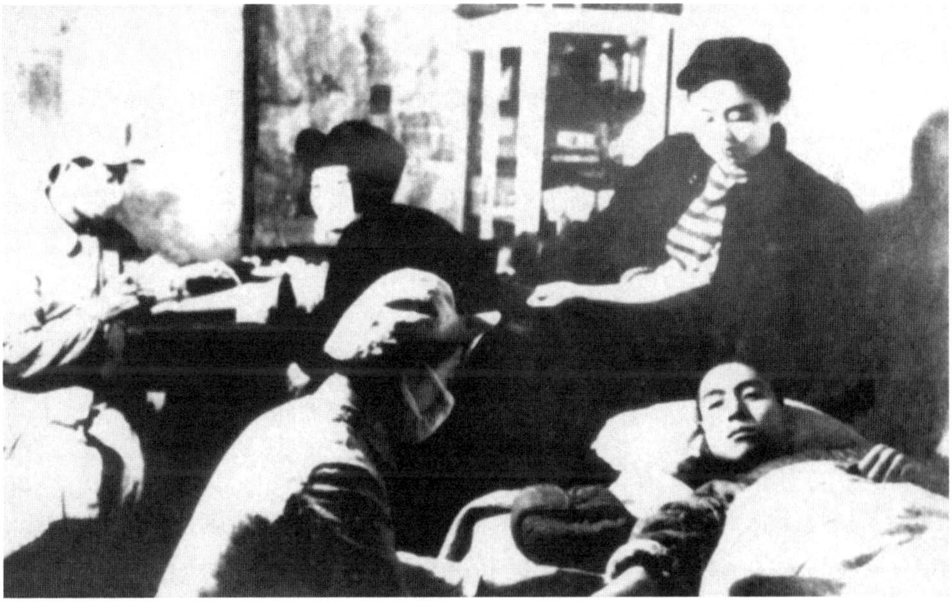

★人民群众在为志愿军伤病员献血

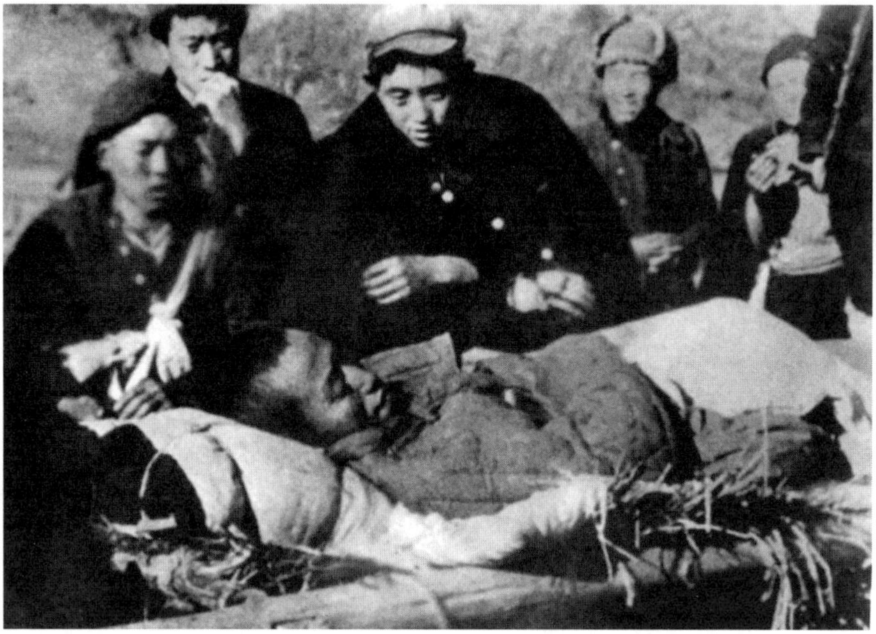

★担架队员爱护伤员如同自己亲人一样

在宽甸、长甸各设一个接收站，在灌水设转运站，中途设两个接待站，开始接收从朝鲜战场转运来的志愿军伤员。

在救治过程中，医院针对伤员的救护需要，采取伤病种分类、卫生消毒处理、分类转运、重症伤员留治等一整套科学的工作方法，做到了无条件的收容，有条件的分类后送，有秩序地合理分配入院的分科、分类、卫生处理、后转、留治的任务，保证了大批伤员得到及时处置和治疗。同时，分期分批派出医疗队，深入朝鲜战场救治伤员，医务人员冒着枪林弹雨，在战场上与时间赛跑，与死神博弈，救死扶伤，为生命承重。

由于志愿军伤病员较多，救治过程需要大量血浆，沈阳、旅大、鞍山、抚顺、本溪、安东、锦州等市和辽东、辽西两省各县很多学校和医院组成了抗美援朝输血队。1950年11月初，辽西省立朝鲜人民中学全体师生，自动组织输血队给伤员输血，这是辽宁地区最早成立的输血队。辽西省黑山中学和铁岭二中等校，几乎全体同学都参加了输血。沈阳市有数千人报名参加了输血队，其中，沈阳市第三中学有 800 多名学生自愿参加输血队，沈阳师范学校学生 170 人报名参加了输血队。另据不完全统计，抗美援朝战争爆发后，仅在十几天之内，辽西省自愿报名输血者就达万人。安东市有 1900 人参加了输血团，共输血 58 万毫升。1951 年 2 月，为抢救前线负伤的指战员，本溪市青年在团市委领导下，纷纷组织了献血队，普遍检验了血型，登记造册，领取血型证书，准备随时听从召唤，为志愿军伤员献血。

辽宁是志愿军卫生勤务基地，抗美援朝志愿军战士生命保护线的前沿哨所。当时，部队和地方医院、志愿军伤病员收容所、荣军疗养院遍布辽宁各地。许多志愿军伤病员在辽宁得到救治、妥善养伤，伤病痊愈后或重返前线，或复员转业。辽宁地区倾尽全力打造的伤病员“生命之舟”，成为志愿军伤病员休养疗伤、积累力量、开启新生活的中转站。

打不烂炸不断的运输线、促生产保生活的电力线和运伤员救病患的生命线是抗美援朝时期辽宁闻名全国的“三线”。正是凭借着这功不可没的“三线”，辽宁在抗美援朝战争中发挥了“国内最前沿，前线总后方”的重要作用，为抗美援朝后勤保障工作做出了不可磨灭的巨大贡献。

为奉献者奉献
——辽宁人民深入开展抗美援朝三项运动

1951年6月1日，党中央发出《关于开展爱国公约等项运动的指示》，指出：“在全国更普遍地开展爱国公约运动，开展增产捐献武器运动和优待烈属军属及残废军人的运动。”中共中央东北局也提出：更多增加生产，推行爱国公约，展开捐献活动，做好优抚工作，大力支援中国人民志愿军，争取抗美援朝早日胜利。辽宁人民积极响应号召，为前线的奉献者们奉献出自己的青春、热血和力量，大力开展爱国公约运动、增产捐献武器运动和优待烈属军属及残废军人运动，极大地促进了抗美援朝运动的深入发展。

爱国公约

志愿军赴朝参战后，全国人民的爱国热情不断高涨，纷纷表示要以实际行动参加抗美援朝运动。为把这股爱国热情引导到发展生产、巩固国防的正确轨道上，1950年11月22日，中国人民保卫世界和平反对美国侵略委员会发出《关于当前任务的通告》，指出：“抗美援朝、保家卫国运动是一个比较长期性的爱国运动。中国人民在开展这一运动当中，除了进行时事政治教育、有关国防教育和必要的志愿行动以外，应该把群众的爱国热情正确地引导到实际工作中去，使抗美援朝、保家卫国的运动和坚持自己岗位的任务相结合。”

辽宁积极响应国家号召，各地普遍订立爱国公约，以实际行动支援志愿军前线作战。辽宁是全国闻名的重工业基地和军事工业基地，又处于抗美援朝的前沿，辽宁工人阶级结合工作实际，积极支援抗美援朝，率先开展了爱

★开展抗美援朝爱国主义生产竞赛宣传画

★阜新市职工签订爱国公约

国生产竞赛运动。例如：沈阳机器五厂马恒昌小组向工友们发起挑战，得到辽宁乃至全国各地的积极响应；沈阳东北第三机器厂赵国有车工部向全东北职工发起挑战，开展爱国主义革命友谊的生产劳动竞赛。由此，一场轰轰烈烈的爱国主义生产劳动竞赛和增产节约运动首先在辽宁开展起来，并很快普及到全国各地。

爱国公约有一个单位或一个部门集体订立的，也有个人订立的。据1951年12月统计，沈阳市人民群众85%以上订立了与当前中心工作相结合的爱国公约。旅大市人民广泛而普遍地订立了爱国公约。鞍山市人民和职工共有16.2万多人订立了18275份爱国公约。抚顺市有17万多人订立了爱国公约，占全市人口60%以上。1951年7月底，本溪市73%的人口订立了爱国公约，以厂矿职工订约最为广泛。其中各厂矿都提高了出勤率和劳动强度，先进经验不断涌现，推动了生产和工作；商人集体缴纳营业税，出现了仅2小时全部入库的创举；农民普遍提出每亩地多产15斤粮，并保证缴好公粮。

在辽宁推行爱国公约运动中，不仅参加的人数较多，而且范围也不断扩大，由个人、单位或部门拓展到一个行业，乃至全市共同订约。沈阳市工商界召开抗美援朝代表会议，重新修订了全市工商界爱国公约。锦州市召开各界抗美援朝代表会议，会议一致通过锦州人民爱国公约。

爱国公约运动极大地调动了辽宁广大干部群众的积极性和创造性，推动了生产提高，促进了学习进步。在机关、在街道、在农村、在学校、在厂矿、在家庭，爱国公约成为人们完成各项任务的政治动员和组织力量，在生产、学习和工作中都起到了极大的作用，成为辽宁广大人民群众具体的爱国行动纲领。订立爱国公约也有力地推动了辽宁各方面的生产建设工作，群众觉悟空前提高，努力参加生产建设的同时带动了捐款捐物和拥军优属工作，极大地支援了抗美援朝战争。

增产捐献

在朝鲜战场上，中国人民志愿军以“钢少气多”力克敌人的“钢多气少”，志愿军将士的意志力、战斗力等都以绝对优势压倒敌人，但在武器和装备上，志愿军与全副武装的“联合国军”相距甚远，而在飞机、大炮、坦克等武器方面更无法与之抗衡。

1951 年 6 月 1 日中国人民保卫世界和平反对美国侵略委员会发出《关于推行爱国公约、捐献飞机大炮和优待烈属军属的号召》。《号召》发出后，

★农民在捐献飞机大炮活动中积极捐款

立即得到辽宁人民的热烈响应，随即在辽宁开展了捐献飞机、大炮、高射炮、反坦克炮等武器的运动。

为了进一步推动抗美援朝运动，辽宁地区把捐献武器运动与增加生产、增加收入运动相结合，与爱国公约运动、爱国主义教育相结合。很快，捐献武器运动迅速普及到各地区各阶层人民之中，很多工人、农民、干部、学生和医务界、工商界、文艺界的人士在捐献中发扬了高度的爱国主义热情，出现了许多感人的事迹和场面。沈阳市职工（包括机关团体）以增产节约、献金、献工等方式捐献了230多亿元，超过了增订计划。沈阳市总工会召开全市职工代表会议，决定购买“沈阳工人”号战斗机6架。为了实现这一目标，各家企业加班加点，奋力拼搏，干部职工慷慨解囊，争做奉献。农民们以多铲多耥、多打粮食和搞副业等订立捐献计划。宽甸县110名妇女把3个月内喂猪收入的800万元东北币、采山货收入的780万元东北币全部捐献。文化教育界（包括学生）以组织义务劳动和义演等方式捐款。沈阳市第三中学义演收入的1225万元全部捐献，旅大市海员工人们为捐献武器支援中朝人民部队，每个人都参加了义务劳动和各项业余生产，捐献了1架战斗机。有的同志戒了烟、戒了酒，把省吃俭用节约下来的钱全部捐献。学生们把早点、糖果费和其他零用钱节省下来，旅大市学校、幼儿园的孩子们省下他们的零用钱，给志愿军叔叔买武器……辽宁各地人民不分城市与乡村，有人出人，有力出力，有钱出钱，以各种形式捐献武器的动人情景每天都在上演。

1951年12月27日，中国人民抗美援朝总会发出通知，决定到本年12月底结束武器捐献运动，辽东、辽西两省和沈阳、旅大、鞍山、抚顺、本溪五市均大幅度超额完成了捐献计划，仅捐献战斗机数量就达236架。沈阳市捐献战斗机数量位居五市之首，超过原计划50%，是五市中超过原计划额度最高的。辽西省康平县一个当时只有二十几万人口的小县，原计划捐献1架战斗机，结果完成了2架还多。

辽宁人民为志愿军捐献飞机大炮慷慨解囊，既表达了对“最可爱的人”的崇敬与爱戴，也显示了辽宁人民的爱国热忱和无私的奉献精神。前方志愿军将士们手里多了“钢”，心里更增加了“气”，在战场上所向披靡，冲锋陷阵，一往无前。

拥军优属

为了解除志愿军指战员的后顾之忧，有力支持抗美援朝战争，全国各地连续掀起拥军优属热潮。特别是与前线一江之隔的辽宁人民，怀着对志愿军战士的无限敬意，千方百计为志愿军家属排忧解难，呈现了一幅幅催人泪下的生动画面，谱写了一曲曲惊天动地的感人乐章。

辽宁素有拥军优属的光荣传统。抗美援朝战争爆发后，为了有组织、有计划地做好拥军优属工作，东北人民政府和辽东、辽西两省及五个直辖市，包括各县区人民政府分别成立了优抚工作委员会和荣誉军人工作委员会。1951年6月1日，中国人民保卫世界和平反对美国侵略委员会发出“推行爱国公约、捐献飞机大炮和优待烈属军属”的号召，号召全国人民切实而经常地做好优

★安东市中央区四道桥子拥军模范回大娘到居民委员会送交为志愿军做的棉被

待烈属、军属，优待残疾军人的工作。

在城市中，为了安排好荣复转退军人和烈属的工作与生活，解决他们生活困难问题，辽宁地区在城市中贯彻了以“组织生产、介绍职业为主，物质辅助为辅”的优抚工作方针。凡是生活困难的烈军属都得到了政府和人民的热情照顾。辽宁各地通过召开座谈会、代表会及逐户走访等形式，深入了解烈军属的实际问题，采取具体措施帮助烈军属克服困难，发展生产。沈阳市在政府贷款和各人民团体支持下，组织了 16 个生产合作社性质的烈军属生产单位，包括漂白加工厂、文教用品加工厂、印刷厂及消费合作社等，解决了 2483 名烈军属的就业问题。抚顺市 95% 以上有劳动力的烈军属，经政府介绍参加工矿业生产。此外，对缺乏和无劳动力的烈军属还进行了救济和补助工作。

在农村中，由于许多壮劳力或参军参战，或抽调出战勤，烈军属因缺乏劳动力而出现土地无人耕作问题。为了解决这些困难，辽宁农村普遍贯彻实施了土地包耕助耕制度，使无劳动力和缺乏劳动力的烈军属（包括参战民工、担架队员家属）得到了土地包耕、助耕和物资救济等优遇。在大家的共同努力下，烈军属家庭均能达到一般农民家庭土地的产量或超过常年平均产量，基本保证了烈军属生活不低于一般群众的生活水平。而且，广大农民提出了“先军属，后自己”“不照顾好军属就对不起前方的志愿军”等口号，普遍将代耕作为爱国公约的主要内容，认真履行。据统计，在辽西省，烈军属土地的 60% 左右是由互助组代耕的，大都做到了铲耥及时，深耕细作，多施粪肥，稳产高产。在沈阳市郊，受土地包耕、助耕的烈军属共有 3794 户，土地面积 38272.2 亩。全体受包耕、助耕的烈军属的土地，在产量上均能保证达到一般农民土地的产量，保障了烈军属的基本生活。

不论是城市还是乡村，辽宁各地拥军优属活动从未间断过，辽宁人民不仅在物质上给予烈军属照顾和帮助，还在精神及心理上给予其疏导和安慰。每年新年、春节和八一建军节，辽东、辽西两省和五市及各县均组织各界人民慰问团，向光荣的烈军属慰问，到部队走访征求意见。1952 年春节期间，辽宁各地普遍开展了做好拥军优属“一件事”运动，帮助烈军属挑水、打柴、扫院子、写信、写对联、看孩子等。在沈阳、旅大等城市，一些行业对烈军属实行优惠服务，如：浴池业和电汽车业以半价优待；药品、纸张、百货以九折或九五折优惠；各影剧院在春节期间免费招待；各医院对烈军属患者的药费按半价收取或免费。沈阳市从 1951 年至 1952 年，共为烈军属免费医疗 46985 人次，减免费 3.15 亿元旧币；各个学校在同等条件下优先录取烈属、军属子弟；烈军属的直系子女入小学免收学费，入中学和高等学校享受助学金及公费待遇。在辽宁广大人民的共同努力下，烈军属的生活条件得到了明显的改善，使他们真切地感受到辽宁这个大家庭的温暖。

在抗美援朝运动中，辽宁地区广泛开展订立爱国公约运动、捐献武器和拥军优属运动，三项活动相辅相成、相互促进，在辽宁大后方绘制出一张巩固的战勤保障网。这三项运动的开展也极大缓解了前线物资短缺的困难，提升了志愿军的战斗力。

人物篇

九颗红星光耀天，“空战之王”美名传
——记中国人民志愿军空军第三师第七团大队长赵宝桐

他，是新中国第一批飞行员，在朝鲜战场上击落敌机7架、击伤2架，创造了志愿军飞行员击落敌机的最高纪录，他驾驶的米格–15战斗机机身上喷着的9颗红星，显示其骄人战绩；他，英勇顽强，战功卓著，被授予“一级战斗英雄”荣誉称号，荣立特等功两次，荣获朝鲜民主主义人民共和国二级自由独立勋章、三级国旗勋章各1枚，军功章3枚；他，是新中国空军历史上的“空战之王”，曾应邀到平壤受到金日成的接见，毛泽东1953年在一次讲话中提到了他，称他是“会驾飞机”的“志愿军英雄”。他，就是空中雄鹰的化身、辽宁籍战斗英雄、中国人民志愿军空军第三师第七团大队长赵宝桐。

首战告捷

赵宝桐，1928年生于辽宁抚顺，1945年参加中国人民解放军，1948年7月加入中国共产党。解放战争时期，他当过警卫员、武工队员、班长，参加过东北解放战争中四保临江及本溪、马场等战斗和辽沈战役，还参加了南下解放武汉三镇等地的战役和战斗。新中国成立后，赵宝桐因个人能

★赵宝桐

力出众被保送到中国人民解放军空军第四飞行学院学习，成为新中国第一批飞行员。

1950年，朝鲜战争爆发。应朝鲜劳动党和政府的请求，中国人民志愿军雄赳赳、气昂昂，跨过鸭绿江，开始了伟大的抗美援朝战争。战争之初，中国人民志愿军只有地面部队，美军倚仗投入1200余架（后来达2400架）战机的空中优势，肆无忌惮到派出轰炸机都不用战斗机护航。“联合国军”总司令麦克阿瑟更是狂妄地宣称：“目前中国还没有空军。”面对“联合国军”空军的狂轰滥炸，志愿军的作战行动受到严重限制。不久，由部分航空兵部队组成的中国人民志愿军空军组建，赵宝桐跟随部队光荣地加入到志愿军空军的行列中，为抗美援朝、保家卫国做出贡献。

1951年10月20日，已是副大队长的赵宝桐和志愿军空军第三师的战友们驾驶50架米格-15战斗机抵达安东前线机场，担负掩护泰川一带新建机场和平壤至安东一线交通运输的任务。空三师首先根据敌我双方的情况，制订了实战锻炼计划，请此前参战的空四师和朝鲜人民军的同志介绍美机的活动规律和特点，学习空中作战经验。随后，以大队和团编队的形式熟悉战区，训练战法。

11月4日上午10时左右，我空军地面雷达报告："敌机6批共128架，进犯我清川江、定州、博川等地区。"地面指挥所命令空军第三师第七团升空迎敌，赵宝桐和战友们立即驾驶22架战鹰跃入天空，地面指挥员及时通报情况："价川上空约5500米高度，F-84、F-80飞机20余架。"第七团马上编队向敌机方向飞去。

此时的天空，天朗气清，能见度良好，初次参战的赵宝桐既紧张又兴奋，从座舱向下俯瞰，曾经的一簇簇村落、一家家房顶上升起袅袅炊烟的场景在美军的空袭下早已不见，只剩下满眼的寂寥荒凉。飞至朔州上空后，在师指挥所的引导下，机群变成战斗队形，搜索前进。当飞至价川、顺川上空时，赵宝桐耳机里传来大队长的声音："注意，前面有敌机！"赵宝桐仔细一看，只见约6公里外有24架F-84轰炸机分上下两层正在向南飞行，高度大约4000米。按照大队长的命令，赵宝桐投下副油箱，加大速度爬升，向敌机飞去，很快便飞至我军战机有效射程之内。大队长一声令下："二中队掩护，一中队攻击！"便率先驾机冲向敌机，赵宝桐和僚机紧随长机组跟了上去。敌机猝不及防，被赵宝桐和战友们打了个措手不及，一下子四散逃离，但很快便又围拢过来，几架敌机将赵宝桐围在中间，机头对准了他的飞机。赵宝桐毫不迟疑，猛地一拉操纵杆，飞机像离弦的箭一般，向斜上方冲去，机身旁闪过道道弹光……躲过敌机射击，赵宝桐立即灵活地掉转机头，准备再战。等他回过头来，发现僚机和其他战友都不见了踪影。赵宝桐知道空中单机作战是十分危险的，不符合大机群战术原则，便在无线电里大声呼喊："我看不见你们了。""看不见也要保持空域继续战斗！"大队长提醒他。此时，4架敌机正在左转弯，而赵宝桐驾机已然飞快地完成了转身，恰好敌机群中露出一个空当，赵宝桐立即驾机冲了过去，咬住一架敌机紧追不放。敌机左转，他也左转，敌机右闪，他也右转紧跟，双方在几千米的高空展开了追逐战。很快，

★中国人民志愿军空军战机

赵宝桐把敌机套入了自己瞄准具的光环，但又有4架敌机尾随赵宝桐包抄而来，机头即将对准他的飞机。关键时刻，机警的赵宝桐果敢坚决，率先发射，三炮齐发后，随即猛然一个跃升，敌机的机枪几乎同时射击，紧擦着赵宝桐机尾飞了过去。赵宝桐立即加快飞行速度，躲避敌机射击。突然，赵宝桐的飞机失速进入螺旋，像一片落叶，旋转着快速坠向地面。赵宝桐临危不乱，保持镇静，终于在300米高度改出螺旋，飞机又向高空冲去，而被他打下的那架敌机已经扎进了江湾的泥滩里。

赵宝桐稳了稳心神，再次驾机爬升到战斗空域。此时，敌机在志愿军空军的打击下，掉头向西南方向飞去。“想逃，没那么容易！”赵宝桐盯住一架敌机跟了上去，500米、400米、300米，敌机的尾部几乎充满了整个光环，“咚！咚！咚！”一串炮弹正打中敌机机翼，只见敌机机身一歪，向下栽去。再向下细看时，敌机已经摔到小山坡上，爆炸了。

首次空战，赵宝桐以击落敌 F-84 飞机两架的出色战绩，首开空三师实战歼敌纪录。

有惊无险

1951 年 11 月 23 日，根据师指挥所安排，志愿军空军第三师第七团再次起飞迎敌，赵宝桐与战友们驾驶 20 架米格 -15 战斗机组成楔形队形飞向战区。当机群编队搜索至永柔以北肃川地区上空时，发现敌机。大队长令赵宝桐等人迅速率队爬升，刚升到 7000 米高空，突然发现清川江口附近有敌战斗轰炸机正准备攻击我地面目标，赵宝桐立即要求主动攻击，副团长同意了赵宝桐的作战请求，令第三大队立即攻击。接到命令后，第三大队立刻俯冲下去，接近敌机时，赵宝桐迅速放下减速板，降低飞机速度，开始单机攻击。“咚！咚！咚！”三炮齐发，炮弹正打在敌机的屁股上，敌机冒着黑烟摔了下去。旁边一架敌机见势不妙，准备溜走，赵宝桐洞悉了敌机的意图，旋即一个侧转机身，同时按动炮钮，炮弹应声飞出，一下子就在敌机机翼上打出了个大窟窿。受伤的敌机急忙转了个弯，落荒而逃。赵宝桐正要追击，发现自己机尾已有两架敌机盯上了他，连忙收了减速板，加大油门向前冲去，很快甩开了尾随追击的敌机。下午 1 时 30 分左右，第七团按照空中指挥员的命令，退出战斗，胜利返航。此战，赵宝桐取得了击落、击伤美军 F-84 战斗轰炸机各一架的战果。

1951 年 12 月 2 日，赵宝桐升任中国人民志愿军空军第三师第七团大队长。就在他升职的当天，一场紧张而激烈的战斗再次打响，志愿军空军第一次参加了敌我双方多达 300 架飞机的大空战，赵宝桐遇上了真正的对手——F-86 战机。

这天下午 2 时 30 分左右，敌方 8 批 120 余架飞机向泰川、博川、顺川等地飞来，准备对我交通线予以重点轰炸。志愿军空三师首次全师出动，配合朝鲜人民军空军 4 个飞行团升空迎敌。接到命令后，赵宝桐马上集合队伍，迅速跳进座舱，启动引擎。没过几分钟，一架架战鹰腾空而起，向敌机方向

★赵宝桐

飞去。此时，满天都是轻飘飘的薄雾，越往前飞能见度越低。当赵宝桐率部飞至顺川、清川江口上空时，与美军 20 架 F-86 战斗机相遇。

F-86 战斗机，绰号“Sabre”，译文“佩刀”，是第二次世界大战后美国研制的一种单座单发后掠翼亚音速喷气式战斗机，是美国第一代喷气式战斗机的代表，也是当时美国最先进的战斗机。

面对强敌，赵宝桐毫不畏惧，马上发布指令：“立即编队，准备战斗。”随即身先士卒驾机冲向敌机群。他咬住一架 F-86 飞机的尾巴，瞄准，狠狠地开炮。这架美军王牌飞机当即中弹，掉进大海。赵宝桐没有来得及看它，攻击完成后立即上升脱离。刚一改平，下面又出现两架敌机。由于赵宝桐占有高度优势，一推机头，几秒钟就追上了敌机。敌人见他紧追不放，马上放了增速器，赵宝桐仍紧追不舍。只见他稍稍带点机头，用光环套住敌人僚机，炮钮一按，射出的炮弹如几条火舌攻向敌机，但见敌机冒着浓烟，摇摇晃晃地飞了几下，接着一个翻滚，一头栽了下去……正当赵宝桐准备掉转机头返航时，突遭右后上方4架敌机的攻击。当他正要推机头向左侧脱离时，左后方又有2架敌机对着他射击，赵宝桐的机翼和升降舵先后中弹，飞机失去了操纵，螺旋下坠。由于平时训练有素，赵宝桐临危不乱，沉着应对，他双腿自然回收，动作标准地跳出座舱，从容地打开降落伞，轻飘飘地，在空中自然下坠，最后落到一个积雪的小山坡上。

落地后不久，志愿军陆军的同志找到了赵宝桐，确认他的身份后把他带回营部。到了营部以后，赵宝桐受到了全体同志最热烈的欢迎，同志们把从祖国运来的所有好东西给他吃。“来了飞行员”的消息不久传遍了当地村落。晚上，朝鲜老乡们以自己最热情的民族歌舞来欢迎赵宝桐。不久，赵宝桐回到飞行基地，休息几天又继续战斗了。

战功卓著

1951年12月11日，赵宝桐再次升空作战。此役，又击落、击伤敌F-80飞机各1架。这样，他在1951年底前的50多天时间里，取得了击伤、击落敌机8架的战果，其中，F-84机4架，F-86机2架，F-80机2架，创造了新中国空军史上的奇迹，被称作“空战之王”。

1952年7月，赵宝桐作为空战英雄，参加了志愿军归国代表团，到北京出席了全国第二届英模代表大会，受到了毛主席的接见，周恩来总理还设宴招待了代表团成员。毛主席在得知了赵宝桐的战斗纪录后，风趣地说：“打飞机我不如赵宝桐。”

1952年11月21日，回到部队的赵宝桐又一次参加了战斗，又一次与大机群的F-86“佩刀”战斗机交手。战斗中，赵宝桐驾驶的米格-15战机刚刚进入战区，就发现敌机数量较多，自己的左右都有了敌机。凭经验，他决定先冲散敌机的队形再行攻击。于是，赵宝桐迅速将飞机拉高，旁边的僚机也会意地跟着拉起。这时，赵宝桐左边的4架敌机已被我机咬住，纠缠在一起，而原来在他右边的4架敌机却从下面蹿到了他的左侧，并很快和他拉成了水平。

★中国人民志愿军击落的美机残骸

赵宝桐马上意识到，敌人这是想利用水平转弯来咬他的“尾巴”。他脑筋一转，将计就计，向左转弯，敌机也跟着左转，就在这时，他猛地向上一拉，一下子闪到了敌机的左后方，占据了高度优势，并立即用光环套住敌长机，向敌开炮。狡猾的敌长机一低头跑掉了，接踵而来的敌僚机却未能逃掉，转瞬之间就被赵宝桐打成了一个火球，拖着滚滚浓烟直栽下去。战斗结束，赵宝桐以共击落、击伤敌机 9 架的战绩再次刷新纪录。

抗美援朝战争胜利后，赵宝桐成了中朝人民心目中的空战英雄。一时间，大大小小的报刊上印满了赵宝桐身着空军制服倚靠战鹰仰望蓝天的英姿勃勃的图片。赵宝桐在抗美援朝战争中驾驶的米格 -15 战机被存放在中国航空博物馆里，飞机编号为 25，机身上印有 9 颗红五星，代表着他击落、击伤 9 架敌机的优异战绩，其中，7 颗实心红五星表示击毁 7 架敌机，2 颗空心红五星表示击伤2架敌机。

1953年，赵宝桐被送入苏联红旗空军学院学习，两年后回国，先后担任了空军第三师第七团团长、空军第六航空学校训练团团长、第三航空学校副校长等职务，为新中国培养了很多优秀的航空人才。1978年，赵宝桐任北京军区空军副参谋长。1983年，由于身体原因，55岁的赵宝桐光荣离休。2003年12月12日，赵宝桐因病在北京逝世，享年75岁。

赵宝桐虽然离去了，但他的光辉事迹和革命精神永远激励无数华夏儿女不断奋勇前进……

孤胆英雄震敌胆，人民战士勇当先

——记中国人民志愿军辽宁籍战斗英雄唐凤喜

“为什么战旗美如画，英雄的鲜血染红了她；为什么大地春常在，英雄的生命开鲜花。”提到抗美援朝，人们首先想到的，便是这首脍炙人口的《英雄赞歌》，还有电影主人公——战斗英雄王成以一敌百的感人事迹。电影毕竟有艺术加工，但在抗美援朝战场上却真有这样一位王成般的人物，并且还有一首与他的事迹一起在朝鲜男女老幼中传唱不衰的经典歌曲：“初春的鲜花开遍了大地，晴空里飘扬着一面红旗，同志们热情地歌唱，歌唱我们的英雄唐凤喜。”

愤怒的子弹

唐凤喜，1928年出生于辽宁省庄河县土城子村。青少年时，他就特别要强。1947年6月，不满20周岁的唐凤喜参加了中国人民解放军。在党的领导下，他随部队一起解放了东北，解放了全国。1951年6月，唐凤喜随中国人民志愿军抗美援朝出国作战，任中国人民志愿军第六十七军第二〇一师第六〇二团战士、班长，后又担任排长、连长、营长、副团长等职。

初到朝鲜时，因水土不服，唐凤喜患上了严重的赤痢病，发烧39摄氏度多，在指导员的“严令”下，他只好住进了医院。经过几天的治疗，他的高烧逐渐减退，但痢疾还没有痊愈。虽然住院时间不长，可唐凤喜觉得像躺了好几个月，他渴望早日重返前线和战友们一起战斗。在医生的精心治疗下，唐凤喜的病由重转轻。为了早日恢复健康，他每天都坚持爬山锻炼身体。

★唐凤喜

一天，唐凤喜顺着公路朝山下走去，突然听到有人喊他，唐凤喜回头一看，在公路边不远处，有一间朝鲜老乡的茅屋，两个孩子跑过来热情地向他打招呼。其中一个小女孩年龄稍大点，一张瓜子脸，水灵灵的大眼睛；另一个小男孩一张小苹果脸，很是聪明伶俐。正当唐凤喜和两个孩子说话时，从屋里出来了一位老大娘，唐凤喜亲切地对老人喊了声“阿妈妮”，并用不太流利的朝鲜语询问了老人的情况。原来，两个小孩是老人的孙子、孙女，女孩不满 9 岁，名叫英淑，男孩刚满 7 岁，名叫英浩。孩子的爸爸在战场上牺牲了，妈妈在稻田里插秧时被美军飞机炸死了。为了抵御外敌入侵、保卫家园，坚强的老妈妈除了依靠辛勤的劳动领着两个孩子艰难度日外，还拖着衰老的身体积极参加支前工作。了解了老妈妈一家的悲惨遭遇和不屈不挠的抗争精神后，唐凤喜深受感动。在医院治疗期间，唐凤喜常常惦记着这位朝鲜老妈妈和那两个可怜的孩子，经常到老妈妈家里帮她打水、扫地、砍柴，做些家务。

一天下午，唐凤喜打完了针准备去帮老人干活，刚走出山口，便听到敌机轰鸣着由远及近飞来，他预感危险来临，拔腿就向老妈妈家的方向跑去。还没到老妈妈家，敌机已经在小村子上空接连投下炸弹，小村庄瞬间变成了一片火海。唐凤喜加快脚步飞奔而去，及至近前，发现老妈妈的房子已经坍塌，老人被砖瓦土块淹没，两个孩子血肉模糊，躺在弹坑旁边……唐凤喜扒出老妈妈的遗体，跟两个孩子放在一起，强忍悲痛，无以言语。慈祥可亲的老妈妈，天真活泼的两个孩子，熟悉温暖的小茅屋，一切都没有了。唐凤喜拳头紧握，眼泪终于奔涌而出："老妈妈，我一定给你们报仇！"他将老人和孩子掩埋，悲伤地回到医院。第二天一早，唐凤喜便坚决要求出院，带着满腔的怒火回到了前线。

1951 年 10 月初，以美国为首的"联合国军"不甘于西线惨败，又在中线——金城地区发起了更大规模的"秋季攻势"，中朝人民军队紧急开往金城前线。在通往前线的公路上，满载军用品的大卡车和背送粮食的运输员来往穿梭，朝鲜老乡们有的顶着木盆帮助运物资，有的挥舞铁镐帮助修公路……此时，一支志愿军队伍穿过人流疾速地向前开进，队伍中有一个矮墩墩的战士，肩上扛着一挺机枪，周身散发着热气，大步流星往前走，是那样兴奋和激动，他就是唐凤喜。

"累了吧，唐凤喜？"刚走到唐凤喜身边的连长说着夺过了他身上的机枪。"不累！"唐凤喜说着，从怀里拿出一块巴掌大的枫树皮，双手递给连长。连长接过一看，树皮上用鲜血歪歪扭扭地写着"学习杨根思，杀敌立功"几个字。连长凝视着这块用鲜血染红的枫树皮，仿佛看到了唐凤喜那颗火热的心。

"报告连长，我连已经到达指定地点！"通信员急促的声音传来，部队紧急拉大距离，准备进入阵地。"轰！轰！轰！"敌人的飞机大炮猛袭着我军的前沿阵地，炸弹炮弹如雨点般倾泻下来，有几个战士中弹倒下。眼前这一幕并没有让唐凤喜害怕，他痛恨侵略者，怒火中烧，用钢枪瞄准敌人，射出愤怒的子弹……

“王成”的壮举

1951年10月下旬，唐凤喜所在排接到了守卫金城附近某高地68号阵地的任务。美军用两个营的兵力集中火力向68号阵地发起冲锋。排长精心部署，分兵把守各个制高点，率领全排战士与来犯之敌进行了激烈的阻击战。战斗连续进行了三天三夜，敌人在飞机大炮的配合下向68号阵地发起了20多次攻击，但始终也没能攻下我军阵地。

第三天傍晚，战斗打得正酣，由于敌人的狂轰滥炸，唐凤喜所在的阻击班与排长失去了联系，班长安排机枪组长唐凤喜去另一个阵地跟排长联络。唐凤喜穿越层层封锁，冒着枪林弹雨，终于来到排长所在阵地，报告了自己所在班的情况后，又带着排长的指示回到了自己的阵地。当他到达自己的阵地时，发现阵地上竟然一个同志都没有。原来，唐凤喜走后，班里接到了连里换防的命令，当其他同志都从阵地上撤下来后，才发现缺了唐凤喜。连长想到这位在战前为了参加阻击班而写了13次决心书的同志现在与部队失去了联系，心里十分着急，其他同志也为唐凤喜担心。

就在这时，68号阵地上突然响起一阵激烈的枪声和手雷声。同志们听了，都感到诧异：“怎么搞的，副连长他们不是已经离开68号阵地了吗？刚才通信员说，兄弟部队去迂回敌人去了，那么，68号阵地上是谁跟敌人打上了呢？”不言而喻，此时与敌人交战的，正是向排长报告完情况返回68号阵地，却与部队失去联系的唐凤喜。

当时，天色已经黑了下来。唐凤喜端着自动步枪，从敌人密集封锁的火网下爬回了68号阵地。但是，阵地上静悄悄的，好像一个人都没有。

“副排长！副排长！”唐凤喜喊了几声没有人回答。他有点急了，警惕地向黑乎乎的弹坑摸了过去。他先是碰到了几块石头，摸到了几颗手榴弹，再往前摸去，又碰到了僵死的美国兵尸体，但就是没有找到自己人。摸了一圈，唐风喜发现整个阵地上除了他，一个同志都没有。他坐在弹坑里沉思着。突然，远方传来了沙沙的脚步声，唐风喜静听下去，却发现声音越来越小。他想起身追上去——不！他马上又镇静下来。“阵地上没有人哪能行！我不能走！”他刚拿定主意，敌人的一排子弹便飞了过来，“唰唰”地打在附近的山石上，冒出一股火花。原来，4 个美国兵已经摸了上来。

唐风喜无暇多想，立即做好战斗准备。他把手雷盖揭开，顺手插在腰间，然后跃出弹坑，紧紧地盯着爬上来的敌人。敌人见打了几梭子子弹，山头上没有一点回音，更得意忘形地向前爬着。唐风喜突然记起昨天排长告诉他的话：“阵地重要！剩下一个人也要守住。”想到这里，他勇气倍增。敌人爬得更近了，唐风喜猛然扔出一颗手雷，手雷在敌人身边爆炸开来。接着，唐风喜迅速跳到土崖后面，扣动扳机，向爬上来的敌人猛烈射击。敌人也不示弱，他们弓着腰，边开枪边向山头猛烈冲锋。唐风喜毫不畏惧，他从一个射击孔转到另一个射击孔，沉着地同敌人周旋，敌人一个一个地倒在了他的面前。突然，卡宾枪不响了，弹药用完了！但是，前方的山坡上，还有十几个敌人正在往上爬。唐风喜环视了一下阵地，发现一根被埋在土里的爆破筒。“誓与阵地共存亡！”唐风喜心里打定了主意，双手紧握爆破筒，沉着地等待着。敌人近了，近了，只有几米了……他猛地拉燃导火索，飞身跃向敌群。色厉内荏的敌人看到唐风喜拉燃的爆破筒“哧哧”地冒着白烟，吓得没等唐风喜跑到跟前，就抱着头向山下滚去。唐风喜趁势把爆破筒往山下一扔，只听“轰”的一声巨响，好几个敌人被炸得飞上了天。唐风喜敏捷地爬起来，随手拾起一支敌人落下的枪，对着逃窜的敌人一阵扫射。紧接着，他又从敌人尸体上捡来枪支、弹药，迅速放在阵地的各个掩体上，准备着下一次战斗。就这样，唐风喜单枪匹马坚守阵地，敌人一连五次冲锋都被唐风喜一个人给打了下去。

第六次，敌人比前几次来得更凶。一颗炮弹在唐风喜身边爆炸了，他从被炸塌的弹坑里露出手和脸，脸上手上都沾满了鲜血。他强忍疼痛，挣扎出来，顾不得看究竟是哪儿受伤了，又爬近机枪，继续扣动扳机。突然，机枪哑了，他知道子弹已经打光了，可是敌人的炮弹仍在他周围爆炸着，敌人又向前扑来。

唐风喜急中生智，用敌人的子弹去消灭敌人。他从敌人的尸体上找到了子弹，一边射击，一边又扔出手榴弹。很快，敌人的第六次进攻又被唐风喜打退了。

过了一会儿，一阵猛烈的炮轰之后，穷凶极恶的敌人又开始了第七次进攻。唐风喜一个人固守阵地，顽强地战斗着！他的左腿被手榴弹炸伤了，双手被滚烫的枪管烫得血肉模糊，可他依然顽强地、使劲地扣着卡宾枪的扳机，把一颗颗仇恨的子弹射进敌人的胸膛。前面的敌人还没有消灭，后山坡又传来了脚步声，唐风喜已经精疲力尽，子弹也打光了，他掏出最后一颗手榴弹，拉住引线，准备与敌人同归于尽。庆幸的是，后山来的都是自己人，副连长、二班长……那么多熟悉的面孔。唐风喜大喊着："我是唐风喜，我是唐风喜呀！"他看着战友们，战友们却"不说话"，最后唐风喜才发现，原来是自己耳朵被震聋了。他扑在副连长身上，虚弱地交代了两边敌人的情况后，就晕了过去。

从 68 号阵地上下来，唐风喜已经孤军作战两天两夜了，幸运的是，唐风喜活了下来，成为享誉中朝的"孤胆英雄"。在后方医院治疗期间，国内不少群众给他写信，有的学生给他寄来了红领巾，还有成百上千的人向唐风喜要照片。

顽强的精神

从副班长升为班长的唐风喜，在随后的战斗岁月中与他的战友们继续书写着辉煌的历史。1953 年 5 月，在科湖里东南高地反击战中，他率领一个班，冒着铺天盖地的炮火，连续突破敌人 17 道铁丝网，摧毁了 20 多个地堡，把红旗插上了"孤山岭"主峰，将尖刀插入敌人的心脏，为志愿军反击战开辟了胜利的道路。

经过艰苦卓绝的战斗，中朝军队打败了武装到牙齿的对手，打破了美军不可战胜的神话，迫使不可一世的侵略者于 1953 年 7 月 27 日在停战协定上签字。至此，历时 2 年 9 个月的抗美援朝战争宣告胜利结束。在抗美援朝战争中，唐风喜先后两次被记一等功，被授予"二级英雄"荣誉称号，朝鲜民主主义共和国先后授予他“孤胆英雄”“二级战士”荣誉勋章和一级国旗勋章。

1954年9月，唐凤喜随志愿军第六十七军返回祖国。从朝鲜归国后，唐凤喜又不知疲倦地投入到了部队的现代化建设中。可是，出身贫苦的唐凤喜在旧社会没上过学，在工作中，他明显地感到了知识的匮乏。为了更好地为部队建设服务，他把战场上的那股勇猛杀敌的劲头用在了学习文化知识上。他先是参加了第二〇一师教导营文化补习班，接着进入中学补习文化课，后来又先后参加了汉口高级步校和洛阳高级步校的指挥训练，从一名勇敢的革命战士成长为一名出色的团级指挥员。

1974年，唐凤喜被查出患上了左肩胛骨癌，不得不截去左臂，但他依旧

★中国人民志愿军和朝鲜人民军战士欢呼庆祝胜利

★唐凤喜获得“二级战士”荣誉勋章证书

★唐凤喜的立功奖状

★唐凤喜的立功喜报

积极乐观地面对生活，希望在有限的生命中为国家建设多做贡献，于是更加积极地为部队多做工作。截肢的伤口还没痊愈，他就要求回到部队。回到部队后，唐凤喜连家门都没进，就去找领导要求参加工作。团里领导告诉他，组织上已给他办好了去青岛疗养的手续，但唐凤喜坚决不肯。他激动地说：“党的心意我收下，可请党也收下我的心意，别让我离开同志们，别让我离开部队啊！”部队领导含泪答应了他的请求。

即使在家休养，唐凤喜也不闲着，常常天刚亮就来到连队的菜地、马厩、猪圈，战士干啥他干啥。夏季插秧的农忙时，他裤腿一卷，用一只胳膊帮着运秧，大家把他从水里拉上来，他又跑到打麦场干起来。部队帮助驻地公社开沟挖河，唐凤喜因只有一只胳膊不能用铁锹，就抢着去抬土。大伙为了照顾他，都故意不和他搭伙，他就找来一只抬筐，装上土，用一只手拖。大家说，不让唐副团长参加劳动，可真是个天大的难事。

就这样，唐凤喜用顽强的精神，战斗到他生命的最后一刻。1976年4月7日，唐凤喜永远地离开了他钟爱一生的部队。他用48年的短暂生命，诠释了一个战斗英雄光辉的生命历程；他用钢铁一般的意志和赤诚，实践了自己对党、对人民的铮铮誓言。

平凡的幕后英雄，英勇的支前模范

——记抗美援朝辽宁战勤民工、支前模范关文德

提起抗美援朝战争，人们首先想到的一定是那些在枪林弹雨中浴血奋战、以鲜血染红战旗的志愿军战士。的确，“最可爱的人”一定不能忘却，但那些为了党和人民的利益把自己暴露在危险之中、以双腿与敌人的飞机赛跑、用双手建起一条“打不断、炸不烂的钢铁运输线”的战勤民工和支前模范更不应该被人们遗忘。本溪县民工小队长关文德就是这样一位战勤民工。在抗美援朝战争中，他机智勇敢、默默无闻，用不计代价、不怕牺牲的实际行动，完成了党和人民交给的艰巨繁重的战勤任务，为抗美援朝的最后胜利做出了一个普通民工的贡献。

凡人的肉身双脚跑赢敌人的飞机大炮

1950年6月25日，朝鲜战争爆发。10月，党中央作出“抗美援朝，保家卫国”的战略决策，组建中国人民志愿军赴朝作战。为了保证部队的物资供应，在新中国“一穷二白”、百废待兴的情况下，一方面，全国人民一起勒紧裤腰带，勤俭节约支援抗美援朝；另一方面，东北地区竭尽全力，动员人民为抗美援朝提供全面的战勤保障。距抗美援朝“交通大动脉”安东最近的本溪市，责无旁贷地担负起了更多的战勤任务。

在本溪支援抗美援朝运动的战勤民工中，涌现了一大批功臣和模范，关文德就是其中之一。关文德，生于本溪县赵家村一户普通农民家庭，青少年时期，他亲见大好河山被日本侵略者践踏，亲戚族人被地主恶霸欺负，普通

百姓生活困苦，虽心里着急生气，但却没有能力改变现实。新中国成立后，关文德一家分到了土地，翻身成为国家的主人，他十分感念中国共产党，时刻准备着为党为人民做出自己的贡献。抗美援朝战争爆发后，他积极响应本溪县委、县政府的号召，怀着满腔热血、一身铁胆辞别了家乡父老，成为一名光荣的支前民工。他激动地说："不能直接参军打仗，也要给冲在第一线拼杀的人出一份力！他们都是好样的，咱也不是孬种！"这份豪气感染了邻里乡亲，村里很多青壮年也与关文德一道加入了支前队伍。由于工作努力、威信较高，关文德被任命为赵家村民工队的小队长，带着家乡人民的重托赶赴抗美援朝前线。

关文德率领的民工队被派到朝鲜战场，在各大阵地上抢卸国内运送的各类物资。在当时的情况下，抢卸物资工作的危险丝毫不亚于作战一线。为了阻断我军的后勤补给，无耻的"联合国军"无视平民伤亡，对我军的补给线启动了"绞杀"战术，试图以高密度的炮火覆盖、摧毁我军的补给线，让饥寒与绝望磨灭志愿军战士的斗志，从而在战场上占据优势。而像关文德一样的战勤民工，就是要在这样的狂轰滥炸中，用凡人的肉身双脚跑赢敌人的飞机大炮，竭尽所能将更多的物资装备输送到抗美援朝前线的志愿军手中，让他们消灭敌人，赢得胜利。

为了按时保质保量完成任务，关文德想尽一切办法提高搬运效率。到朝鲜定州第一次抢卸火车皮时，队员们都没经验，50斤一个的咸菜箱子，扛两个没法扛，只能扛一个。如果不及时卸完，敌机一来，不仅物资全都会被炸毁，队员们也有生命危险。关文德受朝鲜人民劳动时用背架背重物的启发，从老乡家借来了背架，先是背两个咸菜箱子，后来就背三箱。他一带头，队员们纷纷效仿，抢卸工作提前一个多小时完成。就在刚刚卸完物资几分钟以后，敌机就飞来轰炸，工友们连叫"好险"，夸赞关文德的办法不仅完成了任务，还救了大家的命。

为了在队员中掀起"比学赶帮超"的抢卸热潮，关文德一方面教育和鼓动大家要互相比着干，相互交流经验和办法；另一方面率先垂范，身先士卒，

★抢卸物资

★经过后勤保障部队官兵和战勤民工的共同努力，志愿军前线部队粮满仓、弹满库

★1951年中国人民志愿军后勤政治部颁发给5分部19大站关文德的大功奖状

每次他都扛得最多，跑得最快。在一次抢卸大米时，别人扛四袋，他扛五袋，别人扛五袋，他就扛六袋，到最后他竟然每次扛八袋。还有一次，在执行战勤任务时，200斤的大米袋子别人扛一袋，他一次扛两袋。在抢运炮弹的工作中，他也比别人扛得多、跑得快，多次带领小队出色地完成了任务。他所在的民工队也因此荣获了“快速大队”的称号。

随着战争形势的发展，出国的支前民工队伍随着志愿军的不断胜利而不断地向前推进。关文德率领的民工队一次又一次出色地完成了党和人民交付的光荣任务。在一年多的时间里，关文德立大功一次、小功四次。

到首都北京参加国庆观礼

1951年，党中央决定要在10月1日举行“中华人民共和国第二届国庆节庆祝典礼”，邀请志愿军组成战斗英雄代表团回国参加国庆观礼。代表团除了有战斗英雄外，还有支前模范，关文德作为朝鲜战场上30万民工的总代表，被光荣地选进了代表团，受邀到北京参加国庆观礼。

1951年10月1日，北京天安门广场上人头攒动，热闹非凡。高高的天安门城楼上，悬挂着中华人民共和国国徽和毛主席的巨幅画像，城楼两旁成排的红旗迎风飘扬。天安门城楼对面的广场上，聚集了首都市民7万人，他们举着红旗，广场上一片红色的海洋。天安门前宽阔的大道铺上了整齐的石块和水泥砖，以便受阅的重装备部队行驶通过。东长安街及两旁的街道上排列着等待受阅的部队，不远处聚集着数十万群众等待游行活动。在天安门城楼西侧的观礼台上，抗美援朝支前民工关文德站在志愿军英模代表团中，神采飞扬，激动无比。一个普通农民能来到北京见毛主席、参加国庆庆典，这种殊荣他之前简直连想都不敢想。关文德穿了一套政府发给他的崭新制服，新衣服让本就拘谨的他更加放不开。当他看到在自己周围的都是工人代表、农民代表、解放军代表和老区人民的代表，都是和自己一样“土”的人时，才略微放松下来。

中央人民政府任命通知書 府字第 號

茲經中央人民政府委員會

第二十八次會議通過任命關文德爲

本溪市人民政府委員

特此通知

主席

一九五三年九月十八日

中華人民共和國中央人民政府之印

★中央人民政府任命关文德为本溪市人民政府委员的通知书

9点50分，广场上和身边的人们像开锅一样沸腾起来，关文德顺着大家张望的方向看去，原来是毛主席登上了天安门城楼。因为距离不太远，关文德能清楚地看到毛主席身材魁伟，脸上丰满红润，表情“始终微笑着”，毛主席身上穿的是普通的黄呢子制服，“和自己的也差不太多”，胸前戴着和自己一样的代表绸签。关文德难以抑制心中的激动和喜悦，一遍又一遍地默念着：“我来到了北京天安门，见到了毛主席！”

上午10时，中央人民政府秘书长林伯渠宣布庆祝典礼开始。全场肃立，军乐队演奏中华人民共和国代国歌《义勇军进行曲》，礼炮齐鸣28响，阅兵式随之开始。中央人民政府人民革命军事委员会代理总参谋长聂荣臻任阅兵总指挥，他陪同中国人民解放军总司令朱德乘检阅车检阅了全体受阅部队。检阅后，朱德总司令登临天安门城楼检阅台，宣读《中国人民解放军总部命令》，接着进行了武装部队的分列式检阅，有各军不同兵种部队共13个徒步方队参加了阅兵式。除了徒步方队外，关文德还看到了各种火炮128门，坦克、自行火炮80辆，汽车192辆，军马1104匹，还有148架飞机从天安门上空飞过，关文德兴奋得说不出话来。阅兵结束后，参加庆典的首都40余万群众还举行了盛大的游行活动。

国庆节庆祝典礼结束后，关文德应邀参加了招待宴会。10月7日，他又一次见到了毛主席。当天，关文德和其他代表被邀请到怀仁堂观看文艺演出，毛泽东、周恩来、朱德等很多国家领导人都到场了。他被安排坐在第十二排，毛主席坐在了第七排，关文德能清楚地看到毛主席宽阔的肩膀。那晚演的是《梁山伯与祝英台》，但关文德根本没看戏，自始至终把注意力都放在了毛主席的后背上，毛主席的每一个动作、发出的每一个声音他都记得一清二楚……

扛着麻袋从炸弹边上来回走过

国庆活动结束后，关文德随志愿军英模代表团离开北京，回到了战场上。带着激动和兴奋再次回到工作岗位时，关文德惊喜地发现他所在的大队已经随着志愿军将士的接连胜利向前推进了许多，此时部队驻扎在朝鲜西浦附近的玄岩里。

在玄岩里，关文德带领民工队员们每天都冒着生命危险，在敌机的眼皮底下继续着抢卸物资的工作。关文德干活特别"巧"，不使蛮力，总是能想出既省力又提高效率的办法，且临危不乱，处变不惊，遇到突发事件，总是能冷静地思考问题，找到解决方法。一次，堆放物资的地方突然起火了，数十节火车皮的物资面临着被大火吞噬的危险。关文德发现后，立即带着30多人冲了上去，可火势太大，无法扑灭。关键时刻，关文德灵机一动，让30多人后撤几十米，然后拉开距离，把每人身边的荒草点燃，然后再扑灭，这样便形成了一条十几米宽的隔火道，很快控制了火势的蔓延，保护了数十节车皮的物资。

支前工作环境十分恶劣。朝鲜境内的天气较中国东北更为苦寒，紧急征召的支前民工们并没有带太多御寒的衣物，他们在凛冽的寒风中凭着一腔热血相拥取暖，相互依偎。这些支前勇士，顶着横飞的炮火，踩着遍地的弹片残骸，忍耐着异国他乡的艰苦环境，舍生忘死，用汗水与生命保护着志愿军的后勤给养和运输线，飞机打不烂，枪炮炸不断。战火烧到哪里，这些支前勇士便冲向哪里，为前线拼杀的战士们保住一份份衣食，一支支枪弹补给，一条条归路安宁。一次，敌机抛下一枚炸弹，恰好落在了装满战勤民工们刚刚抢救出来的物资的库房边上，炸弹没有立刻爆炸，却时刻威胁着旁边的粮食和被服。“这批重要的物资绝对不能出问题，必须抢救出来。”一声令下，

★辽东省人民政府赠给本溪县第七区民工关文德的锦旗

刚刚休息的民工们立即上阵，冒着炸弹会突然爆炸的危险，紧急转移物资。他们扛着麻袋从炸弹边上一遍一遍地走过，不知道是否能挨上那一声巨响，不去想，脑子里就一个字——扛。没有人害怕，大家都在拼命地抓紧搬运，气氛很紧张，却有条不紊，谁都明白，这就是任务，必须完成，不容你有别的想法。值得庆幸的是，一直到他们把物资转移完，炸弹也没有响。

在朝鲜工作了一段时间，关文德和在战争中成长起来的民工队员与当地朝鲜百姓结下了深厚的友谊。他们每个人都能说上几句朝鲜话，能与当地百姓进行简单的沟通。当地百姓生活困苦，关文德等人完成保障后勤任务后，就想尽办法帮助当地百姓。他们放弃休息时间，照顾因战争而失去家人的老人和孩子们，为他们挑水劈柴，修补房屋，为这些饱尝战争伤痛的民众送去温暖与关怀。在玄岩里的那段日子，民工的生活相对好一些，粮食能及时供应上来，他们就将自己本就不多的口粮尽可能节省下来接济老弱，他们曾把节约下来的1000多斤大米派人用大车送到里委会，老乡们感动得流了泪！“感谢中国志愿军战士！”接过粮食的老人眼含热泪，一遍又一遍地说着感谢。“我们不是战士，我们只是为战士们服务的民工。”关文德和队员们笑着解释。“你们就是战士！是最勇敢最厉害的战士！”老人激动而坚持，拉着关文德和队员们的手久久不肯放开。

1951年冬，国内组成了运输团赴朝接替了民工的工作，各地的民工支队胜利地完成了祖国交给的重任，回到了离别一年多的故乡。1953年，因在朝鲜战场的突出贡献，毛主席任命支前民工关文德为本溪市人民政府委员。当接过毛主席亲手签署的任命书时，关文德眼中闪烁着激动的泪花，他满面通红，声音哽咽，半晌无言。他将这张任命书紧紧地贴在胸前，将沉甸甸的责任永远牢记在心间。

同年，辽东省人民政府奖给本溪县第七区民工关文德一面锦旗，上面写着：“为继续加强抗美援朝胜利而奋斗！”如今，这面锦旗与任命书连同大功奖状均珍藏在丹东抗美援朝纪念馆中，向人们展示着当年全国人民支援抗美援朝的感人故事……

拥军模范捐善款，爱国精神永留传

——记抗美援朝战争中辽宁籍爱国老人宋传义

他，只是一位普通农民，每天辛勤种地劳作，一日三餐只吃粗粮、啃野菜，穿着补丁摞补丁的衣服，精打细算一点一滴地积攒，不是为了自己，而是为了支援抗美援朝；他，响应抗美援朝总会的号召，积极给志愿军捐粮献物，先后为抗美援朝捐献了70万元（旧币）；他，曾11次受到奖励，被评选为辽东省一等劳动模范、安东市特等拥军优属模范，并参加了中国人民第二届赴朝慰问团。他的事迹在辽东省产生了巨大影响，他就是爱国老人——宋传义。

前方英雄和后方模范

提起宋传义的名字，人们都尊敬地称他为“爱国老人”。他的优秀事迹，曾在辽东地区广泛宣传；他的爱国行动，曾激励和感动了许多许多人。中共辽东省委机关报《辽东大众》以“学习宋传义的爱国精神”为题发表过社论，中共安东市委发出了“学习宋传义爱国精神”的指示。各大媒体竞相报道老人的事迹，大量艺术团体利用多种文艺形式宣传老人的精神。宋传义老人以自己的实际行动，赢得了人们的尊重和钦佩。

1945年，抗日战争刚刚胜利，广大人民正欢天喜地地庆祝打败日本侵略者、取得民族独立时，蒋介石又发动了全面内战，战争的阴云再次笼罩中华大地……此时，作为一名普通农民的宋传义，听说为穷人谋幸福的东北人民自治军急需兵力补充，便毫不犹豫地把自己的独生儿子送到前线。宋传义还时常托人写信勉励儿子：“你若能在前方立功当上英雄，我也能在后方好好劳

★宋传义的辽东省第二届英模代表会模范章

动当上模范。”就这样，宋家父子俩摽着劲儿努力争当前方的英雄和后方的模范。不幸的是，1948年秋，宋传义的儿子在辽沈战役中英勇牺牲，白发人送黑发人，宋传义悲痛万分。但是，失子之痛并没有使他倒下去，反而让他更加坚强。他想，儿子用鲜血和生命实现了自己的誓言，作为父亲，他也一定要努力实现自己的诺言。

作为烈属，街坊群众见宋传义老两口年事已高，提出要帮助他们耕地，宋传义不肯，政府要发给他家优待金，也被他婉言谢绝。他说：“我不要优待，我家里啥也不缺，把优待我的钱发到前方，给战士们买点啥。再不就拿到工厂，多造一颗子弹，好给那些牺牲的同志报仇！”之后，宋传义不但自力更生，还发挥余热，协助政府做好拥军优属和街道工作。

1950年朝鲜战争爆发后，战火烧到了鸭绿江边，中国人民志愿军入朝作战，雄赳赳、气昂昂奔赴朝鲜战场，宋传义居住的临江街成为志愿军过往朝鲜的“中转站”。在美军轰炸安东最紧张的时候，大家都劝说宋传义离开，他却说：“我不能走，只要我还有一口气，就要尽力为抗美援朝做些工作。”此时的宋传义满怀怒火，强烈要求到朝鲜前线去，他们“扛枪打仗，还轮不到我这老头子。可运物资、抬担架，总应有我的份儿，我要求到朝鲜前线，当担架队员”。宋传义的爱国热情令在场的人都深受感动。可考虑到老人已经近 70 岁了，政府没有批准他的请求。没能到朝鲜前线去做贡献，丝毫没有阻挡老人的爱国热情，他以自己的爱国情操和高尚的奉献精神积极活跃在支前第一线。

我的志愿军儿子

疯狂而肆虐的美军飞机不间断地对鸭绿江两岸进行灭绝人性的狂轰滥炸，朝鲜新义州和中国安东几乎每天都处在炮弹的轰炸之中。当时，人民群众的防空斗争成为极其重要的任务。作为街道行政组长的宋传义几乎天天穿梭在炮弹的硝烟中，协助有关部门建立防空组织，宣传防空知识，修建防空设施，组织担架队、民工队、大车队，动员疏散群众……本来，宋传义应该是被照顾的烈属，而他却坚定地说：“只要我还有一口气，街道工作就不能撂。”此后，他更加辛勤地工作在支前第一线。

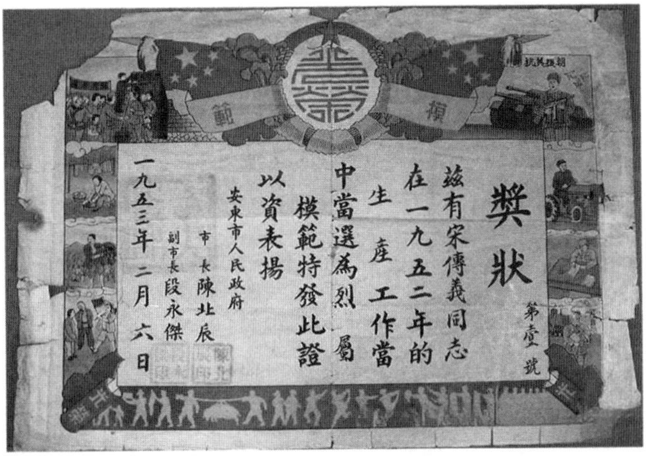
獎狀
第壹號
茲有宋傳義同志
在一九五二年的
生產工作當
中當選為烈屬
模範特發此證
以資表揚
安東市人民政府
市長陳北辰
副市長段永傑
一九五三年二月六日

★安东市人民政府颁发给宋传义的奖状

★志愿军三大队八支队赠送给宋传义的锦旗

宋传义对待志愿军战士，就像对待自己的亲人一样。他说：“我的儿子为革命牺牲了，志愿军战士个个都像我的儿子。”他是这样说的，也是这样做的。每当有部队经过，他都要到战士们中间问寒问暖，热情接待。一支志愿军部队路过他所在的街道，他像以往一样，周到而热情地接待从前方下来的战士。他发现队伍中有一位伤员，就立即把伤员接到了自己家里。一进门，他就喊：“老伴，儿子回来了！”宋大娘听到喊声，惊讶地从屋里跑了出来，帮忙把伤员扶到炕上，然后悄悄地对老宋说：“你想儿子想疯了，认错人了，这是志愿军战士啊！”他笑着对老伴说：“我的儿子是革命青年，为革命牺牲了，志愿军都是革命青年，他们都是我的独生子啊！”

自从这位志愿军伤员到了宋传义家，可把宋家老两口忙坏了。他们为伤员做可口的饭菜，照顾得无微不至。在宋家两位老人的细心照料下，仅用了两个星期的时间，这位伤员就痊愈了。临走的时候，老两口恋恋不舍地与战士话别，送了一程又一程，这位战士感动得不知说什么才好，劝老两口不要再送了。宋传义对战士说："我年纪大了，不能上前线去杀鬼子，但我还能把大白菜种好，送给你们吃。"战士眼含泪花，紧紧握着宋大爷的手激动地说："好，我坚决勇敢杀敌，多杀美国鬼子，来报答祖国人民！"说完，他向两位老人庄严地敬了一个军礼，踏上了返回战场的征程。

两个月后，一封从朝鲜前线寄来的信送到了宋传义老人手中。这封沾满战火和硝烟气息的来信，正是那位在宋传义家养伤的战士写来的。信中说："亲爱的宋大爷：离开您已经两个多月了。您对我的关怀和无微不至的照顾，使我感到了祖国的温暖，我以有这样可爱的祖国而骄傲。我们在这次战斗中，消灭了无数的美国鬼子，光我们这个班就消灭了 30 多个。宋大爷，我拿勇敢杀敌来报答您的恩情，在最艰苦的时候，我想起您来，就有了力量。"落款是"中国人民志愿军某部八班战士　张明庆　1951 年 6 月 11 日"。

这封朝鲜前线的来信朴实而温暖，给宋传义老人以无限的力量。在此后的日子里，他竭尽全力地做好志愿军战士的服务工作。宋传义老人的模范行动深深地感染了志愿军战士，老人慈祥的面容、亲切的话语，深深地印在了战士们的心中。在两年多的时间里，宋传义共收到了志愿军战士写来的 300 多封信件。他也经常给战士们回信，鼓励他们在战场上英勇杀敌，立功受奖。

年过花甲的新党员

宋传义老人居住的地区是安东城乡接合部，附近的居民主要种植蔬菜。每当秋季来临，他总是带领全街道的男女老少，喜气洋洋地来到地里，把最好的白菜、萝卜装上大卡车，送到前线，送到志愿军手中。当志愿军拉菜的车来到地头时，有的菜农问："志愿军同志，你们上临江街的道儿好走不好走？""好走哇，真是又平又宽。""你们不知道哇，我们早就把道修好了，就等你们来拉菜了。”

说到这条路，宋传义可花了不少心血。洪水来临的时候，河上的桥被冲垮了，路也被冲得坑坑洼洼的，根本就无法通车。宋传义想到秋天志愿军要来拉菜，就领着全街道的菜农开始修桥。他挽起裤腿，指挥人们打桩。“修好桥噢，嘿哟！运白菜噢，嘿哟！送给志愿军哪，嘿哟！加强抗美援朝噢，嘿哟！”一声声打夯的号子震天动地，大家带着极大的热情投入到热火朝天的劳动之中。被洪水冲垮的桥修上了，老人又率领着大家平整和加宽路面，他把全街道的大车、小车、推车集中起来，到附近的工厂去拉炉灰，把路修得又平又宽。秋季丰收前，他们做好了一切准备，就等着志愿军拉菜车的到来。

为了使战士们在前方安心战斗，宋传义还把照顾烈军属的工作揽了过来。住在临江街上的军属张淑琴，丈夫当兵，家里缺少劳动力，还有两个孩子，大的 7 岁，小的只有 5 岁。张淑琴既要种地，又要做家务和照料两个孩子，负担很重。宋传义看到这种情况，就主动帮助她分担困难。春夏农忙时，帮她选种耕种、莳弄菜地，秋收时节，又帮她收菜卖菜。冬天，得知她没钱买粮买柴，宋传义把 200 斤粮、两大车柴草给她送去。张淑琴深受感动，想要付给宋传义钱，老人说什么也不收，说：“你丈夫参军为的是什么？咱们是一家人。”

宋传义时刻以烈军属利益为重，关心他们的日常生活。1951 年 7 月，数日的连雨天把大多数菜农的菜苗都卷走了，人们不得不到十几里以外的地方去买。宋传义家的菜地没有遭遇洪水冲击，幸运地保住了珍贵的菜苗。他把菜苗一棵棵地挖出来，共有千余斤。许多人闻讯赶来买他的菜苗，宋传义笑着对他们说：“你们还是到别处买吧，我这些苗是给烈军属的。”说完，他用小车一推，给烈军属送去了。烈军属们提到老宋头，都竖起大拇指，说他为人耿直、忠厚、心眼儿好，是烈军属真正的贴心人。

宋传义不但在生活中关心帮助烈军属，也积极响应国家号召。为了发展生产，保证战争物资供应，辽宁各地普遍开展了订立爱国增产公约运动。宋传义也不甘落后，他与老伴商量，订了一个自己家增产节约、捐款 30 万元（旧币，本段下同）的“爱国公约”。实现这个公约对两位年近七旬的老人来说，不是一件容易的事情。宋传义没有其他生活来源，只能一靠节约，二靠勤劳。他是这么想的，也是这么做的，他把全部身心都放在了他的菜地里。早上，他天不亮就下地，精心莳弄菜园，晚上，天快黑了才从地里回家。浇水、除草、铲耥、追肥……老两口始终在菜地里忙前忙后。秋收时，宋传义家一亩地收了 2.2 万斤大白菜，比往年增产了 30% 还多。而且，在白菜地间种的菠菜还卖了 30 万元。他马上把这笔钱交到了抗美援朝分会，并修订了捐献计划，把 30 万元修改成了 60 万元。到 1952 年 6 月，宋传义共捐献了 70 万元。他的模范行为带动了周遭的一大批人，他所在的临江街 200 多户菜农，提前两个月完成了捐献计划，共捐献 3000 多万元。

宋传义老人的爱国精神得到了党和人民的钦佩、赞誉和肯定，被誉为“爱国老人”。1958 年 12 月 25 日，宋传义老人代表安东鸭绿江社出席了在北京召开的全国农业社会主义建设先进单位代表会。会上，国务院授予鸭绿江社“农业社会主义先进单位”荣誉称号。1959 年 5 月 18 日，宋传义被推选出席在北京召开的全国烈属、军属和残疾、复员、退伍、转业军人社会主义建设积极分子大会。在这两次会上，他都荣幸地受到毛泽东主席和周恩来总理等党和国家领导人的亲切接见。

1979 年，宋传义不幸病逝，终年 93 岁。

在这位老人极不平凡的一生中，他曾先后被选为安东市军属模范代表，东北地区拥军优属模范代表，省、市人民代表，省、市人民委员，市政协委员，曾获安东市特等拥军优属模范、辽东省一等劳动模范等称号。在抗美援朝纪念馆中，还陈列着宋传义荣获的辽东省第二届英模代表会的模范章，它向前来参观的人们讲述着一个拥军模范、一位爱国老人的感人故事……

场馆篇

抗美援朝纪念馆

抗美援朝纪念馆位于辽宁省丹东市鸭绿江畔的英华山上，与朝鲜民主主义人民共和国新义州市隔江相望，是全国唯一全面反映中国人民抗美援朝战争和抗美援朝运动历史的专题纪念馆。

抗美援朝纪念馆园区总占地面积18.2万平方米，由纪念馆、纪念塔、全景画馆、国防教育园组成，馆藏抗美援朝文物2万余件。纪念馆建筑面积2.38万平方米，以“抗美援朝，保家卫国”为基本陈列主题，设置了序厅、抗美援朝战争厅、抗美援朝运动厅、中朝友谊厅、中国人民志愿军英烈厅、纪念厅等，全面、客观、真实地再现了伟大的抗美援朝战争和抗美援朝运动的光辉历史。

抗美援朝纪念塔高53米，寓意1953年抗美援朝战争取得伟大胜利。塔体为方形中空式，灰白色花岗岩贴面，正面镶嵌着邓小平同志题写的“抗美援朝纪念塔”七个鎏金大字，塔的下部是由旗帜、鲜花、彩带组成的汉白玉塔花，代表和平、胜利和友谊。塔的背面镌刻着颂扬中国人民志愿军丰功伟绩的塔文。塔体两侧镶嵌有大理石制作的“和平万岁纪念章”。四个塔墩上铸有四组大型群雕，分别为抗美援朝战争、抗美援朝运动、志愿军空军和钢铁运输线。纪念塔前的大台阶宽10.25米，寓意10月25日为中国人民志愿军抗美援朝出国作战纪念日。大台阶中部为牌楼，寓意志愿军凯旋。牌楼与塔基之间设有5层缓步台，寓意抗美援朝战争运动战时期的5次战役。进馆台

★抗美援朝纪念馆

★抗美援朝纪念馆序厅

阶共由1014块条石砌成，寓意志愿军将士在朝鲜奋战的1014个日日夜夜。

全景画馆是圆柱形密闭堡垒式建筑，直径44.6米，高24米，面积3150平方米。馆内陈列有周长132.15米、高16米的大型全景画《清川江畔围歼战》，并设有1100平方米表现各种战斗场景的地面塑型，配以烘托战争场面的灯光、音响效果，生动、艺术地再现了抗美援朝第二次战役中，志愿军在清川江畔围歼以美国为首的"联合国军"的壮观战斗场面和气势恢宏的战争氛围。

国防教育园园区内陈列着抗美援朝时期及中国人民解放军在发展和壮大过程中使用的重要装备，其中抗美援朝时期中国人民志愿军使用过的重要装备如：单管37毫米高射炮、苏式T–34坦克、苏式122毫米榴弹炮、苏式喀秋莎火箭炮发射架、85毫米加农炮等，是非常珍贵的战争见证物；米格–15战斗机、图–2型轻型轰炸机是中国人民志愿军空军组建时期使用的主要机型。

抗美援朝纪念馆，以恢宏的气势、丰富的内容和多彩的形式，全面、客观、真实地再现了抗美援朝战争和抗美援朝运动的光辉历史，是传承红色基因、弘扬伟大抗美援朝精神的重要场所和教育基地。

地　　址：丹东市振兴区山上街7号

开放时间：周二至周日9：00—16：30开馆（周一闭馆），16：00停止入场

乘车路线：丹东市内乘坐103路、107路、122路、123路、203路公交车到抗美援朝纪念馆站下车即是

联系电话：0415–2175988

沈阳抗美援朝烈士陵园

沈阳抗美援朝烈士陵园位于沈阳市皇姑区北陵公园东侧，园内苍松翠柏，庄严肃穆。为纪念在抗美援朝战争中英勇牺牲的烈士，1951 年初，原东北军区政治部修建抗美援朝烈士陵园，8 月落成，12 月移交沈阳市民政局管理。

陵园占地面积 16 万平方米，由抗美援朝烈士纪念碑、烈士墓群、烈士纪念广场、在韩志愿军烈士遗骸安葬设施、烈士纪念馆组成。郭沫若为烈士陵园题写园名。

烈士纪念碑高 23.5 米，碑身是用花岗岩砌成的四棱锥形建筑，碑身挺拔，庄严雄伟。碑身正面镌刻着董必武亲笔题词：抗美援朝烈士英灵永垂不朽。纪念碑的顶端是铜铸的中朝两国国旗，寓意着中朝两国人民的友谊万古长青。旗下手握冲锋枪的志愿军战士铜像，以其惊天地、泣鬼神、正气凛然的英雄气魄，令人肃然起敬。纪念碑底部由黑色大理石组成，卧碑上面镶嵌花环，花环两侧是“1950—1953”字样，标志着从中国人民志愿军出国作战到美国

★沈阳抗美援朝烈士陵园正门

被迫在板门店签订停战协议的时间。卧碑下部是郭沫若为抗美援朝烈士题诗："煌煌烈士尽功臣，不灭光辉不朽身。鸭绿江南花胜锦，北陵园畔草成茵。英雄气魄垂千古，国际精神召万民。峻极高山齐仰止，誓将纸虎化为尘。"碑后面刻有经周恩来总理亲自审定的471字碑文。碑座后侧是8幅铜铸浮雕，生动地再现了在抗美援朝战争中志愿军战士英勇战斗的场面。在纪念碑前广场东侧为黄继光、杨根思、邱少云、孙占元、杨连第壮烈牺牲辉煌瞬间的雕像，西侧为志愿军战士高举战旗、奋勇杀敌的雕像。

烈士墓群位于纪念碑后面和两侧。这里安葬着123位志愿军烈士。其中有志愿军第五十军副军长蔡正国、第三十九军副军长吴国璋、第二十三军参谋长饶惠谭等95位团职以上干部和特级战斗英雄黄继光、杨根思，一级战斗英雄邱少云、杨连第、孙占元等28位烈士。

烈士纪念广场位于烈士纪念碑中轴线以北60米处，为直径53米、深3.6米，

★抗美援朝烈士纪念碑

占地面积2256平方米的下沉式建筑。广场中央建有一组雕塑，造型取自喜马拉雅山，寓意英雄如山。雕塑背面以影雕工艺展示了战争场景和烈士回归情景。广场上修建的烈士英名墙，镌刻了经确认的197653位烈士英名。

在韩志愿军烈士遗骸安葬设施为地下墓室，位于烈士纪念广场周边，建筑面积84145平方米，可容纳棺位1225个，已回归的志愿军烈士遗骸安葬于此。

抗美援朝烈士纪念馆位于陵园广场西侧，建筑面积6716平方米，展陈面积4035平方米，可容纳2000人同时参观。馆内珍藏的文物有：金日成写给党中央、毛泽东的请求信，烈士生前使用过的武器，英烈荣获的勋章、军功章，上甘岭的弹片和石块，志愿军第五十军副军长蔡正国的血衣，等等。

抗美援朝烈士陵园是全国重点烈士纪念建筑物保护单位，全国爱国主义教育示范基地、全国百家红色旅游景区，辽宁省爱国主义教育基地、国防教育基地，辽宁省中共党史教育基地。

地　　址：沈阳市皇姑区金山路50号

开放时间：全年9：00—16：00开放（15：30停止入园）

乘车路线：沈阳市内乘坐231路、242路、245路、281路、800路公交车到金山小区下车

联系电话：024-86622109

工业奠基

综述篇

新中国工业的摇篮

辽宁，资源丰富，交通便利，人杰地灵。中华人民共和国成立后，在中国共产党的统一领导下，辽宁凭借自身雄厚的工业基础、党和国家的高度重视、全国人民的大力支持以及辽宁人民的艰苦努力，逐渐发展成为工业门类齐全、体系完备的工业基地，赢得了“共和国工业长子”“共和国的装备部”等诸多美誉。辽宁，是新中国工业的摇篮。

辽宁雄厚的工业基础

辽宁位于东北地区的南部，历史悠久，物产丰富，深厚的历史积淀、丰富的自然资源和便捷的地缘优势是辽宁成为共和国工业奠基地的客观条件。

（一）历史积淀深厚

辽宁工业发展历史悠久。早在秦汉时期，辽宁的抚顺、鞍山等地就已出现采煤和冶铁业。辽金元时代，冶铁、纺织、陶业、盐业等日渐兴盛，还出现了采金业。到了明末清初，丝绸、纺织、食品加工等手工作坊在一些地区出现，铁匠炉、木匠铺、皮庄、成衣制作、铜器加工、金银首饰等加工业也普遍建立。当时，辽东地区的蚕丝业和本溪湖的炼铁业等在辽宁的影响很大。

近代以来，辽宁工业发展进程加快。早在19世纪末20世纪初，辽宁就有了纺织、印染、火柴等轻工业，不久又有了机械制造乃至军事工业。日俄战争前，沙皇俄国强行取得了辽东半岛的筑路、采矿等特权，先后在大连等地开设了一些工厂。日俄战争后，日本帝国主义取代了沙俄在东北的地位和特权，成立了“南满洲铁道株式会社”，进行殖民掠夺。为了掠夺辽宁地区丰富的矿产资源，日本在本溪建立了全国第一座炼铁高炉，创建了鞍山制铁所，扩大了抚顺、本溪湖煤矿的开采，并建立了纺织、金属、化学、食品等工业。到1931年九一八事变时，日本帝国主义在东北先后开办的工厂已达700余家。同时，辛亥革命以后，辽宁的民族工业出现了短暂的发展生机，创办了一些轻、重工业。1931年九一八事变爆发后，日本帝国主义变本加厉，通过大力兴建矿场、企业等进行经济掠夺。1945年8月，日本宣布无条件投降，在党中央的领导下，中共中央东北局成立了军事工业部，首要任务就是接收辽宁的工业，动员产业工人和技术人员改建工厂，以保障军需民用。在解放战争时期，辽宁解放区率先恢复和发展了军事工业，生产的大批武器弹药用于解放战争的供给，为东北解放后百万大军入关和解放全中国做出了贡献。1948年11月，辽沈战役胜利结束，辽宁成为全国最早解放的地区之一，中国共产党有了一个真正具有现代化工业基础的战略要地。同年，增设东北工业部以后，辽宁工业由分散、盲目生产进入有统一领导的快速发展阶段，成为最早在党中央统一领导下有计划发展的地区之一。

（二）资源能源丰富

辽宁作为东北唯一的沿海省份，拥有优质丰富的自然资源和矿产资源，是资源和能源大省。

辽宁自然资源较好，适宜工业发展。山地丘陵面积 8.6 万平方公里，平地 4.9 万平方公里，土地资源优势明显。河流众多，水资源丰富。林业用地面积近 7 万平方公里，约占全省总面积的 47%，森林资源为工业发展提供了重要原材料。此外，辽宁的动植物资源、水产资源等也较为丰富，为发展轻纺工业、制药工业提供了有利条件。

辽宁矿产资源丰富，为工业发展提供了雄厚的物质基础。一是储量丰富，铁矿居全国三大铁矿之首，储量占全国总量的近四分之一，菱镁矿、滑石、金刚石、硼矿的储量占全国总量的 50% ~ 80%，均居全国首位；石油、天然气、煤、膨润土、大理石、玉石储量也比较丰富，在全国也占有重要地位。二是品种多样，发展现代工业所需要的黑色金属、有色金属、能源矿产、化工原料和建材工业原料五大类主要品种基本齐全。三是地理分布集中，大型铁矿主要分布在鞍山、辽阳、本溪一带，煤炭主要分布在阜新、本溪地区，冶金辅助原料重点分布在辽南和辽西，其他矿产资源分布也比较集中，交通方便，易于开采。丰富的资源和能源奠定了辽宁成为共和国工业奠基地的禀赋基础。

（三）地缘优势明显

辽宁，地处关内外连接之地，是东北地区连接亚欧大陆桥的重要门户和前沿地带，地缘优势十分明显。

新中国成立之初，辽宁的铁路、公路、水运、空运等运输方式齐全，配套成网，是全国交通比较发达的省份，既有稠密的铁路网、公路网、航空网把全省工业城市连接起来，亦可通往河北、北京、天津、吉林、黑龙江、内蒙古甚至全国各地。辽宁还拥有长达2000多公里的海岸线，大连港是我国北方地区最好的深水不冻港。以大连港为中心，沿黄海、渤海沿岸形成的港口群，基本形成进入太平洋走向世界的海上对外运输通道。便捷的交通使辽宁成为东北地区的进出口门户，便于走向世界。

基于上述优势，辽宁这个“天选之地”，成为“全国工业化的出发点”。

党和国家的高度重视

新中国成立后，党中央从中国工业的长期建设和合理布局以及国家安全等方面考虑，把建设辽宁工业基地的重大历史任务提到全党面前，作出了优先开发辽宁工业的重大战略决策。辽宁，作为当时中国具有相对厚重的工业基础的地区，肩负着重要的历史使命。为了把辽宁尽快建成全国闻名的重工业和军事工业基地，党和国家在政策、资金和项目安排上给予辽宁极大的倾斜。这是辽宁成为共和国工业奠基地的主要因素。

（一）政策支持

1950年，年轻的共和国建立之初，中央人民政府政务院财政经济委员会（简称“中财委”）就提出：“重工业部门应最速发展，以提高国家的经济力量和国防能力，使旧日的半封建半殖民地的经济得在民主的原则下迅速改造。同时，更应特别注意重工业部门的恢复和发展。如钢铁和有色金属冶炼业、煤矿、石油、电动力、机器制造和化学工业，特别是为农业发展所必需的农业机械和肥料。”党中央将重工业作为优先投资方向，而辽宁原有的重工业基础，使其成为国家投资的重点地区。

随着国民经济的全面恢复，特别是抗美援朝战争的基本结束，中国开始转入大规模的经济建设。根据党在过渡时期的总路线，中国将在一个相当长的时间内逐步实现社会主义工业化，中央在编制第一个五年计划时，即确定“一五”计划的指导方针是，集中主要力量发展重工业，建立国家工业化和国防现代化的初步基础。国家“一五”计划指出，工业基本建设是我国第一个五年计划的中心，而当时背靠社会主义国家苏联、有着丰富的资源和较好工业基础的辽宁便成为国家重工业建设的重点地区。国家确定："第一个五年计划的中心任务之一，是基本上完成以鞍山钢铁联合企业为中心的东北工业基地的新建、改建，其中包括抚顺、阜新的煤矿工业，本溪的钢铁工业和沈阳的机器制造工业。"党和国家在政策上对辽宁的支持，加速了辽宁工业基地的建设和发展进程。

（二）资金支持

从1949年到1952年，国家在极端困难的情况下对辽宁工业共投资9.99亿元，其中对重工业投资8.7亿元，占全部工业投资的87%。从1953年到1957年，辽宁的工业建设不仅规模大，而且在投资的分配和使用上得到了国家的大幅倾斜和大力扶持。5年间，国家工业投资总额为250.26亿元，东北地区为95.3亿元，占38.1%，其中辽宁为51.33亿元，占全国的20.5%，占东北地区的53.9%。国家对辽宁一个省份的工业投资甚至高于同时期对其他大区的投资（华北地区为46.41亿元，华东地区为32.45亿元），反映了国家对辽宁工业建设的重视程度。

就投资门类而言，"一五"计划期间，国家对辽宁全民所有制工业投资为46.4亿元，占投资总额的90.40%，其中重工业投资为43.6亿元，占全民所有制工业投资总额的93.97%。重工业投资的重点为冶金、煤炭、机械、电力、化工、石油、建材七大领域，投资总额为42.4亿元，占重工业投资总额的97.20%。其中，对冶金部门的投资可谓重中之重，认真执行了"一五"计划的相关部署。

（三）项目支持

"一五"时期，党中央提出基本上完成以鞍山钢铁联合企业为中心的东北工业基地建设，使这个基地能够更有能力在技术上支援新工业区的建设。除了对鞍钢进行重大改建外，辽宁各工业区的原有工业，如抚顺、阜新的煤矿工业，本溪的钢铁工业，沈阳的机器制造工业，等等，也都将在5年内加以改建。被称为"新中国社会主义工业化奠基之役"的苏联政府援助中国的156个工业项目，中央安排在辽宁的就有24项，占全部项目的15.4%。此外，中央和辽宁地方政府在苏联援助项目的基础上，还进行了配套建设，安排的限额以上项目175个，其中工业项目多达98个。为了与24项重点工程配套，辽宁还在沈阳、大连、抚顺、本溪、丹东等地安排了几百个省市重点项目。

在党中央和国家的高度重视及支持下，到1957年，辽宁的工业产值达到117.1亿元人民币，比1952年增长1.6倍，年均递增20.9%。“一五”计划结束后，辽宁已初步形成了以鞍钢为中心、以重工业为主体的工业基地，彻底改变了辽宁殖民地性质的旧工业生产面貌，成为“共和国工业的摇篮”。

全国人民的大力支持

从新中国成立初期到“一五”计划末期，在辽宁大规模的建设中，不但党和国家在政策、资金、项目上给予辽宁极大的倾斜，而且全国人民在人力和物力等方面，也给予辽宁很大的支援，为加快辽宁工业基地的建设进程做出了重大贡献。这是辽宁成为共和国工业奠基地的重要保障。

（一）人才支援

人才是企业发展的重要支撑，辽宁工业基地的建设得益于全国工业人才的支援。新中国成立初期，为了促进辽宁工业的恢复和建设，中共中央决定在人才引进方面给予辽宁优惠政策，打破本位主义，从全国抽调人才支援辽宁工业建设。

一方面，批准东北工业部到全国其他地区招聘人才。1950年3月8日，中共中央下发《关于帮助东北招聘一批技术人员的指示》，要求各地“用切实的方法动员一批技术人员给东北，以应建设工作的需要”。有了国家的支持，辽宁的人才招聘计划得到了华东局、华中局等地的支持，再加上时任中共中央东北局副书记李富春的多方联系，辽宁的招聘团队只用了三四个月就招聘到上千名各方面的技术人员；在统筹分配全国高校毕业生时，中央也重点照顾辽宁地区，仅上海一地的高校毕业生就有近4000人被分配到了辽宁。

另一方面，从全国抽调技术人才。1950年全国钢铁行业技术干部共有655人，东北只有142人。为了支援东北，3月25日，全国钢铁会议决定从全国抽调140名技术干部支援东北。自此，拉开了全国人才支援东北、支援辽宁建设的大幕。以鞍钢为例，在“全国支援鞍钢”和“为鞍钢就是为全国”口号的鼓舞下，中央陆续从东北、华北、华东调来500多名县地级以上领导干部支援鞍钢，又从中南、华东招聘了500多名具有较高文化、专业知识的工程技术人员和管理人员。从1949年到1959年的10年间，全国各地为鞍钢输送了11.1万名生产建设人才，其中厂长、矿长、车间主任和工程师以上干部520多人，有力地支援了鞍钢的恢复与建设。

在党中央的号召下，全国各地的大批干部和技术人员背井离乡，携带家眷无怨无悔地来到辽宁，极大地支援了辽宁的工业建设，为辽宁的经济社会发展做出了巨大贡献。

（二）物资支援

全国人民对辽宁工业基地建设的支持不仅体现在人才和技术方面，更体现在物资支援上。以鞍钢为例，1952年，在党中央提出“要集中全国力量首先恢复和改建鞍山钢铁公司”和全国人民提出“为鞍钢就是为全国”的火热背景下，鞍钢的建设得到全国各地的无私支援。单是从1952年6月到1953年4月，上海就有100多家国营、公私合营、私营工厂先后为鞍钢的“三大工程”制造了1000多种精密设备和质量要求极为严格的各种材料。此外，不仅在设备器材方面鞍钢得到了全国各地的无私支援，在后勤保障方面，各地也想得十分周到。当时，鞍山的服务业极不发达，广大建设职工的生活水平得不到提高，为此，1956年前后，全国各地的许多服务性行业积极迁往鞍山，包括餐饮店、服装店、高级理发店、洗染织补店等，还有百余名专业人员也迁到了鞍山。这些餐馆、店铺不论是商品质量、价格还是服务态度，都让顾客感到特别满意，这在很大程度上解决了来自全国各地支援鞍钢建设的职工们的后顾之忧。正是由于全国各地的强大支援，到 1953 年 12 月，鞍钢“三大工程”仅用一年多的时间就全部提前建成投产，赢得了钢铁工业大规模建设的首战胜利。

全国各地对辽宁的物资支援，不仅针对鞍钢这样的全国特大型工业企业，而且对一些地方中小型厂矿企业的扶持也不遗余力。丹东日化厂、本溪工源水泥厂、营口音乐器具厂、葫芦岛渤海造船厂等都得到了全国各地的物资支援。

全国各地对辽宁的大力支援，保证了以鞍钢为首的一些重点建设项目的顺利进行，加快了辽宁工业基地的建设速度，极大地推动了我国工业技术的改造与创新。在兄弟省市的鼎力支援下，辽宁在全国率先建立了较为完备的工业体系，成为全国重要的工业基地。

辽宁人民的艰苦努力

在辽宁波澜壮阔的工业建设中，以工人阶级为主的广大人民群众，在中国共产党的领导下，以主人翁责任感和使命感积极投身到工业建设的大潮之中，他们发扬艰苦奋斗、自力更生的创业精神，克服重重困难，渡过道道难关，保障了辽宁工业化建设的有序开展，创造了一个又一个人间奇迹。全体人民的艰苦努力是辽宁成为共和国工业奠基地的内在动力。

（一）开展献纳器材运动

辽宁解放初期，恢复生产面临的最大困难是恢复生产必需的工业器械和各种器材严重匮乏。在这样严峻的形势下，中共中央东北局与辽宁地区各级党委、政府广泛发动工人群众，寻找解决器材匮乏问题的方法和途径。在这一过程中，部分工人主动将自己保存的一些器材捐献给工厂。各地党委、政府高度重视这一举动，并以此为契机，逐步将工人自发的、零星的捐献活动引导发展成为一场轰轰烈烈的献纳器材运动。在各地党委、政府的宣传动员和积极引导下，广大工人群众以极大的热情和高度的责任感投入到献纳器材运动中，将个人保存的机器、设备、零部件等自愿捐献出来。同时，积极提供线索，协助当地政府、厂矿寻找散落在各地的器材。截至1949年5月，据沈阳、鞍山、抚顺、本溪、阜新、辽阳等6个市和沈阳铁路局的不完全统计，职工群众献纳的各种器材达87万余件，价值达420多亿元（东北币）。

辽宁解放初期的献纳器材运动，加快了辽宁工业恢复的步伐，不仅为辽宁工业生产的恢复和发展奠定了良好的基础，而且为新中国成立后国民经济的恢复与工业建设的全面展开，积累了宝贵的工作经验。

★鞍钢工人献交的部分器材

★鞍钢工人将捐献的各种器材送往献交器材展览大会

★赵国有

（二）开展创造生产新纪录运动

在恢复工业生产初期，辽宁地区在很大程度上还存在着管理混乱、生产效率低下的现象。由沈阳第三机器厂车工赵国有率先发起的创造生产新纪录运动，有效解决了这一问题。在赵国有的带动下，许多技术工人想方设法提高劳动生产率，一项项生产纪录被不断刷新。在群众性创造生产新纪录运动的基础上，1949 年 10 月，东北总工会、东北人民政府工业部做出《开展创造生产新纪录运动的决定》，号召全体职工实行新的高的技术标准和技术定额。接着，辽东、辽西两省和沈阳、旅大、鞍山、抚顺、本溪等直辖市总工会相继召开会议，进行具体部署。自此以后，一个生机勃勃的群众性的创造生产新纪录运动在全省广泛地开展起来。

时任中共中央东北局副书记李富春对群众性的创造生产新纪录运动给予极高的评价，指出：这次开展新纪录运动，在政治意义上，是巩固人民民主专政的物质基础、发扬工人阶级建设的伟大力量；在经济意义上，是把生产建设提高一步，开始走入经济建设高潮；在文化意义上，是使全体员工的科学管理技术水平提高一步。

群众性的创造生产新纪录运动，充分发挥了工人的积极性和创造性，加速了工业生产的恢复和发展进程。

（三）开展爱国主义劳动竞赛和增产节约运动

1950 年 10 月，随着中国人民志愿军出国作战、保家卫国，轰轰烈烈的抗美援朝运动兴起。沈阳第三机器厂赵国有车工部提出了开展爱国主义劳动竞赛、保卫祖国、支援朝鲜人民斗争的倡议。10 月 26 日，在东北总工会的号召下，辽东、辽西两省大力开展增产节约爱国主义劳动竞赛。10 月 29 日，鞍山钢铁公司炼铁厂孟泰小组率先向赵国有车工部应战，并向鞍山钢铁公司的全体工友提出了友谊挑战。1951 年 1 月 17 日，全国著名模范班组——沈阳第五机器厂马恒昌生产小组向全国职工提出挑战，倡议开展爱国主义劳动竞赛。此后，爱国主义劳动竞赛如火如荼、轰轰烈烈地在各地广泛深入地全面展开。

1951 年 10 月，毛主席向工人阶级和全国人民提出增加生产、厉行节约，以支援中国人民志愿军的号召。为贯彻落实毛主席的号召，辽东、辽西省政府及总工会要求全省职工积极参加增产节约运动。各地广大职工都把订立爱国公约和订立增产节约计划结合起来，推动了爱国主义劳动竞赛更加深入发展。

劳动竞赛和增产节约运动一直持续到 1953 年。广大职工的爱国热情，以及持续广泛深入开展的劳动竞赛增产节约运动，加速了全省国民经济的恢复发展和辽宁工业基地建设的步伐。

（四）开展技术革新、技术革命运动

从 1958 年开始，为了提高生产效率，攻克难关，解决生产中的一些关键问题，在大搞群众运动的形势下，全国各地出现了技术革新、技术革命运动的高潮。辽宁是企业密集的省份，技术革新、技术革命尤其具有重要意义。

1960 年 1 月，中共中央发出大搞技术革新和技术革命的指示。辽宁在原来已经开始进行的技术革新的基础上，又掀起了新的高潮。

★鞍山钢铁公司炼铁厂的工人们在观看增产节约竞赛的指示图表

在辽宁的众多企业里，鞍钢搞技术革新的规模和声势最大，行动也最早。鞍钢技术革新活动十分注意把工人的干劲和智慧及丰富的实践经验同工程技术人员的理论知识相结合，以解决一些重大技术问题。

这一时期，辽宁各地在技术协作中推广与交流先进经验的活动异常活跃。各地和许多企业为适应活动迅速发展的需要，初步建立了一些制度，按工种、行业或产品建立了专业组，并采取了一些有效措施，极大地促进了技术协作活动的进一步巩固和开展。

技术革新和技术革命运动的蓬勃发展，不仅帮助很多企业解决了一个个重大技术难题，而且创造了很多新工艺和新技术，为推动工农业生产的技术进步做出了巨大贡献。同时，技术革新和技术革命运动也极大地激发了广大群众的积极性和创造性，为弘扬艰苦创业、奋发图强的革命精神，促进生产力的发展，加速全国工业化的进程起到了极大的推动作用。

综上所述，依靠得天独厚的先天条件和孜孜不倦的拼搏奋斗，辽宁人民在党的正确领导下，在全国人民的大力支援下，在自身的艰苦努力下，在社会主义革命和建设时期，基本建成了全国闻名的重工业基地和军事工业基地。这个工业基地，以冶金、机械、化工、石油、煤炭、电力、建材等工业为主体，技术设备先进，产品布局合理。在冶金工业方面，建立了以鞍山、本溪为中心，包括抚顺、大连等地的炼铁、炼钢、无缝钢管和大型钢材制造、高级合金钢的冶炼、炼铝、炼镁等工业；在机械工业方面，建立了以沈阳、大连为中心的新式机床制造、高效率蒸汽机车制造、冶金设备和矿山机器制造、电气设备和高压输电设备制造、船舶制造等工业；在化学工业方面，建立了分布在沈阳、大连、抚顺、锦西等地的基本化学、人造石油、合成化学，以及抗生素、人造纤维等工业；在煤炭工业方面，建立了包括阜新、抚顺、本溪、北票等矿区在内的煤炭生产基地；在电力工业方面，建立了阜新、抚顺、大连等地的火力发电厂。这些骨干重工业项目和黑龙江、吉林两省的煤炭、机械、汽车制造、化工等工业项目结合起来，共同使东北地区成为中国最先建成的重工业基地，特别是在原有基础上恢复和新建立起来的一批包括飞机和汽车制造业、重型和精密机器制造业、冶金和矿山设备制造业，以及高级合金钢和有色金属冶炼业等在内的先进工业制造产业，为新中国工业培育了新兴的主导产业。仅到“一五”计划结束时，辽宁固定资产原值已占全国的 27.5%，居全国第一位，工业总产值达 102 亿元，居全国第二位（仅次于上海）。当时，全国 17% 的原煤、27% 的发电量、近 30% 的金属切割机床、50% 的烧碱、60% 的钢均产自辽宁，飞机、军舰、弹药等军事工业也占有很大的比重。在工业基地建设和发展的过程中，辽宁创造了共和国发展史上 1000 多个第一。同时，辽宁生产的产品、培养的人才和掌握的先进技术广泛地支援了全国各地的工业及其他方面的建设，为新中国形成独立完整的工业体系和国民经济体系做出了巨大贡献。因此，辽宁是共和国工业的奠基地。

事件篇

新中国工业化的奠基礼
——鞍钢“三大工程”的建成投产

中华人民共和国成立后，中国人民虽然站起来了，但是一个没有现代工业的国家，是永远强大不起来的。当1953年第一天到来的时候，中华人民共和国前行的脚步中出现了新的音符，在《人民日报》刊发的社论里，一个新名词跃然纸上——第一个五年计划。社论写道：“工业化——这是我国人民百年来梦寐以求的理想。”的确，工业化的景象让人激动，让人感到新奇和自豪。就在“一五”计划的启动之年，作为新中国工业化的奠基礼，鞍钢“三大工程”的建成投产为全国钢铁工业的进一步发展奠定了坚实的基础，这是国家“一五”计划的重要内容，也是社会主义工业化建设的标志性事件。

鞍钢无缝钢管厂建成投产

无缝钢管被誉为工业的“血管”，是国家工业建设和国防建设的重要原材料，无论是制造飞机、轮船、火车、汽车、锅炉，还是输油、输气、输水，或者是开发矿藏进行地质钻探，哪儿都需要它，哪里也离不开它。如果没有无缝钢管，那么诸如石油、化工、钢铁、机械、军工、航空航天等工业发展都无从谈起。

1949年中华人民共和国成立初期，我国还不能生产无缝钢管。当时只有上海有一些钢管改造设备，但因缺乏热穿孔机械，不能用圆钢生产无缝钢管，又无法从国外进口毛管，只能采用进口无缝钢管或将用过的旧无缝钢管改制为其他规格的无缝钢管。由于当时西方国家对新中国实行经济封锁和禁运，靠从国外进口无缝钢管的来源中断，而当时国内还不能生产，这对国民经济的恢复和国防工业的发展都产生了极大的影响。

1950年3月，中苏签订了《关于恢复和改建鞍钢技术援助议定书》，这是苏联对新中国技术援助的第一个议定书。根据这个议定书，鞍钢无缝钢管厂、大型轧钢厂和炼铁厂7号高炉等工程开始筹备建设。

1952年7月14日，鞍钢无缝钢管厂率先动工，设计年产钢管6万吨，总投资5337.1万元。接着，从1952年8月至1953年5月，我国派出了40名专家和技术工人赴苏联第一乌拉尔新钢管厂学习相关技术。在苏联专家的协助下，工人们克服了一个个技术难关，中国自己的无缝钢管厂从无到有，呼之欲出。1953年9月15日，鞍钢无缝钢管厂机组开始试车。

1953年10月27日，几乎所有的鞍钢工人都提前来到了工厂，紧张又兴奋。这一天，中国冶金史将掀开新的一页。下午两点半，命令热试轧的汽笛响了，通红的钢坯从1200摄氏度的高温加热炉里吐了出来，穿孔机里刚刚露出火红的钢管头时，人们就欢呼着："出来了！出来了！钢管出来了！"在场的所有人都为这一新中国轧制无缝钢管的历史时刻热烈鼓掌，欢呼祝贺。

为了将这个重要消息向党中央报告，大家决定，要把第一根无缝钢管献给毛主席。每一个人期待的心情伴随着钢管的传送而紧张兴奋。钢管带着火花又顺利地通过了轧管机，又是一阵掌声和欢呼，就这样，机器一直把第一根钢管送到了最后一个工序。这时，一位苏联专家与在场的工人握手并祝贺说："新中国从今天起就有了自己的无缝钢管了！"大家欢声雷动。一个曾到苏联学习无缝钢管技术的青年工人兴奋地说："我要马上写信向教给我技术的苏联老师报喜。"另一个工人说："我回家去要告诉乡里的农民，他们和全国人民没有白白地支援鞍钢的建设。"

★ 1953 年 10 月，鞍钢无缝钢管厂热试轧成功。图为第一根无缝钢管经过轧管机后正经过均整机

1953 年 10 月 27 日，第一根管坯试轧，便轧出了无缝钢管成品，这在国际无缝钢管发展史上是个奇迹。从此，新中国有了自己的工业血管。

1953 年 12 月 26 日，毛主席 60 岁生日那一天，他收到了一份特殊的生日礼物。工人们从鞍钢生产的第一根无缝钢管上切下了长 20 厘米的一段，派专人送到北京。1954 年，《人民日报》上刊登了靳尚谊和傅植桂创作的油画《把第一根无缝钢管献给毛主席》，油画主人公是钳工邵明祥，他在钢管上刻下了一行字：“献给敬爱的毛主席”。

鞍钢无缝钢管厂是新中国第一家无缝钢管厂，被誉为新中国无缝钢管的“摇篮”。从工厂破土动工，到第一根无缝钢管问世，仅用了 1 年零 3 个月又 13 天的时间。鞍钢无缝钢管厂是由苏联专家为我国设计并提供成套设备，由我国自行建设安装的机械化、自动化程度较高的大型现代化工程。鞍钢无缝钢管厂的投产，结束了我国不能生产无缝钢管的历史，共和国的钢铁工业由此开始了一段辉煌的历程。

鞍钢大型轧钢厂建成投产

鞍钢大型轧钢厂是毛主席、周总理去莫斯科与斯大林同志签订《中苏友好同盟互助条约》时，苏联援助我国建设的重点工程之一，主要用于生产建筑铁路所需要的钢轨以及建造工厂厂房、铁路桥梁所必需的工字钢、角钢、槽钢和无缝钢管坯等几十种规格的大型钢材。

1952 年 8 月 1 日，鞍钢大型轧钢厂破土动工，设计能力为年轧制钢轨及各种大型钢材 50 万吨，投资 10471.5 万元。基建工程首先动工。其中，土建工程要在 5 万平方米的厂房内，挖土 18 万立方米，围空地脚螺丝 1.7 万余根，埋设电缆管道 10 万米，穿线 20 万米，浇灌混凝土 7 万多立方米。厂房除利用旧厂房外，还需制造、安装钢结构 600 吨。在此基础上，需要安装近两万吨机械设备和千余吨电机设备，还要新建巨大的瓦斯加压站，改修和新建瓦斯管道 300 余米。工程规模大，技术异常复杂。

当时，鞍钢党委提出“百年大计、质量第一”，但还要“争取提前竣工”。这是基建施工的总目标。为了完成这个目标，工程指挥部的成员都搬到工地住，日夜在现场指挥施工。开始时，土建工程只有三四千人，不久就增加到两万余人。混凝土队的工人们大都是此前没有做过混凝土工作的同志，只有少数是打过厂房基础或修过飞机场的工人，但这样巨大的工程以前也没有干过。于是，工程队开办了短期训练班，工人们“边学边做”“边做边学”，克服了重重困难，攻克了一个又一个技术难关。

为了强化工人的主人翁责任感，各班组在职工中加强了思想政治教育，使人人都认识到工程建设的重大意义，生产目的明确了，工作效率就大大提高了。同时，工程指挥部在各项施工中努力强化质量安全责任制，强调各施工单位之间的协调配合，有效地加快了施工进度。当时，每一项基础工程都

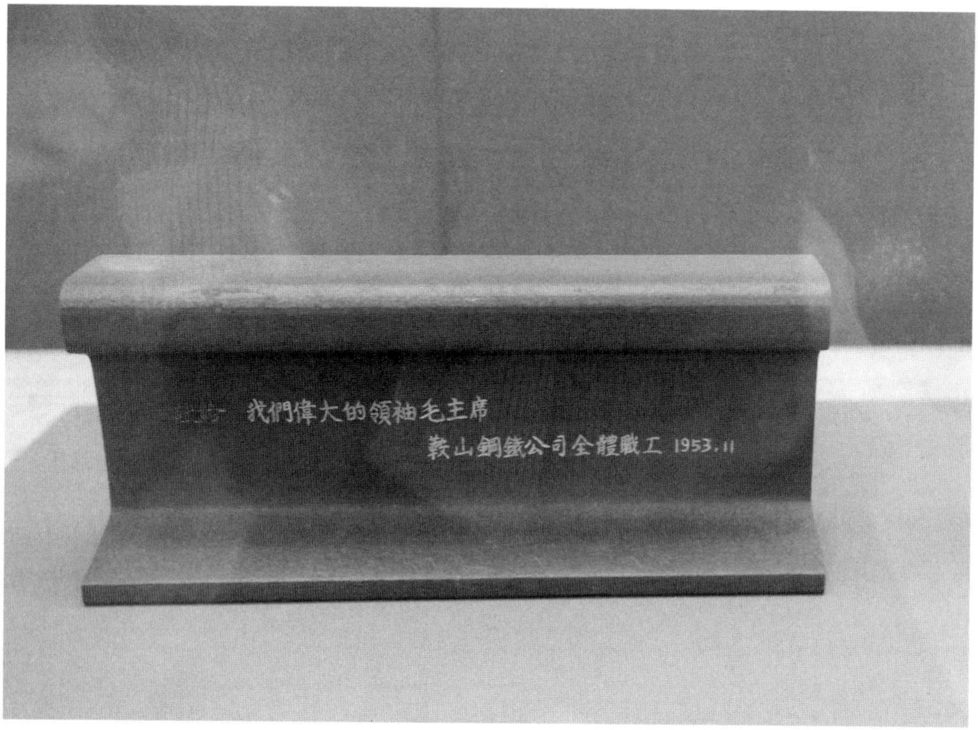

★我国自制的第一根重型钢轨的一段。1953年12月，鞍钢职工将其送给毛泽东

有30多个工序，需要土建、机械、电气、管道金属结构等多个工程公司互相配合施工，在指挥部的统一组织调度下，各项工程有条不紊地快速推进。

一次，项目需要挖掘一个16米深的铁渣坑，施工难度较大。工人们克服重重困难，在苏联土建专家的指导下，采取了“沉箱作业”的施工方案，很快完成了基础作业。当时，正逢雨季，大雨灌入坑内，有塌方的危险，广大干部、职工和技术人员冒着大雨全力组织抢险，防止了事故的发生。

当时，有几个主要项目的施工赶上了冬天，施工难度较大。此前，工人们还没有冬季施工的经验，因此遇到了很多意想不到的困难。如，轧钢机的主要基础工程需要连续不断地浇灌3200多立方米的混凝土。当时正值12月，气温降到零下20摄氏度左右，寒风刺骨，混凝土放得时间长了就会冻住。于是，上万名工人连日连夜、首尾相继地浇灌，万能车、翻斗车、手推车齐上阵，将一车车的混凝土倾泻到四层楼房高的“基础”里去，数十台振动器在“基础”里搅固混凝土，发出嘎嘎震天的响声，数十台电焊枪的弧光闪烁着……就这样，连续干了三天三夜，轧钢机的主要基础工程保证质量地提前完成了。

在苏联专家的热心帮助下，在各工程公司全体职工的共同努力下，仅用了 1 年零 4 个月的时间，鞍钢大型轧钢厂就顺利建设完成。

1953 年 11 月 30 日，鞍钢大型轧钢厂建成投产并轧出新中国第一批大型圆钢。经过负荷运转，热试轧证明：施工质量完全符合技术标准。12 月，鞍山钢铁公司将我国自制的第一根重型钢轨上的一段赠送给了毛泽东同志，并刻上：“献给我们伟大的领袖毛主席 鞍山钢铁公司全体职工 1953.11”。12 月 15 日，鞍钢大型轧钢厂举行了竣工移交生产签字仪式，开始正式投入生产。

鞍钢大型轧钢厂是我国第一家轨梁轧钢厂，也是当时最大的机械化、自动化的大型轧钢厂，其一年生产的钢轨能铺一条从哈尔滨到广州的铁路，一年所创造的价值可以修建 2 座年产 3 万台的拖拉机厂，在国家建设和经济发展中发挥了不可估量的重要作用。

鞍钢炼铁厂 7 号高炉竣工投产

鞍钢炼铁厂始建于 1917 年，至今已有 100 多年的历史，是世界上单厂产能最大的炼铁厂，曾于 1949 年 6 月 27 日炼出第一炉“争气铁”。厂内的 7 号高炉在 1939 年就已经投入生产，有效容积为 947.52 立方米，当时的生铁日生产能力为 700 吨，1945 年停产。为了充分利用这一高炉，从 1953 年 2 月开始，炼铁厂对 7 号高炉进行了改造重建，设计有效容积达到了 918 立方米，单项投资 1087.5 万元。

1953 年 2 月 27 日，7 号高炉开始炉基施工。由于 7 号高炉是在原址基础上进行改建而恢复生产的，因此拆除旧的基础工程量非常大。但是，施工人员大胆进行技术创新，仅用 4 个月时间就基本上完成了各相关工程旧有厂房基础的拆除与清理工作以及半永久临时工程的建筑，进行了设计图纸会审和施工组织设计的编制，为之后的高炉安装工程创造了有利条件。

1953年7月9日，施工人员开始炉体安装。7号高炉安装属于一个系统工程，其中包括改建第7号高炉、第2铸铁机室，新建4、5、6号煤气洗涤机，130吨锅炉和1、2、3号透平鼓风机，以及为其配套而同时兴建的15、16号两座焦炉。施工人员通过努力，仅用了5个月零10天时间就完成了整个安装工程，创造了我国高炉建设史上的奇迹，也为此后的高炉建设积累了许多宝贵经验。

作为我国自行建设的一座现代化高炉，鞍钢炼铁厂7号高炉建设工程规模宏大，技术复杂，主要工程建设部件达到1000种以上，总重量达到了1万余吨，其中筑炉6751立方米，砌筑耐火砖6488吨，安装电气动力设备114台。

为了确保7号高炉的先进性，高炉内型采用了苏联的配料方法进行设计，炉底深度加深，炉缸采用了当时最新式的镀砖冷却壁技术，使得原本7号高炉在技术上存在的缺陷都得到了彻底改变。同时，为了降低工程成本、加快施工进度，工程技术人员还创造出了诸如“双手粘浆砌砖法”等先进方法，在高炉砌砖工程中采用机械化施工，以及试制成功我国第一个叶形闸板等技术成果，大大加快了7号高炉系统工程的施工进度。

1953年12月19日，当时全国最大的高炉——鞍钢炼铁厂7号高炉竣工投产，炼出了第一炉铁水。经过此次改建完成的7号高炉，扩大了炉缸，加深了炉底，年产生铁能力由原来的25.55万吨增加到31.80万吨，产能大大提高。

至此，鞍钢“三大工程”全部建成投产。

很快，以“鞍钢全体职工”落款的一封喜报发向了北京，发给了毛主席：“当此第一个国家五年建设计划的第一年计划即将顺利完成之际，我们兴奋地向您报告：无缝钢管厂、大型轧钢厂、第七号炼铁炉，都已提前竣工，并开始生产，国家交给我们的‘三大工程’任务，已经胜利完成了。”

12月21日，周总理来到鞍钢视察，并为“三大工程”竣工投产题词：“大型轧钢厂、无缝钢管厂、七号炼铁炉的开工生产，是我国社会主义工业化建设中的重大胜利，祝贺鞍钢职工同志们这一伟大的成就，希望你们在毛主席的教导下，继续学习苏联先进经验，为实现社会主义工业化贡献出更

★ 1953 年 12 月 26 日，鞍钢举行“三大工程”开工典礼

大的力量。”

12 月 24 日，毛泽东主席给鞍钢职工回信：“你们一九五三年十二月二十一日的来信收到了。鞍山无缝钢管厂、鞍山大型轧钢厂和鞍山第七号炼铁炉的提前完成建设工程并开始生产，是一九五三年我国重工业发展中的巨大事件。我向参加这三项工程的全体职工和帮助鞍山建设事业的全体苏联同志致以热烈的祝贺和深切的感谢。我国人民现正团结一致，为实现我国的社会主义工业化而奋斗，你们的英勇劳动就是对这一目标的重大贡献。希望你们继续努力，学习苏联先进经验，发挥你们的智慧和力量，争取更大的成就。”

12 月 26 日，鞍钢隆重举行“三大工程”开工典礼。大会会场设在鞍山市人民剧院门前，舞台两侧竖起了象征“基础”的四个巨大的红色方柱，上面矗立着象征“建设”的灰色钢架，由高炉、无缝钢管和重轨图案组成的“三大工程”开工纪念章模型在会场正中的墙上放射出金色的光辉。主席台两侧，挂着开工纪念锦旗以及周恩来的题词。鞍山市区的主要街道和厂区的建筑物上，悬挂起巨幅标语和千百面彩旗。市文工团和各文化馆、文化站领导的业余剧团，全都赶排了精彩的节目，正在鞍山演出的著名演员梅兰芳、周信芳、程砚秋和马连良等也参加了这个庆典。街头巷尾人头攒动，每个人都喜气洋洋，一起庆祝这个伟大的胜利。

12月27日，《人民日报》两个版面报道了鞍钢“三大工程”开工的相关内容，还发表了题为《我国工业建设的伟大胜利》的社论，指出：“‘三大工程’都是应用最新科学成果的高度机械化、自动化设备的工厂，技术要求极为严格，因此，在建设过程中是很复杂和困难的。但是在党中央的正确领导下、在苏联的帮助下、在全国各地的支援下，鞍钢全体职工共同努力，克服了许多困难，终于建成了。这说明在中国共产党领导下的中国工人阶级和全国人民不仅能够战胜国内外的敌人而取得新民主主义革命的彻底胜利，恢复和发展生产，而且能够建设自己的现代化工业，特别是在实行五年经济计划的第一年即看到了显著的成效，建成了有着最新设备的现代化重工业工厂……”

鞍钢“三大工程”的建成投产，是新中国工业化的奠基礼。此后，共和国工业不断发展，不断取得新的辉煌。

打好“社会主义工业化奠基之役”

——20世纪50年代辽宁24项国家重点工程建设纪实

实现国家工业化，是中国人民百年来梦寐以求的理想，也是中国人民不再受帝国主义欺负、不再过穷困生活的基本保证。回首当代中国工业化的发展历程，20世纪50年代苏联援助中国建设的156项重点工业项目无疑是勃兴的源头。在这156项重点工业项目中，安排在辽宁的就多达24项，这24项重点工程成为国民经济发展的关键性和基础性工程，成为影响和带动其他行业发展的龙头，成为中国经济的脊梁和命脉。而伴随着这24项重点工业项目的进行，辽宁的工业奇迹也蔓延开来……

苏联援建　国家支持

中华人民共和国成立后，中国和苏联两国政府于1952年、1953年5月、1954年10月陆续商定了苏联援助中国恢复与建设的162个重点企业（项目）。到1954年年底，确定为156个建设项目，这也是“一五”计划中提出的建设重点。随着“一五”计划的实施，根据实际需要和可能，经过项目增减拆并，最后实际实施的为150项。但由于156项已写进了“一五”计划并已先行公布，为了方便，后来还是习惯性地称苏联援建的重点建设项目为156项。

为了发挥辽宁的工业优势，“一五”计划期间，国家对辽宁的建设给予了极大的关怀和支持，提出“第一个五年计划的中心任务之一，是基本上完成以鞍山钢铁联合企业为中心的东北基地的新建、改建。其中包括抚顺、阜新的煤矿工业，本溪的钢铁工业和沈阳的机器制造工业”。因此，安排在辽

★抚顺西露天矿

宁并实际实施的项目有24项，占实际实施项目总数的16%。这24个项目，国家计划安排投资45.95亿元，实际完成投资50.75亿元，“一五”时期完成投资35.42亿元。辽宁是这三项投资最多的省份，占150项工程投资的比重分别为22.7%、25.9%、33.0%。

安排在辽宁的24个项目中有20个民用项目和4个军用项目，涉及煤炭、钢铁、电力、有色金属、机械、石油6个民用行业及航空、航天、船舶3个军用行业。其中，煤炭工业8项，分别是抚顺西露天矿、抚顺东露天矿、抚顺胜利矿、抚顺老虎台矿、抚顺龙凤矿、阜新海州露天矿、阜新平安立井（新平安矿、五龙矿）和阜新新邱一号立井（兴隆煤矿）；钢铁工业2项，分别是鞍山钢铁公司和本溪钢铁公司；电力工业3项，分别是阜新热电站（阜新发电厂）、抚顺电站（抚顺发电厂）和大连热电站（大连第二发电厂）；有色金属 2 项，分别是抚顺铝厂和杨家杖子钼矿；机械工业 4 项，分别是沈阳第一机床厂、沈阳风动工具厂、沈阳电缆厂和沈阳第二机床厂（中捷友谊厂）；石油工业 1 项，即抚顺第二制油厂（抚顺石油二厂）；航空工业 2 项，分别是国营一一二厂（松陵机械厂、沈阳飞机制造公司）和国营四一〇厂（黎明机械厂）；航天工业 1 项，即国营一一一厂（新光机械厂）；船舶工业 1 项，即国营四三一厂（渤海造船厂）。

多点开花　亮点纷呈

24 个项目虽然是国家“一五”计划工业建设的重点项目，但有的早在 1950 年就列入国家工业建设计划了。“一五”计划之前，国家安排在辽宁的重点项目有鞍山钢铁公司、阜新海州露天矿、抚顺铝厂、阜新热电站、沈阳风动工具厂、阜新平安立井、抚顺电站的改扩建和新建，这些都是国家当时急需发展的重工业项目，均在 1953 年前开工。其中，最早开工的项目是阜新海州露天矿，1950 年 8 月，其筹建和设计全面铺开，1951 年 1 月 1 日正式开始施工。

“一五”计划时期，又有 13 个项目相继开工建设。到“一五”期末，有 14 个项目完成建设并投产，其他开工项目也有部分建成并投产。“一五”计划后，有 2 个项目开工建设，8 个项目继续推进，按照中苏两国签订的协定和苏联设计的内容，到 1960 年 12 月，24 个项目建设全部完成。

在这 24 个项目中，煤炭工业 8 个项目实际完成投资共 7.47 亿元，其中“一五”时期完成投资 5.24 亿元，位居全国首位。续建项目阜新海州露天矿、阜新平安立井在“一五”计划前开工，除抚顺龙凤矿在 1958 年开工外，其余均在“一五”期间开工。到 1960 年，全部工程竣工，全省煤炭新增年生产能力 1070 万吨（采煤 810 万吨、洗煤 260 万吨），基本形成了以抚顺、阜新为中心的煤炭生产基地。阜新海州露天矿电镐作业场面先后成为 1954 年 B2 邮票和 1960 年版五元人民币图案，北京中华世纪坛 300 米甬道石壁 1953 年处

★ 1952 年，东北阜新矿物局正在建设中的露天煤矿，援建的苏联专家到第四十一号电铲工地与工人交流经验

刻有海州露天矿的诞生日。

钢铁工业 2 个项目均为改建项目。其中，鞍山钢铁公司于 1952 年开始建设由苏联引进技术装备的无缝钢管厂、大型轧钢厂和七号高炉“三大工程”，于 1953 年 12 月全部竣工并投入生产。“三大工程”建设创造了新中国建设史上的奇迹，得到了党中央、国务院的表彰。鞍钢一直是国家建设的重点，到 1960 年工程全部竣工时总投资达 26.85 亿元，占同期全国钢铁工业总投资的 47.4%。1960 年 3 月，毛泽东把鞍钢“两参一改三结合”（干部参加劳动，工人参加管理；改革不合理的规章制度；工人群众、领导干部和技术员三结合）

的管理制度称为“鞍钢宪法”，并在全国范围内推广。本溪钢铁公司改建工程1953年开工，1957年竣工，刚好在“一五”计划期间完成。到1960年时，鞍钢新增生铁250万吨、钢320万吨、钢材250万吨的年生产能力，本钢新增生铁110万吨的年生产能力，基本形成了以鞍钢为中心的钢铁生产基地。

机械工业4个项目中，沈阳第一机床厂是在老厂（沈阳第一机器厂）基础上新建的，其余3个为改建项目。其中，沈阳风动工具厂在“一五”计划前开工。4项工程竣工后，形成了年产车床4000台、风动工具2万台/554吨、电缆3万吨、机床4497台/1.6万吨的生产能力。沈阳第一机床厂成为当时全国最大的车床制造厂，沈阳风动工具厂成为中国规模最大的凿岩机械和气动工具专业生产厂。

电力工业3个项目都是火电扩建项目，阜新热电站、抚顺电站在“一五”计划前开工。1952年9月25日，由于阜新热电站提前完成1号机组和1号锅炉安装工程，毛主席给阜新热电站全体职工发来了嘉勉电。到1958年，三项工程全部竣工，总装机达到32.5万千瓦（阜新热电站和抚顺电站各15万千瓦，大连热电站2.5万千瓦），大大缓解了辽宁地区用电紧张的状况。

有色金属工业2个项目为抚顺铝厂改建工程和杨家杖子钼矿新建工程。前者1952年开工，1957年竣工，形成年产铝锭3.9万吨、镁1200吨的生产能力；后者1956年开工，1958年竣工，形成年产钼精矿4700吨的生产能力。

抚顺第二制油厂改建工程于1956年开工，1959年9月部分工程竣工，其余工程因苏联撕毁合同而被迫停建，造成重大经济损失。

为了加强国防建设，国家把军事工业作为“一五”计划的重中之重，安排在辽宁的4项军工项目中的国营一一二厂和国营四一〇厂更是“重中之重”。两厂均于“一五”时期建设并基本完工，实际完成投资额、“一五”时期完成投资额分别为3.98亿元和3.75亿元，分别占同期全国航空工业（12项工程）投资总额的43.3%和44.0%。1956年7月，国营一一二厂完成第一架歼–5飞机总装，并于7月首飞，随后获批批量生产。国营一一一厂的改建为2项航天工程之一，改建的同时承担着修理航空发动机的重任，并包建、援建了四川、

★沈阳第一机床厂生产车间一角

★ 1956 年 8 月 30 日，沈阳风动工具厂提前 16 个月完成第一个五年计划，喜报传来，人们无比振奋

贵州、湖北、吉林、山西等地的大中型军工厂。

工业奠基　成就辉煌

以24个项目为重点，辽宁在新中国成立后十年间特别是在“一五”时期开展了大规模的工业建设，形成了辽宁地区的第一次创业高潮。在这场波澜壮阔的工业建设中，辽宁广大工人、群众，在中国共产党的领导下，以主人翁的责任感和使命感，积极投身到建设的大潮之中，取得了举世瞩目的辉煌成就。

一是建成了国家重要的工业基地。为发挥辽宁的工业优势，与24项工程相配套，国家在沈阳、大连、抚顺、本溪、丹东等地还安排了几百个省市重点项目。到1960年，辽宁基本建成以冶金、煤炭、机械制造、石油化工、电力、建材等为主体的重工业基地和以飞机、船舶制造为主体的军事工业基地。鞍钢建成新中国第一个钢铁工业基地，阜新海州露天矿建成新中国第一座大型现代化露天煤矿，沈阳第一机床厂结束了中国制造机床“一穷二白”的历史，抚顺铝厂成为我国各地大型铝、镁、硅、钛工业的母厂和摇篮，国营一一二厂成为新中国第一个大型喷气式歼击机制造厂……一项又一项“全国第一”，使辽宁成为新中国工业的摇篮和工业化的重要发源地。

二是培养了一支工业生产建设的骨干队伍。到1957年末，辽宁公有制企业职工队伍达250.4万人，比1952年末增加113.8万人。面对重点工程中的先进技术，广大工人、群众刻苦钻研，虚心求教，技术水平不断提高。在掌握先进技术的同时，他们充分发挥自己的聪明才智，大搞技术革新和技术革命，又带动了一大批工人的成长。技术人员通过实践的磨炼，不断成熟起来，创造了许多先进的施工方法，如快速炼钢法、先进切削法、采煤正规循环作业、混凝土巷道预制装配法等。这些先进技术和先进经验推广后，一大批管理干部和技术人员随之成长起来。“一五”期间，辽宁工业基地实现了毛泽东1950年3月3日在东北高级干部会上提出的要求：“东北是全国的工业基地，

★ 1958 年 10 月，沈阳第一机床厂研制成功我国第一台高精密度丝杠加工车床

希望你们搞好这个工业基地，给全国出机器，给国家出专家。”

三是形成了“艰苦奋斗、开拓创新”的创业精神。面对工业基础薄弱、工业化起点低、知识不足、技术力量严重缺乏的实际情况，辽宁和来自全国各地的“天下英才”聚集成浩浩荡荡的建设大军。他们在重点工程建设过程中融为一体，像海绵一样汲取、钻研各种知识和技术，快速掌握了一些先进技术，一大批人才后来都成长为我国各方面的技术专家。他们顶高温、战严寒，以“敢教日月换新天”的精神，出色完成工程建设任务。他们以“功成不必在我”的境界和“功成必定有我”的担当，在辽宁大地上掀起了创造生产新纪录的运动，使工程建设进度不断加快。他们大搞技术革新和技术革命，用自己的智慧和汗水，描绘了辽宁工业史上灿烂的画卷。他们出劳模，学劳模，爱岗敬业，争创一流，艰苦奋斗，勇于创新，淡泊名利，甘于奉献；他们崇尚劳动，热爱劳动，辛勤劳动，诚实劳动；他们执着专注，精益求精，一丝不苟，追求卓越，建成了全国著名的重工业基地和军事工业基地，书写了浓墨重彩的壮丽华章。

20世纪50年代落户辽宁的24项国家重点工程，涉及煤炭、钢铁、电力、有色金属、机械、石化和军工等多个行业，当时，我们从苏联引进了比较先进的技术，大部分填补了我国工业的空白或提高了技术水平。辽宁这个“共和国工业长子”，在国家工业发展史上永远镌刻下历史的辉煌与荣光……

群星闪耀　异彩纷呈

——“一五”时期辽宁地区五个原直辖市重工业发展概览

新中国成立时，今辽宁地区由辽东、辽西两省，旅大行政公署（1950年12月设旅大市）及沈阳、鞍山、抚顺、本溪四个大行政区直辖市组成。1953年3月，沈阳、旅大、鞍山、抚顺、本溪五个大行政区直辖市改为中央直辖市。1954年6月，辽东、辽西两省合并，正式设立辽宁省，沈阳、旅大、鞍山、抚顺、本溪五市改为省辖市。“一五”时期，沈阳、旅大、鞍山、抚顺、本溪5个原直辖市在党中央的正确领导下，在全国人民的帮助和支持下，揭开了工业发展的新篇章，迅速建成了以冶金、机械、化工、石油、煤炭、电力、建材等为主体的重工业基地。各地重工业发展群星闪耀、异彩纷呈，为新中国的社会主义建设做出了巨大贡献，创造了辉煌的历史。

“东方鲁尔”，崛起沈阳

沈阳，辽宁省省会，古称候城、盛京、奉天，国家重要的工业基地和先进装备制造业基地，曾有“机床之乡”的美誉。沈阳市铁西区是闻名全国的老工业区，是重工业企业的聚集地。“一五”时期，在国家政策的支持下，沈阳工业进入了迅速发展的黄金时期。

为了充分利用沈阳原有的工业基础，国家对沈阳进行了大规模的以机电工业为中心的基本建设。作为国家重点建设的地区之一，国家拨给沈阳的基本建设投资达16.1亿元，其中，用于工业的投资为11.1亿元，占全市基本建设投资的68.9%，而工业投资中用于机械工业的投资为8.5亿元，占全部工业

★《中华人民共和国第一个五年国民经济计划草案图表（1953—1957）》

投资的76.6%。

沈阳的工业化建设分布在以铁西、大东地区为主的区域内，其中铁西地区更为集中。在全国156个重点建设项目中，沈阳有6个，其中铁西有3个；在全国694个限额以上的项目中，沈阳有26个，集中在铁西的达12个。这些重点项目于“一五”计划后期陆续建成投产，其生产能力和技术水平都达到或接近当时世界先进水平，开创了沈阳工业发展前所未有的崭新局面，为国家的重点工程建设积累了宝贵的经验。

“一五”时期，沈阳第一机床厂、沈阳风动工具厂、沈阳电缆厂、沈阳第二机床厂、国营一一二厂和国营四一〇厂这六家国家重点建设项目成功改建投产。此外，沈阳重型机器厂、沈阳矿山机器厂、沈阳变压器厂、沈阳高压开关厂等，都是在这一时期经过改建扩建后形成的现代骨干企业，为新中国国民经济各部门提供了强大的技术装备，起到了促进重工业发展的核心作用。

★“一五”时期，扩建中的沈阳第一机床厂工人正在安装苏联机器

通过“一五”时期的集中建设，沈阳的生产力水平得到了全面迅速的发展。到“一五”末期，沈阳以崭新的姿态走在了国家工业化的前列，已经发展成为一个以机电工业为主的，包括电力、煤炭、炼钢、大型机床、飞机、汽车、拖拉机等门类比较齐全的综合性工业城市，1957 年全市工业总产值比 1952 年增长 1.7 倍，5 年中平均每年递增 22.3%。在全国大中城市中，沈阳的工业总产值位居第三，占全国工业总产值的 3%，为此后的生产发展奠定了雄厚的物质、技术基础，也为全国的社会主义建设事业做出了重要贡献。

“滨城”大连，重工林立

大连，位于辽宁的最南端，历史上曾称旅大，有“滨城”“浪漫之都”的美誉，是辽宁乃至东北对外开放的门户。“一五”时期，在优先发展重工业的战略背景下，国家将大连热电站、大连造船厂（即大连船舶重工集团有限公司）、大连机车车辆厂（即中车大连机车车辆有限公司）的扩建改造工程项目落户旅大，推动了旅大重工业的快速发展。

1953年4月，当时全国唯一制造货运蒸汽机车的企业——大连机车车辆厂扩建改造工程被列为“一五”时期国家重点建设项目之一。1956年9月，大连机车车辆厂自行设计试制成功的新中国第一台和平型蒸汽机车，各项经济指标均达到当时世界先进水平，大连机车车辆厂实现了由修理机车到制造蒸汽机车的转变，成为我国铁路机车车辆制造的重要基地，为全国交通运输业的发展做出重要贡献。

1955年12月，国务院将大连造船厂扩建改造工程列为“一五”时期国家重点建设项目之一。经过“一五”改造扩建，大连造船厂从一个设备陈旧、厂房简陋、工艺落后、工作环境差的修船厂，变成一个具有相当规模、技术先进、设备精良的大型现代化造船厂，造船、修船及其他产品的生产能力登上新台阶。

大连热电站扩建改造项目是国家电力工业重点建设项目，分为两期实施。第一期于1954年4月开工，1955年12月6日竣工；第二期于1957年11月开工，经一年多施工安装，主要设备相继投产运行。大连热电站扩建改造工程缓解了辽南地区特别是旅大地区工业、军事用电紧张的局面，为支援辽宁地区重工业发展做出重要贡献。

“一五”时期，旅大地区抓住国家集中力量实施发展重工业战略的机遇，利用国家大规模工业化起步倚重东北工业基地和打造沿海工业基地的政策优

★大连钢厂工人正在炼钢

势，以每年平均完成基本建设投资额8630万元（五年投入4.3亿元）的速度发展重工业。通过国家重点建设工程在旅大的实施，对一批厂房简陋、设备陈旧、技术落后的重化工综合性企业或专业制造企业进行改建和扩建，把过去仅限于修配功能，不能独立制造产品的企业建设成知名的国营大中型骨干企业，并使其具有独立设计和制造新型高效的蒸汽机车、大型海洋船舶、新型的自动化精密机床、成套的橡胶设备、石油化工设备以及精密仪表、国家建设所需的工业产品和民用产品的能力。新建氯酸钾塑料厂，恢复建设大连石油七厂、金州重型机器厂，改建企业745个。企业产品数量和技术水平也有明显提高，1957年，旅大主要工业产品中的钢材、船舶、起重机、纯碱、烧碱等的产量增长两倍、四倍、六倍以至九倍以上。1957年，大连市工业总产值18.3亿元，比1952年增长1.2倍，平均每年递增16.7%，形成了以机械制造、化工为主的城市工业优势，初步建立起比较完备的工业体系。

“钢都”鞍山，以“钢”为纲

鞍山，别称“钢都”，具有较好的工业基础，是我国重要的钢铁工业基地，有“新中国钢铁工业摇篮”的美誉。按照国家“一五”计划优先发展重工业的战略和集中主要力量发展重工业的指导方针，鞍山市委、市政府认真贯彻执行中央提出的“为鞍钢就是为全国”的口号，提出从1953年到1957年全市发展国民经济的基本指导思想是：鞍山市的工作，必须以鞍钢为中心，必须以国家交给我们的这一伟大的任务——建设工业基地为中心，各方面工作，必须为鞍钢服务。

★ 1949年7月9日，鞍钢举行盛大开工典礼

“一五”时期，鞍钢在全国国民经济中处于举足轻重的地位。在鞍钢的发展过程中，鞍钢广大职工和鞍山人民奋发努力，艰苦奋斗，为社会主义工业化建设和鞍钢自身建设做出了突出贡献。到 1957 年，鞍山全面完成和超额完成了“一五”计划各项指标。五年内，全市基本建设投资总额达 19.28 亿元，其中，国家预算内投资 15.42 亿元，自筹资金 3.86 亿元，相当于国民经济恢复时期投资总额的 8 倍。完成国家限额以上的建设项目 5 个，其中鞍钢的改造和建设为国家重点工程，投资额达 17.6 亿元。五年中，国家安排的 47 个重点项目全部竣工投产，平均每 40 天就有 1 个重点工程竣工。鞍钢工业总产值由 1952 年的 3.33 亿元增加到 1957 年的 13.8 亿元。五年累计上缴利润 22.4 亿元，超过了同期国家对鞍钢的投资。

“一五”时期，鞍钢在完成重点工程中规模最大、在全国影响较大的“三大工程”的同时，还完成了被国家列为改建和扩建的其他 37 项重点工程。到“一五”末期，鞍钢已成为拥有 41 座厂矿的现代化大型钢铁联合企业，在生产规模、技术装备、技术素质上，都堪称当时国内一流水平。

以鞍钢为中心，鞍山在实施第一个五年计划的过程中，社会生产力迅速提高，国民经济有了很大的发展，社会主义经济实力大大增强，为国家的经济建设奠定了重要的基础。

“煤都”抚顺，多业兴旺

抚顺，位于辽宁东部，别称“煤都”，是国家重要的能源、原材料工业基地。“一五”时期，抚顺的煤、油、电、钢、铝等工业得到迅速恢复和发展，呈现出多业并举、百业兴旺的繁荣局面。

“一五”时期，抚顺为共和国工业特别是重工业的发展做出了巨大的贡献。抚顺有露天开采的西露天煤矿和井工开采的老虎台煤矿、龙凤煤矿、胜利煤矿，曾一度总计年产优质原煤 1000 万吨以上，开采高峰期曾占全国总产量的十分之一，是新中国成立初期全国最大的煤炭生产基地之一。在大庆油田被发现之前，石油工业部所属的抚顺石油一厂、石油二厂、石油三厂，炼制的页岩油是新中国的主要油料来源，曾占全国石油总产量的30%至50%。抚顺还有当时全国大型的火力发电站——辽宁发电厂。当时，辽宁发电厂和抚顺发电厂年发电能力可达100万千瓦以上，在全国占有极其重要的地位。当时全国最大的铝冶炼工业基地——抚顺铝厂，为现代国防工业和国民经济建设提供了大批原材料。抚顺钢厂生产的高锰合金钢在全国占有特殊地位。其他工业企业如抚顺挖掘机厂、抚顺电瓷厂等，亦规模较大，技术先进，在全国具有较大影响。

作为共和国工业重镇，抚顺为新中国工业化发展做出了重要贡献。新中国的第一吨铝、第一吨镁、第一吨硅、第一吨特种钢、第一台机械式挖掘机均产自抚顺；抚顺石化、抚顺铝业、抚顺特钢、抚顺发电厂、抚顺挖掘机厂为支援全国各地经济建设输送了大量人才和技术力量；在国家156个重点建设项目中，有7项安排在抚顺；抚顺是我国最大的军工和航天特殊钢生产基地，生产的特殊钢材广泛应用于我国航空航天领域。

作为新中国第一代“煤都”，抚顺不仅为国家贡献了数量巨大的煤炭资源，而且借助煤炭的优势，抚顺发电厂一度成为全国最大的火力发电厂，为新中国成立初期国家能源的供给贡献了巨大的能量，为加快新中国工业化的伟大进程做出了巨大贡献。

“煤铁之城”，成绩斐然

本溪，别名本溪湖，曾有“太子城”“东北山城”“燕东胜境”的美誉，是一座以钢铁、化学工业为主的综合性工业城市，盛产优质焦煤、低磷铁、特种钢，亦被称作“煤铁之城”。“一五”时期，作为东北重要的重工业城市，本溪地区以炼焦煤、钢铁、水泥、硫酸、化肥等产品为主的工业建设全面铺开，掀起了工业生产建设高潮。

“一五”时期，以本钢为中心的重大项目改造是本溪地区工业建设的重

★本钢所属铁矿于1956年由地下开采改造成大规模的露天开采

中之重。作为苏联政府援助我国的156项重点工程项目之一，本钢工源炼铁厂两座高炉及其一系列配套工程的改建、扩建进行得如火如荼。工源炼铁厂两座高炉扩建的主要设备从苏联成套引进，炉容从原来的758立方米扩大到920立方米，矿槽和上料系统也进行了改建，两座高炉分别于1956年10月1日和1957年9月1日投产出铁。本钢南芬铁矿结束了半个多世纪的井下开采的历史，建成了大型露天机械化开采的矿山，年产贫铁矿石470万吨。同时，改建了已有的第三选矿车间，新建了第四选矿车间。新建了年产200万吨的新型烧结厂，3座烧结机分别于1957年9月至11月投产。1956年，工源焦化厂改建完成，2座年产70万吨焦炭的奥托式炼焦炉及其副产品回收与精炼设备建成。1956年6月和1958年，第三发电厂两期工程分别改建完成并投产。“一五”期间，本钢各项主要生产指标均超额完成计划目标。其中，累计生产生铁206.6万吨，提前6个月完成“一五”计划；生产电炉钢248万吨，提前18个月完成“一五”计划；生产钢材22.5万吨，提前14个月完成“一五”计划；生产冶金焦炭321.4万吨，提前8个月完成“一五”计划。本钢一跃成为中国第二大钢铁联合企业，为本溪重工业以及辽宁重工业的发展奠定了坚实的物质基础。

“一五”计划前，本溪煤铁公司分别建立了本溪煤矿、彩屯煤矿、牛心台煤矿。1953年4月，本钢煤矿部分划归中央燃料工业部领导，并与赛马矿务局合并成立本溪矿务局。到1956年末，矿务局提前16个月完成“一五”计划。“一五”期间，原煤产量累计完成1223.8万吨，洗精煤产量559.2万吨，工业总产值完成38866万元。

在全国大规模经济建设高潮的推动下，除了钢铁、煤炭两大基础行业外，本溪市充分利用本地资源，发展工业企业，企业数量由1949年的78家增加到1956年的238家。新建企业主要分布在建材、冶金、化工、机械、采矿等行业，为本溪增加了变压器、工业锯条、铅锌矿粉、润滑油脂以及农用机具等上百种新产品。1956年，全市工业总产值4亿多元，是1949年的8.3倍。本溪由传统的单一煤铁型城市成功转型为具有多种工业门类的新型工业城市，对实现国家工业化具有重要意义。

“一五”时期，今辽宁地区的5个原直辖市通过大规模的工业建设，实现了对骨干企业的改建、扩建，完成了一大批工业企业的新建，对日伪遗留的旧、散、小企业普遍进行了技术改造，彻底改变了辽宁的工业面貌，为实现国家的社会主义工业化奠定了坚实的基础。

铸就荣耀　走向辉煌

——“一五”时期辽宁重工业发展成绩斐然

“一五”时期，在国家大力支持下，辽宁初步形成了以能源、冶金、机械、建材为主的重工业基地。长期以来，辽宁不仅为国家建设提供了大量物资和装备，而且输送了大批人才和技术，铸就了多项共和国工业史上的“第一”，为我国建设独立完整的工业体系和国民经济体系，推动工业化和城市化进程，增强国防实力和综合国力，做出了历史性重大贡献。

工业基地　硕果累累

“一五”期间，国家对辽宁的工业建设投资46.4亿元，其中重工业投资43.61亿元，占工业投资的93.9%。辽宁省作为全国大规模经济建设的重点地区，全省计划安排限额以上项目共175个，其中工业建设项目98个，占同期全国计划安排限额以上项目的10.6%。在重工业建设项目中，苏联帮助中国设计的156项重点工程有24项安排在辽宁建设。到1957年底，国家“一五”计划规定在辽宁建设154个限额以上工程，实际开工建设了176个，其中有120个项目全部竣工；苏联援建的24个国家重点工程有17个全部建成投产。

建成国家钢铁工业基地。鞍钢大型轧钢厂、无缝钢管厂、7号高炉“三大工程”等相继建成投产，是新中国成立后最先建成的大型现代化骨干工程，创造了中国工业建设的奇迹。“一五”计划期间，鞍钢共完成投资16.36亿元，占全国同期冶金工业基本建设投资总额的三分之一，新增生铁127万吨、钢

184万吨、钢材134万吨的年生产能力。与此同时，本溪钢铁公司的南芬露天矿，南芬选矿厂，三、四号两座大型自动化高炉，以及焦化厂一、二号焦炉等改建工程相继竣工投产，新增生铁年生产能力110万吨。大连钢厂、抚顺钢厂等改建工程也都相继提前完成。随着这些建设项目的竣工投产，“一五”计划时期辽宁的钢铁生产能力有了很大提升。五年间，钢铁工业企业新增固定资产达16.2亿元，新增加的炼铁生产能力为284万吨，炼钢生产能力为177.3万吨，轧钢生产能力为116.4万吨。通过大规模的建设和改造，辽宁初步建成了我国第一个钢铁工业基地。

建成国家机械工业基地。国家把辽宁的机械工业作为建设重点，投资金额达6.18亿元，占“一五”计划辽宁重工业投资额的14.2%。沈阳第一机床厂、沈阳第二机床厂、沈阳电缆厂、沈阳风动工具厂、国营一一二厂和大连造船厂等企业的建设工程列入了全国156个重点建设项目。同时，改建、扩建了沈阳重型机械厂、沈阳变压器厂、沈阳第三机床厂、大连重型机器厂、大连机车车辆厂等20多个大中型企业。建立了以沈阳、大连为中心的新式机床制造、高效率蒸汽机制造、冶金设备和矿山机械制造、电气设备和高压输电设备制造、船舶制造等国家机械工业基地。

建成国家煤炭工业基地。“一五”计划时期，国家重点对辽宁的抚顺、阜新的煤矿工业进行了规模巨大的新建、改建。在全国156项重点建设工程中，国家在辽宁安排了抚顺西露天矿、抚顺东露天矿、抚顺胜利矿、抚顺老虎台矿、抚顺龙凤矿、阜新海州露天矿、阜新平安立井和阜新新邱一号立井8个煤炭项目，共投资4.95亿元。1957年“一五”计划结束时，辽宁原煤产量达到2280万吨，占全国原煤产量的17.4%，居全国第二位。

建成国家石油加工基地。辽宁是全国建设最早、规模最大的石油工业基地，抚顺、锦西、旅大等地有石油开采及加工企业127个。

电力工业飞速发展。“一五”计划时期，辽宁修复、扩建了水丰水电站和抚顺、阜新、北票、大连、鞍山、本溪等城市的自备电厂，架设了新中国第一条由我国自行设计建设的220千伏松（丰满）东（虎石台）李（李石寨）

超高压送电线路。1957 年，全省装机容量达 86.9 万千瓦，年发电量 52 亿千瓦小时，居全国第一位。

到 1957 年，辽宁省工业企业已发展到 5692 家，工业总产值达 102 亿元，占全国工业总产值的比重由 13.2% 提高到 14.9%，居全国第二位。重工业产值达 72.4 亿元，占全国重工业总产值的 22.7%，居全国第一位。

“工业长子” 贡献卓越

“一五”期间，辽宁省为国家输送生铁 490 万吨，钢材 438 万吨，水泥 575 万吨，化肥 81 万吨。在这些物资中，钢材、有色金属、水泥、石油炼成品和化肥等都占全国同期总产量的 54.6% 至 73.3%。鞍山钢铁公司炼出的钢材在武汉长江大桥、第一汽车制造厂、新疆玉门油田、三门峡水电站和包头钢铁公司等重点工程建设中都起到了重要作用。

辽宁省输送给其他省区的机电设备总量达 1810 万吨，占全国同期总产量的 63.5%。主要设备有：动力设备 8 万台，变压器 675.2 万千伏安，轴承 271 万套。

在技术干部、工人、管理干部方面，全省共向兄弟省份输送 80321 人。其中，工程技术人员 7445 人，熟练技术工人 5647 人，管理干部 16397 人，对支援武汉钢铁公司、包头钢铁公司等新工业基地的建设发挥了骨干作用。

在积累资金支援国家建设方面，全省国营和地方国营工业上缴利润和纳税金额达 87.9 亿元，扣除同期国家对辽宁工业建设的投资，净上缴资金达 43.7 亿元。

多项“第一” 铸就奇迹

在辽宁解放以后至“一五”计划前夕，辽宁在国家重工业发展的过程中已经创造了多项“第一”，在共和国重工业发展史上铸就了辉煌的成绩。1949

★ 1949 年 6 月，沈阳第一机器厂试制成功我国第一台自行设计、测绘的六尺皮带车床，8 月开始生产，共生产 100 多台

★ 1950 年 9 月，沈阳第一机器厂成功铸造了第一枚金属国徽

年6月27日，鞍钢2号高炉流出新中国第一炉铁水，开启了新中国钢铁工业从无到有的转变。1949年，沈阳第一机器厂（沈阳第一机床厂前身）试制成功新中国第一台六尺皮带车床。1950年9月，沈阳第一机器厂成功铸造了新中国第一批金属国徽。这批金属国徽分大、中、小型三种，大型国徽直径2米，共铸造了2枚，其中1枚被悬挂在天安门上。1950年11月，我国第一批Cr13不锈钢在本溪钢铁公司特殊钢厂研制成功。1951年2月5日，沈阳第三橡胶厂成功生产出我国最早的一批米格-15战斗机轮胎，有力地支援了抗美援朝战争。1951年，旅大市交通公司自行设计制造我国第一台流线型1000型四轴有轨电车，1952年投入批量生产。1952年9月25日，我国第一台2.5万千瓦发电机组成功投产发电，阜新发电厂工程队提前完成发电机安装工作。1952年12月16日，我国第一台5吨蒸汽—空气两用自由锻锤在沈阳重型机器厂研制成功，开创了我国生产重型机器的历史。1952年，我国自主生产的第一台大容量变压器“五千号”在沈阳变压器厂问世，结束了我国不能制造大型变压器的历史。

“一五”期间，辽宁在重工业建设方面不断刷新历史，创造了一个又一个奇迹。1953年3月9日，我国第一座自动化的巨型炼铁炉——鞍钢8号高炉开炉生产。1953年3月，我国第一台50000千瓦发电机组在抚顺发电厂投产发电。1953年7月，全国第一座高度机械化并为当时亚洲最大的露天矿——阜新海州露天煤矿投产。1953年8月，我国第一台造纸机械设备——72英寸杨克式圆网纸机在辽阳造纸机械厂研制成功。1953年10月27日，鞍钢无缝钢管厂试轧成功新中国第一批无缝钢管。1953年11月23日，我国第一台20000千伏安变压器在沈阳变压器厂试制成功。1953年11月29日，我国第一台国产巨型矿山机械——球磨机在沈阳重型机器厂试制成功。1953年11月30日，鞍钢大型轧钢厂完成复建，并成功轧制出我国第一根大型钢材。1953年，东北机械工业管理局第20厂（现大连重工·起重集团）试制成功我国第一台60吨气动翻车，这是新中国矿山车辆制造业的起点。1953年，我国第一台Z35型摇臂钻床在沈阳第二机床厂研制成功。1954年1月下旬，东北电

★ 1953 年 11 月 23 日，我国第一台 20000 千伏安 40000 伏特变压器在沈阳变压器厂试制成功

网松东李送电线路全线完成架线并正式投入运行，这是新中国成立后自行设计施工的第一条跨省长距离超高压送电线路。1954 年 3 月 28 日，我国第一台冶金工业的重要设备——螺旋直径 1.2 米的双螺旋分级机，在沈阳矿山机器厂制造成功。1954 年 6 月 27 日，我国第一台电动泥炮在沈阳重型机器厂试制成功。1954 年 7 月 20 日，我国建成的第一个机械化、自动化的鞍钢薄板厂正式投入生产。1954 年 12 月，大连机车车辆厂制造出我国第一批蒸汽机车，我国第一座近代化大型矿井——本溪彩屯竖井全部工程建成投入生产。1955 年 2 月，大连橡塑机厂试制成功国内首台 XK-560 型开放式炼胶机。1955 年 8 月，沈阳第一机床厂试制成功我国第一台普通车床 C620-1。1955 年 9 月 23 日，沈阳机车车辆厂试制成功我国第一辆 P50 型棚车。1955 年 10 月，我国第一台 48 行谷物播种机在沈阳农业机械厂试制成功。1955 年 10 月，沈阳桥梁厂

试制成功我国第一台大型起重设备——辽25吨塔式起重机。1955年，我国第一台型号为SFSL-60000/110的110千伏三线圈大型电力变压器，在沈阳变压器厂试制成功。1955年，抚顺重型机器厂研制成功我国第一台1立方米机械工程挖掘机。1956年5月29日，我国第一台重型板状给料机在沈阳矿山机器厂试制成功。1956年7月19日，我国第一架喷气式战斗机在国营一一二厂试制成功。1956年9月，大连机车车辆厂试制成功我国第一台蒸汽机车，即1-5-1型货运蒸汽机车，命名为和平型机车。1956年10月，沈阳化工研究院与锦西化工厂合作，研制成功我国第一批国产航空有机玻璃。1956年，沈阳第二机床厂试制成功我国第一台T68卧式镗床。1957年2月16日，我国第一台40500千伏安、高压154千伏的巨型电力变压器在沈阳变压器厂试制成功。

★ 1956年，我国第一架新型喷气式战斗机——歼-5在沈阳试制成功

★ 1957 年 10 月，大连造船厂建造的我国第一艘中型油轮“建设九号”下水

1957 年 8 月 6 日，我国第一台现代化机车——建设型蒸汽机车在大连机车车辆厂试制成功。1957 年 10 月，我国建造的第一艘中型油轮“建设九号”下水。1957 年，我国第一套卧式双面 24 轴组合机床 UT001 在大连机床厂自行设计制造成功……

“一五”时期，辽宁重工业的发展为实现国家工业化奠定了坚实基础。辽宁成为共和国成立以后最早建成的重工业基地和军事工业基地。

人物篇

艰苦奋斗献器材，废寝忘食抓技改

——记全国劳动模范、鞍钢老英雄孟泰

在辽宁省鞍山市鞍钢炼铁总厂机关大楼南 50 米处，静静地矗立着一座朴素的纪念馆。据纪念馆馆长吴晓辉介绍，炼铁总厂每年新入职职工培训时，第一站都会来到这里。基层班组的日常党课，新党员入党宣誓仪式，甚至中小学生的主题班会，也经常会选择在这里举行。在 500 多平方米的纪念馆中，陈列着数百件展品，向人们讲述着一位普通钢铁工人不平凡的工作和生活，向世人展现了一位“最美奋斗者”的伟大一生。这个纪念馆的主角，就是新中国成立后第一代全国著名劳动模范、全国钢铁战线老英雄——孟泰。

“孟泰仓库”

孟泰，原名孟瑞祥，曾用名孟宪钢，1898 年 8 月 17 日生于河北省丰润县山王寨村一个贫苦的农民家庭。1917 年，他只身闯关东来到奉天。1926 年，到鞍山制钢所的炼铁厂工作。此后，抗日战争和解放战争时期，孟泰受尽剥削和奴役，饱尝了苦辣辛酸。

1948 年 2 月 19 日，鞍山解放，孟泰看着共产党的军队像对待亲人一样对待他们，万分感动。8 月，由于盘踞在沈阳的国民党军尚未被最后消灭，形势

★孟泰

依旧动荡不安。根据党组织的安排，需要派一些熟悉业务的钢铁工人去吉林通化，参加通化铁厂高炉的修复工作。当时，国共双方胜负未分，一些工人对于到解放区为共产党工作还是有犹豫的，而孟泰此时虽不懂得更深的革命道理，但他深信共产党是穷苦人的救星。他当着工友和全家人表示“跟着共产党，棒打不回头”，义无反顾地奔赴通化，投入到火热的抢修浪潮中去。在孟泰的带领下，工人们只用35天就修复了原定80天修复的两座高炉，受到通化铁厂的表彰。

1948年11月2日，东北全境解放，上级决定调孟泰回鞍山修复高炉。那时的鞍钢，几经炮火洗礼，加上敌人的破坏，千疮百孔，满目疮痍。回到鞍山，孟泰没等把家安顿好就直接奔向厂里。厂里的景象令人心痛：到处一片荒凉，蒿草长得有一人多高，架在半空的废弃管道纵横交错，一根根大烟囱上垒满了老鸹窝……当时留用的昭和制钢所日本技术顾问赖尾喜代三等人根本不相

★孟泰仓库场景还原

★孟泰在岗位上工作

信中国共产党有能力恢复鞍钢的生产，他们扬言道："恢复谈何容易！它需要美国的设备、日本的技术，再加上20年的时光。但你们没有同美国建交，日本又是战败国。看来，这片厂区只能种高粱了。"面对日本专家的断言，孟泰坚定地说："咱们要炼出铁来给他们看看！"在党组织的领导下，在孟泰等人的带领下，鞍钢工人阶级用火山迸发般的劳动热情，在废墟上建起了一个崭新的鞍钢，创造了工业史上的奇迹。

当时，鞍钢面临的最大难题就是缺少器材。在既没有组织号召，也没有领导指派的情况下，孟泰自觉自愿地搞起了回收修复废旧器材的工作。他把日伪时期遗留下来的几个废铁堆翻了个遍，高压阀门、三通水门、连接管件、各种螺栓，凡是能用的都捡回来，就连埋在土里的、弃在荒草中的、淹在水坑里的管件，他也想方设法抠出来。孟泰把这些"宝贝"擦拭干净，涂油抹漆，分类摆放在配管工段的休息室里。对于锈垢严重的管件，没有汽油清洗，孟泰巧妙地利用碾碎的玻璃粉进行研磨，一样把零件修复得光亮如新，而他的双手却磨出了一层层厚实的老茧。随着回收的废旧器材越来越多，配管工段的休息室容纳不下，孟泰就在沙场平台下找了一间破旧房子当仓库。这个仓库管件存量最多时达到4000多件，不仅厂里材料库领不到的管件可以在这里解决，而且领到的不合适管件通常也能在这里调换到。只要是工作需要，留下一张字条便可取走，特别方便。为此，工人们亲切地称呼这个特殊仓库为"孟泰仓库"。

1949年6月27日，鞍钢出铁的钟声响了。顷刻间，一条金色的铁流奔腾而出，周围爆发出了一片欢呼声，很多人流下了激动的热泪。修复后的2号高炉终于生产出第一炉铁水，这是东北解放后生产出的第一炉铁水，以事实有力地否定了日本顾问"这片厂区只能种高粱"的断言。从鞍山钢铁公司成立，到开始恢复生产，只用了7个月的时间，鞍钢人自豪地把第一炉铁水叫作"争气铁"。在修复炼铁厂2号高炉的过程中，所用的管件大部分取自"孟泰仓库"。

为了保证这刚投产的2号高炉能正常出铁，孟泰一连两个月没回家，整天炉上炉下忙活着检查、调整、维护循环水系统。稍一有空，他就帮助炉前工干活。直到 2 号高炉生产稳定运行后，他才拖着疲倦的身体赶回家。这时，他才知道，堂兄弟帮他搬进了新家，自己的第五个女儿已经出生。孟泰在家忙活了一阵，匆忙亲了亲小女儿胖胖乎乎的脸蛋，就又返回了工厂。

1949 年 8 月 1 日，51 岁的孟泰经炼铁厂基层党组织负责人介绍，光荣地加入了中国共产党，成为鞍山解放后第一批发展的产业工人党员之一。当年“跟着共产党，棒打不回头”的誓言如今彻底实现，孟泰为自己获得的政治生命感到无比激动和自豪。

“护厂卫士”

1950 年 6 月，朝鲜战争爆发。以美国为首的“联合国军”出兵干涉，把战火烧到了鸭绿江边，还出动飞机轰炸安东等地。10 月，党中央作出“抗美援朝”的战略决策。为了保卫好全国第一个钢铁基地，支援抗美援朝，鞍钢采取了疏散妇孺和部分物资、组织护厂、防止空袭的一系列应急措施。炼铁厂的年轻人在孟泰的带领下组成了工人纠察队，他们臂戴红袖标，背起钢枪，昼夜巡逻。孟泰更是主动把行李卷都扛到厂里，在高炉边上安了“家”。每次空袭警报响起，孟泰都会拎起心爱的大管钳，飞跑到高炉总水门旁。他抱定与高炉共存亡的念头，如果敌机轰炸高炉，他就趴在总水门上，死也要保护好这个高炉循环水的心脏。工友们都亲切地称他为“护厂卫士”。

“护厂卫士”不仅要防备敌机的轰炸和破坏，更要解决高炉运转过程中的种种问题。

1950 年 8 月中旬的一天早晨，4 号高炉中突然传出了猛烈的爆炸声。正在收拾工具的孟泰立即健步跑向炉台。此时，水蒸气弥漫的炉台前伸手不见五指，耳朵中只听见高炉里爆炸声连续不断，情况万分危急。如果不马上解决问题，不仅整个高炉会毁于一旦，而且附近的几十人性命堪忧。在如此紧张的情势下，孟泰将个人生死置之度外，立即贴近炉体，寻找爆炸原因。很快，他便发现爆炸是由于炉皮烧穿，铁水与顺炉皮流下的冷却水相遇而产生的。

紧急关头，孟泰立即带领抢险的工友，果断地用铁板将水流引离炉皮，在极短的时间内沉着冷静快速地采取了一系列处理措施，成功地避免了一场炉毁人亡的恶性事故。

1950 年初冬的一个夜晚，气温骤然下降，孟泰想到高炉的防寒设备没有完全安装好，很不放心，就连夜赶回厂里。此时，值班人员正为冷却水突然降压而焦灼不安地进行着各个环节的检查。孟泰凭着丰富的经验，迅速查明问题的原因是水道中的总水门堵塞造成了冷却水降压，如不及时排除故障，高炉冷却水就会被烧坏，炼铁生产就会被迫中断。面对险情，孟泰果断踹碎水道表面的冰层，跳入冰冷的水中，俯身抠除了堵在总水门口的杂物，使高炉冷却水恢复了畅通。当工友们把孟泰从冰水中托上来时，他已冻得浑身颤抖，嘴唇发紫，但脸上却露出了微笑。

1951 年深秋，孟泰因风寒感冒发高烧被送进了医院。几天后，孟泰觉得身体稍有好转，便又悄悄跑回高炉台忙活起来。医护人员四处寻找，才知道他已经回到了炼铁厂。孟泰风趣地说："在医院我的病一天能好二分，回厂子一天能好三分。"

一次次的奋不顾身，一次次的化险为夷，孟泰被炼铁厂的工人们敬佩地尊称为"老英雄"。1950 年 9 月 25 日，孟泰光荣地赴京出席了全国工农兵劳动模范代表大会，并被安排在主席台上就座。在北京饭店的庆功宴会上，孟泰兴奋地握着毛主席的手说："我是东北鞍钢的孟泰。"毛主席高兴地说："钢铁战线的老英雄，我们欢迎你，祝贺你！"孟泰激动得说不出话来，心情久久不能平静……

"高炉神仙"

孟泰本就是个刻苦钻研的人，党和国家号召全国人民大胆进行技术革新，全力推动社会主义工业化建设，孟泰更是冲锋在技术革新的第一线。

想要进行技术革新，首先要以科学文化知识作为基础。孟泰从小没有读过书，新中国成立后，鞍山市总工会在职工中开办了文化扫盲班，55岁的孟泰在全厂第一个报了名，成为班里年龄最大的学员。他采取拜师求教、孩子当家庭教师、标画图案记忆生字等办法坚持学习，以惊人的毅力克服重重困难，刻苦钻研文化知识，6个月后，孟泰手捧优秀学员的奖状走出了扫盲班。

几十年与高炉循环水打交道，细心的孟泰对密如蛛网的1000多根冷却水管线布设烂熟于心。掌握了文化知识后，孟泰学以致用，总结归纳了一套“眼睛要看到，耳朵要听到，手要摸到，水要掂到”的“四到”高炉循环水的系统维护操作法，推而广之，效果显著，这套操作法被人们称为“孟泰操作法”。其中的“掂水”功夫堪称“孟泰操作法”中的一绝。孟泰只要把手伸向流淌的循环水水流掂几下，便可准确地判断出水的温度、压力及管路流通的状况。几名刚入厂的青年工人对此半信半疑。一天，孟泰领着几个小伙子检查管线，他掂水后，认定一条手腕粗的管线里面有东西，便顺手抄起管钳，打开了管线接头，不一会儿，一只活蹦乱跳的大青蛙便顺着水流游了出来，几个小伙子看得目瞪口呆，佩服得五体投地。由于孟泰身怀绝技，凡是高炉冷却循环系统出了故障，他都能“手到病除”，同行们全都亲切地叫他“高炉神仙”。

1953年，担任炼铁厂修理场场长的孟泰得知高炉热风炉底部燃烧筒常常烧坏，最短的寿命只能维持三四天，严重影响了高炉的正常生产。孟泰为此寝食不安，他经过反复实地观测和研究，将原来的单层燃烧筒改成循环水冷却的双层燃烧筒。自制成功的双层燃烧筒经使用检验，比原来的单层燃烧筒提高寿命100多倍。

1959年，炼铁厂因冷却水水量不足而影响高炉正常生产，孟泰为此急得夜不能寐。他连续半个多月炉上炉下转了不知多少遍，经过反复思考琢磨，他提出了将高炉循环水管路由并联式改为串联式的方案。经过全厂各方面人员的联合攻关施工，改造后炼铁厂的高炉循环水节约了三分之一，全厂每年不仅可节约费用23万元，而且保证了高炉的正常生产。

1959年，在孟泰、王崇伦的倡议和带动下，鞍钢形成了一支以各级先进模范人物为骨干的技术革新队伍。

★鞍钢孟泰纪念馆

1960 年初，苏联政府背信弃义撕毁合同，停止对我国供应大型轧辊，致使鞍钢面临着停产的危险。孟泰得知这一消息后，立即和王崇伦一起动员和组织了 500 多名技协积极分子开展了从炼铁、炼钢到铸钢的一条龙厂际协作联合技术攻关。在那段艰苦的岁月里，孟泰等人以中国工人阶级的大无畏精神，先后解决了十几项技术难题，终于自制成功大型轧辊，填补了我国冶金史上的空白。此项重大技术攻关的告捷，在当时全国冶金战线轰动一时，被誉为“鞍钢谱写的一曲自力更生的凯歌”。

在鞍钢技术革新的园地里，孟泰用他的心血和汗水浇灌出累累硕果：他自己设计制造成功的套丝机提高工效 8 倍；他攻关成功的瓦斯灰防尘罩，既减少了环境污染，又增加了企业的经济效益；他组织的提高更换高炉风口、铁口速度的技术攻关，刷新了炼铁厂生产的历史纪录……

1967 年，由于忧心国家大事，忧心鞍钢生产，急火攻心，孟泰一下子病倒了，住进了北京医大附属医院，失去了活动和讲话的能力。9 月 30 日，积劳成疾的孟泰在北京医大附属医院病逝，终年 69 岁。

孟泰虽然逝世了，但党和人民始终没有忘记他。2009年9月，孟泰当选“100位新中国成立以来感动中国人物”之一。2019年9月，孟泰被授予“最美奋斗者”称号。孟泰，这个从钢花铁水中铸就出的闪光名字，在共和国钢铁工业的史册上，永远熠熠生辉……

时代建设领跑者，走在时间前面人

——记全国劳动模范王崇伦

他，发明了“万能工具胎”，用1年时间完成了4年的生产任务；他，在鞍钢技术革新和技术协作运动中被誉为“永远的鞍钢功臣”；他，先后14次受到毛泽东、周恩来、朱德、邓小平等党和国家领导人的接见；在庆祝中华人民共和国成立六十周年时，他被评为“共和国建设的时代领跑者”。他就是全国著名劳动模范、鞍钢工人——王崇伦。

赢过时间的赛手

王崇伦，1927年生于辽宁省辽阳县一个贫苦农民家庭，苦难的生活给他的童年留下了痛苦的记忆。成年后，为了养家糊口，他艰苦劳作，却仅能维持温饱。1948年11月2日，东北全境解放，王崇伦终于盼来了崭新的生活。

1949年8月，王崇伦来到鞍钢轧辊厂当刨工，成为解放后鞍钢职工队伍中为数不多的年轻高级技工之一。22岁的王崇伦亲身经历了从旧社会到新社会天翻地覆的巨大变化，对未来充满了美好的憧憬。1951年6月24日，由于工作需要，王崇伦调至鞍钢机修总厂四机修厂工具车间。机修总厂各种机械加工设备齐全，王崇伦走进了一片可以施展自己才华的广阔天地。

1952年，王崇伦所在的工具车间接到了一项十万火急的特殊任务，为中国人民解放军加工飞机副油箱拉杆。任务开始不久，就出现了阻碍。起初，车间的铣床操作工每次铣一根拉杆耗时半个多小时，而且废品率高。眼看这项重要的军工任务难以按期完成，全厂上下都十分焦急。王崇伦看到这番情景，

★王崇伦

暗地里琢磨起破解难题的办法。他从自家院墙上拆下几块砖头，堆成想象中的卡具形状，反复比试，每晚都忙到深夜。历经几天的反复琢磨，王崇伦设计并制造出了一套利用刨床加工拉杆的特殊卡具，一次能同时加工 4 根拉杆，时间却仅用 15 分钟，并且拉杆全部达到一级标准。特急任务胜利告捷，王崇伦用他巧妙的发明和灵巧的双手赢得了比金子还要宝贵的时间。这年秋天，王崇伦光荣地加入了中国共产党。

1953 年，我国开始实施第一个五年计划，鞍钢的生产建设突飞猛进地发展。就在这时，矿山建设第一线告急：大批凿岩机因缺少备件——卡动器而被迫停止作业。卡动器是凿岩机上最易磨损的零件，虽然体积还没有拳头大，

★创造万能工具胎的王崇伦

但制作工艺复杂，需要经过车、插、铣、渗碳、淬火等12道加工工序，并且精度要求很高。当时，国内尚无厂家能够生产这种备件。试制卡动器的特殊任务又一次落在王崇伦所在的工具车间。可是，没想到工序第一关就遇到了“拦路虎”。第一道工序的车床加工工时只需45分钟，而第二道工序的插床加工却要两个半小时。全车间只有一台插床，插床工忙得满头大汗，可积压的待加工件却越来越多，负责后部加工的铣床、磨床操作工人被迫干干停停。结果，一天下来只能制作四五个成品，远远满足不了矿山生产迫在眉睫的需要。“等米下锅”的各矿山干脆派专人守在工具车间，加工完一个卡动器，立即送往矿山。偏偏在这个节骨眼上，工具车间又接到为凿岩机试制第二种常备件——反螺母的任务，这又是必经插床加工的一项工作。一周过后，插床前面积压的待加工件多达上千件。全厂上下都在为插床的低效急得团团转。王崇伦二话没说，又悄悄地搞起了攻关。一天晚上，他在整理技术资料时，翻着刨床代替铣床加工拉杆的现场照片突发灵感，产生一个大胆的构想：用刨床代替插床，制一个圆筒形的工具胎，把插床垂直切削变成水平切削。半个月后，双颊凹陷的王崇伦把特殊工具胎的图纸展现在车间领导面前。这个工具胎外壳酷似一台小电动机，由40多个零件组成，卡动器和反螺母都可以固定在套子中，旋转一周，任意选择加工角度。原来插床一次只能加工一个工件，而工件置放在这个工具胎内，刨床可以成摞切削，就像串糖葫芦一样方便。车间主任和工程人员看了王崇伦设计的图纸，都对他的奇思妙想赞不绝口。在车间领导的大力支持下，几天之后，一个长500毫米、直径200毫米的工具胎安置在王崇伦的刨床上。试车这天，全厂数百人前来观看。当第一批工件加工完毕之时，计时人宣布：加工一个卡动工具耗时仅45分钟。更让在场人震惊的是，以往加工凿岩机的40多个零件，每加工一种零件都得制作一套专用的卡具，而这个工具胎竟能全部取而代之。经过一番集思广益，王崇伦创造的这个独特的工具胎被命名为"万能工具胎"。随后，王崇伦继续攻关夺隘，加工卡动器的纪录连连取得新突破，由45分钟提高到30分钟，最后提高到19分钟，相当于最初效率的6至7倍。凭着"万能工具胎"，王崇伦在同时间的赛跑中再一次创造出奇迹。

技术领航的能手

1954年初，全国工业战线相继涌现出一批有影响力的技术革新能手，大家应中华全国总工会的邀请，聚会首都北京，讨论如何为实现第一个五年计划做出更新的贡献，王崇伦在座谈会上作了充满激情的发言。此时的他，经过党组织的培养教育，思想境界有了更新的升华。他一连几天反复思考，作为一名先进模范人物，不仅要在自己的工作岗位上努力创造出更为优异的成绩，而且还应当感召和吸引成千上万的职工群众加入技术革新的行列，投身创造性的劳动。王崇伦提出了在全国开展技术革新运动的建议，他的想法得到了张明山、唐立言、黄荣昌、刘祖威、朱顺余、傅景文的一致赞同。不久，由王崇伦执笔的7人联名信送到了全国总工会主席的手中。中华全国总工会

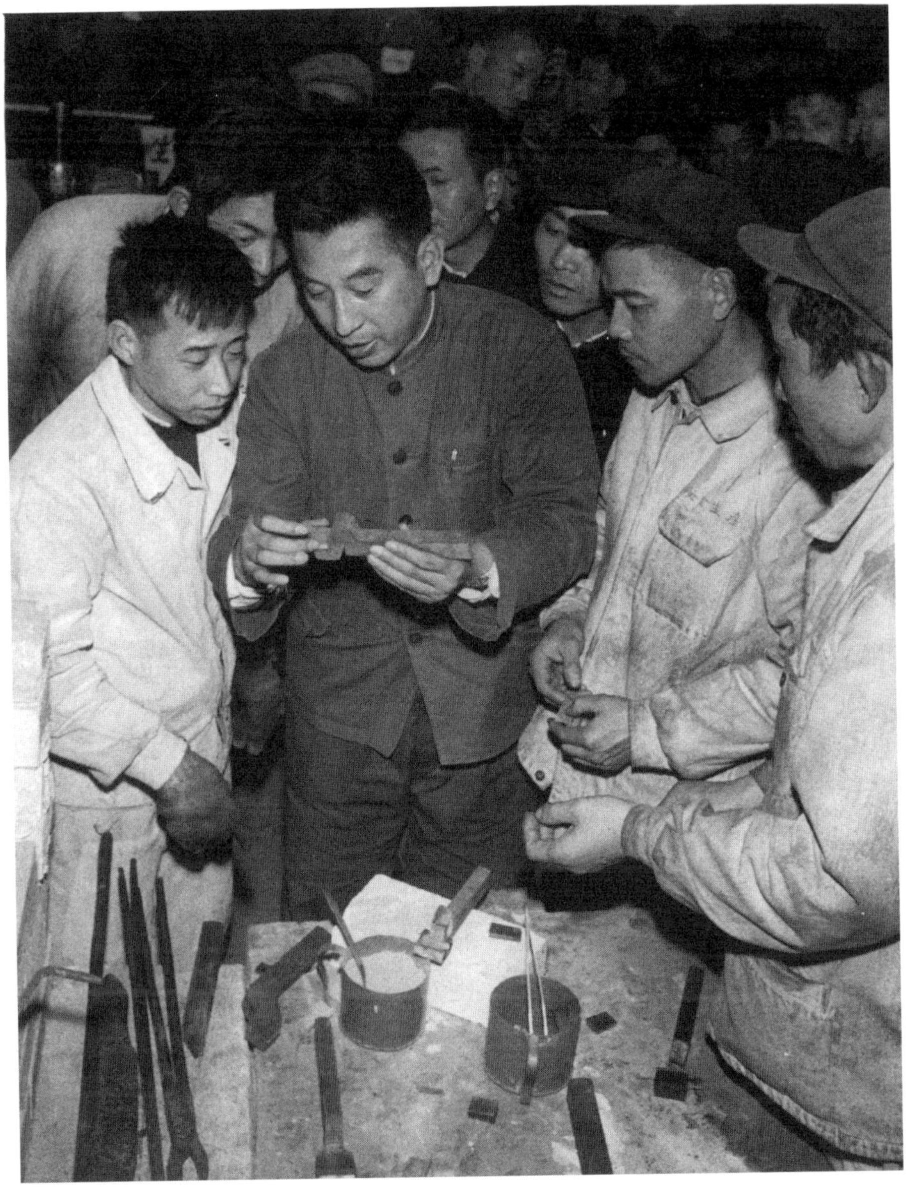

★王崇伦带着先进刀具技术资料到上海重型机器厂送宝取经

对这封具有特殊价值的建议信进行了专题研究，并于同年4月下发了《关于在全国范围内开展技术革新运动的决定》。此后，一个群众性的技术革新运动在长城内外、大江南北蓬勃兴起。新中国成立初期，我国工业战线的装备普遍落后，开展群众性技术革新活动，成为挖掘企业内在潜力，走自力更生、艰苦创业道路，推动工业生产发展的一项具有战略意义的措施，创造了难以计数的巨大财富。王崇伦为此做出了独特的贡献。

1955年，王崇伦所在的工具车间被团中央命名为“青年工具车间”。翌年，王崇伦担任该车间生产副主任。同年，中国科学院辽宁省分院聘任王崇伦为特别研究员。

王崇伦走上领导岗位后，在组织和指挥生产过程中大力倡导技术革新，并且身体力行。1956年，车间生产的铸管模具供不应求，用户经常排队取货。为了攻克这一难关，王崇伦组织车间十几名能工巧匠成立自建自动化生产线攻关突击队，苦战22天，历经157次试验，最终不仅使铸管模具质量大幅度提高，而且生产一个模具只需3分钟，提高工效20倍。1956年，王崇伦被授予全国先进生产者。在王崇伦的带动和影响下，“青年工具车间”职工技术革新蔚然成风，年年超额完成生产计划，是闻名鞍钢的红旗车间。

在技术革新的实践中，王崇伦发现能工巧匠搞革新、攻难关虽然各有所长，但由于工种不同，造成客观上的局限性，使一些本来能够解决的技术难题久拖未果。由此，王崇伦萌生了开展技术协作的念头。他想把鞍钢一批身怀绝技的能工巧匠吸纳在一起，形成攻关夺隘的合力。1959年初，王崇伦找到老英雄孟泰和盘托出自己的设想。两位忘年交的劳动模范一拍即合。经过两人的精心筹划，年底，鞍钢拥有了一支以劳动模范、先进人物为骨干的技术协作队伍。从发起组织鞍钢“技协”积极分子队伍那天起，王崇伦就以极大的热忱开始了废寝忘食的奔忙。每逢星期天，他家门前都停放着一排自行车，来自各厂矿的“刀具大王”“焊接大王”“吊装大王”纷至沓来，经过一番切磋交流，一场场技术攻坚战便很快打响……

在发展壮大“技协”积极分子队伍的过程中，王崇伦提出了“一连十”

的办法，他形象地称之为“滚雪球”。“技协”要求每位鞍钢公司级能工巧匠年内串联10名本单位的能工巧匠加入“技协”活动行列。王崇伦年内一人动员了30人，其中，“六访许朝清”被传为佳话。许朝清是工具车间有名的技术尖子，有一手修磨床的绝活，但他酷爱钓鱼，星期天经常出去钓鱼，不愿参加“技协”。王崇伦6次前去家访，动员他出来参加“技协”队伍。许朝清被王崇伦的精神所感动，终于加入“技协”，成了技术攻关队伍中的一员干将。

20世纪50年代末60年代初，我国连续3年遇到严重困难，苏联政府又撕毁合同，撤走专家，停止对我国供应大型轧钢机轧辊，鞍钢各轧钢厂面临停产的局面。在这严峻的关头，王崇伦与孟泰主动请缨，承担组织研制大轧辊的攻关任务。在两人的领导下，500多名由干部、工程技术人员、能工巧匠组成的“技协”积极分子众志成城，从炼铁、炼钢到铸造，形成“一条龙”跨厂际联合攻关。历时一年之久，先后突破十几项重要技术难题，终于试制成功大型轧辊，填补了我国冶金史上的一项空白。此项重大成果轰动了全国冶金战线，被誉为“鞍钢谱写的一曲自力更生的凯歌”。

技术攻关不断取得硕果，有力地推动了“技协”队伍的发展。王崇伦带领这支队伍，凭着高度的主人翁精神和精湛的技艺，先后为鞍钢解决了一大批生产和技术改造中遇到的难题，而且还应邀为鞍山市、辽宁省、东北地区的许多生产厂家解决重大生产难题，为鞍钢赢得了殊荣。

攻坚克难的旗手

长期带领技术队伍在一线工作，经受着各种各样的锻炼，王崇伦的责任心、领导力和应对突发事件的能力越来越强。1975年2月，海城发生了强烈地震，受地震的影响，厂里一批铁水罐凝铁，造成数座高炉无法出铁，被迫休风。炼铁厂没有氧化残铁机，急难之中，王崇伦受命上阵。他迅速部署，双管齐下，一路召集人马，一路收集技术资料。当天，李绍奎、王广发、许朝清、赵玉林四位“技协”老将聚到炼铁厂，氧化残铁机的图纸全部拿到手，深夜自制氧化残铁机的战斗打响。三天三夜过后，第一台氧化残铁机就投入了作业……

1976 年 7 月 28 日，唐山发生大地震。按照冶金工业部的指令，鞍钢挑选 200 多名精兵强将组成抢修分队，由王崇伦担任指挥。8 月 22 日，24 辆满载人员和各种抢修器材的汽车在王崇伦的带领下火速驶向唐钢。在颠簸的汽车里，王崇伦陷入了紧张的思考，他预感到这是一场前所未有的硬仗。为了打有把握之仗、有准备之仗，王崇伦一边仔细分析唐钢提供的震后概况资料，一边依据以往积累的经验，琢磨起总体作战方案。他把可能遇到的不利因素作了充分估计，把发挥 14 个单位抢修人员特长的方案作了反复推敲。当浩浩荡荡的鞍钢抢修车队冒雨开进唐钢厂区时，王崇伦在路上策划的“分片安营扎寨、统一生活保障、就地勘察实情、实施对口包揽、先行解决送电、全力恢复主体生产”的作战方案已成竹在胸。

周密的方案，加之王崇伦果断的指挥，使抢修分队的各项工作在雨中井然有序地迅速展开。半个小时之后，东倒西歪、余震不断的唐钢 1 号变电所、金工车间、初轧车间、热力车间里就相继出现了王崇伦率队实地勘察的身影。事实正如王崇伦所预料，不解决正常送电这一问题，整个抢修将无法有效展开。抢修变电所最大的难题是随队配备的 5 吨吊车无法将 8 吨重的 3 台歪斜的变压器吊起扶位。王崇伦当即决定：“不等改配吊车，用两木搭加链式起重机的办法起吊变压器。”历经 20 天的苦战，1 号变电所提前 10 天恢复送电，各抢修现场一片欢腾。鞍钢抢修分队成功地打响了第一炮。

在抢修工作进入高潮阶段，王崇伦立足全局，从尽快实现恢复唐钢主体生产的抢修总目标出发，果断抽调各抢修点的强壮人员形成优势兵力，以推绞磨的方式顺利攻克百吨初轧机牌坊复位找正、轧钢辊道矫正等难关，为整个唐钢恢复主体生产创造了有利条件。1976 年 11 月中旬，王崇伦率抢修分队凯旋。

1977年3月，一副前所未有的重担落在王崇伦的肩头——他将担任鞍钢七号高炉改建工程总指挥。这项工程要拆除原有的七号、八号高炉，然后建起容积为2580立方米的当时国内最大、技术装备最先进的七号高炉。从土建施工到设备安装，有上百个项目，材料数万吨，施工达万人，并且要求当年设计、当年施工、当年竣工投产。这一切还要在保证“三钢一铁”正常生产的情况下进行。王崇伦清醒地意识到，这是一项打破常规的改建工程，自然需要打破常规的指挥。上任伊始，王崇伦便把行李搬到工地，吃住不离现场。经过几天的紧张调查研究之后，他果断决策，走出了第一着妙棋：迅速绘制一张充分利用时间和空间、齐头并进实施各项主要工作、倒排工期的项目进度图表。指挥部的精兵强将昼夜赶班，3天之后，标明项目分类、进度时间、质量要求、负责人员的图表高悬在指挥部的墙壁上，整个工程进展情况汇聚一图之上。

为了发掘参战职工的聪明才智，王崇伦要求各参战单位一律成立领导挂帅的“三结合”攻关组，对本单位承担的项目技术难题实行群策群力突破。在工地上，人们时常看到王崇伦手里捏着馒头，嘴里边嚼边与攻关组的同志切磋破解难题。王崇伦的行动成为一道最有力的动员令，各单位的攻关组很快攻克百余项技术和施工难题。鞍钢设计院工程技术人员采取优化组合设计，苦战了3个月，完成了以往需一年完成的5万张图纸的设计任务。修建部职工成功地将高炉安装主体设备85吨大塔吊整体移位10米，赢得工期1个月……在这次特殊的会战中，王崇伦亲自协调设备供应、后勤服务等单位和部门，使之成为工程服务中配合默契的“一盘棋”。王崇伦还南下上海、北上吉林处理加工订货中的棘手难题，争取173个兄弟企业对鞍钢这项重大改造工程伸出热情的援助之手。

1977年12月29日，改建工程胜利竣工后的鞍钢七号高炉流出了第一炉铁水。万名参战职工用智慧和汗水为鞍钢写下了具有历史性的辉煌。该项工程达到了高速度、高质量、低消耗、安全无事故，实现了当年设计、当年施工、当年投产，创造了我国大型高炉建设史上的一个奇迹。

王崇伦自参加工作以来，几乎没有休过节假日。长期的超负荷工作损伤了他原本强健的体魄。1985 年 5 月，王崇伦被确诊为脑血栓后，只住院治疗了一个疗程就又投入了紧张的工作中……2002 年 2 月 1 日，王崇伦因病在北京逝世。著名作家魏巍曾致信王崇伦，信中写道："您就像一颗宣布大进攻战役开始的信号弹一样，带着迷人的色彩冲上天空，它将吸引着万千忠于祖国的人们，不惜一切地赶上前去，扑上前去……您摆脱了时常捉弄我们的恼人的时间，勇敢地出色地走到了时间的前面。"

生产竞赛冲在前，技术改造勇当先

——记全国劳动模范马恒昌和他的模范班组

70多年前，新中国成立时，劳动人民翻身做了国家的主人。一名工人说："要做工厂的主人，就得拿出当主人的样子！"往后余生，他始终以身作则，不仅自己成为开国劳模，还带出一个声名赫赫的模范班组。70多年岁月沧桑，他和他的17位继任者一起，让模范班组的精神代代相传，写就了一部恢宏浩荡的中国工人的奋斗史诗。这个班组，叫"马恒昌小组"，这名工人，叫马恒昌。

攻坚克难创奇迹

1948年11月，沈阳刚刚解放，国民党军的飞机趁解放军防空武器匮乏之际，利用空中优势三天两头前来轰炸。当时，解放军的防空作战只能依靠高射炮，可是缴获来的17门高射炮的核心部件之一——闭锁机被敌人拆掉了。没有闭锁机，高射炮就变成了"废铁"，完全没有用武之地。在解放战争的关键阶段，制造闭锁机的艰巨任务下达至原沈阳第五机器厂，交给了马恒昌所在的生产小组。刚解放的沈阳百废待兴，第五机器厂的情况亦不容乐观，不仅缺乏生产工具，而且工人的素质也是参差不齐。为了这次生产任务，马恒昌和他的工友们临危受命，可当他们看到解放军驻厂代表拿来的样件时都傻了眼，大部分工人都没见过这样的部件。更让人头痛的是，根本没有图纸可以参考。

工人是按照图纸干活，没有图纸，部件外观的形状可以看清楚，却不知

★马恒昌

道里面的尺寸、精确度等情况，根本无从下手。多年的工作经验使马恒昌清楚地意识到，闭锁机不仅是小件，还是制作难度非常大的曲形。最关键的是，没有详细的图纸，仿制过程中一旦精度出现偏差，把不合格的闭锁机装进高射炮里，后果将不堪设想。面对困难，马恒昌并没有退缩，他下定决心，要倾尽自己的所能，投入所有的心血，将闭锁机造好。

为了绘制高射炮闭锁机图纸，马恒昌把饭桌端到家里炕上，开始画图。他一点点地摸索，一张张地画图，边画边试验边修改。最终闭锁机的生产图纸被马恒昌绘制出来了，可是没有精密的测量工具，根本无法制造闭锁机，这又成为工程进度的一大阻碍。一天夜里，马恒昌辗转反侧难以入睡，突然，他想起家里珍藏多年的千分尺应该能够派上用场。这个千分尺是马恒昌当年省下一家 8 口数月的口粮才买下的，能测量出比头发丝还细的东西。1948 年闹饥荒，全家老小硬是吃糠咽菜咬牙挺着也没舍得将它卖掉。想到这里，马恒昌一刻也等不及，连夜坐火车回家，把千分尺取回来，送给了厂里。马恒

★沈阳第五机器厂马恒昌小组在解决技术问题

★马恒昌小组

昌捐献贵重器材的行为在全厂引起巨大的震动，全厂工友热烈响应，只要家里有的、工厂能用上的，都纷纷拿出来捐献。

制造闭锁机的工期越来越近，马恒昌带领车工一组昼夜不停地加班制作。然而，就在他们全力以赴赶工时的紧要关头，危险悄然临近。一天，车工一组正在工作时，头顶突然传来飞机的轰鸣声，接着传来一连串的爆炸声。工人们知道，国民党军的飞机又来轰炸了。空袭警报声不断传来，工友们拉着马恒昌想赶紧撤离。马恒昌倔强地说："它炸它的，我干我的。我命大，没事。"面对危险，马恒昌仍是头也不抬地继续工作。工友们被马恒昌的精神感染，不顾生命安危，都回到工作岗位。车床启动，卡盘飞转，就这样，马恒昌和工友们提前5天完成了闭锁机的制造任务。随着一门门高射炮喷出火舌，曾经嚣张一时的国民党军战机再也不敢大摇大摆地出现在战场上空。这项任务圆满完成后，马恒昌所在的车工一组被授予集体功。

为了更有力地支援全国解放战争，马恒昌带领车工一组向全厂发出了"开展迎接红五月劳动竞赛"的倡议，得到了全厂 50 多个班组的热烈响应。竞赛中，马恒昌启发大家靠技术革新实现竞赛目标，创优质，夺高产，夺优胜锦旗。他率先带头成功革新了斜度板胎具，提高了工效 3.1 倍。1949 年 4 月 28 日，马恒昌所在的沈阳第五机器厂召开了竞赛表彰大会，车工一组获得"生产竞赛模范班"的红旗，工厂党组织还以马恒昌的名字为小组命名。从此，马恒昌与他的小组永远联系在了一起。"马恒昌小组"也成为新中国成立后第一个以工人名字命名的生产小组。

倡议竞赛遍全国

1950 年 10 月，朝鲜战争的战火已经蔓延到了鸭绿江畔。中央指示，为了保存刚刚发展起来的重工业，东北的一些工厂必须转移。10 月 24 日，一辆满载着人员和设备的列车秘密从沈阳出发，一路向北。马恒昌和他所带领的车工组及其他人员共 94 人，作为第一批迁移队伍来到了黑龙江省齐齐哈尔市，筹备建立齐齐哈尔第二机床厂。为了尽快投入生产，当务之急是抓紧时间把设备搬到工厂里。由于没有起重机，把货场里重达几千斤、几万斤的机器搬运到车间全部依靠人力。货场距离车间有 3.5 公里远，“马恒昌小组”的工人们借助撬棍、粗绳、木板、滚杠等简陋的工具，用最原始的方法，搬运着各种大型机器。在齐齐哈尔严寒的冬日，工人们豆大的汗珠从额头上渗出来，但没有人喊累，也没有人退缩。在“马恒昌小组”的带动下，所有工人都充满了干劲。经过艰辛的劳动，机器终于陆续搬进了车间。1951 年 1 月上旬，工厂迁到齐齐哈尔后仅用 79 天时间就顺利开工，当年完成了军工急需的弹头机、火帽机、装药机等多种设备的生产任务，而且还成功制造出了我国第一台升降铣床和 251 型镗床，在抗美援朝战争极为艰难的时期，有力地支援了前线。

中国人民志愿军在朝鲜战场节节胜利，消息传至齐齐哈尔第二机床厂，

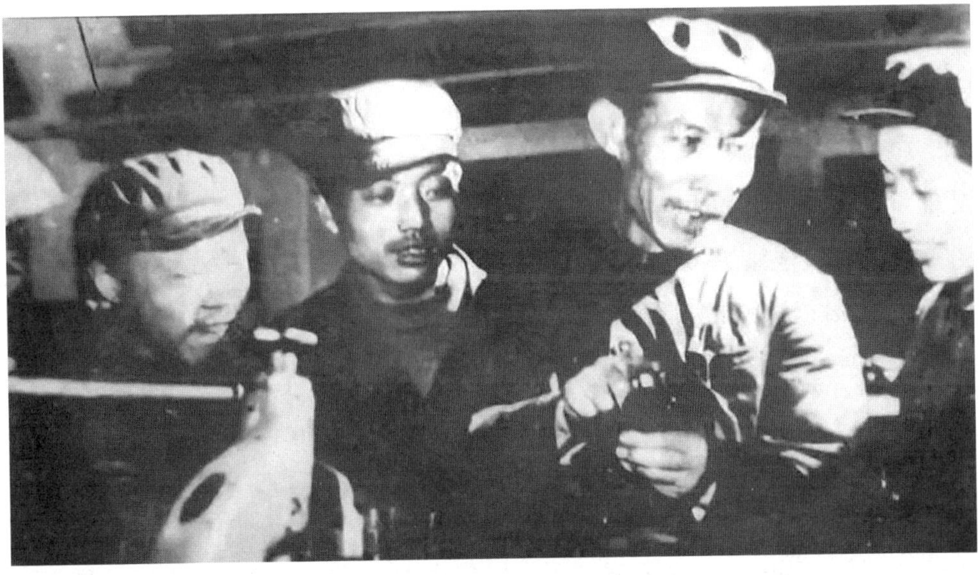

★马恒昌（右二）与工友们在一起

进一步激发了马恒昌和工友们的工作热情。“马恒昌小组”主动提出加班，保证出满勤干好活，以实际行动支援抗美援朝战争。1月17日，“马恒昌小组”通过《工人日报》向全国各条战线发出了开展爱国主义劳动竞赛的倡议。倡议发出后反响巨大，从首都北京到南方的广东、广西、福建，从重工业城市沈阳到大都市上海、武汉、西安、成都，广泛响应倡议。据统计，全国共有18000多个班组热烈响应，积极应战。响应倡议的不仅有国营企业的班组，还有私营企业的班组，不仅有工矿企业的班组，还有文教卫商以及科研类的班组，一场轰轰烈烈的爱国主义劳动竞赛就这样深入、持续地开展起来。许多企业的劳动生产率成倍增长，“向‘马恒昌小组’学习”“做‘马恒昌小组’式的班组”成为当时工人中的一股热潮，就连战火纷飞的朝鲜战场也发来了200多封志愿军和朝鲜人民军战士的信件，以表达对“马恒昌小组”的支持。

随后，《工人日报》刊登了“马恒昌小组”的一封公开信，信中说道：“我们小组首先要做个榜样，事事要走在前头。”“要尽可能多地推动所有班组参加到全国爱国主义劳动竞赛里来，这样起的作用更大一些。”正是凭着这样的豪情与信念，这一年“马恒昌小组”提前两个半月完成全年的工作任务，创造了69项新纪录，产品质量合格率为99.61%。“马恒昌小组”成了全国工人阶级的一面旗帜。

1951年6月，中国人民抗美援朝总会发出了三大号召后，“马恒昌小组”又重新修订了爱国公约，并订出捐献超额奖金50%和每月每人献工一天以及主动降低工时定额等长期捐献计划，为抗美援朝捐献飞机、大炮，捐献活动一直持续到抗美援朝战争结束。

“三大法宝”开先河

作为新中国第一代全国劳动模范，马恒昌先后13次受到毛泽东主席的亲切接见，曾任第一届至第六届全国人民代表大会代表，第四届、第五届全国人大常务委员会委员，中国工会第八届、第九届执行委员，中华全国总工会劳动部副部长等重要职务。“马恒昌小组”自1949年4月28日建组至今，也已经走过了70多年的光辉历程。多年来，马恒昌和他的组员们依靠劳动竞赛、民主管理、技术革新“三大法宝”，为中国工业企业班组建设开创了先河。

马恒昌经常挂在嘴边上的一句话是“工人当了家，咱得干出个样儿来”。作为“马恒昌小组”的首任组长，他尊重每个小组成员的积极性，发挥每个人的专长，将个人的才智凝聚在一起，形成小组的创造力。他让全组10位工人自报公议，每个人都担当一个角色，有管学习的，有管技术的，有管质量的，有管卫生的，有保管工具的。后来，组里兵强马壮，人增加了，他便把大家的工作进一步细化为政治学习、技术质量、经济核算、工具管理、设备安全、生活服务六大方面，设专门的工人管理。这一被称为“六大员”的企业班组民主管理方法，后来被推广到了全国。

工作中，马恒昌锐意进取，勇于创新，新点子、新经验层出不穷，有效地提高了劳动生产力。由他带领的“马恒昌小组”以金属加工技术精湛著称，在中国首先提出了“工人参与企业管理，做企业主人”的理念。马恒昌创造了班组长工作“五在前”：思想工作做在前；艰苦任务做在前；完成计划干在前；遵守制度走在前；关心同志想在前。“五必访”：有困难必访；婚丧事必访；家庭纠纷必访；组员患病必访；冬夏换季必访。“六知道”：知道组员家庭人口和经济情况；知道家庭住址和居住情况；知道组员性格、爱好和特长；知道组员健康情况；知道组员配偶及父母工作单位；知道组员思想状态和情绪变化等。

“一五”期间，“马恒昌小组”用5年时间完成了14年的工作量，成为全国工业战线学习的榜样。20世纪60年代初国民经济困难时期，“马恒昌小组”发扬艰苦奋斗、勤俭节约精神，为国家克服暂时困难做出了贡献。“文化大革命”期间，马恒昌顶着压力，到生产车间指挥生产，安下心来搞革新，给全厂职工极大的鼓舞，10年时间里完成了15年的工作量，产品质量合格率平均达到了99.6%，实现技术革新118项。其中，半自动液压平头机、钻孔机和半自动起重吊等就是在这个时期诞生的。

20世纪70年代中期，年逾花甲、德高望重的马恒昌兼任了齐齐哈尔市职工技术协作委员会副主任。职工“技协”活动起源于20世纪60年代中期的沈阳，由沈阳气体压缩机厂劳动模范吴家柱、林海峰与吴大有三人发起，是以研究交流技术、解决技术关键、保证生产为目的的群众性技术协作组织。它的产生，为广大职工施展聪明才智提供了广阔的平台，有力地促进了生产效率的提高。这项活动得到了全国总工会的高度重视和支持，20世纪70年代中期在全国普及推广。这项活动的开展与马恒昌的想法十分合拍，因此，他不顾自己年事已高，主动担起了先进技术推广传播使者的重任。开始，马恒昌把小组和厂内的能工巧匠组织起来，在全厂开展以革新攻关为主要内容的群众“技协”活动，攻克了一项又一项生产技术难关，为工厂开发研制我国第一台六工位冷成型机、多工位自动高速冷镦机等多个产品立下了赫赫功绩。接着，受省、市“技协”组织的邀请，他又率领全市的能工巧匠组成技术学习表演队，到省内外开展“技协”活动，传经送宝，无偿地进行技术服务，展现出劳动模范的高风亮节。

1978年3月，年逾古稀的马恒昌刚刚参加完第五届全国人民代表大会一次会议，又千里迢迢赶赴福州，去参加福州市先进刀具表演和第一机械工业部在福州召开的编写《职工技术手册》的会议。只要是有关推广先进技术和刀具内容的会议，他都不顾年迈体弱，风雨无阻地赶去参加，绝不放过任何一次学习交流的机会。他每次回来，都要把外面的先进技术带回来，在小组、全厂、全市推广应用。其中，不重磨刀具等25种先进刀具和十几种先进操作法就是他带回推广的。十几年中，吉林、辽宁、河北、北京、上海、浙江、江苏、江西、广东、广西等19个省、区、市都留下了马恒昌和“技协”服务队辛勤的汗水和足迹。

1977年5月，马恒昌与马江林代表小组参加了全国“工业学大庆”会议，小组被命名为“全国工业学大庆先进集体”，马恒昌和马江林被大会誉为“父

★沈阳市劳动公园内的马恒昌塑像

子英雄”。1978 年 8 月，全国机械工业学大庆会议召开，第一机械工业部做出决定：全国机械工业战线广泛开展学大庆、赶“马恒昌小组”的群众运动。同年，马恒昌被黑龙江省授予“劳动英雄”称号；同年 9 月，马恒昌参加全国劳动模范代表座谈会。1979 年 4 月 28 日，第一机械工业部、中华全国总工会、中共黑龙江省委在齐齐哈尔市召开“纪念马恒昌小组建组 30 周年现场交流会”。

多年来，正如马恒昌自己说的那样：“喊破嗓子，不如做出样子。”这句普普通通、实实在在的话语，已经成为“马恒昌小组”精神的精髓与核心，成为鼓舞中国工人阶级不断创新发展的座右铭。

场馆篇

中国工业博物馆

中国工业博物馆位于沈阳市铁西区卫工北街14号，北一马路与卫工明渠交会处，是由原铸造博物馆改扩建而成的。2012年5月，中国工业博物馆一期开馆，共开放通史馆、机床馆、铸造馆和铁西十年成果展馆四个展馆，开放面积近2万平方米，展出了1300余件实体文物。2013年9月，中国工业博

★中国工业博物馆

★馆藏展示——第一重型机器厂设备

★中国工业博物馆

物馆二期开馆，建有冶金馆、重装馆、机电馆、汽车馆、香港馆、车模展和铁西馆。中国工业博物馆记录了中国工业百年发展的历程，也见证了沈阳这座工业城市振兴的足迹，再现了沈阳老一代工人的故事。文物来自上海、北京、内蒙古、香港等22个省区市、特区。为最大限度地节约资金，中国工业博物馆文物征集采取了捐赠、借展、租赁、低价收购等多种方式。

中国工业博物馆的馆藏文物年代从商代至今跨越了4000余年，大到蒸汽机车头、蒸馏塔，小到温度计、存折。其中，国家一级文物1件，即西周青铜铭文曲刃矛式短剑；国家二级、三级以上文物10件，如20世纪30年代初的铁西规划地图、1900年的中东铁路铁轨、西周青铜盔、春秋时期盔甲、殷商时期铜镜等。

铸造馆内陈列着许多个“世界之最”“中国之最”：有世界最大口径的铸管（直径2.2米）、最大的超高压断路器壳体（铝合金铸件，重2吨）、最大的立车横梁铸件（重115吨）、最薄的铸件（厚0.38毫米）；有中国第一个铸造用机械手、中国第一个自主研发的管模、中国第一根超高压管的样管、中国第一台万能钻床、中国第一台八轴立式机床、中国第一台精密丝杠机床、中国第一台五轴联动机床。

博物馆中不仅有过去和现在的工业文物、设备，也在诸多细节上展现了工人的日常生活，比如几十年前的工作服、工人用品柜、老式的自行车、车间工人工作场景雕塑等，真实地还原了工人的工作生活。

机床馆位于新馆的一层，展陈面积2300平方米，馆内既有机床的实物展示，还有利用声光电多媒体等形式的展示。走进馆内，游客能够了解到机床的工业知识和作为“机床之乡”的沈阳机床的发展历程。

铸造馆在原有的铸造博物馆的基础上改建而成，展陈面积8000平方米，是一期开放展馆中展陈面积最大的一个展馆，在馆内能够了解到我国铸造工艺的发展历程和遗址出土的国宝级青铜器，游客还可以参与其中，体验一下铸造铸件如何操作。

通史馆位于新馆的一层，展陈面积2300平方米，全面介绍中国工业文明特点，重点展示铁西工业文明发展历程，并以时代为轴线，分别介绍了中西方工业的进程。

中国工业博物馆不仅记录了新中国艰辛奋进重现辉煌的历史，也填补了我国工业类综合博物馆的空白。其中的“铁西馆”，更是以“铁西百年记忆”为主线，展现铁西百年历史的恢宏巨制。铁西馆建筑面积 4800 平方米，展陈面积 4195 平方米，展线长度 915 米，陈列照片 434 张，档案、实物和模型 820 件，图表 119 个，数据 5 万余个，绘画作品 10 幅，专题片 6 部，沙盘 2 个，主题雕塑 1 组，是由铁西区委、区政府主办，区委办公室、区档案局承办，相关部门参与配合，共同呈现给铁西乃至沈阳人民的一个文化精品。

地　　址：沈阳市铁西区卫工北街 14 号

开放时间：周二至周日 9：00—16：00（周一闭馆）

乘车路线：沈阳市内乘坐 175 路、176 路、267 路、277 路、288 路公交车到铁西区卫工街北一路站下车；147 路公交始发站设在博物馆正门旁

联系电话：024-25702088

鞍钢集团博物馆

鞍钢集团博物馆位于鞍山市铁西区环钢路1号，鞍钢集团大门旁。博物馆主体建筑由展示大礼堂和三层展厅组成。总占地面积67600平方米，建筑面积12600平方米，钢铁主题公园55000平方米，展陈面积近9400平方米，基本陈列展线2600米。

2013年3月20日，鞍钢集团党委做出决定：建立鞍钢集团展览馆，以展示鞍钢优秀企业文化。几经磋商，展览馆选址于炼铁总厂原二烧车间厂房，“修旧如旧，建新如故”，充分体现鞍钢文化的悠久历史和深邃内涵。7月9日，奠基仪式隆重举行。经过一年零四个月的艰苦建设，2014年12月26日，鞍钢集团展览馆正式开馆。2016年10月，鞍钢集团展览馆更名为鞍钢集团博物馆。自2017年9月15日起，鞍钢集团党委着手品牌鞍钢展厅改造。2018年8月，博物馆进入了展陈设计与施工阶段。同年12月，正式对外开放。

自2014年开馆至今，鞍钢集团博物馆共接待中外游客超过100万人次，完成90余次的重要接待，被社会各界广泛赞誉，形成良好的社会反响。博物馆应用了先进的展示手法，如幻影成像、智能调光玻璃、魔幻透屏、飘屏互动演示、球幕投影、数字沙盘、虚拟漫游、环幕影院等高科技手段。在这里，游客可以完成“钢铁是如何炼成的”钢铁工业科普之旅。

鞍钢集团博物馆基本陈列设有沧桑岁月、长子鞍钢、创新鞍钢、鞍钢宪法、摇篮鞍钢、奉献鞍钢、魅力鞍钢、绿色鞍钢、资源鞍钢、英模鞍钢、品牌鞍钢11个主题展厅，1个临时性展厅和老高炉、烧结机2个特展。

博物馆基本陈列展览反映鞍钢经历的日伪压榨史、工人斗争史、鞍钢解

★鞍钢集团博物馆外景

★鞍钢集团博物馆大厅

★毛泽东对“鞍钢宪法”的批示

放史和工业发展史等4个阶段，书写了1909年至2018年百余年鞍钢的艰辛历程与辉煌付出，饱含鞍钢和鞍钢人的家国情怀与长子情结。具体展陈设计内容与展品陈列如下：沧桑岁月展厅回顾了从1909年到1948年的近代历史；长子鞍钢、摇篮鞍钢、奉献鞍钢展厅讲述了1948年鞍钢恢复生产、“一五”重点建设项目“三大工程”的胜利完工以及鞍钢人援建新中国钢铁企业建设等奉献历程；鞍钢宪法、创新鞍钢、品牌鞍钢展厅展示了从1958年到2017年，在中国共产党领导下的中国钢铁企业依靠科技的力量走出一条改革创新之路；英模鞍钢展厅，用英模们的事迹生动地诠释了社会主义核心价值观的内涵。

全馆展示3000多幅照片，上展文物展品1578件，收藏实物10000多件，其中国家一级文物（推荐）9件/套、15件，国家二级文物70件/套、159件，

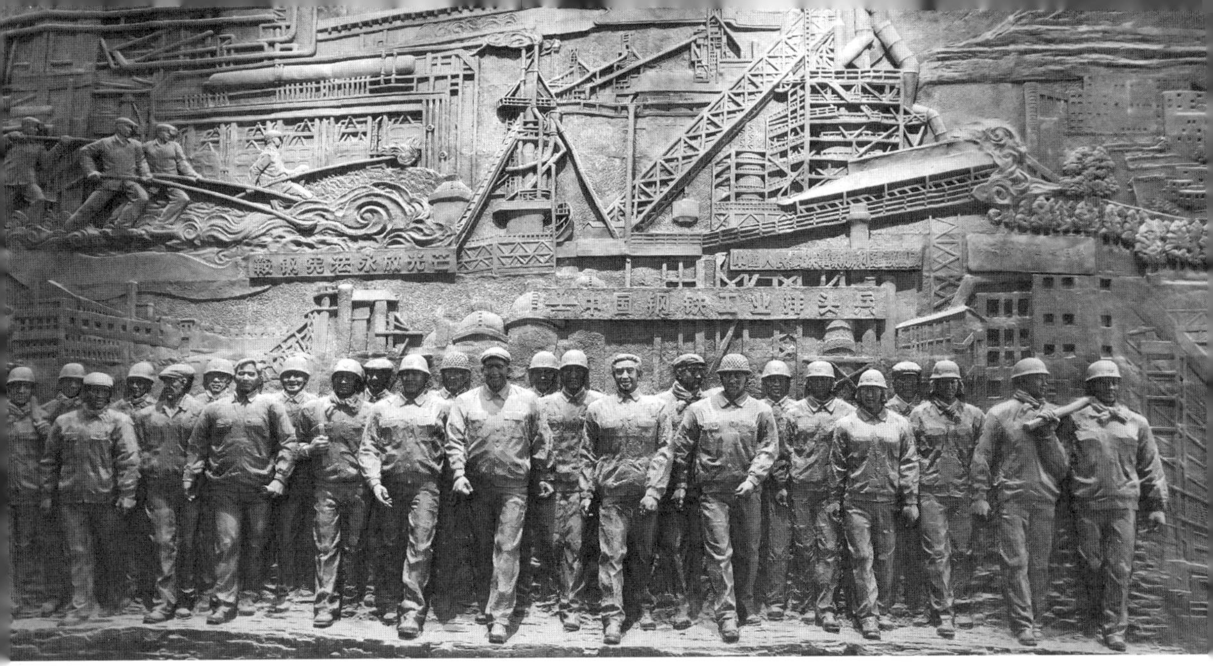

★鞍钢集团博物馆序厅的浮雕

国家三级文物 115 件 / 套、249 件。

目前，鞍钢集团博物馆已成为辽宁科技大学、北京科技大学、东北大学等 8 所大学的课外教学基地，成功晋级国家 AAAA 级景区，被授予辽宁省爱国主义教育基地、辽宁省科普教育示范基地、辽宁省中共党史教育基地、全国青年文明号等荣誉称号。2017 年 12 月，博物馆被命名为第一批全国中小学生研学实践教育基地，博物馆申报的“鞍山钢铁厂”入选首批国家工业遗产。2018 年 9 月 18 日，博物馆成功晋级为国家二级博物馆。

地　　址：鞍山市铁西区环钢路 1 号

开放时间：周二至周日 9:00—16:00，15:30 停止入场（周一闭馆）

乘车路线：鞍山市内乘坐 6 路、9 路、626 路、628 路公交可到达

联系电话：0412-6723636

永恒雷锋
雷锋纪念馆
江泽民

综述篇

雷锋从辽宁走向全国

雷锋，一位普通的解放军战士，一位优秀的共产党员。在党的悉心培养和教育下，他以共产主义信仰规范自己的言行，以勤劳俭朴、无私奉献的一生，孕育了感天撼地、光耀千秋的雷锋精神，在广大人民心目中铸就了不朽的丰碑。辽宁，是雷锋的第二故乡，雷锋人生中最后、最宝贵的四年时光是在辽宁度过的，辽宁是最早发现、挖掘和宣传雷锋事迹的，学雷锋活动也是最早在辽宁开展并逐步走向全国、走向世界的。辽宁这块沃土，孕育滋养了雷锋精神，并不断传承弘扬，使其发扬光大……

雷锋较为重要的人生经历大多发生在辽宁

雷锋，原名雷正兴，1940 年 12 月 18 日生于湖南省望城县安庆乡简家塘村一个贫苦农民家庭。虽然雷锋不是辽宁人，但他较为重要的人生经历大多发生在辽宁。

首先，雷锋是到辽宁以后，才将名字改成“雷锋”的。18 岁以前，雷锋都是在湖南家乡度过的。雷锋在湖南度过了苦难童年和先锋少年时期，高小毕业后又当了新式农民，当过记工员，做过公务员，还做过推土机手。1958 年下半年，鞍山钢铁公司到湖南招收青年工人，雷锋报了名。11 月，雷锋离开了家乡，来到辽宁，在鞍钢当了一名工人，开始了新的工作和生活。为了表达想在辽宁好好工作、打冲锋、当先锋的坚定决心，雷锋在报名表上，将名字改成了“雷锋”。也就是说，雷锋到辽宁以后，才真正叫作“雷锋”，

★ 1960 年，刚入伍时的雷锋

★ 1960 年 11 月，雷锋所在部队开展“学雷峰（锋），超雷峰（锋）”活动

而在湖南，他叫作“雷正兴”或者“雷峰”。单从文字上看，雷锋在辽宁的这段经历为以“雷锋”名字命名的“雷锋精神”提供了极为丰厚的土壤。

其次，从一个人世界观、人生观、价值观形成的角度来看，18 岁成人以后是一个人“三观”形成的重要时期，是一个人信仰、品格、理想、道德的成型期。1958 年 11 月 15 日，雷锋到达辽宁，到达鞍钢，一个月后，便是他的 18 周岁生日。1962 年 8 月 15 日，雷锋不幸因公殉职。从 1958 年 11 月到 1962 年 8 月，雷锋在辽宁学习、工作、生活的近 4 年时间，是他人生中最为宝贵的黄金时期，也是他生命的最后 4 年，对雷锋精神的孕育形成具有重要意义。

最后，雷锋所做的好事大多是在辽宁做的，雷锋所获的荣誉、奖励大多是在辽宁获得的，能够体现雷锋思想和精神内涵的雷锋日记也大多是在辽宁撰写的。据统计，雷锋遗留下来的日记本、记事本共有9本，其中有一本是没有用过的，其余8本若按雷锋的成长经历来划分的话，有3本是雷锋参军前写的，时间跨度从1958年至1959年，另外5本是雷锋参军后写的，时间跨度从1960年至1962年。雷锋参军前的3本日记本中只记了少许日记，其余多数是他学政治、学文化、学技术记的笔记，参军后的5本日记本，是日记和学习笔记混写在一起的。正式出版的《雷锋日记》大多都选自他参军以后的5本日记。由此可见，雷锋日记绝大部分是在辽宁撰写的。在辽宁期间，雷锋获得了多项奖励和荣誉。在鞍钢和辽阳焦化厂当工人的一年零两个月时间里，雷锋3次被评为先进工作者，5次被评为“红旗手”，18次被评为标兵，3次被评为节约能手及职工夜校优秀兼职语文教员，并荣获鞍山市“青年社会主义建设积极分子”光荣称号。在当兵的两年零八个月时间里，雷锋荣立二等功一次，三等功两次，获团、营嘉奖多次，被评为节约标兵和模范共青团员，被誉为“毛主席的好战士”，并被选为抚顺市人民代表大会代表。当兵期间，因各方面表现突出，雷锋还加入了中国共产党。

雷锋在辽宁的丰富经历为雷锋精神的孕育形成提供了丰厚的滋养，也是辽宁成为雷锋精神发祥地的重要原因。

对雷锋事迹的挖掘和宣传最早源自辽宁

1960年，在雷锋给抚顺望花区和辽阳灾区捐款后，抚顺市望花区和平人民公社和中共辽阳市委给雷锋所在部队寄来了感谢信。这两封感谢信，对团政治处触动很大。政治处派了一名干事到运输连了解情况。在调查中，团政治处了解到雷锋许许多多的动人事迹。经研究后，团政治处给团党委写了一份报告。团党委决定树立雷锋为全团艰苦奋斗的“节约标兵”，号召同志们都要向他学习，共同克服种种困难，不断取得新的进步。1960年9月，雷锋受到领导的表扬，部队整理了《雷锋同志模范事迹》材料。11月26日，沈阳

★毛泽东为雷锋题词：向雷锋同志学习

军区《前进报》用2个整版的篇幅发表了题为《毛主席的好战士》的长篇通讯，较详细地记述了雷锋的成长过程和模范事迹。不久，《前进报》又用整版篇幅以《听党的话，把青春献给祖国》为题，发表了《雷锋日记摘抄》15篇，并开辟了“向雷锋同志学习，做毛主席的好战士”专栏。随后，辽宁和沈阳军区的媒体相继报道了雷锋的事迹。其间，雷锋应邀到辽宁省内各市作报告50多场。经过辽宁和沈阳军区各大媒体的广泛宣传，全国许多媒体都开始宣传报道雷锋的事迹：新华社发稿的题目是《苦孩子成长为优秀战士》，刊登在《人民日报》上；《解放军报》的题目是《茁壮的新苗》；《中国青年报》的题目是《苦孩子——好战士》。因此，在因公殉职前，雷锋已经很有名气了，这主要得益于辽宁对雷锋事迹的深入挖掘和广泛宣传。

雷锋因公殉职后，辽宁和沈阳军区的媒体加大了宣传力度，使雷锋从辽宁走向了全国。1962 年 10 月，雷锋生前所在团创办了“雷锋烈士事迹展览室”。沈阳军区《前进报》在头版显著位置刊登了雷锋去世的消息，并配发了公祭大会的照片和雷锋的简历。1963 年 1 月，《辽宁日报》用了 9 个版面分别刊登了雷锋事迹、日记、社论、消息等各类文章共 134 篇。在辽宁和沈阳军区的大力宣传下，一些国家级报纸开始宣传报道雷锋的事迹。1963 年 2 月 5 日，《中国青年报》发表了辽宁省广泛开展学习宣传雷锋活动的消息，并配发了《像雷锋那样战斗和生活》的社论。2 月 8 日，《人民日报》在第一版刊登了辽宁省广大青年热烈开展学习雷锋活动的消息，在第二版刊登了长篇通讯《毛主席的好战士——雷锋》，并配发了题为《伟大的普通一兵》的评论员文章，在第五版刊登了雷锋的部分日记及介绍雷锋生平的文章和照片。就这样，对雷锋事迹和雷锋精神的宣传从辽宁走向了全国。

学雷锋活动从辽宁走向全国乃至世界

与宣传雷锋事迹一样，轰轰烈烈的学雷锋活动也是从辽宁走向全国乃至世界的。

1963 年 1 月 7 日，国防部批准命名雷锋生前所在部队运输连四班为“雷锋班”。1 月 8 日，沈阳军区党委做出《关于开展学习雷锋运动的决定》，号召广大指战员和青少年向雷锋同志学习，把自己锻炼成为一个坚强的无产阶级革命战士。在沈阳军区大力倡导和深入开展学雷锋活动的示范作用带动下，其他军区一些部门也陆续开展了相关活动。2 月 9 日，解放军总政治部发出通知，号召全军迅速开展宣传和学习雷锋同志模范事迹的活动。

雷锋牺牲后不久，共青团抚顺市委很快发出通知，要求全市广大青少年从参观雷锋烈士展览室入手，学雷锋，宣传雷锋，又发出倡议书，做出决定，大力号召开展以青少年为先锋的学雷锋活动。与此同时，辽宁省军区、共青团辽宁省委也号召全省民兵和青少年学习雷锋的先进事迹，积极组织民兵、青少年参观雷锋事迹展览室，听雷锋生平事迹报告，座谈交流雷锋的高尚品质。在辽宁广大青少年学雷锋活动逐渐深入之时，1963 年 2 月 15 日，共青团中央发出《关于在全国青少年中广泛开展“学习雷锋”的教育活动的通知》，并要求各地团组织参照辽宁的经验，在青少年中广泛开展“学习雷锋”的教育活动。在各级团组织的积极领导和大力倡导下，“以雷锋为榜样，做又红又专的革命接班人”成为不少青年学生和知识分子的座右铭。在雷锋精神的感召下，涌现出了一批雷锋式的先进典型。

★抚顺市雷锋纪念馆于 1964 年 8 月 15 日奠基，1965 年 8 月 15 日落成。图为雷锋纪念馆举行落成仪式

1963年3月5日，毛泽东等老一辈无产阶级革命家"向雷锋同志学习"的号召发出后，一场席卷全国、轰轰烈烈的学雷锋活动广泛而深入地开展起来。而辽宁作为雷锋精神的发祥地，每一项学雷锋活动都冲在前面，充当"领头羊"的角色。

辽宁是全国最早建设雷锋纪念馆的省份。1963年3月11日，雷锋生前部队所在地抚顺市做出了《关于响应党中央和毛主席的号召，进一步在全市深入开展学习雷锋运动的决定》，《决定》中包括为了永远纪念雷锋、宣传和学习雷锋，在市区望花公园内（现址）修建雷锋烈士纪念碑、亭和雷锋事迹陈列室等。1964年8月15日，抚顺市雷锋纪念馆奠基修建，翌年正式开馆。此后，1969年、1992年、2002年、2014年雷锋纪念馆先后进行了四次改扩建。新馆于2015年3月2日正式开放。60多年来，抚顺市雷锋纪念馆共接待国内外参观者7000多万人次，并先后在全国70多个城市举办了"雷锋精神永恒"大型展览，产生了巨大反响。

辽宁是全国雷锋纪念场馆最多的省份，雷锋曾经工作、生活过的鞍山、抚顺、营口、辽阳、铁岭等地都建有雷锋的纪念场馆，辽宁地区以雷锋名字命名的小学、中学、邮局、银行、岗亭等亦是全国最多的。此外，辽宁有全

★雷锋

★雷锋与战友在学习《毛泽东选集》

国第一家雷锋精神研究所，有第一本《雷锋精神研究》杂志，有第一家学雷锋网站……

从社会主义革命和建设时期，到改革开放和社会主义现代化建设新时期，再到中国特色社会主义新时代，每个历史时期开展的多种形式、多种内容的学雷锋活动，有好多都是由辽宁逐渐蔓延到全国的，如“文明礼貌月”“行业学雷锋，岗位树新风”“青年志愿服务活动”等。

辽宁，是雷锋的第二故乡。雷锋人生中最后的四年时光是在辽宁度过的，雷锋一生中较为重要的经历大都发生在辽宁，雷锋精神在辽宁淬炼升华。对雷锋先进事迹的挖掘和宣传最早源自辽宁，学雷锋活动亦最早源自辽宁，继而走向全国、走向世界。从 1963 年 3 月毛泽东等老一辈无产阶级革命家发出号召至今，学雷锋活动已经走过了 60 多个年头。从“向雷锋同志学习”到“把雷锋精神代代传承下去”，学雷锋活动伴随时代的发展而不断深入。辽宁作为雷锋精神的发祥地，已把雷锋精神深深融入辽宁振兴发展的血脉之中。在广泛而深入的学雷锋活动中，辽宁各地传承红色基因，赓续精神血脉，在全面建设社会主义现代化国家、实现中华民族伟大复兴的新征程中不断绽放新的光彩……

事件篇

历久弥新　永放光芒
——雷锋精神的形成背景、丰富内涵和时代价值

雷锋，一个响亮而温暖的名字，一个令人肃然起敬的名字，一个让人倍感亲切的名字。他，不是作家，但其日记却广为流传；他，不是哲学家，但他朴素的话语却揭示了人生的真谛；他，没有伟岸的身躯，却用平凡而伟大的事迹竖起了一座永恒的丰碑；他，只是一个普通的解放军战士，却赢得了几代党和国家领导人为其题词，激励人们赓续接力、向他学习。60多年来，以其名字命名的伟大精神不断传承，历久弥新，永放光芒……

雷锋精神的形成背景

雷锋精神，是在特定的历史条件下孕育形成的，它与雷锋的苦难家史、党和国家的培养、雷锋个人的努力等因素密切相关，亦与当时的时代特征和社会、历史、文化背景有关。

（一）个人因素

雷锋精神的形成不是偶然的，其发轫和孕育于雷锋22年的短暂人生中。他在平凡而伟大的人生经历中，走过了苦难童年、先锋少年、新式农民、模范工人、伟大战士的成长道路，每一个时期的锤炼都为雷锋精神的形成积累

★雷锋在擦拭汽车

★ 1958 年 11 月，雷锋赴鞍钢途经北京时，在天安门前留影

了丰富的养分。在党的培养教育下，在马列主义、毛泽东思想的哺育下，雷锋由一个对党、对祖国、对人民充满朴素阶级情感的苦孩子，成长为无产阶级的先锋战士。他以共产主义精神严格规范自己的言行，成为世人学习的榜样，以生动而感人的实践令人信服地回答了“人为什么活着？人应该怎样活着？”的人生命题，以短暂而光辉的一生逐步孕育形成了社会主义的时代丰碑、中华民族的宝贵精神财富——雷锋精神。

（二）时代特征

雷锋精神形成的时代是中国历史上一个特殊而辉煌的时代。古老的东方大国刚刚洗刷了近百年的屈辱，确立了人民当家做主的政治制度。1956 年完成社会主义改造后，中国走上了生机勃勃的社会主义发展之路，各条战线捷报频传，英雄模范辈出。在红红火火的革命和建设实践中，年轻的共和国意气风发地阔步向前。在这样的时代背景下，一方面，迫切需要一些积极向上的典型人物来展现这一代人的精神风貌，迫切需要一些充满正能量的英模故事来鼓舞和激励人民群众的革命干劲；另一方面，新中国“一穷二白”、百废待兴，20 世纪五六十年代天灾人祸等因素叠加，强烈呼唤全社会坚持和发扬艰苦朴素、勤俭节约的优良传统和作风。这样的时代特征，为雷锋精神的产生、宣传和弘扬提供了肥沃的土壤。

（三）文化背景

新中国成立之初，是中华优秀传统文化与共产主义理想道德、社会主义文化公德融合交汇的时代。中华传统文化源远流长，五千年文明博大精深，爱国明礼、公而忘私、助人为乐、爱岗敬业、锐意进取、自强不息、艰苦奋

★雷锋向战友介绍汽车构造和节油方法

斗、勤俭节约这些古而有之的优良品德在20世纪五六十年代与时代特征结合，发扬光大，激励一代又一代中华儿女拼搏奋进、勇往直前。同时，社会主义经济、文化的不断繁荣和发展，带来了人与人之间、个人与集体之间、个人与社会之间关系的一系列变化，迫切要求全社会建立一种新的道德规范和行为操守。这样的历史文化背景，为雷锋精神的传承和弘扬提供了丰厚的养料。

雷锋精神的形成是雷锋个人经历的体现，也是时代发展的体现。雷锋精神充分彰显了我们党的先进本色，体现了中华民族的传统美德，顺应了社会进步的时代潮流，是一面永不褪色、永放光芒的旗帜。

雷锋精神的丰富内涵

雷锋精神，是对雷锋言行事迹所表现的先进思想、道德观念和崇高理想的高度概括，是以雷锋名字命名的并在实践中不断丰富和发展的中国共产党人精神谱系的重要组成部分。无论时代如何变迁，雷锋精神的核心内涵是不变的，集中体现为热爱党、热爱祖国、热爱社会主义的崇高理想和坚定信念，服务人民、助人为乐的奉献精神，干一行爱一行、专一行精一行的敬业精神，锐意进取、自强不息的创新精神，艰苦奋斗、勤俭节约的创业精神。

（一）热爱党、热爱祖国、热爱社会主义的崇高理想和坚定信念

雷锋生在旧社会，长在新中国，从自己的成长经历中，从新旧社会的强烈对比中，亲身见证了中国共产党救民于水火，领导人民翻身得解放、建设新社会、开创新生活的历史事实。这些亲身经历使雷锋十分感念党的恩情，立志“永远忠于党，忠于人民，时刻准备着，为党和阶级的最高利益牺牲自己的一切，直至生命”。到辽宁工作后不久，他就向党组织递交了入党申请，并时刻以党员标准严格要求自己，在他入党的那一刻，他激动万分。翻开雷锋的日记，我们会清晰地看到这样的文字：“我就是长着一个心眼，一心向着党，向着社会主义，向着共产主义。”在工作和生活中，雷锋把对党、对

祖国、对社会主义的热爱化作奋力前行的强大精神力量，把拥护党、保卫祖国和建设社会主义看作一种责任和使命。他时刻为党和国家着想，处处遵循和体现集体主义原则，事事以集体为先。他在日记中写道："一滴水只有放进大海里才永远不会干涸，一个人只有当他把自己和集体事业融合在一起的时候才能最有力量。"他通过梳理雷锋日记，我们还可以看到，雷锋争分夺秒地提升理论素养，把马列主义、毛泽东思想比作"粮食"、"武器"和"方向盘"。通过学习毛主席著作，从中汲取力量，不断提升思想境界和政治觉悟，自觉树立共产主义理想和为之奋斗终身的雄心壮志。雷锋平凡而伟大的一生，每时每刻都体现出对党、对祖国、对社会主义的无限热爱，他用自己的言行证明，共产主义的世界观、人生观、价值观并不是难以企及的精神境界，而是人人可为的实践过程。

（二）服务人民、助人为乐的奉献精神

雷锋是践行党全心全意为人民服务宗旨的典范。他在日记中写道："人的生命是有限的，可是，为人民服务是无限的。我要把有限的生命，投入到无限的为人民服务之中去……"这一充满哲理的话语，是雷锋一生的真实写照。雷锋以服务人民为最大幸福，以帮助他人为最大快乐。每当人民群众遇到困难，他总是伸出援手，全力帮助。雷锋用真情和行动履行着一个公民的神圣职责，实践着一名共产党员的庄严承诺："我活着是为了全心全意为人民服务。"纵观雷锋的一生，他把奉献当作幸福来追求，当作快乐来体验。雷锋正因为始终坚持以服务人民为最大幸福和快乐，才有了在工作上积极进取、忘我工作的态度，才有了在生活上艰苦奋斗、勤俭节约的品格，才有了时时刻刻助人为乐、无私奉献的精神。"雷锋出差一千里，好事做了一火车"，这是雷锋助人为乐事迹的形象写照。雷锋参军后，经常外出作报告，足迹遍及辽宁多地。在往返的行程里，雷锋在火车站扶老携幼，在列车上主动让座，帮助列车员报站、维持秩序、送开水、扫地、擦玻璃，帮助旅客解决旅途困难等。雷锋走到哪里，好事就做到哪里，以实际行动展现了革命军人的本色。

（三）干一行爱一行、专一行精一行的敬业精神

“在伟大的革命事业中做个永不生锈的螺丝钉。”“听党的话，党叫我干什么，我就干什么，决不讲价钱。”这掷地有声的誓言，生动地道出了雷锋干一行爱一行、专一行精一行的敬业精神。雷锋是爱岗敬业的典范，他自觉服从社会主义建设的需要，立足本职，忠于职守，一心为公，淡泊名利，兢兢业业，精益求精，以高度的敬业精神、出色的工作业绩，赢得了人们的广泛赞誉和无限崇敬。雷锋在参加工作的6年时间里，换了4个工作岗位，在每个岗位上都做出了不平凡的成绩：在望城县委当公务员时，雷锋被评为“模范团员”；在团山湖农场工作时，雷锋是优秀拖拉机手；在鞍钢化工总厂和焦化厂工作期间，雷锋多次被评为先进工作者、车间红旗手；在部队时，雷锋是“艰苦奋斗节约标兵”“毛主席的好战士”，是优秀驾驶员和技术能手。雷锋自觉把自己的命运与党和人民的事业紧密联系在一起，把个人奋斗融入国家富强、民族复兴的历史洪流之中，以立足本职、忠于职守的工作态度，出色地完成了党和人民交给他的各项工作。正是靠着这种兢兢业业、精益求精的精神，雷锋成为机关的模范、工地的榜样、生产的标兵，成为干一行爱一行、专一行精一行的爱岗敬业典范。

（四）锐意进取、自强不息的创新精神

在雷锋身上，始终澎湃着创新的激情与活力，始终体现着积极向上的人生态度、勇往直前的奋进意志。他在日记中写道：“我愿做高山岩石之松，不做湖岸河旁之柳。我愿在暴风雨中——艰苦的斗争中锻炼自己，不愿在平平静静的日子里度过自己的一生。”雷锋在学习中永不停步，永不满足，在工作中追求完美，从不懈怠，在成绩和荣誉面前谦虚谨慎，不骄不躁，在困难和挑战面前愈挫愈勇，开拓进取，以勇于创新的精神和富于创造的劳动，升华了自己的人生价值，实现了自己的理想抱负。他学习和工作的经历，充分体现了锐意进取、自强不息的创新精神。雷锋热爱工作，善于学习，他把学习视为一种精神追求和人生态度，当作实现人生价值和赶超先进的重要途径。在学习上，雷锋发扬“挤”和“钻”的“钉子”精神，勤奋学习科学理论，

刻苦钻研业务知识，努力用现代科学文化知识武装自己、提高自己、完善自己。雷锋热爱读书，但不死啃书本，在完成本职工作的同时，他勤学、苦学、发奋学，学知识、学技能，展现出强大的进取精神和顽强毅力。他始终保持乐观向上、斗志昂扬的状态，始终保持与时俱进、勇往直前的品格，敢于直面挑战，勇于克服困难，善于开拓创新，不断追求卓越，勇攀高峰，成为世人学习的楷模。

（五）艰苦奋斗、勤俭节约的创业精神

艰苦奋斗、勤俭节约是中华民族的传统美德，是我们党在长期革命和建设过程中形成的优良传统和作风。中国共产党为争取民族解放和国家独立富强的斗争史，就是一部艰苦奋斗的创业史。一个民族要屹立于世界民族之林，需要怎样的精神风貌呢？雷锋用信仰凝结出的艰苦奋斗、勤俭节约的创业精神，给了我们完美的答案。雷锋参军后，自己动手用废弃木板做了一个“节约箱”，把平时捡来的破铜烂铁、玻璃碴子、牙膏皮、螺丝钉、废旧边角料、破旧衣服等分门别类地收集起来，凡是能修修补补、有再利用价值的都保存下来，把不能用的玻璃碴子、破铜烂铁送到废品站卖掉，换来的钱全部上交国家。在雷锋的车上也有一个“节约箱”，他把平时捡到的废旧零件、螺丝帽放进去。1960 年 5 月和 8 月，雷锋两次拿出个人积蓄分别支援了抚顺望花区的人民公社和辽阳灾区，后来他又给河南巩县驻驾庄干沟小学捐款 100 元。鉴于雷锋勤俭节约、艰苦奋斗的事迹，入伍仅 8 个月，雷锋就被沈阳军区工程兵党委评为“艰苦奋斗节约标兵”。雷锋的一生，是艰苦奋斗的一生，是勤俭节约的一生。他在艰难困苦的日子里，在繁重艰巨的工作中，以苦为荣，以苦为乐。他为自己所做的工作、所取得的成绩而快乐，也为自己思想境界的不断提高、实现了自身价值而自豪。雷锋的大量日记、雷锋的每一首诗歌都充满着朝气，每一张照片都绽放着笑容，他在艰苦环境中发愤图强，继承和发扬了中华民族艰苦奋斗、勤俭节约的传统美德，并以实际行动为这一美德注入了新的时代内涵。

雷锋精神，高度凝练了中华民族的传统美德，顺应了我国社会发展进步的时代潮流，彰显了社会主义先进文化的本色，其在实践中不断丰富和发展，其内涵十分丰富、意蕴极其深刻，值得深入学习、研究、传承、弘扬。

雷锋精神的时代价值

雷锋精神是永恒的，无论时代如何变迁，雷锋精神始终与社会发展相联系、与现实问题相对接、与精神需求相适应。传承和弘扬雷锋精神是时代发展的必然要求，是中国特色社会主义事业发展的迫切需要，是人民群众的热切呼唤。

（一）雷锋精神是坚定理想信念、培育和践行社会主义核心价值观的鲜活教材

理想信念就是共产党人精神上的“钙”，没有理想信念，理想信念不坚定，精神上就会“缺钙”，就会得“软骨病”。在社会主义革命和建设时期，雷锋以昂扬向上的精神状态，展现了共产党人的道德觉悟，坚守了共产党人的理想信念。从这个意义上看，雷锋恰是践行党的宗旨、坚定理想信念的鲜活榜样。传承和弘扬雷锋精神，对新时代解决好世界观、人生观、价值观这个“总开关”问题，自觉做共产主义远大理想和中国特色社会主义共同理想的坚定信仰者和忠实践行者，具有重要的现实意义。党的十八大以来，以习近平同志为核心的党中央将培育和践行社会主义核心价值观融入国民教育全过程，落实到经济发展实践和社会治理中。习近平总书记指出：“新征程上，要深刻把握雷锋精神的时代内涵，更好发挥党员、干部模范带头作用，加强志愿服务保障和支持，不断发展壮大学雷锋志愿服务队伍，让学雷锋在人民群众特别是青少年中蔚然成风，让学雷锋活动融入日常、化作经常，让雷锋精神在新时代绽放更加璀璨的光芒，为全面建设社会主义现代化国家、全面推进中华民族伟大复兴凝聚强大力量。”我们要以雷锋精神作为培育和践行社会主义核心价值观的重要载体，大力弘扬雷锋服务人民、奉献社会的崇高精神，积极倡导富强、民主、文明、和谐、自由、平等、公正、法治、爱国、敬业、诚信、友善的价值观，引导人们做良好社会风尚的创造者和引领者。

（二）雷锋精神是守初心担使命、推进党史学习教育常态化长效化的光辉旗帜

初心和使命是激励中国共产党人不断前进的根本动力。中国共产党人的初心和使命，就是为中国人民谋幸福，为中华民族谋复兴。雷锋在日记中写道："我是人民的子弟兵，一定要永远牢记党和毛主席的教导，无论什么时候，都要关怀爱护人民群众的利益，为人民群众的利益而战斗不息。"为人民服务是雷锋精神的核心，也是雷锋精神能够保持旺盛生命力和持久活力的源泉，贯穿于雷锋的一生，表现在雷锋的一言一行，落实在雷锋的一举一动。雷锋精神体现的文化内涵，充分反映了共产主义的价值追求，凝练着共产党人的奋斗目标，积淀着中国人民的共同理想，代表着中华民族的时代精神，体现着共产党人对党忠诚、勇于担当、创新创业、甘于奉献的优良精神品质和高尚道德情操，是对共产党人初心和使命的历史传承。大力传承和弘扬雷锋精神，是推进党史学习教育常态化长效化的重要途径。传承和弘扬雷锋精神，要加强四史教育，引领广大党员、干部切实提高党性修养水平，知史爱党、知史爱国；要引领广大群众全面了解党的历史、新中国的历史，感党恩、听党话、跟党走；要高举共产党人的精神火炬，以雷锋精神为载体，传承好党的红色基因，筑牢信仰之基，补足精神之钙， 把稳思想之舵，以实际行动书写新时代的雷锋故事。

（三）雷锋精神是全面建设社会主义现代化国家、实现中华民族伟大复兴的强大动力

2013 年 3 月，习近平在参加十二届全国人大一次会议辽宁代表团审议时强调，雷锋、郭明义、罗阳身上所具有的信念的能量、大爱的胸怀、忘我的精神、进取的锐气，正是我们民族精神的最好写照，他们都是我们"民族的脊梁"。一个有希望的民族不能没有英雄，一个有前途的国家不能没有先锋，雷锋精神是全面建设社会主义现代化国家、实现中华民族伟大复兴的强大动力。当历史的车轮飞速驶入了 2024 年，全面建设社会主义现代化国家新征程已经开启，中华民族伟大复兴又向前迈出了新的一大步，社会主义中国以更

加雄伟的身姿屹立于世界东方。在新征程上，我们要大力传承弘扬雷锋精神，激励和鼓舞全国人民不断形成发展共识、凝聚发展合力、增强发展自信，在实现民族复兴的道路上昂首阔步、砥砺前行。在新征程上，雷锋精神必将焕发出新的时代光彩，鼓舞和激励全国人民以只争朝夕的劲头、坚韧不拔的毅力，将“小我”融入“大我”，逢山开路，遇水搭桥，把中华民族伟大复兴的宏伟征程不断推向前进。

雷锋，生在旧社会，长在新中国，岗位平凡，生命短暂，所做之事都是点滴小事，并非轰轰烈烈、惊天动地，他之所以让亿万人感动，成为一个经典标志和永恒符号，就是因为其思想、品格已经凝结并升华为一种不朽的精神。雷锋用他 22 年的短暂人生向世人诠释了一名共产党员的人生价值，将有限化为无限，将短暂变为永恒，用无尽的忠诚与奉献谱写了一首壮丽的人生诗篇。经过 60 多年的岁月洗礼，雷锋的故事历久弥新，雷锋的精神薪火相传，永远激励着中国人民为全面建设社会主义现代化国家、实现中华民族伟大复兴而努力奋斗。

从“名不见经传”到“家喻户晓”
——辽宁对雷锋事迹的发掘和宣传

雷锋，一名普通的士兵，一位伟大的共产主义战士，他自身的模范言行具有强大的感召力和影响力，成为全社会学习的榜样力量和道德标杆。诚然，雷锋的“成名”，源于党的培养教育，与他自己的努力有很大关系，但也得益于党组织的宣传和媒体的报道。雷锋能从一个“名不见经传”的普通士兵成长为“家喻户晓”的英雄模范，党组织及媒体对雷锋事迹的发掘和宣传起到了极大作用，人民群众的缅怀和学雷锋活动的开展也是重要原因。

雷锋所在团政治处最早发掘雷锋事迹

1960年八九月间，雷锋所在团——工程兵第十团政治处先后收到了抚顺市望花区和平人民公社以及中共辽阳市委寄来的两封感谢信。望花区和平人民公社来信的大意是：你部战士雷锋，把自己的100元钱支援给公社，他这种热爱集体的精神使我们深受感动，建议部队领导给予表彰。中共辽阳市委的来信中说：“雷锋同志在我们遭受特大水灾之时，给我们来信并寄来100元钱，从道义上和财力上支援我们灾区。这种崇高的阶级友爱精神，说明了我们的人民解放军有着一贯的与人民同甘苦共患难的光荣传统。雷锋同志有着至高无上的共产主义品质，是党和部队长期教育的结果。”团政治处得知雷锋捐款的事，既感动又惊奇。在那个年代，200元钱可不是个小数目，当时一个战士一个月的津贴只有6元钱，虽然雷锋此前在工厂上班时工资相对高一些，但一个普通战士需要省吃俭用很久才能攒出这么多钱。后来，据储蓄所的同志回忆，当时雷锋的存折上共有203元钱，他把200元拿出来支援人民公社和灾区，这是一种极其可贵的精神。

雷锋所在团政治处宣传股的吴广信和庞士元找到了雷锋，详细了解了两次捐款的事。在调查中，团政治处还发现，雷锋平时克勤克俭，从来舍不得乱花一分钱。他参军以来，每月领到的津贴费，除一角钱交团费，两角钱买肥皂，再留点钱买书外，其余全部存入储蓄所。他穿的袜子补了又补、缝了又缝，不知补了多少次、穿了多少年，还舍不得丢掉。他的搪瓷脸盆和漱口缸已经烂得不像样了，也舍不得买个新的。他的一件衣服，是从湖南老家带来的，已经是补丁摞补丁了，还穿在身上。连队每次吃饭，他都把洒在桌上、掉在地上的饭粒拾起来，送到猪食缸里。为工地运水泥时，他准备了一把扫帚、一个簸箕，每次出车回来都把洒落在车厢里的水泥一点一点地扫起来，倒进一个桶里存起来。他做了一个“节约箱”，把平时捡到的破铜烂铁、边角料、螺丝钉、牙膏皮、破手套等，都装在里面，修车、修工具时能用上的就用上。团政治处还发现，雷锋经常利用节假日等休息时间参加义务劳动，做了许许多多的好事。夏天到了，部队发放夏天的服装，每人两套单军装，两套衬衣，两双胶鞋。大家喜滋滋地从事务长那儿领来了衣服，发到雷锋的时候，他却说：“我只要一套军装、一件衬衣和一双胶鞋就够了！”事务长奇怪地问他：“为什么只要一套？”雷锋说：“我身上穿的军装，缝缝补补还可以穿，我觉得现在穿一套打补丁的衣服，比我小时穿的要好上千万倍呢！剩下的衣服交给国家吧！”他在日记中这样写道：“当前国家正处在困难时期，再说，我们的国家还很穷。可是党和人民对我们却还这样无微不至地关怀，使我从内心感激党和人民的关怀。党和人民对我们这样好，我们也得为党和人民着想。应该积极响应党的号召，发愤图强，自力更生，处处做到增产节约，发扬我军艰苦朴素、勤俭节约的优良传统。有些人说我是傻子，是不对的。我要做一个有利于人民、有利于国家的人。如果说这是傻子，那我甘心愿意做这样的傻子，革命需要这样的傻子，建设也需要这样的傻子。”团政治处的同志深深地被雷锋的高尚觉悟和动人事迹所感动，决定把雷锋事迹整理出来，

★雷锋和战友把洒在车上的水泥一点一点收集起来，仅两个月就回收水泥1700多斤

★雷锋利用休息时间拾粪

★雷锋向少先队员介绍自己的“节约箱”

让更多的人向他学习。

通过深入细致的工作，团政治处的吴广信组织庞士元和陈广生整理了一份《雷锋同志模范事迹》材料报给团里，团政委韩万金觉得雷锋有文化，可以自己改稿子，便给雷锋布置了任务。雷锋看了模范事迹材料后，将材料标题改为“解放后我有了家，我的母亲就是党”，报给了团党委。经团党委研究后，又把雷锋的事迹材料上报给了军区工程兵党委。沈阳军区工程兵政治部副主任王寄语听了雷锋的事迹后，专程深入到工程兵第十团了解雷锋的情况，司令部副参谋长朱玉山和政治部宣传处副处长赵琪率领工作组也进驻了第十团。当时，工程兵第十团正在抚顺执行任务，工作组便跟随他们一起行动。在蹲点时，工作组了解到，雷锋在入伍短短几个月里就表现出了一些先进思想，做出了一些模范事迹，部队已经提出在各连队开展向雷锋学习的活动了。朱玉山和赵琪向政治部副主任王寄语汇报了雷锋的情况，王寄语觉得雷锋是个模范战士的典型，特别是在1960年国家正处于暂时困难时期，雷锋能从小处注意节衣缩食，对其他战士很有教育意义，遂将雷锋的情况在军区工程兵党委会上作了专题汇报，工程兵党委对雷锋的事迹给予高度评价。

1960年9月，雷锋被工程兵第十团树为“节约标兵”，并在团里作了忆苦报告。1960年11月初，军区工程兵党委决定召开工程兵部队连队政治工作会议，把学习宣传雷锋事迹作为会议的一项重要内容，并让雷锋本人到会作忆苦报告，以典型引路，把连队的政治工作扎扎实实地开展起来。从11月2日开始，军区工程兵政治部组织雷锋在本系统内作忆苦报告，并汇报他的先进思想和模范事迹。到1961年1月15日，雷锋在本部队内以及应邀到兄弟部队和地方大中小学所作的报告总计27场，听众达2.2万余人。

1960年11月8日，入伍不到一年的雷锋光荣地加入了中国共产党。11月23日，沈阳军区政治部作出《关于在部队中开展学雷锋、超雷锋运动的指示》，并转发了《关于运用雷锋的典型事迹做活教材，配合部队当前教育的报告》，号召大家向雷锋同志学习。就这样，轰轰烈烈的学雷锋活动逐渐开展起来，雷锋在沈阳军区部队中开始小有名气了。

沈阳军区《前进报》率先报道雷锋事迹

1960年10月前后，在沈阳军区发出号召在部队中开展学雷锋活动的同时，沈阳军区各部队正按照中央军委的统一布置，准备在全军区部队中进行“两忆三查”运动（“两忆”即忆阶级苦、忆民族苦，“三查”即查思想、查斗志、查工作）。为配合“两忆三查”运动的开展，沈阳军区《前进报》准备在各部队中寻找先进典型进行报道。一天，《前进报》总编辑嵇炳前看到了一份《解放后我有了家，我的母亲就是党》的典型事迹材料，还有一封表扬雷锋为辽阳灾区捐款100元的读者来信。嵇炳前立即与沈阳军区工程兵政治部联系，得知雷锋是工程兵部队评出的“节约标兵”，而且还是团里“忆苦思甜”的典型后，如获至宝，立即安排新华社驻辽宁分社的军事记者佟希文和李健羽到工程兵机关进一步调查了解相关情况。

接到任务后，佟希文和李健羽先采访了沈阳军区工程兵政治部副主任王寄语和政治部宣传处的负责同志。王寄语等人详细地介绍了雷锋的事迹，恰好此时沈阳师范学院（今沈阳师范大学）等几所院校要请雷锋作“忆苦思甜”报告，王寄语便请佟希文和李健羽也一起听听，感受一下。佟希文和李健羽在沈阳师范学院听了雷锋的报告后，与现场其他听众感受一样，被雷锋的苦难史和忘我的奉献精神深深感动。听完报告后，他们便急切地跑回沈阳军区向嵇炳前作了汇报。嵇炳前听后非常激动，安排两人立即对雷锋、雷锋所在部队的干部战士以及相关群众深入采访，撰写报道稿件。很快，佟希文和李健羽就在雷锋下榻的沈阳军区第一招待所完成了对雷锋的第一次采访。雷锋的感人事迹深深地震撼了两位记者。采访结束了，雷锋要回驻地了，但两位记者仍觉意犹未尽，便从沈阳跟随雷锋坐火车去抚顺驻地。在火车上，两人与雷锋交谈了一路，到部队后又与雷锋同班以及与他同时入伍的战友座谈，还听取了团政委韩万金、连队指导员高士祥的介绍。附近小学的少先队大队辅导员、人民公社干部、建筑公司工会干部等知道有记者来采访后，都主动前来介绍情况。在全面了解了各方面的情况后，佟希文和李健羽动笔撰稿，每每写到动情之处，两人的眼睛便湿润了。经过反复修改，两人将稿件逐级呈报。当稿子送给沈阳军区副政委杜平审定时，杜平将文章题目由“党的好后生”改为“毛主席的好战士”。1960 年 11 月 26 日，这篇由张峻、赵志华、佟希文、李健羽集体采写的通讯在《前进报》第一版和第二版上发表。同时，第一版上还登载了报社社论《不忘过去，发愤图强》和沈阳军区副政委杜平的批示：“雷锋同志的苦难是整个阶级的、民族的苦难。在解放前有过像雷锋同志那样遭遇的人比比皆是。他只是千千万万受苦受难人中的一个。解放后，全国人民在党和毛主席的领导下彻底翻了身，正为建设美好、幸福的生活而忘我地劳动。可是，有的人竟在短短的十一年中忘了本，身在福中不知福。因此，雷锋同志这种精神显得十分重要，值得学习。现将此材料印发军区部队，结合‘两忆三查’运动进行教育。”《前进报》第一版还同时刊登了沈阳军区工程兵党委决定授予雷锋同志“模范共青团员”称号的报道，副标题是“军区工程兵党委作出决定号召大家向雷锋同志学习”。这期《前进报》发到部队之后，一场大规模宣传学习雷锋的活动便在沈阳军区范围内逐步展开了。

同年12月13日，《辽宁日报》以“红色的战士雷锋”为题发表了这篇通讯。年底，《人民日报》《中国青年报》刊登了新华社播发的通稿《苦孩子成为优秀人民战士》，《解放军报》也发表了这篇通讯，题目是“一棵茁壮的新苗”，并配发了照片和短评。雷锋的先进事迹开始走出辽宁，被全军和全国熟知。

辽宁多地举办雷锋事迹展览

1962年8月15日，年仅22岁的雷锋不幸因公殉职，各界人士悲痛万分。雷锋生前任校外辅导员的两所学校的学生们、他帮助过的群众和战友们，都来到雷锋生前所在的工程兵第十团，要求再亲眼看看雷锋的遗物。由于前来参观的人数众多，启发了第十团举办一个雷锋纪念展览的灵感。于是，第十团在雷锋生前所在连营房的一侧，创办了一个小型的展览室，展出雷锋的所有遗物。1962年10月22日，展览正式开展。中共抚顺市委书记沈越率市党政机关和工、青、妇等各界代表前来参观。沈阳军区各部队也陆续前来参观。10月23日，共青团抚顺市委下发了《关于组织全市广大青少年参观雷锋烈士展览室、开展好阶级教育的通知》，共有12万官兵、工人、干部、学生参观了展览。

一个多月之后，工程兵第十团展览室拟转至中国人民革命军事博物馆和其他部队展出，中共抚顺市委书记沈越立即安排将展品复制了两套，一套留于抚顺市文化宫内，供抚顺市党员干部和各界人民群众继续参观，另一套拿到抚顺市所辖的清原、新宾、抚顺三县巡回展出，三个月参观人数达28万。

此后不久，沈阳军区政治部承办了“雷锋烈士生前事迹展览”，此次展览一直举办到1963年3月5日毛泽东等老一辈无产阶级革命家为雷锋题词之后。

★雷锋牺牲现场

3月6日，《辽宁日报》报道称："事迹展览，令人有如见其人、如闻其声的真实感。鉴于效果显著和群众要求，全省十个市有九个市和一部分县已经复制了。十二个县已经复制十二个大型展览和一千一百多个小型展览室进行展出。"辽宁宣传和学习雷锋活动在全国范围产生了极大影响，1963年2月7日，《人民日报》为此作了专题报道："辽宁广大青年热烈学习雷锋事迹受到深刻教育。""为了开展这一教育活动，在共青团辽宁省委和辽宁省军区的组织领导下，辽宁省许多县、市举办了雷锋生平事迹展览室，并由雷锋生前的战友组成了雷锋烈士事迹报告团，广泛开展了宣传教育活动。这一活动在去年十月下旬首先在雷锋生前驻地抚顺市开始，相继在全省展开。……报告团已在沈阳、抚顺、营口、本溪、安东等市和新宾县报告近百场，有二十八万多人听了报告。""截至目前，听到雷锋事迹报告和看到雷锋事迹展览的已有五十多万人。"

1963年3月11日，抚顺市做出了《关于响应党中央和毛主席的号召，进一步在全市深入开展学习雷锋运动的决定》，《决定》中包括为了永远纪念雷锋、宣传和学习雷锋，在市区望花公园内（现址）修建雷锋烈士纪念碑、亭和雷锋事迹陈列室等内容。11 月，沈阳鲁迅美术学院、抚顺市建设局同时提出了雷锋纪念碑、墓、馆不仅是公园园林中的一部分，而要完整地体现出这里是响应毛主席号召、向雷锋同志学习、进行社会主义教育的大课堂，在设计布局上，也应以充分表现毛主席的伟大号召和介绍雷锋生前事迹为主要内容。设计方案经论证、审核后，由抚顺市民政局上报抚顺市人民委员会。11 月 21 日，方案正式提交辽宁省委。1964 年 4 月 3 日清明节前夕，抚顺市将雷锋棺椁由葛布烈士陵园迁葬至望花公园东北角。1964 年 8 月 15 日，抚顺市各界人士在望花公园举行雷锋纪念馆奠基典礼。一年以后，1965 年 8 月 15 日， 抚顺市各界人士隆重举行雷锋纪念馆落成仪式，抚顺市雷锋纪念馆正式开馆。此后，1969 年、1992 年、2002 年、2014 年先后进行了四次改扩建，新馆于 2015 年 3 月 2 日正式开放。此外，改革开放后，雷锋生前曾经学习、工作、生活过的鞍钢、辽阳弓长岭、营口市和铁岭县下石碑山村都建造了雷锋纪念场馆，多年来，接待观众数以万计，产生了广泛而深远的影响。辽宁各地民间建立的雷锋纪念展室更是数不胜数。

综上，雷锋精神的孕育和形成不是偶然的。在上世纪 60 年代，根本不存在什么“炒作”，也没有人故意而为之。雷锋事迹和雷锋精神之所以能够广泛传颂并影响深远，首先在于雷锋做出的平凡而伟大的感人事迹，当然，也与各级党组织的深入发掘、媒体的广泛宣传和人们的自发学习有一定关系。辽宁这片神奇的土地，似乎本来就是一片孕育英雄模范、滋生伟大精神的沃土。正如歌中唱到的那样，“在这片辽阔的土地上，到处都有明媚的风光”“在这片古老的土地上，到处都有青春的力量”……

永远的雷锋　永恒的丰碑

——传承、弘扬雷锋精神 60 年纪略

在 20 世纪 60 年代的中国大地上，一个闪光的名字——雷锋，走进千家万户，传遍神州大地，一个共产主义战士的光辉形象，深深地印在亿万人民的心中。从 1963 年 3 月毛泽东等老一辈无产阶级革命家为雷锋同志题词、倡导开展学雷锋活动至今，学习、宣传雷锋事迹，传承、弘扬雷锋精神的活动已在中国乃至世界范围内走过了一个甲子。60 年时光荏苒，学雷锋活动伴随共和国的发展一直持续进行，并不断被赋予新的内容。60 年来，雷锋精神如同一曲穿越时空、催人奋进、激荡人心的永恒旋律，不断激励人们攻坚克难、奋勇前进……

社会主义革命和建设时期
雷锋精神誉满华夏

雷锋精神是在平凡而伟大的 22 年短暂人生中孕育形成的。早在雷锋牺牲前，各大媒体已经开始宣传报道雷锋的先进事迹。1960 年 9 月，雷锋所在部队整理了《雷锋同志模范事迹》材料。11 月 26 日，《前进报》发表了长篇通讯《毛主席的好战士》，后又发表了《雷锋日记摘抄》15 篇，同时开辟“向雷锋同志学习，做毛主席的好战士”专栏。随后，辽宁和沈阳军区的媒体相继报道了雷锋的事迹。雷锋因公牺牲后，1963 年 2 月 9 日，解放军总政治部发出通知，号召全军迅速开展宣传和学习雷锋同志模范事迹的活动。

1963 年 3 月 5 日，全国各大报纸都刊登了毛泽东等老一辈无产阶级革命

★1963 年 3 月 19 日，“雷锋同志模范事迹展览”在中国人民革命军事博物馆开幕

家为雷锋同志题词手迹。从此，3月5日就作为毛泽东等老一辈无产阶级革命家发出“向雷锋同志学习”伟大号召的纪念日。当晚，周恩来为雷锋同志题词：“向雷锋同志学习，憎爱分明的阶级立场，言行一致的革命精神，公而忘私的共产主义风格，奋不顾身的无产阶级斗志。”这个题词是根据毛泽东的题词，对“向雷锋同志学习什么”做出的具体阐释，是对雷锋精神的明确概括。

题词发表后，一场全民性的学习宣传雷锋活动在中国大地上轰轰烈烈地开展起来。在各级党组织的领导下，群众性的学雷锋活动深入开展，各行各业、各年龄段的人们都把学习雷锋变成了自觉行动。在雷锋精神的感召下，雷锋式的先进事迹层出不穷，雷锋式的模范人物不断涌现。解放军率先垂范，涌现了像“好八连”“铁九连”等众多的先进集体和欧阳海、孙乐义、赵尔春等学“毛著”、学雷锋标兵。轰轰烈烈的学雷锋活动，犹如一道绚丽的彩虹，在广袤的中国大地上光芒四射。

在宣传上，图书《雷锋日记》《雷锋的故事》《毛主席的好战士——雷锋》、画册《向雷锋同志学习》等在全国发行，一大批至今令人难忘的作品如电影《雷锋》、话剧《雷锋》、贺敬之的长诗《雷锋之歌》、臧克家的诗歌《想一想生命的意义》、歌曲《学习雷锋好榜样》《接过雷锋的枪》《像雷锋那样》等应运而生。

“文化大革命”期间，学雷锋活动被披上了“路线斗争”的外衣，雷锋被错误地宣传为极“左”典型。但是，一些地方和群众仍以不同的方式学习和弘扬雷锋精神。1967年3月5日，沈阳军区、湖南省长沙市、辽宁省抚顺市和鞍山市分别举行了大规模的纪念活动。1968年1月20日，湖南省长沙市望城县隆重举行“毛主席的好战士雷锋纪念馆”（后改为“雷锋纪念馆”）落成纪念仪式。1971年，抚顺市望花区建设街小学被命名为“雷锋小学”。1973年3月，全国各大报刊都在显著位置刊登了毛泽东等老一辈无产阶级革命家对雷锋的题词，并发表了社论和一些纪念文章，还介绍了各地学雷锋活动的经验和动态。

1975年7月，邓小平在京西宾馆召开中央军委扩大会议，全面部署军队的整顿工作。在讲到军队在“文化大革命”中出现的问题时，邓小平说：“过去军队同志坐公共汽车，向来是给老人、带娃娃的妇女让座位的，现在有的不让了。有个战士坐车，一位妇女抱着娃娃，他不让座，娃娃哭了他也不理。旁边有位老人说，雷锋叔叔不在了。从这个事情上是可以看出问题的。我们军队在这方面本来有很好的传统。现在，不讲团结，不讲纪律，三大纪律八项注意至少有某种程度的丧失。”邓小平的一番话，道出了人们早已憋在心头许久的想法。以后，人们时常会提起邓小平的话，每当社会出现不良风气、思想道德出现滑坡时，人们就用“雷锋叔叔不在了”这句话来感叹和忧虑，当社会风气向文明健康的方向转化时，人们会用“雷锋叔叔又回来了”表示心中的赞叹和欣喜。

1976年10月，“文化大革命”结束，中国进入了一个新的发展时期。1977年3月，中华大地再度掀起了学雷锋热潮。3月5日，《人民日报》发表了党和国家领导人华国锋、叶剑英的题词，同时，还重新发表了毛泽东、周恩来、朱德关于学习雷锋的题词，《人民日报》《解放军报》和《红旗》杂志还联合发表了“向雷锋同志学习”的社论。各地和各个部队普遍举行了大会，重温毛泽东等老一辈无产阶级革命家的题词，总结学雷锋活动的成果，揭批林彪、“四人帮”干扰破坏学雷锋活动的罪行……学习宣传雷锋精神的活动在广大群众中又朝气蓬勃地开展起来。

改革开放和社会主义现代化建设新时期
雷锋精神薪火相传

党的十一届三中全会以后，改革开放的春潮席卷中国大地，在发展社会主义市场经济的过程中，精神文明领域出现了困惑和争论。社会风气中健康的东西比如集体主义、奉献精神、助人为乐、见义勇为等受到了自由主义、个人主义、拜金主义、享乐主义的歪曲和诋毁，一些人反对无私奉献，反对艰苦奋斗，雷锋精神是“驯服工具”论、雷锋精神“过时”论等甚嚣尘上，严重破坏了刚刚恢复起来的学雷锋活动形成的良好社会氛围，对整个社会主义精神文明造成了严重污染。针对社会上出现的一些不良现象和不正之风，党中央提出加强社会主义精神文明建设，开展学雷锋活动，进一步传承和弘扬雷锋精神。1983 年 3 月，以邓小平同志为核心的党的第二代中央领导集体决定，在全国上下广泛开展宣传和学习雷锋的活动，推动全民性的学雷锋活动达到一个新的高潮。各大报纸重新发表了毛泽东等老一辈无产阶级革命家为雷锋同志的题词，北京、上海、天津、沈阳等十几个大中城市和解放军总政治部、沈阳军区等都举行了隆重的纪念活动。在首都各界纪念向雷锋同志学习 20 周年大会上，胡乔木作了题为《做八十年代的新雷锋》的讲话，他说："雷锋精神就是共产主义精神。……今天我们所说的雷锋精神，已经成为雷锋和雷锋式的先进人物崇高思想和优秀品质的结晶，已经成为热爱祖国、热爱社会主义、热爱党，坚定共产主义信念，树立全心全意为人民服务的思想，发展人与人之间团结友爱互助的社会主义新型关系的象征。"同时，时任中央军委副主席杨尚昆发表了新时期学雷锋活动的重要意义的讲话，有力地推动了雷锋精神的发展和全国学雷锋活动的进一步开展。

党的十三届四中全会召开后，以江泽民同志为核心的党的第三代中央领导集体，高举马列主义、毛泽东思想、邓小平理论伟大旗帜，把学雷锋活动作为社会主义精神文明建设的重要内容，不断抓紧抓好。1990 年，党的十三届六中全会通过了《中共中央关于加强党同人民群众联系的决定》，号召"全体共产党员和党员干部,都要带头学习雷锋,一切为群众着想,做人民的公仆"。1990 年 3 月 5 日，各大报刊发表了时任中共中央政治局常委全体同志为雷锋同志的题词。10 月 29 日，江泽民到抚顺市雷锋纪念馆考察，接见了"雷锋团"官兵代表，在雷锋墓前默哀，并为沈阳军区雷锋纪念馆题写了馆名。1993 年 3 月 4 日，在纪念毛泽东等老一辈无产阶级革命家为雷锋同志题词 30 周年大会上，时任中共中央政治局常委胡锦涛发表了讲话。

20 世纪 90 年代，人民群众中曾流传着这样一句话："雷锋没户口，三月来了四月走。"批评学雷锋活动中存在的形式主义和一阵风现象。为了使"三月春风”常在，让雷锋精神时时处处温暖人间，“岗位学雷锋，行业树新风”“青年志愿者学雷锋奉献日”“学雷锋，迎亚运”等活动接连不断地开展。在活动中，解放军做表率，共青团打先锋，使学雷锋活动成为建设社会主义精神文明的重要内容，并注入了新的生机与活力。

当历史的车轮以飞快的速度驶进 21 世纪，以胡锦涛同志为总书记的党中央带领全国各族人民开创了中国特色社会主义的新局面。在新的历史条件下，物质文明的极大丰富使人们对精神文明的要求不断提高，“雷锋精神”这个永恒的主题再一次成为人们不变的选择。2007 年 10 月，党的十七大胜利召开，胡锦涛号召全党“大力弘扬爱国主义、集体主义、社会主义思想，以增强诚信意识为重点，加强社会公德、职业道德、家庭美德、个人品德建设，发挥道德模范榜样作用，引导人们自觉履行法定义务、社会责任、家庭责任”。党中央还明确提出，学雷锋活动必须适应改革开放和社会主义现代化建设的需要，结合现实生活中出现的新情况、新问题，对活动的内容和方式等不断改进、创新和完善。

2012 年 3 月，中共中央办公厅印发了《关于深入开展学雷锋活动的意见》，指出，要大力弘扬雷锋热爱党、热爱祖国、热爱社会主义的崇高理想和坚定信念，弘扬雷锋服务人民、助人为乐的奉献精神，弘扬雷锋干一行爱一行、专一行精一行的敬业精神，弘扬雷锋锐意进取、自强不息的创新精神，弘扬雷锋艰苦奋斗、勤俭节约的创业精神。同时，《意见》还提出用九大常态化项目弘扬雷锋精神，对如何推进学雷锋活动常态化进行了切实可行的安排。

这一时期，以网络、多媒体等现代化手段宣传、学习雷锋是 21 世纪学雷锋活动的新形式。据不完全统计，当时，我国有宣传雷锋精神和学雷锋活动的相关网站百余个，这些网站内容丰富、设计精美，在弘扬雷锋精神、助推学雷锋活动等方面发挥了积极作用。此外，一些网站还独具匠心，用全新的科技手段在网上为雷锋建造了墓地，设计了纪念馆，网民可以登录网站进行悼念和学习，推动了学雷锋活动向更新更广的领域发展。

中国特色社会主义新时代
雷锋精神历久弥新

2012 年 11 月，党的十八大胜利召开，开启了坚持和发展中国特色社会主义的新征程，开创了中国特色社会主义新时代。在这样的历史条件下，传承和弘扬雷锋精神具有更加重要的现实意义。

2013 年 3 月 6 日，习近平同志在参加十二届全国人大一次会议辽宁代表团审议时强调，要大力加强思想道德建设，雷锋、郭明义、罗阳身上所具有的信念的能量、大爱的胸怀、忘我的精神、进取的锐气，正是我们民族精神的最好写照。5 月 4 日，习近平总书记在中国航天科技集团公司中国空间技术研究院同各界优秀青年代表座谈时指出：“要倡导社会文明新风，带头学雷锋，积极参加志愿服务，主动承担社会责任，热诚关爱他人，多做扶贫济困、扶弱助残的实事好事，以实际行动促进社会进步。”2018 年 9 月 28 日，习近平总书记在参观抚顺雷锋纪念馆时指出：“雷锋是时代的楷模，雷锋精神是永恒的。实现中华民族伟大复兴，需要更多时代楷模。我们既要学习雷锋的精神，也要学习雷锋的做法，把崇高理想信念和道德品质追求转化为具体行动，体现在平凡的工作生活中，作出自己应有的贡献，把雷锋精神代代传承下去。”习近平总书记的重要论述，是传承弘扬雷锋精神的新论断，是对新时代雷锋精神的新概括。

2015 年以来，各级党组织深入贯彻落实《培育和践行社会主义核心价值观行动方案》，充分发挥全国学雷锋活动示范点和岗位学雷锋标兵的示范带动作用，广泛开展学雷锋活动，组织广大党员干部群众立足本职、爱岗敬业、奉献社会，自觉践行雷锋精神，认真做好“八小时、手上事”，有力促进了社会主义核心价值体系建设，涌现出一大批学雷锋活动先进集体和岗位学雷锋先进个人。

★2021年6月18日，中国共产党历史展览馆在北京正式开馆。图为展览馆中与雷锋有关的展陈内容

★来自各地的参观者向雷锋像鞠躬致敬

2019年7月23日，习近平总书记向中国志愿服务联合会第二届会员代表大会发出贺信，指出："志愿服务是社会文明进步的重要标志……希望广大志愿者、志愿服务组织、志愿服务工作者立足新时代、展现新作为，弘扬奉献、友爱、互助、进步的志愿精神，继续以实际行动书写新时代的雷锋故事。"

党的二十大报告指出："弘扬以伟大建党精神为源头的中国共产党人精神谱系，用好红色资源，深入开展社会主义核心价值观宣传教育，深化爱国主义、集体主义、社会主义教育，着力培养担当民族复兴大任的时代新人……在全社会弘扬劳动精神、奋斗精神、奉献精神、创造精神、勤俭节约精神，培育时代新风新貌。"学雷锋活动在新时代绽放出新的光彩。

雷锋，以其平凡而伟大、短暂而灿烂的一生在人类文明史上写下了光辉的一页。从"向雷锋同志学习"到"把雷锋精神代代传承下去"，学雷锋活动伴随时代的发展，渐渐形成了形式多样、纵横交错的全方位网格状发展格局。纵向，以雷锋精神时代内涵的发展为主线，伴随时代发展要求的变化，每个历史阶段对雷锋精神内涵的解读、纪念的方式和宣传的载体都不断发展；横向，主要是雷锋精神内化为道德力量的实践主体的延伸发展，表现为在每个历史阶段学雷锋活动中涌现出来的"雷锋式"人物或群体。这些雷锋"传人"，在弘扬和传承雷锋精神的过程中，以自身的模范行为践行着雷锋精神的强大感召力和影响力，成为全社会学习的榜样力量和道德标杆。

悠悠六十载，弹指一挥间。60年来，学雷锋活动在全国各地蓬勃开展，雷锋精神在广大干部群众中广为传颂，产生了广泛而深远的社会影响。雷锋这个熠熠闪光的名字，已经成为"中国好人"的文化符号、人类美好的象征，在每个中华儿女心中铸就了一座高山仰止的不朽丰碑。

永远的雷锋！永恒的丰碑！

人物篇

闪光足迹遍各地，不朽丰碑立心间

——雷锋同志在辽宁

雷锋，原名雷正兴，1940 年 12 月 18 日生于湖南望城，1958 年，响应国家号召，到鞍钢当了一名工人。从此，雷锋离开了家乡，来到辽宁，先后在鞍山、辽阳、营口、抚顺、沈阳、铁岭等地工作、学习、生活，在辽宁这片富饶辽阔的黑土地上，留下了闪光的足迹，铸就了不朽的丰碑……

雷锋在鞍山

新中国钢铁工业的摇篮、美丽的“钢都”——鞍山，是雷锋到辽宁的第一站。1958 年秋，鞍山钢铁公司到湖南望城招收学徒工人，雷锋征得组织的同意报了名，经过考试被录取。他把名字由雷正兴改为雷锋，表达了想在鞍钢好好工作、打冲锋、当排头兵的坚定决心。

1958 年 11 月，雷锋从家乡湖南来到鞍钢。分配工作时，人事部门查看雷锋的档案，有意让他给公司经理当警卫员，可他说啥也不干，要到生产一线去。后来，领导考虑到他原来开过拖拉机，有一定技术，便分配他到鞍钢化工总厂洗煤车间当推土机手。当时，洗煤车间有两种型号的推土机，一种是斯大

★ 1959 年 4 月 11 日，雷锋（后排左二）所在的鞍钢洗煤北甲吊车（组）在第五高产周中被评为红旗组。图为红旗组全体合影

林 80 号，一种是德特 54 号。斯大林 80 号是洗煤车间最大的重型推土机，震动力特别大，尽管是机械操作，但操作起来消耗体力也相当大。考虑到雷锋个子矮小，值班主任打算让雷锋学开德特 54 号。雷锋不怕苦，不畏难，觉得大推土机干活更多，工作贡献更大，要求开斯大林 80 号，值班主任只好同意了他的要求。在工作中，雷锋虚心向师傅们学习，不懂就问，孜孜不倦，夜以继日，技术水平提高很快，在较短的时间里，就能独立工作了。他不仅学会了开，而且还学会了修。他身上经常背的小兜子里有两本书，一本是团校的教材，一本就是《斯大林 80 号推土机构造图》。雷锋走到哪里，就学习到哪里，仅仅工作几个月，就被评为厂里的先进生产者。雷锋在鞍钢（包括在

辽阳弓长岭铁矿的焦化厂）工作的一年零两个月共423天，3次被评为先进工作者，5次被评为“红旗手”，18次被评为标兵，3次被评为“节约能手”及职工夜校优秀兼职语文教员，荣获鞍山市“青年社会主义建设积极分子”光荣称号，出席了1959年共青团鞍山市委召开的青年社会主义建设积极分子代表大会。

雷锋在辽阳

辽阳是雷锋工作和参军入伍的地方。1959年8月，鞍钢决定在位于辽阳的弓长岭铁矿新建一座焦化厂，要调一些人到那里去参加基本建设。雷锋响应号召，主动要求到条件比较艰苦的弓长岭矿山工作。从1959年8月20日

★ 1959年，雷锋（后排左一）与同乡工友合影

★雷锋入伍时的留影

到1960年1月8日，雷锋在弓长岭焦化厂工作、学习、生活了四个半月，共计142天。他来到焦化厂的第一天，就向党组织递交了申请，要求加入中国共产党。

在工地上，雷锋采石、砌墙、和泥样样抢着干，白天拼命劳动，晚上还挤出时间学习，时刻以党员标准严格要求自己。一天晚上，雷锋正在调度室里看书，外边忽然下起雨来。调度员说，建筑焦炉工地上还散放着7200袋水泥。雷锋一听，马上发动了20多个小伙子，找雨布、芦席，抬的抬，盖的盖，可雨布和芦席根本不够用，雷锋毫不犹豫地把自己床上的被子抱出来盖在了水泥上，保护了国家财产。几天后，《辽阳日报》《中国青年报》先后报道了雷锋舍己为公抢救水泥的事迹。

1959年底，征兵工作开始，雷锋响应号召，要求参军。12月10日，《弓长岭报》发表了雷锋《我决心应召》的申请书，表达了他积极要求参军的坚定决心。1960年1月7日，组织同意了雷锋的参军请求。

雷锋在营口

营口是雷锋入伍参加新兵训练的地方，在这里他完成了从一名普通工人到革命战士的转变。1960年1月8日中午，358名在辽阳应征入伍的新兵登上了专列，经过3个小时，到达了营口。雷锋入伍所在部队是驻防在营口的沈阳军区工程兵第十团，他作为新兵代表，在欢迎新战友大会上发言。当天晚上，雷锋把一幅从画报上剪下的黄继光头像贴在自己崭新的笔记本扉页上，并写道："我要永远向您学习，英雄的战士黄继光！为了党和人民的事业，就是入火海上刀山，我甘心情愿，头断骨碎，身红心赤，永远不变。"

在此后两个月的新兵训练中，人们常常见到一个个子不高却意志惊人的新兵在大家都休息的时候仍在训练场上苦练。雷锋个子矮小，身体单薄，很多普通人正常训练即能达标的训练科目，对他来说却十分困难，但他凭借坚强的意志不断勤学苦练，训练成绩全都达标。

1960 年 3 月，新兵训练结束，在新兵文艺晚会上，雷锋慷慨激昂地朗诵了自己刚刚写成的《穿上军装的时候》，受到了部队首长和战友的一致好评，也因此被部队团政治处俱乐部主任陈广生相中，指名要他参加团里的战士业余演出队，当演员。虽然后来他由于湖南口音太重没演成，但他把演出队里的勤杂工作全部包了下来，烧开水、打扫排练场地、收拾道具、照顾病号、接待观众，他样样都干。台上“没戏”，台下却干出了成绩。

雷锋在抚顺

抚顺是雷锋在辽宁待的时间最久的一个城市，他短暂人生最辉煌的时期都在这个英雄的城市，他伟大的生命也在这个城市终结。

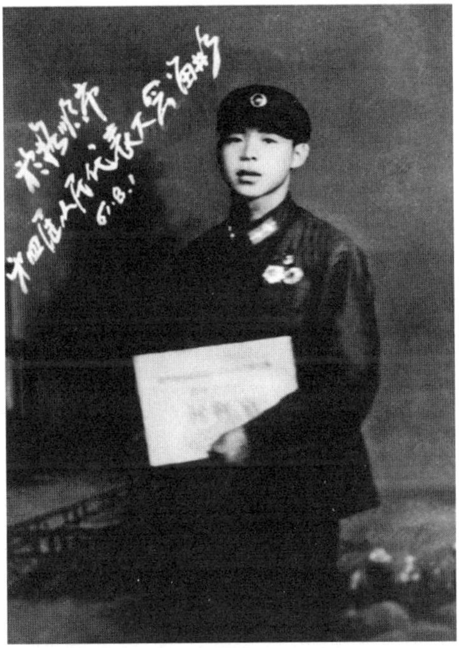

★ 1961 年 8 月，雷锋出席抚顺市第四届人民代表大会，是当时最年轻的人大代表

★ 1960 年 8 月，辽阳地区遭受洪灾，雷锋拿出 100 元钱捐给灾区人民

1960 年 4 月，雷锋来到抚顺。当时，其所在团正在抚顺支援抚顺钢厂“751”工程建设，团领导让雷锋下到了运输连，在新兵训练第三排学开汽车。一个月后，雷锋在结业考试中取得了优异成绩，被评为五级驾驶员，从新兵排调到了第二排第四班，在新的岗位上为党做着贡献。

1960 年 5 月，抚顺市望花区和平人民公社成立，雷锋将平时积攒的 100 元钱捐给望花区公社，并说：“我没有自己的家，现在部队驻在望花区，望花区就是我的家，人民就是我的父母。这钱是人民给我的，我把它还给人民……”他还分别给辽阳水灾区和河南省巩县驻驾庄公社干沟民办小学各捐款 100 元。

1960 年 8 月，抚顺地区接连几天暴雨，酿成洪水灾害，运输连接到了抗洪抢险的命令，雷锋当时生了病，但表示坚决要到抗洪抢险第一线去。在上寺水库抢险救灾中，雷锋带病连续奋战 7 天 7 夜，表现突出，团党委为雷锋记二等功一次。

1960年11月8日，雷锋光荣地加入了中国共产党。1960年11月27日，雷锋作为荣立二等功立功代表在全团授奖大会上发言。此后，雷锋又荣立过三等功一次，受团、营嘉奖多次。1960年12月1日，雷锋从1959年8月30日至1960年11月15日的15篇日记在沈阳军区《前进报》上首次发表。1960年12月，雷锋在《前进报》上发表了署名文章《解放后我有了家，我的母亲就是党》。1961年5月，雷锋被选为辽宁省抚顺市第四届人民代表大会代表。1961年8月，雷锋被提升为运输连第四班班长。1962年春节，雷锋在《前进报》上发表《62年春节写给青年同志们的一封信》。在此前后，雷锋又在《前进报》上发表了《在毛主席的哺育下成长》《我是怎样从一个苦孩子成长为毛主席的好战士的》《做毛主席的好战士》等署名文章。1962年5月，雷锋被共青团抚顺市委评为抚顺市优秀校外辅导员。

从1960年末起，学雷锋活动已经在抚顺、在军营慢慢兴起。很快，这个活动迅速从辽宁发展到全国乃至全世界。作为雷锋精神的发祥地，60年来，雷锋精神已经深深融入到辽宁人民的血脉之中。

雷锋在沈阳

沈阳，对于雷锋来说是一个特殊的地方，雷锋并没有在沈阳当兵，但却在沈阳留下了许多的足迹——沈阳是雷锋作报告最多的城市，许多与雷锋有关的大事也多发生在沈阳。比如，他出席沈阳军区首届团代会、决定雷锋入党的党委会是在沈阳举行的、雷锋被评为“忆苦思甜”和学习《毛泽东选集》典型的表彰决定由沈阳军区某团党委做出。后来，关于毛泽东“向雷锋同志学习”题词发表庆祝大会和国防部命名“雷锋班”的庆祝大会也都是在沈阳召开的。雷锋生前已经是沈阳军区的模范人物了，他曾多次到沈阳军区及所属单位作报告，如1960年11月2日，沈阳军区工程兵政治部临时抽调雷锋到沈阳，派专人陪同到所属各单位作“忆苦思甜”报告，11月23日，雷锋被中共沈阳军区工程兵委员会授予“模范共青团员”称号。

★ 1963 年 1 月 21 日，国防部在沈阳军区八一剧场，举行授予雷锋生前所在的沈阳军区工程兵第十团运输连二排四班"雷锋班"称号的命名大会

雷锋出差时，沈阳也几乎是必经之地，很多感人的故事也是在沈阳发生的。1960 年夏，雷锋到丹东参加沈阳军区体育运动大会，在沈阳换车时，一出检票口，就发现一群人围着一个背着孩子的中年妇女。雷锋上前一问才知道，这位妇女是从山东到吉林看望有病的丈夫，在沈阳换车时，车票、粮票和钱全都丢了。雷锋二话没说，用了一个月的津贴费 6 块多钱给她补了一张火车票。那位大嫂看着手中的火车票热泪盈眶，打听雷锋的名字、部队。雷锋说："我叫解放军，就住在中国。"从丹东回抚顺，雷锋又在沈阳换车，经过地下道时，看见一位大娘拄着棍，背着大包吃力地走着。雷锋立即走上前去，帮着大娘背起包袱，得知大娘要去抚顺，立即告诉大娘自己与她同路，然后就一路帮着大娘背包，一直把大娘送到了家。"雷锋出差一千里，好事做了一火车"的佳话也由此传开。

雷锋在铁岭

雷锋在铁岭度过了生命的最后一段时光。1962 年 2 月 26 日，雷锋随所在的沈阳工程兵第十团运输连到铁岭县横道河子公社下石碑山大队驻扎，执行国防工程器材运输任务。其间，由于道路高低起伏不平、路基松垮，开车十分难行，且非常危险，雷锋很不放心，便仔细调查道路情况并做了详细记录，经过反复琢磨，雷锋最终制定了“三先、四勤、五不超、六不走、九慢”的安全措施，并绘制了路况地图，保证了任务的顺利完成。

8 月 15 日上午，雷锋从铁岭县横道河子公社下石碑山大队返回抚顺营地望花修理所，在准备前去洗车时，雷锋下车指挥倒车，车轮打滑，碰倒了一根晾衣服的木杆，这根木杆打到了雷锋的太阳穴上，雷锋当即昏死过去，经抚顺市望花区西郊职工医院抢救无效，于 12 时 5 分不幸英年早逝，年仅 22 岁。雷锋牺牲的当天，还穿梭于铁岭、抚顺两个城市。有专家统计，雷锋与铁岭结缘 170 天，留下了诸如“雨夜送纪大嫂”“夜写请战书”“智擒磨刀人”等当地人耳熟能详的感人故事，写下了 40 余篇蕴含哲理的真情日记，还写下了《永远是党的忠实儿女》《百炼成钢》《宁愿》这 3 篇流传后世的动人诗歌。

雷锋短暂的 22 个春秋的生命，在辽宁仅有不到 4 个年头。然而，在这不到 4 年的时光中，雷锋却以平凡而伟大的事迹感染着每一个辽宁人，他的足迹走过辽宁的多个城市，每到一地，都留下深深的印记，令 60 年后的我们仍然难以忘怀。他闪光的足迹将与他伟大的精神一起永存辽沈大地，永存辽宁人民的心中……

场馆篇

抚顺雷锋纪念馆

抚顺雷锋纪念馆位于辽宁省抚顺市望花区雷锋路东段61号，原雷锋生前所在部队驻地附近。始建于1964年，翌年正式开馆。1969年、1992年、2002年、2014年先后进行了四次改扩建。2015年3月2日，经过改扩建后的雷锋纪念馆重新开馆，占地面积近10万平方米。1990年10月29日，江泽民同志亲临抚顺雷锋纪念馆视察，并题写了馆名。50多年来，抚顺雷锋纪念馆共接待国内外观众7000多万人次，并先后在全国70多个城市举办了“雷锋精神永恒”大型展览，产生了重要影响。

抚顺雷锋纪念馆按功能划分为六个区：凭吊区、展览区、碑苑区、雕塑区、青少年教育活动区和综合服务区。园区内主要有雷锋事迹陈列馆、雷锋墓、雷锋塑像、雷锋纪念碑和青少年教育活动设施等。

展览区为雷锋纪念馆的主体部分，位于雷锋纪念馆的主轴线上，由雷锋之路、雷锋纪念碑、雷锋事迹陈列馆组成。雷锋事迹陈列馆设有序厅、主展厅、副展厅、临时展厅、尾厅等。展厅分为二层。一层采用高科技动态场景与艺术品插画等手段相结合，翔实、生动地再现了雷锋的成长历程和新形势下雷锋精神的五方面内涵。二层展示了全国学雷锋活动的源起和发展脉络以及全国学雷锋活动成果。

展览以“永恒的丰碑”为主题，充分反映50多年来雷锋始终得到全国人

★雷锋纪念碑

★雷锋墓

民的拥戴、成为永久榜样的历史事实。同时，突出雷锋精神作为中华民族精神的重要内容，是社会主义核心价值观的生动体现，其价值永恒。

矗立在纪念馆序厅中央的一尊汉白玉的雷锋塑像名为“永恒的丰碑”，再现了伟大的共产主义战士雷锋的光辉形象，也寓意着雷锋是新中国历史上一座不朽的思想道德丰碑。环绕四周的巨幅铸铜浮雕名为“青山魂”，寓意着雷锋已经化作巍巍高山屹立于中华大地，雷锋精神似苍松翠柏永远年轻。这巨幅铸铜浮雕是目前国内最大的一幅全部采用青铜铸造的艺术品。

雷锋事迹陈列馆建筑面积7800平方米，展览面积4100平方米，展线长1000米，展出照片402张，实物360件。整个展览有基本陈列和临时展览两大部分。基本陈列分三部分、十四个单元。其中，前两部分在一楼，第三部分和临时展览在二楼。基本陈列展览的主要亮点有：组合场景“雷锋与母亲诀别在家中”“爱岗敬业的推土机手”“雷锋在军营中学《毛选》”“雷锋作报告”，以及环幕影片《信仰的力量》、尾声“升腾的支点”等。

第一部分主题是“光辉的一生”，以时间为轴，充分展示雷锋的成长历程和雷锋精神的形成过程，共五个单元。第一单元为“苦难童年”，第二单元为“先锋少年”，第三单元为“新式农民”，第四单元为“模范工人”，第五单元为“伟大战士”。

第二部分的主题是“永恒的精神”，以中宣部确定的雷锋精神的五个方面为纲，从理论和学术角度，充分展示雷锋精神的基本内涵，共五个单元：第一单元为“热爱党、热爱祖国、热爱社会主义”；第二单元为“服务人民、助人为乐”；第三单元为“干一行爱一行、专一行精一行”；第四单元为“锐意进取、自强不息”；第五单元为“艰苦奋斗、勤俭节约”。

第三部分主题为“永远的传承”，重点展示全国学雷锋活动的历程、成果和经验，共四个单元：第一单元为“伟大号召”，第二单元为“光辉历程”，第三单元为“当代雷锋”，第四单元为“实现常态化”。

尾厅体现社会主义核心价值观的主题雕塑，起到展览结束语的作用，对展览进行最后的升华。

抚顺雷锋纪念馆是传播雷锋事迹、弘扬雷锋精神的主阵地，是抚顺市乃至辽宁省的重要窗口单位，先后被命名为全国爱国主义教育示范基地、国家AAAA级旅游景区、全国文明单位、国家国防教育示范基地、全国红色旅游经典景区、全国廉政教育基地、全国中小学生研学实践教育基地、全国关心下一代党史国史教育基地、辽宁省中共党史教育基地等。

地　　址：抚顺市望花区雷锋路东段61号

开放时间：周二至周日9：00—16：00，15：55停止入馆（周一闭馆）

乘车路线：抚顺市内乘坐公交车15路、807路、83路、40路、37路车到雷锋纪念馆下车即是

联系电话：024-56658816

辽阳雷锋纪念馆

2003年，辽阳市委、市政府在弓长岭建成了雷锋纪念馆临时展厅，后搬迁至弓长岭区文化中心一楼。2010年9月28日，雷锋纪念馆陈列布展完成，并正式对外开放，当时纪念馆面积为1458.8平方米。后又对纪念馆重新扩建，2012年2月26日对外开放，新展馆面积为4780平方米。2013年10月，雷锋纪念馆又增加了2个展厅，布置了3个专题展览，面积又增加了1300平方米。2017年4月，又增加了4个专题展览，2018年8月正式对外开放。目前，雷锋纪念馆场馆面积达到10080平方米。

辽阳雷锋纪念馆有7个鲜明特色：

一是作为雷锋精神孕育和形成的地方，纪念馆弥补了雷锋在弓长岭的重要经历，让雷锋所走过的光辉历程更加完整，雷锋在辽阳弓长岭的事迹为更多人知晓。

二是纪念馆中雷锋的工人塑像为全国唯一的工人形象的雷锋塑像，是雷锋的工友和战友最认可的雷锋形象，使工人雷锋走向全国。

三是辽阳弓长岭地区留下了雷锋的宝贵日记20余篇，许多重点名篇均写于弓长岭，比如："人的生命是有限的……我要把有限的生命投入到无限的为人民服务之中去……""青春呀，是美好的，可是真正的青春只属于那些永远力争上游的人，永远忘我劳动的人，永远谦虚的人……"等等。这些日记是雷锋精神的重要体现，纪念馆中也用重要篇幅进行了展现。

四是辽阳弓长岭地区有大量雷锋的工友和战友，这些工友和战友是雷锋事迹和雷锋精神最重要的亲历者和见证者，纪念馆通过视频短片、制作访谈录等形式，使展陈更为形象、具体，更有说服力。

★辽阳雷锋纪念馆

★雷锋从这里走向军营

五是纪念馆采用了大量的声光电手段进行辅助陈列，很多陈列手段是省内较为先进的，极大丰富了观众的自娱性和互动性。

六是辽阳雷锋纪念馆作为辽阳弓长岭地区重要的红色纪念场馆，具有综合资源优势，与雷锋广场、雷锋公园连成一线，整个园林面积达到20万平方米，成为红色旅游经典路线。

七是“两代雷锋”同在一个纪念馆。辽阳雷锋纪念馆有工人雷锋，有“当代雷锋”郭明义，将雷锋与郭明义内容综合反映，并有个人展品陈列。

辽阳雷锋纪念馆自开馆以来，一直坚持免费对外开放及定时免费讲解的原则，相继接待了全国各行各业的观众200余万人次，开展了入党宣誓主题实践活动、学雷锋主题实践活动等特色学雷锋活动，起到良好的社会影响。馆内“服务群众进基层，流动讲解进万家”、红色经典基层行、“我和文物结缘”、学雷锋主题系列活动等成为每年的品牌活动。每年还开展展板调整、文物修复、改陈布展等活动，吸引观众走进场馆，接受教育。

辽阳雷锋纪念馆设有1个基本陈列和9个专题陈列，并设有中心厅、放映厅、临时展厅、雷锋阅览室、雷锋剧场，还有室外陈列。

基本陈列的主题是“永远的雷锋”，反映的是雷锋光辉的一生，重点是雷锋在辽阳弓长岭的内容，通过雕塑、场景再现、声音再现及大型声光电设备幻影成像、电视视频、电子翻书等新型手段生动反映雷锋的事迹。

中心厅设有学雷锋纪念柱、雷锋工人像、建馆历程长廊等。

放映厅放映的是雷锋在弓长岭的142天的大型纪录片及雷锋电影，也具有小型报告厅功能。

专题陈列共有9项内容，分别是：“当代雷锋——郭明义”专题陈列，展出了郭明义的主要事迹及个人捐赠的藏品；“郭明义在辽阳”专题陈列，展示了郭明义与辽阳的深厚感情及辽阳开展学雷锋活动情况；“雷锋与辽阳”专题收藏展览，揭示了雷锋精神在辽阳初步形成的过程；个人收藏展，主要是全国著名雷锋主题收藏家吴铁库的个人精品展，展出文物1000余件，均为原件；廉政教育展厅，重点展示的是雷锋精神赋予廉政的新内涵；

“记忆——文物及文物背后的故事”专题展览，通过雷锋文物揭示雷锋精神的形成；“集萃——红色精品收藏”专题展览，展示了大量的红色精品收藏；“弓长岭学雷锋成果”专题展览，反映了雷锋精神在弓长岭区薪火相传的历程；“当代风采”专题展览，展示了弓长岭区建区以来的改革开放成果。

临时展览展示内容是“追寻雷锋的足迹”史料展览和“古今弓长岭”主题展览，主要反映雷锋工友、战友传承雷锋精神的情况和弓长岭区的历史传承。

雷锋阅览室陈列的是弓长岭创作编辑的“雷锋丛书”、雷锋故事集、雷锋报告文学、雷锋歌曲集等书籍，同时具有电子阅览功能和出售纪念品功能。

雷锋剧场可进行大型演艺及报告会等主题活动，有综艺舞台及512个座位。

室外陈列包括工人雷锋青铜像及雷锋励志墙等内容。

地　　址：辽阳市弓长岭区汤河镇三官村

开放时间：周一至周六 9：00—15：30 开馆，“五一”“十一”正常开馆，其余法定假日闭馆

乘车路线：辽阳市内乘坐 518 路、519 路公交车到弓长岭区政府站下车

联系电话：0419-5809956

铁岭雷锋纪念馆

铁岭雷锋纪念馆位于铁岭县横道河子镇下石碑山村，是由铁岭雷锋事迹陈列馆改扩建而成的。该馆于2015年9月22日开工建设，2016年9月30日竣工，2016年10月20日举行落成仪式，同年12月18日正式对外开放。纪念馆占地面积2905平方米，建筑面积1193平方米，展陈面积1000平方米。该馆采用现代中式民居建筑，风格简约，建筑、环境、人文和谐统一，这也是全国唯一一座建在村庄里的纪念馆，被授予辽宁省中共党史教育基地、辽宁省爱国主义教育基地、辽宁省关心下一代培训基地、铁岭市党史教育基地等称号。

纪念馆始终坚持用雷锋精神鼓舞人民，投身新时期改革开放，始终坚持以红色传统文化引领社会主义核心价值观建设。开展的“寻觅雷锋足迹、传承红色文化”活动受到社会各界的广泛赞誉。雷锋精神已成为横道河子镇干部群众团结拼搏奔小康的强大精神力量。

铁岭雷锋纪念馆以雷锋在铁岭期间工作和生活的史料为基础，通过雷锋的39篇日记、18则感人故事、4封书信、1篇赠言，穿插战友讲述、村民回忆，真实还原了雷锋在铁岭工作、学习、生活的经历。“成长的历程”“光辉的足迹”“永恒的精神”“红色的传承”四大展陈板块以丰富的图片和文字资料、新颖独特的展示设计、富于现代感的互动体验，生动诠释了雷锋精神的精髓和时代内涵。

纪念馆序厅的中央是一棵“雷锋树”概念雕塑，上面刻有经典的雷锋日记。树干上的22颗五角星，象征雷锋短暂而伟大的一生。在序厅的墙上以数字年

★铁岭雷锋纪念馆

★铁岭雷锋纪念馆一角

表的形式展示了雷锋的成长历程。

纪念馆的第一部分是“光辉的足迹”，主要展示的是雷锋在铁岭县横道河子镇下石碑山村工作、生活、学习、助人的场景。第二部分是“永恒的精神”，主要展示的是雷锋牺牲后，毛泽东、邓小平、习近平等党和国家领导人的题词、讲话等。第三部分是“红色的传承”，主要展示雷锋精神在铁岭生根发芽和当下铁岭县学雷锋先进集体和先进个人的感人事迹。

开馆以来，铁岭雷锋纪念馆已接待社会各界参观者 10 余万人次，在弘扬社会主义核心价值观过程中发挥了强大作用。2017 年，铁岭县横道河子镇党委、政府又投资兴建雷锋精神培训基地，主体工程已经结束，2018 年开始承担培训任务，同时打造雷锋路、雷锋洗车处、雷锋洞、雷锋雨夜送大嫂起点、雷锋耕田处等红色景点标识，建设培育爱国主义精神和集体主义精神的理想阵地。从 2018 年 10 月起，雷锋精神培训基地面向社会、面向市场开放，使雷锋精神培训活动常态化、产业化。雷锋纪念馆周边区域也被称为雷锋小镇。2018 年，铁岭县横道河子镇以雷锋纪念馆为统领的教育与旅游相结合的诸多景点已构成鲜明的特色。除参观雷锋纪念馆之外，穿雷锋装、走雷锋路、观雷锋洞、讲雷锋故事、观看雷锋精神文艺演出、打雷锋号靶、观赏雷锋文化展品等都成为雷锋小镇的特色活动。

地　　址：铁岭市铁岭县横道河子镇下石碑村

开放时间：周二至周日 9：00—15：00（周一闭馆）

乘车路线：无直达公共交通，需自行前往

营口市雷锋文化博物馆

营口市雷锋文化博物馆，原名“营口市雷锋文化展览馆”，位于营口市图书大厦二楼西部，与营口市图书馆、营口市档案馆等7家单位合署办公。馆舍建筑面积3760平方米，功能齐全，设施齐备，有基本陈列展厅、多功能厅、文物库房、监控室、观众服务大厅、办公区等多个功能区域。其中基本陈列展厅面积1215平方米。

2019年3月5日对外开放以来，营口市雷锋文化博物馆共接待来自省内外机关、企业、事业、部队、学校、社区、乡镇以及村屯等团队760多个，接待来自全国各地观众58.7万余人次。其中，接待来自新疆塔城学生团队、香港商报团队、全国私营企业家团队等外省市团队80多个。展馆先后被营口市委、市政府授予首届营口礼德榜样“十佳示范单位”称号，被团省委命名为共青团志愿服务基地，被省少工委命名为首批少先队校外活动实践基地，被省委宣传部命名为省级爱国主义教育示范基地。

几年来，营口市雷锋文化博物馆通过多渠道开展藏品征集，不断丰富馆藏门类，现有雷锋文化藏品3500余件（套），包括上世纪六七十年代的图书、报刊、照片、奖状、宣传画、音像制品、瓷器、雕塑、胸章等多个品类。展馆特别重视雷锋文化资源抢救性挖掘工作，利用一年时间，采访了辽宁、湖南、四川等省10余个市的雷锋老战友及雷锋精神传承人150余人，制作出20集大型文献纪录片《雷锋在营口》，在一定程度上填补了雷锋事迹和雷锋文化研究的空白。

营口市雷锋文化博物馆基本陈列“雷锋文化——永恒的风尚”主题思想突出、内涵丰富，共分为“辉煌人生”“独特文化”“军地情深”“永世传承”4

★情景再现：雷锋作为新兵代表发言

个部分，重点展示了雷锋在营口的事迹，全面展示了独特的雷锋文化现象，再现了雷锋生前所在部队驻扎营口15年间与驻地政府和群众的鱼水深情，充分展示了50多年来营口市传承和践行雷锋精神的丰硕成果。展览设计科学合理，展示手段丰富，有较强的时代感和吸引力，共展出展品1400余件，其中高清照片500多张，实物800多件，绘画27幅，场景11个，大型浮雕12个，立体雕塑5个，视频展示6个，触摸屏2个，还有电子地图等。

营口市雷锋文化博物馆深入挖掘藏品资源，适时举办热爱祖国、讴歌英雄模范、体现时代精神的临时展览。2019年以来，先后举办了“‘雷锋文化营口有礼’手抄报展”“‘雷锋文化——永恒的风尚’主题书画展”“‘画说雷锋’宣传画展”“战‘疫’之光——致敬最美抗疫者，争做新时代雷锋主题摄影展”“‘祖国颂歌’宣传画展”“‘雷锋精神代代传’主题摄影展”等临时展览，共计接待观众9.7万余人次。

近年来，营口市雷锋文化博物馆不断强化网上服务，充分利用本馆官网、官方微博、官方抖音号、腾讯企鹅号四个网上平台，常年编发雷锋文化和爱党、爱国等弘扬主旋律的视频、文章，同时推出VR全景展馆和各种“云展览”，让人民群众的“宅”生活更加精彩。截至目前，VR全景展馆接待观众13万余人次，各网上平台累计点击量140余万次。

目前，营口市雷锋文化博物馆已成为营口市的重要爱国主义教育、青少年教育、党性教育基地和红色旅游基地，也是营口市一张亮丽的文化名片。

地　　址：营口市站前区青花大街西8号营口图书大厦2层西侧

开放时间：周二至周日9：00—11：30；13：00—16：00（周一闭馆）

乘车路线：营口市内乘坐17路、18路、206路公交车至图书大厦站下车即是

联系电话：0417-6630967

鞍钢雷锋纪念馆

鞍钢雷锋纪念馆位于鞍山市铁西区鞍钢厂区内中央马路东侧（鞍钢股份炼焦总厂厂区），建于1993年，是在1971年建成的“雷锋纪念馆”和1987年建成的“雷锋纪念室”基础上移建而成的。纪念馆占地面积约1600平方米，分为广场区、展览区和影视区三个展区，展出图片155幅，展品80余件。广

★鞍钢雷锋纪念馆

★鞍钢雷锋纪念馆一角

场区摆放的是雷锋同志驾驶过的斯大林 80 型号推土机；展览区设有“告别故乡奔赴鞍钢”“努力钻研勤学苦练”“爱岗敬业忘我工作”“勤俭节约艰苦奋斗”“助人为乐无私奉献”“坚定信仰对党忠诚”“雷锋精神代代相传”七个主题展厅；影视区播放宣传雷锋的影像资料。

鞍钢雷锋纪念馆是全国唯一的一座企业雷锋纪念馆，1995 年被鞍山市委确定为爱国主义教育基地，2017 年被辽宁省委宣传部确定为第三批爱国主义教育基地，2021 年被国务院国资委命名为中央企业爱国主义教育基地，是爱国主义教育、党员教育、新职工入职教育第一课的重要基地。

地　　址：鞍山市铁西区鞍钢厂区内中央马路东侧，鞍钢股份炼焦总厂厂区

开放时间：内部展馆，不对外开放